人間のヨーロッパ中世

堀越孝一 著

挿図篇

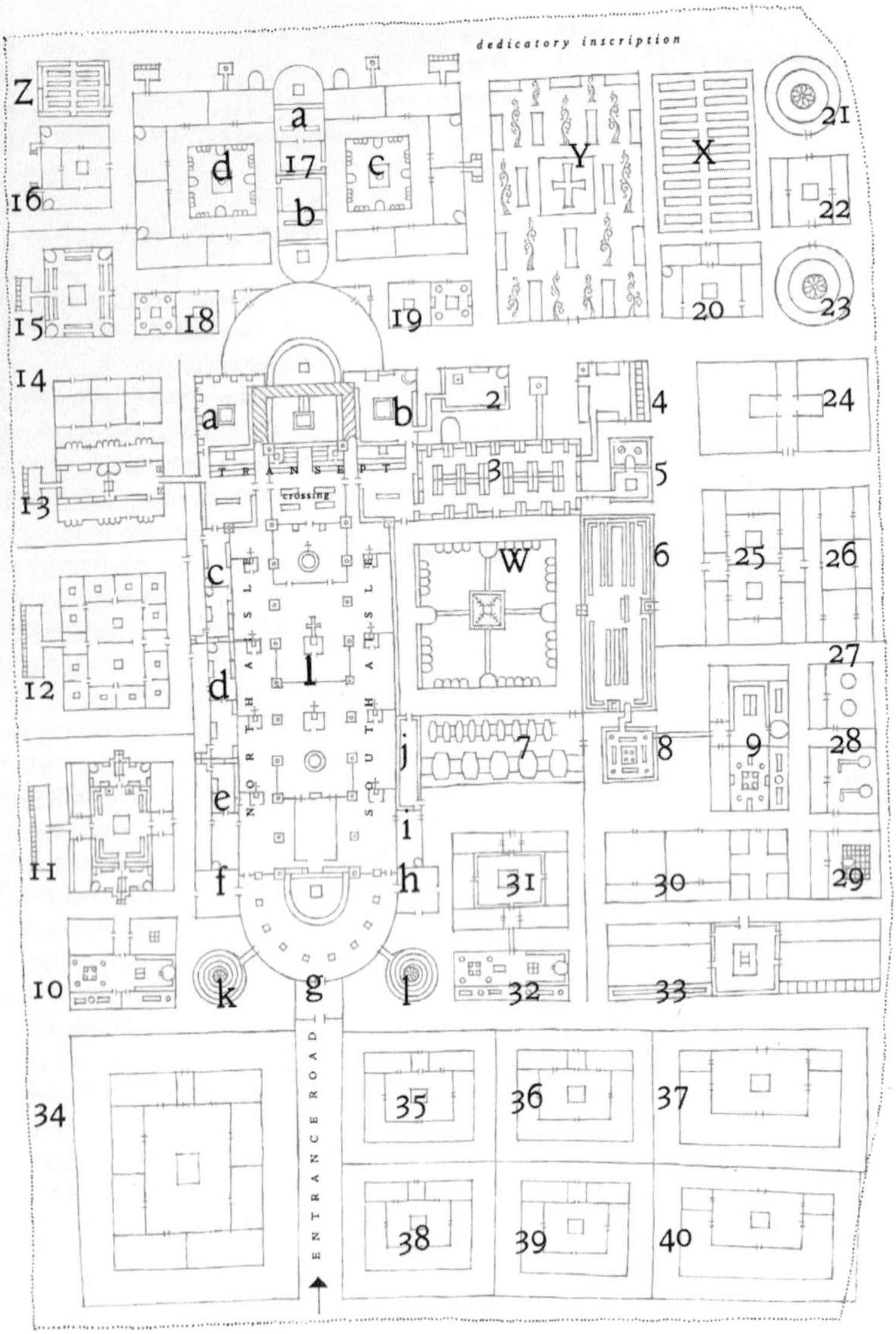

dedicatory inscription
Z
a
17
b
c
d
Y
X
21
16
22
15
18
19
20
23
14
a
b
2
4
24
TRANSEPT
crossing
3
5
13
W
6
25
26
c
NORTH AISLE
SOUTH AISLE
l
d
27
12
j
7
8
9
28
e
i
11
f
h
31
30
29
10
k
g
l
32
33
ENTRANCE ROAD
34
35
36
37
38
39
40

図1．スイスのコンスタンツ湖南岸のザンクト・ガレン修道院の平面図

『中世史雑誌』I－3, 1975年に掲載されたウォルター・ホーンの論文「水車とセント・ガレンのプラン」から。図中の番号29のところに「穀物を乾かす所」と書き込みが見える。28のところに「ピラエ」、27には「モラエ」。ウォルター・ホーンは「ピラエ」を「ザ・モーターズ」、「モラエ」を「ザ・ミル」と訳して、「ザ・ミル」の方から解説を加えている。「ピラエ」は「ピラ」の複数形で、だから「ザ・モーターズ」と複数形をとっているが、「モラエ」の方は、これも複数形なのに、「ザ・ミル」と単数形なのは、「ミル」は「製粉場」だというつもりらしい。だから「モラ」が2台あるように図形が描かれているからといって、英訳の方でも複数形にする必要はないというつもりらしい。「ミル」はふつうにイメージする「ひきうす」で、ごく浅い凹凸のついた円筒状の石を重ね、中心部に穀物注入の仕掛を講じて回転させて粉に挽く。それの水車動力版である。「ザ・モーターズ」の方は、こちらを「ピラ」と呼んでいるのは、「ピラ」は英語で「ペスル」で、「すりこぎ」とか「きね」とかをいう。そういった道具を使って穀物をすりつぶす。だからすり鉢状の容器が使われていたわけで、それを英語では「モーター」と呼ぶ。その語源がなんであれ、ともかくそういうふうに言葉が使われているのだから、これをとって「ザ・モーターズ」と呼びたい。なにしろ2台描かれているから。なにか説明がしどろもどろだ。これは「ピラ」と呼ばれていて、「ピラ」は「すりこぎ」とか「きね」を意味する。そんなすりこぎですりつぶす。杵でつきくだき、こねる。そんな工程と、「ひきうす」でひく工程と、ふたつの工程が必要だったわけはどこにあるのか。作られた粉がどうちがい、どう使い分けるのか。そのへんについての説明が不足していて、そんなこと常識でしょうといわんばかりで、おそれいる。なお、9は修道士たちのパンを焼き、ビールを醸造する所だという。この位置取りはよく分かる。13が修道院長の居室、14が修道院長の台所、納屋、浴室。ちなみに修道士たちの台所や倉庫、バスルームなどは別に設けられている。修道院長と修道士団は別立ての組織だった。この本の「孤独な哲学者」の章をご覧ください。なお、『中世史雑誌』の原名は Journal of Medieval History, vol.1, num.3, October 1975

図2．バーベガルの連動水車

アルルから東北の方向へ県道17号線をいって、すぐ82号線に入るとまもなく「アケデュック・バーベガル」と呼ばれるローマ水道橋の遺構が眼に入る。アルルから10キロメートルほどのところである。すぐ北に「シェーヌ・デ・ザルピール（アルピールの連鎖）」という山脈がせまっているし、そのふもとには「レ・ボー」という、とんでもない名所があるものだから、せっかくのローマ水道橋遺跡も、それほどの評判を呼んではいない。それでも水道橋はミシュランから二つ星を頂いているが、そのあたりにむかしローマ皇帝テオドシウスが建造せしめた連動水車のことなんか、よほどの物好きでもなければ気にもしない。ちなみに「シェーヌ・デ・ザルピール」だが、これは300メートルから400メートルの岩峰が鋸山ふうに並んでいる。主峰はラ・コーム。アルピールはアルプスの指小辞からだろうか？　ミシュランさえもなにもいっていないのに、かってなこというな。ウォルター・ホーンの論文の図版資料から借りた。ホーン自身、この図版はフォーブス『むかしのテクノロジー』に借りたと断っている。

図３．修道女ヘルラーデの水車

この水車動力の挽き臼の構造は、つくづくと眺めてもよく分からない。ウォルター・ホーンは、この図が左ページに描かれていて、見開きでその右ページに、もうひとつ、こちらは15世紀末に時代は下るが、ライン川中流のプファルツ（英語風にパラティネート、ネッカー下流域、ハイデルベルクを首邑とする一伯領）で活動していた画家の遺したスケッチを載せて、どうやらこれを見比べるとよく分かるといいたいらしい。左手の水車は時計方向に90度ねじまげると心棒に対して素直な角度の絵になり、心棒の回転が小屋組みの中の小車を廻す。小車が廻ると、その縁の歯が、上から垂直に仕掛けられているドラムを廻す。ドラムというのは太鼓の胴体のことで、何本もの細棒で胴体が構成されているという絵がプファルツの画家のスケッチにはよく見える。ここではじめて回転動力が水平に働くことになって、めでたく臼が廻る。ヘルラーデのスケッチは、そのドラムが隠れていて、小車にすこし突き出ている、なにやら円筒状の物の端が、つまりそのドラムの端なのだとご想像ください。それにしても肝心の小車の縁の歯が変な風についているので、どうもドラムも廻らない。

のである。だから、解説はここまでで足りるわけで、これで終わりにしたいのだが、それがそうはいかない。というのはマルク・ブロックの図版キャプションがうるさいわけで、かれはこれが「第1アルカテュール」のものだというふうに書いている。これは誤解である。楣石はフランス語でラントーという。主玄関の右脇の脇玄関のラントーと書いてくれればそれでよかったのだが。それが、またこれが誤解を招きかねない。というのは、だいたいがこのタイプのファサードは、ポワトゥーやサントンジュ、またアングーモワの教会堂に多く見られるものだが、ポワチエのノートルダム・ラ・グランド寺院のケースでは脇玄関は一つずつ、しかも楣石を欠いている。脇玄関全体がアーチ構造の門の造りになっている。楣石は中央玄関に渡っているだけ。ぎゃくにサントンジュのシャートゥルという教会堂のケースでは、中央玄関が楣石を渡していない。一対の小さな脇玄関に楣石が渡されている。だから、楣石をかりに消去してイメージしてみれば、中央の広めのアーケード門とその両側の1対ないし2対の狭めのアーケード門ということになる。また、この3者ともに、さらにより幅狭の、これもまたアヴーグルのアーケード門をならべた区画（石組みの枠取り）を、中央玄関の上部にひらいた縦長の窓の左右に配置し、また上下2段に重ねて、ファサードの上部構造を装飾的に構成しているのである。これを美術史の用語としてアルカテュールという。なにか心許ないので、アングーレームのサンペール聖堂のファサードを、1971年10月という、もう40年も前にわたしが撮ってきた写真だが、さすがにスライドの状態もよくないので、小さな図版にして、ご参考までにご案内しよう。ごらんいただけたであろうか。いかがであろうか、ブロックの誤解がどのあたりから出たか、ほぼお察しいただけたのではないだろうか。ブロックは主玄関の右脇の脇玄関もまたアルカテュールだと理解しているようなのである。ブロックの誤解はともかくとして、右脇玄関の楣石の絵模様帯の製作は12世紀の第1三半期とブロックは指定している。1130年頃までということで、ミシュランのギド・ヴェールによれば、献堂式が執り行なわれたのは1128年ということだから、だいたい合っている。もっとも、教会堂の完成と献堂式とは、しばしばずれているのが歴史の常で、だから、その数字にあまりこだわっていてはならない。ただ、歴史上のエル・シド・カンペアドールは1099年に没していて、伝説のエル・シドは、おそらく1130年代に書かれた『わがシドの歌』にまずあらわれた。フランスの「騎士道礼節物語」の隆盛と時期的に合っている。そのあたりのクロノロジー（時の経過の様子）を思いながら、このアングーレームの浮彫を眺めるとおもしろかろう。図版の出典は『騎士道百科図鑑』。

図４．騎士の戦闘

蹄鉄をはかせた馬にまたがって、鐙で足を踏ん張り、槍を腰だめに構えて、相手めがけて突撃する鎖帷子の騎士の槍は、相手方の胸にぐさりと突き刺さった。相手方は身

アングーレームのサンペール聖堂のファサード

をのけぞらせて、いましも落馬せんとするばかり。アクィテーンのアングーレームのサンペール聖堂の西正面玄関の一角に刻まれた浮彫。これを『封建社会』の口絵図版の一枚にとったマルク・ブロックは、この浮彫石板は、アングーレームのサン・ピエール（ブロックは近代人だから近代語に発音する）教会堂のファサード（西側正面）のフリーズ（浮彫絵模様帯）で、玄関の右手の第１アルカテュールだと解説しているアングーレームの聖堂のファサードは、本玄関の左右に脇玄関を２本ずつ備えていてこの左右４本の脇玄関はアヴーグルである実際には扉口（ひこう）が開いていない本玄関の左右に、脇玄関の扉にあたる壁面もふくめて、広い壁面がひろがるスタイルで、これがファサードの基部を作る。その上に長い横梁を渡すが、教会堂建築用語でこの横材を楣石（まぐさいし）と呼ぶ。アヴーグルである脇玄関の扉口の上にも楣石が載っているわけで、現在のファサードを見ると、左端から右端まで、全体で 20 メートルほどに、水平に、連続楣石が渡されているように見える。主玄関と脇玄関の寸法比は３対２ほどだが、主玄関の楣石の上にその比なりに大きめの半円形アーチとその壁が、脇玄関のそれぞれには、その比なりに小さめの半円形アーチとその壁が載っている。そのような構造の主玄関と脇玄関のつくりの、その主玄関に向かって右側の脇玄関の楣石に、問題の浮彫彫刻群が見える

図5．レンブラントの描いた風車、アムステルダム近郷の風景

アムステルダム近くのパッセルデルスの風車を描いている。銅版画。

Rembrandt 1641とレンブラントの署名が右下隅に見える。15 × 21cm。マリアンネ・ベルンハルト編『レンブラントの版画』Ｉ（ミュンヘン南西書房刊、1976年）から。レンブラントは1431年からヨーデン・ブレエ通りに住んだ。現在「ストペラ」、市庁舎とオペラ座が一緒になった建物のすぐ北側の一角である。そのストペラに向かって南からアムステル川が入ってきて、ストペラにぶつかって西に流れ、まもなくただシンヘルと呼ばれる運河になって、アムステルダムの旧市街を捲くようなかたちで北にながれ、中央駅の西側でアイ湾に入る。シンヘルというのは運河を意味する普通名詞なのである。レンブラントの時代には、アムステルダムはまだアムステル川とシンヘルの西と南には市街地をひろげていなかった。ちょうどレンブラントの時代から拡張の計画が進められ、シンヘルの西側に、ヘーレン運河、さらにその西側にカイセル運河、さらにまた西側にプリンセン運河を開鑿する工事が始められていたのである。アムステル川がシンヘルにかわるその地点から西に、ライツェ運河が通っていた。北の方から工事が始められたその3本の運河がライツェ運河にまで達したのは1660年のことであったという。第4次工事計画が始動し、3本の運河は、さらにライツェ運河を越して円弧状に東へ掘り進められ、やがてアムステル川に達し、アムステル川を越して、さらに北に方向を変えながらアイ湾を目指す。こうして現在のアムステルダムのような、運河が幾重にも取り巻く町の景観ができあがったのである。そこで、1641年アムステルダムにもどれば、ストペラの北側に住むレンブラントは、西に向かって野の道をどんどん歩いて行って、やがてライツェ運河の土手道に出て、さらに西に行く。そうすると、北からプリンセン運河が掘り進められてきて、ライツェ運河に入ろうとしている、その工事場にさしかかったはずである。そのあたりパッセルデルスと呼ばれていた。現在、その名前の小さな運河がある。そのあたりに風車が立っていた。ここにご覧のレンブラントが銅版画に仕立てた風景である。以上歴史のなかでご案内したが、いまアムステルダムに出かけて、さっそく国立美術館に行くとしよう。ライクス・ムーセウム、国立美術館はシンヘル運河の南側にある。シンヘル運河を西北の方向に行けばライツェ広場はもうすぐそこである。「レンブラントの風車」がそこに立っている。

図6．カルヴァリオの丘

ペーテル・ブリューゲル画、124×170センチメートル、1564年、ウィーン美術史美術館蔵、集英社版世界美術全集「ボス／ブリューゲル」から。近景の4人の人影はなにしろ全体から浮き上がっていて、なにか劇中劇のようだ。時間的に先を見越していて、イエスが十字架につけられた時に十字架の根方にいた女たちと使徒ヨハネである。だからそのヨハネが「ヨハネによる福音書」を書いたということになると、ヨハネの証言のたしかさが疑われることになる。あるいはヨハネの不注意が指摘されることになる。というのは「ヨハネによる福音書」は、その時「イエスの母親、かれの母親の姉妹であるクレオパの妻マリア、またマグダラのマリア」の3人のマリアがいたと書いているのだが、どうぞよくご覧ください、手をくんで祈っているクレオパの妻マリアの影にかくれて、もうひとり、顔に大きな手巾をあてている女性がいるではないか。「マタイによる福音書」と「マルコによる福音書」を照らし合わせて考案すると、使徒ヨハネの母親が浮かび上がる。この女性、あるいはサロメという名であったかもしれず、また、マリア・サロメと呼ばれていたかもしれない。とすれば、なんと、4人のマリアである。レンブラントも4人のマリアを描いている。高名な銅版画「イエスを十字架にかける」で描いているし、グリザイユ（淡彩画）の「イエスの死を嘆く」にも描かれている。おもしろい。

図7．ル・パレ　アベラールの故郷

わたしがル・パレを訪ねたのは1979年の夏である。探訪記を「ヴィエンヌの流れのほとりに」と題するエッセイに書いた。わたしの最初のエッセイ集『いま、中世の秋』に収録した。その書き出しのところを、ここに転記する。

聖ニコラス教会堂前のバーで、ル・パレはどこか、亭主にきいた。ル・パレはそこだよ、と亭主は教会堂の裏手を指すのだが、どうやらききちがいしているらしい。しかたがないので、ありあわせの紙片にLe Palletと書いてみせたりなどして押問答を重ねているうちに、一隅の黒づくめの服装の男たちの一団のあいだから声があがり、おれが知っている。すわこそと地図を持参すれば、しばらく地図をにらんでいたが、やおら太い指をのばして一点を、というよりは一面をべったり押え、ここだという。ありったけの感謝の辞を述べたてて、ようやく年取った草虫みたいなその指をどかしてもらって、視線を凝らせば、なんのことはない、ポワチエへ向う国道を十五キロほどいった、セーヴル・ナンテーズ河畔の一村であった。ロワール河口に近いナントの町の夏の日の昼下りである。ル・パレの村では、たまたまピエール・アベラール生誕九百年記念の展示会を催していた。地元の人たちによるアベラール考察も織り込んだ『ル・パレ村史』も刊行されていて、それを買い求めたところ、署名を要求され、ついでになにか一言書けという。「ル・パレは遠くて近かった」と書いたところ、どういう意味かという。このばあい、フランス的明晰さはどういう答えを期待しているのか、めんどうなので、「日本人の笑い」で応待したら、薄気味わるくなったのか、釈放してくれた。

以上で転記は終わり。あと、弁解ですが、「たまたま」と書いたのはウソではない。じっさい知らなかったのです。この偶然の邂逅が、わたしが「アベラールとエロイーズ」の深間に入るきっかけになったということかな。なんで、また、そんなあいまいな物の言い様をするのかというと、わたしとアベラール、また、わたしとエロイーズの関係の歴史は、それこそ「遠くて近い」。なにか距離感覚がなくなってしまったということで、振り返り見ると、そこに物としての資料で『ル・パレ　アベラールの故郷』という小冊子がある。ここにご紹介した銅版画は、それに掲載されたものです。

図8．かぎりなくやさしいアキテーヌ

以前「抒情の発見」と題したエッセイに、わたしのアキテーヌ印象記を綴ったことがある。『いま、中世の秋』に収録した。そのエッセイの書き出しのところと、文末のところを以下転記する。わたしがアキテーヌを旅したのは 1971 年秋である。

昨秋、アキテーヌに旅した。バルセロナからピレネー中央のピュイモラン峠を越えてパリへ帰る途中、トゥールーズからボルドーに出、次いで道をポワチエ経由にとったのである。ボルドーの手前のランゴンを朝霧の消えぬまに発った。その印象の残映かとも思ったのである。その日一日中、のびやかなボルドーの市街も、ゆったりと流れるガロンヌ川の大橋も、ドルドーニュの流れのほとりの木立の陰の館のたたずまいも、細やかな起伏のぶどう畑や牧場も、なにか量感のある大気に包まれているという印象につきまとわれたのである。ひとつの土地に来たという想いを柔らかく包む大気であった。なにか風光がひとつに囲いこまれ、この土地にまでわたしを運んできた時間の流れがここに止まり、いまこの現在にわたし自身もまた囲まれたといった感じであって、いったいこの感覚はなにごとかといぶかしく思ったことであった。かぎりなく優しいアキテーヌと、言葉が自然に口をついて出た。美し水の土地とバルセロナを讃えたローマ詩人のいいまわしにならえば、美し大気の土地といおうか。土地の叙情という想念がわたしをとらえた。中世の春、12 世紀にこの地に開花した叙情詩の世界、トルバドゥールの歌の空間にわたしは入ったのであろうか。（中略）わたし自身もまた叙情を発見したのであろうか。アキテーヌの空間に入って、西欧の感性のたしかな根にふれたのであろうか。あるいはわたしを襲ったこの叙情の感覚は、すでに年老いた西欧の感性が一異邦人に呈した偽りの媚びであったのか。ドルドーニュの流れのほとりのはこやなぎの木立が柔らかな影を落す古い館の庭にたたずみながら、わたしはなにかめまいに似た感覚に身をゆだねていた。

図9．アリエノール・ダキテーヌの肖像か？

シノン北東の町外れに「サント・ラドゴンド礼拝堂」の遺構がある。入口を入ってすぐの右手の壁に、聖女ラドゴンドの伝記に題材をとって17世紀に描かれた壁絵が見える。左手の壁はだいぶ壊れているが、13世紀に描かれた壁絵がすこし残っていて、これはその一部で、古くからこの宝冠の女性はアリエノール・ダキテーヌその人だとされてきた。しかし、この壁絵の残骸も、もともとは聖女ラドゴンドの伝記に題材をとったものだったのではないか。左手の若い男性は左腕に鷹を止まらせている。鷹狩りの主題である。フランク王国メロヴィング朝のクロテール王と結婚したチューリンギアの王家の娘ラドゴンドの入信以前の生活風俗を13世紀の絵師が想像をふくらませて描いたものだともいえる。一方、この若い男をアリエノールの一番下の息子ジョンと見立てて、アリエノールと馬を並べている（なんと、まあ、下手な絵師だ）若い女性をジョンの妻イザベル・ダングーレームと見る見方も大変たのしい。図版は『騎士道百科図鑑』から借りたが、惜しむらく、アリエノールと目される女性のかぶっている宝冠の上端がコピーされていない。『回想のヨーロッパ中世』の原本は、このふたりの女性の部分だけを掲載しているが、そこでは宝冠は完全にコピーされている。それはともかく、この宝冠はあやしい。わたしの手元にオットフリート・ノイベッカー編著の『ヘラルドリー』という図録本がある。およそ「紋章」とか「紋章学」についてなにか知りたいというときにまず頼りになる本で、王冠や宝冠についてもそうだが、ノイベッカーはこの本におよそ500ほどもクラウン（クラウン王冠とかコロネット宝冠とかを総称して）の図像を掲載してくれているが、そのクラウンの形態上の特徴は、幅狭の環状壁に垣根状の装飾突起である。わたしがいうのは問題の壁画に見える幅広の環状壁の帽子はクラウンとは見えない。たしかに上辺の縁に波状に盛り上がっている部分があるが、500ものノイベッカーの図案集に、この形のものはない。むしろこれは司教冠に通じるデザインだ。わたしはクラウンは「城壁に塔」がデザインの基本だと思う。この壁絵のクラウンには塔が立っていない。だからクラウンではない。

図 10. ランスロットが隠れ住む女性のもとをおとずれる

ルネ・ネリ編の『トルバドゥールとトゥルヴェール』と題したオールカラーの図録本があって、これはそれからとった。ところがその原本のキャプションがおもしろい。「ゴーチエ・マップ作ランスロット物語から」というのだが、これはもうむかしからの冗談種で、ここにいう「ランスロット物語」というのは13世紀ももう20年代に入ってから、それまでの「ランスロット物（ランスロットを主人公とする韻文物語の系列）」と「聖杯物」（「聖杯の探索」「アーサー王の死」など）を一緒にして「散文あるいは流布本アーサー王物語」全5巻というのが制作された。それの制作者にゴーチエ・マップをあてようという冗談で、なにしろ英語名ウォルター・マップは、ヘンリー2世の宮廷で一番の堅物として知られていた。その著述のタイトルを『宮廷人の些事』という。つまらないことをぐちゃぐちゃいったり、こそこそやったりする連中に小言をいうという趣旨の書き物である。死んだのは1209年だったし、そんなかれが、なんでまた「ルーメン・クールトゥエ・ツェヴァルレスク（騎士道礼節物語）」の編集者に担ぎ出されたのか。それが、まあ、どうですか、この馬のなんともふてぶてしい顔つき！　なんかウォルター・マップの顔に見えてくる。女性の方も近づいてくる騎士なんかには目もくれない。ぴたっと馬の面（つら）に視線をあてている。

図 11. タヴァンの壁画から、「騎士とライオン」

騎士は左手に楯を持ち、右手に剣の束（つか）をにぎって（なんだか、すごくにぎりにくそうだが）、ライオンと戦う。ライオンは後脚2本で立ち上がり、前足2本をたかだかとふりあげて（そう見たいのだが、コピーのトリミングが悪くて、細部は見て取れない）騎士に襲いかかっている。後ろ脚3本に見えるのは、絵がへただからで、1本は尻尾である。

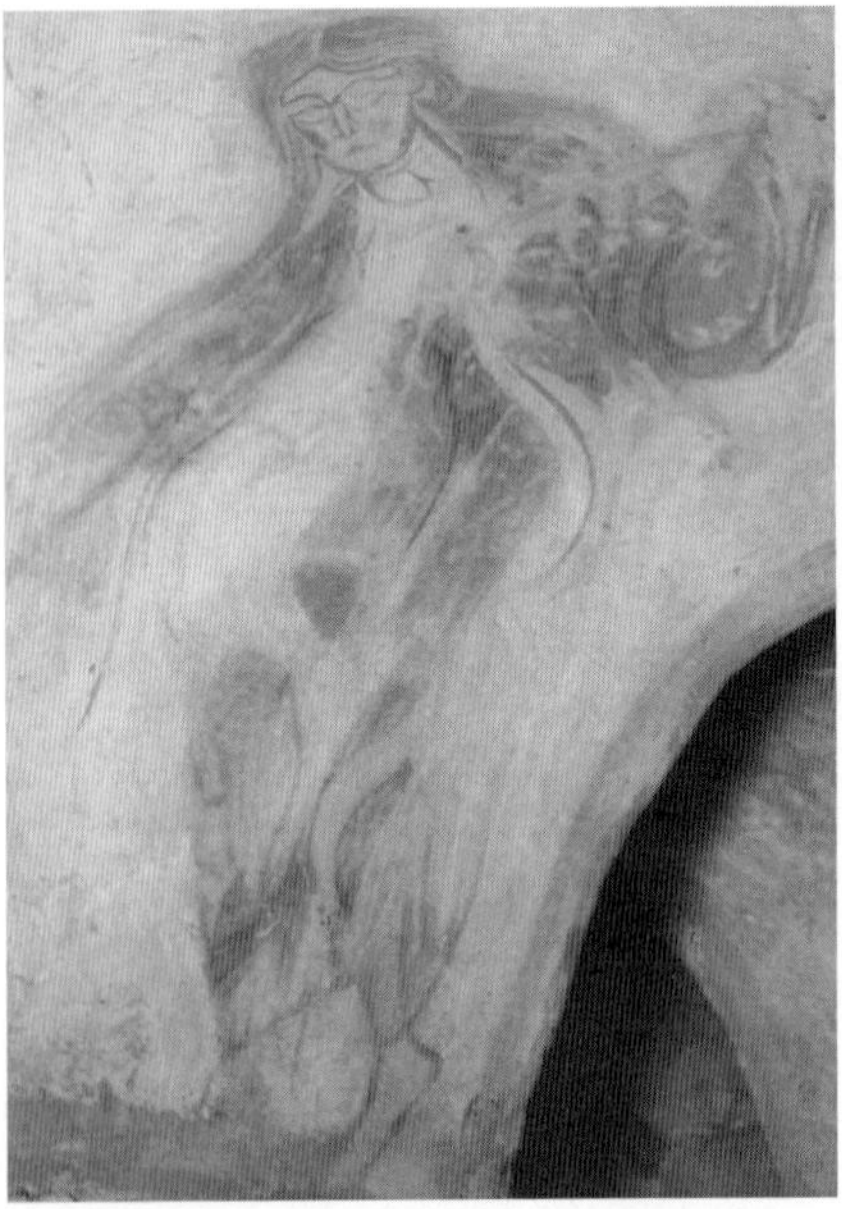

図 12. タヴァンの壁画から、「われとわが乳房を槍でつらぬく女」

槍を握る手が意欲的である。女の意地が見て取れる。よく見えないのは写真のプリントが悪いからで、別のプリントで見れば手の描写がむしろ強調されている。もろの乳房にくらいつくドラゴン。この絵が描かれた頃合いにこのあたりをのそのそ歩き回っていた若者は、それから20年もたって、女の意地にふりまわされることになる。エロイーズとの情事である。わたしはこの絵をエロイーズの肖像に掲げようと思う。1974年にタヴァンのサンニコール教会堂で買い求めたゾディアック社製のカラー写真から。

図 13. グラマティカの講義

グラマティカ（ラテン語の学習の基本である「文法」）の授業の様子。レミ・ドーセールの『マルティアヌス・カペラ注解』の写本飾り絵。パリの国立図書館のラテン語写本から。ピエール・リシェ『初期中世の学校と教育』（パリのオービエ・モンテーニュ社、1979年）の表紙絵を借りた。マルティアヌス・カペラはカルタゴの住人で、たぶん法律家で、5世紀から6世紀にかけての時期に、『フィロロギアとメルクリウスの結婚』という本を書いた知識人。「フィロロギア」は原義は「ロゴスを愛する者」の意味で、近代的な語法では文献学者とか言語学者と訳される。「メルクリウス」は英語でマーキュリーで、この関係では使者の守護者。フィロロギアを天に送り届ける役目を担う。この本の2章までにそのことを書いて、あと7章、図15に紹介する「人文七科」のことを書いている。そのトップが「グラマティカ」というわけ。4世紀から5世紀のヒッポのアウグスティヌスが古代キリスト教学者の花形とすれば、マルティアヌス・カペラは、キリスト者の立場から見れば異教徒の古代学者の名残のバラであった。なお「レミ・ドーセール」、オーセールのレミギウスと呼ばれるこの人物はブルゴーニュ出身の人文学者で、オーセールのサンジェルマン修道院の学校で教師を務めたあと、883年にランス大聖堂付属学校の教壇に招かれた。10年後、校長になった。しかし、900年に、かれを招聘してくれたランス大司教フルコが死去したのを機会に、職を辞し、パリに出て教室を開いたという。885年にパリがヴァイキングに襲われて、1年間近く籠城を強いられたという事件があったというのに、なんとまあ、悠長なことでと批評すべきか。それともラテン語の学問の持続のたしかさを思うべきか。

図 14. イヴと蛇

モデナ（イタリアの町で、ボローニャ北西 40 キロメートルほどと案内したら、モデナの人たちに怒られるだろう）のカテドラルのメトープの浮彫。メトープは古代ギリシアの神殿建築でフリーズの単位となる四角い壁面をいう。フリーズは列柱上部にかけわたす横材の絵模様帯だが、中世の教会堂建築では、幅狭の連続アーチ上部にわたす横材をいう。ただしこれはわたしの推理で、わたしが調べられるかぎり調べた範囲内には教会堂のメトープについての言及はここ以外に出ない。いずれにしてもこのサンプルはモデナ・カテドラル博物館所蔵の一品らしく、メトープの場所が特定されているわけではないらしい。イヴが蛇を愛撫している。蛇は恥ずかしがって体をくねらせている。いいですねえ、このイヴにエロイーズのすがたかたちを重ね焼きしたい。G・デュビー『ル・モワイヤン・ナージュ　アドレッサンス・ド・ラ・クレティアンテ・オクシダンタール　980 ～ 1140』（ジュネーヴのスキラ社、1995 年）から。この本のタイトルを日本語に移すには膨大な注釈が必要なので、原語のカタカナ表記で逃げました。

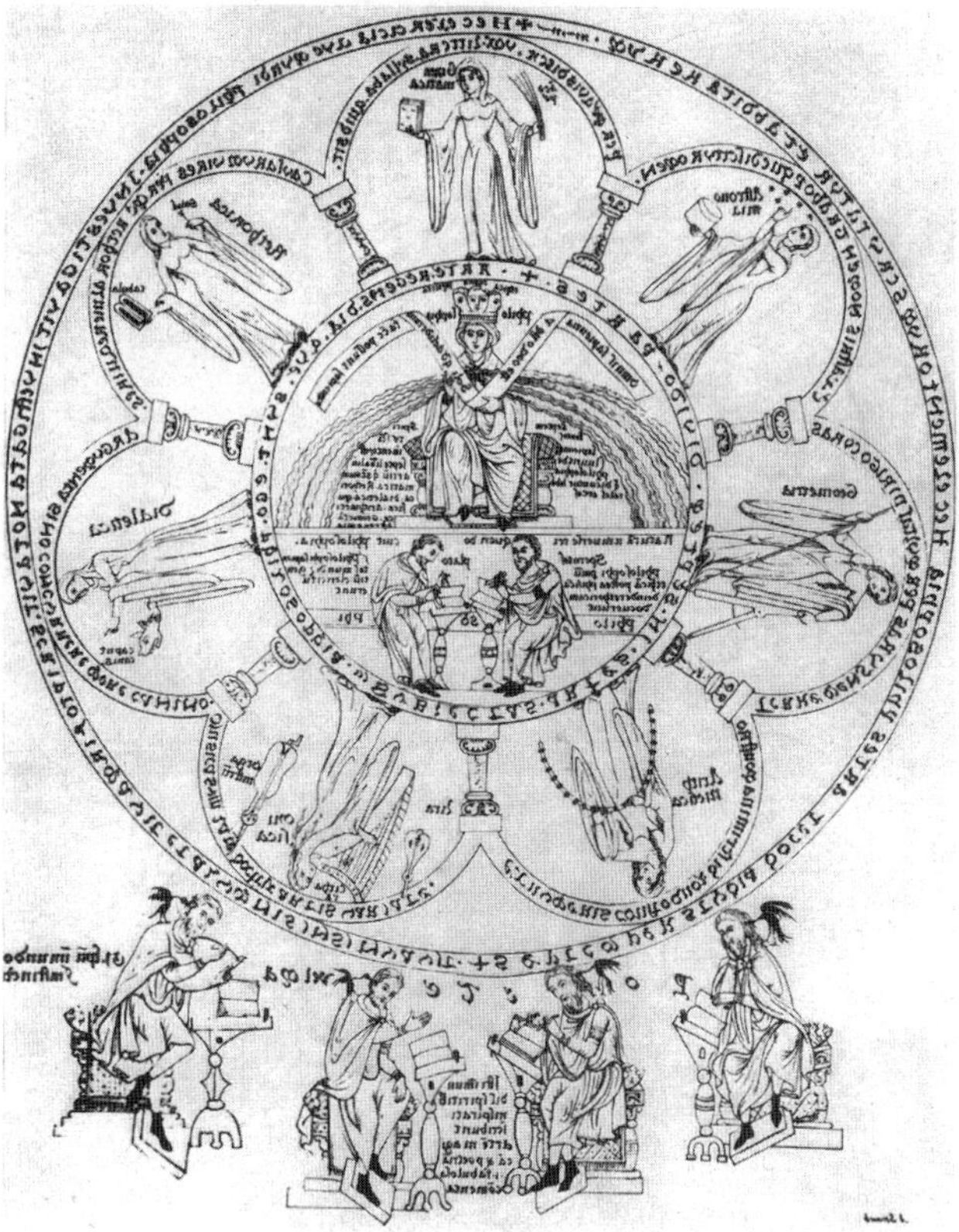

図 15. 哲学女神に統御される自由七科

本書 15 ページから 16 ページにかけて紹介したヘルラーデ・フォン・ランツベルクの『ホルトゥス・デリキアルム(悦楽の園)』写本飾り絵。天頂から時計回りに文法、修辞、弁論、音楽、数学、幾何学、天文の、英語でいう「セヴン・リベラル・アーツ」自由七科の擬人像。中央の小円の上のセクションにピロソピア、哲学女神が座し、下の小さめのセクションに、左がソクラテス、右がプラトン。小円の丸帯にピロソピアが七つの自由七科の支配者であるむね記されている。大円の丸帯に自由七科の学問の仕方が述べられている。それは大円の下の 4 人の学者のイメージに対応している。すなわち一番右端の学者のイメージが調査すること。左端に移って、調査したことを説明すること。その右手に、説明したことを書くこと。その右手に、それを学生たちに講義すること。以上の手続きが必要であることが大円の丸帯に記された文字列が示している。『十二世紀のヨーロッパ』所載の図版から。

図 16. シャンパーニュの冬

霜枯れたぶどう畑を縁取るりんごの木々は小粒の実をいっぱいつけている。目路はるか、ランス大聖堂。1971 年 12 月、ランスをたずねる旅の途中のワンショット。

りんごは森のりんごの栽培品種で、もともとは、ぶどうと同様、ガリアに入ったローマ人のガーデニングにはじまったらしい。北フランスや南イングランドのりんごはいわゆるシードルりんごで、しぼって液汁をとるのが狙い。それに料理の素材。だから酸味が強く、小粒で、形や色はあまり気にしない。この本の次の章「時代の典型」に、アベラール死後、クリューニー修道院長ピエールが、パラクレーの尼僧院長を訪ねて、ブルゴーニュに客死したアベラールの遺骸を返すという場面が出てくるが、そこで、賓客を迎えた尼僧院長エロイーズが、小刀でりんごの皮をくるくる剥いて客をもてなしたという想像は快いのだが、それはじつは欺瞞の映像で、よいかたちでの映像は、尼僧院長は、よく冷やした錫の酒杯に澄明の液汁を注いでピエールにすすめる。シードルである。なにしろエロイーズからアベラールにあてた 3 通目の手紙に、こう読める。

「ヘブライ語でシケラと申しますものは、なにしろ人を酔わせる飲み物で、発酵物質を使って作るもの、ポムムの液汁や蜂蜜を煮つめて作るもの、薬草で作るもの、また、棗椰子の実をしぼったもの、麦を煮て水をくわえて作るものをいいます。」

ポムムが厄介で、ふつう「りんご（アップル）」と訳していて、それがラテン語辞典を見るとなんであれ果実をいうといい、それはたしかに中世ラテン語辞典のブレーズを見ると「果実、りんご、比喩的な意味合いで果実」をいうといって、りんごを特定している気配はあるが、どうも定まらない。フランス語の「ポム」りんごの語源ではないですかといわれても、エロイーズの時代にそれが何だったのか、知りたいのはそのことで、ここはせいぜい「りんごなど」と訳しますか。

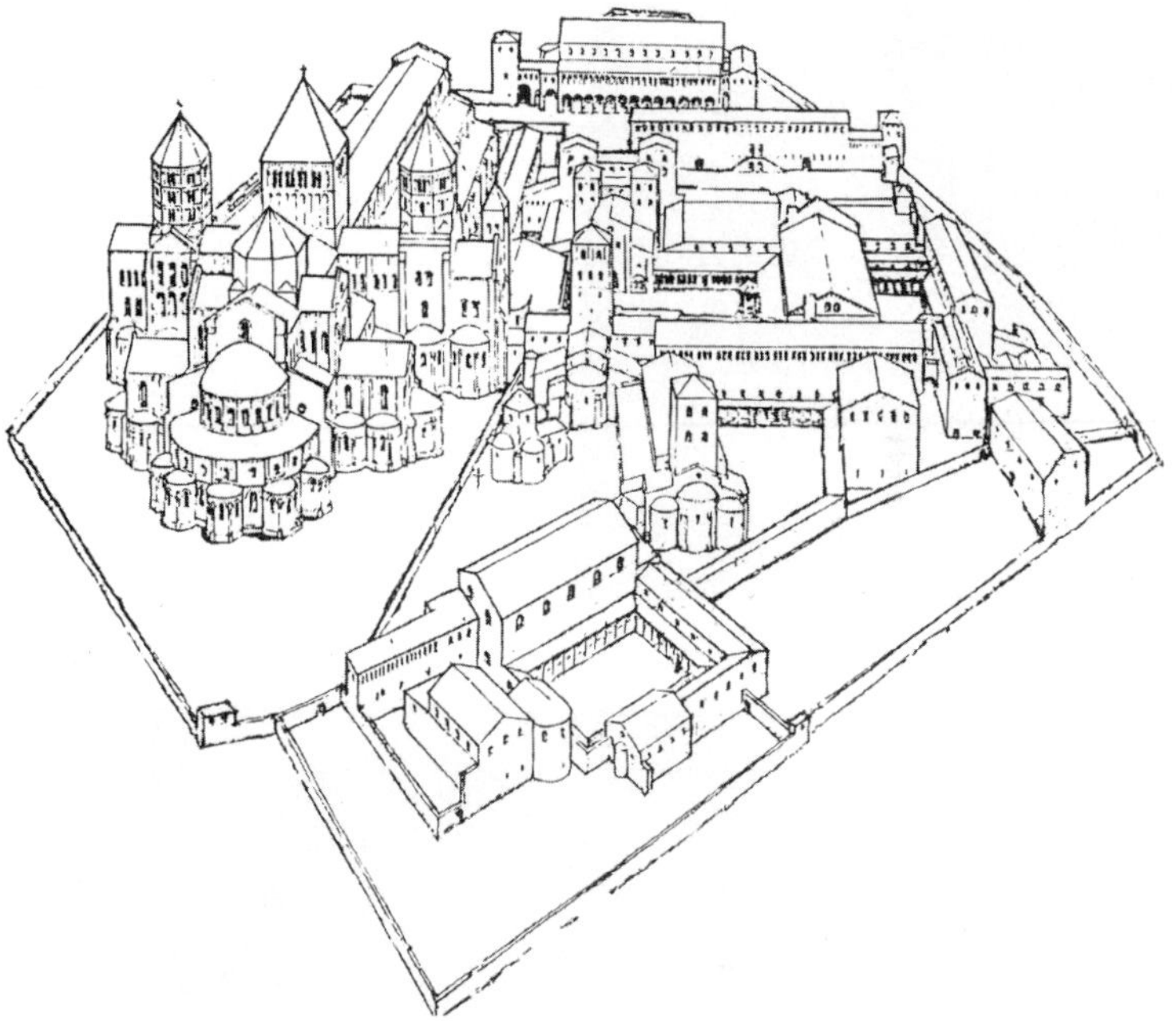

図 17. 在りし日のクリューニー修道院全景の想像復元模型図

クリューニーⅢが完成した後のクリューニー修道院はこうもあったろうか。中景右手に教会堂クリューニーⅢ。左手に回廊を含む修道士の居住区。一番奥に正門と門番小屋や訪問客応接所などの建物。一番手前の一郭は病棟。歴史のなかのクリューニー修道院は、クリューニーⅢは「南袖廊の塔」を残すのみで、塔の基礎の構造が13世紀に建て替えられた。そのゴシックの構造が一部残っているが、ほとんどは石材資源扱いされて持ち出され、また建て替えられて現在にいたっている。K・J・コナントは考古学的発掘調査の結果を踏まえて想像裡に在りし日の修道院を復元絵図に描いた。調査報告書と想像復元図版はすべて『スペクルム』に公表されたが、いまはわたしの手元になく、そこから借りることはできない。かわりにノーリーン・ハント『聖ユーグの時代のクリューニー 1049～1109』（エドワード・アーノルド、ロンドン、1967年）が挿図に選んだ図版を借りた。

図 18-a. 修道士グンゾは聖ペテロが教会堂の建築について指示を下す様子を夢に見た

図 18-b. グンゾはクリューニー修道院長ユーグに見た夢の話をした

12 使徒のひとりペテロは「マタイ伝」第 16 章などでは「シモン・ペテロ」と名乗り、イエスがその名前に引っかけて、わたしはおまえの上に教会を建てようといったという話になっている。文語訳聖書はペテロは磐の意味だと脚注している。ラテン語聖書は石を意味するペトルスをそのままに「このペトルスの上に」と書いている。尊者ピエールの著述『奇蹟について』の写本の飾り絵で、12 世紀末頃に製作された。ノーリン・ハントの本から借りた。

図 19. クリューニー修道院の現在

1971 年 8 月に著者が撮影した「クリューニー修道院の現在」。屋根越しに見える六角の塔がクリューニーⅢの唯一の遺構「南袖廊の塔」。この角度から見ると、その左手に、だからこの写真に見える左側の翼廊の建物の屋根越しに、18 世紀に造営された回廊の建物とその庭園がある。その庭園には、なんと「アベラールの科木」が、20 世紀に入っても、まだ枝葉をそよがせていたのだという。それが、なんと、1982 年に、嵐が襲って、その科木を倒したのだという。もう、信じられない。1971 年には、まだ、その木の幹に、アベラールがさわったかもしれないその箇所に、さわることができたはずだったというのだ。そんな、900 年も前の話ですよ。鎌倉の鶴岡八幡宮の例の大銀杏でさえも、このあいだ倒壊したというのに。もっとも、ノルマンディーのセーヌ河畔に、「アリエノール・ダキテーヌお手植え」かどうかは知らないが、なにしろかの女の時代にまで植生はさかのぼるというサンザシの木がある。先年、わたしは物好きにも出掛けて、ちゃんと見てきました。ちゃんと植わってました。だから、まあ、クリューニーの科木も植わっていたのでしょう。わたしがなまけて見参しなかったのが、いまにして悔いののこるところです。南袖廊には 13 世紀のゴシック様式の結構がまだ健在で、地上階部がワイン・セラー、一階部がグラネイ（穀物倉庫）として使われた跡を残している。グラネイには、現在、クリューニーⅢのわずかな遺品である、八個の柱頭が展示されている。

図 20. クリューニー修道院の記憶

クリューニーⅢの唯一の遺構「南袖廊の塔」。『ヨーロッパ世界の成立』（講談社、1977 年）に口絵カラー写真に載せた。のち、2006 年に、『中世ヨーロッパの歴史』と改題して講談社学術文庫に収めるにあたって、本文挿図にモノクロで、別の角度からの「南袖廊の塔」の写真を載せた。

図 21．修道院の門の遺構越しに望む南袖廊の塔

これはハントの本が載せている写真を借りた。ハントのキャプションも「ザ・フォーマー・アベイ・ゲート」と書いているだけで、これは修道院のメインゲートだったのだが、特定の名前はもっていないらしい。第一、この門構えがいつの時代の結構か、コナントの報告書がこの門の遺構についてふれているかどうか、いまは確かめようがない。また、わたし自身がクリューニーをたずねた折にこの門の遺構をくぐったかどうか、記憶はさだかではない。「想像復元模型」にはたしかに門は図示されてはいるし、位置関係から見て、こう見えるだろうことはわかる。ちなみにミシュランの「ギド・ヴェール」でも「アントレ・プランシパル」と、こちらは門とも呼んでいない。「主な入口」である。

図 22. 想像のうちにクリューニーⅢの身廊に入る　西側玄関から入って後陣を望む。身廊天井はヴォールト・アーチ（樽型丸天井）だが、身廊と側廊をへだてる柱間のアーチはポインテッド・アーチ（尖頭穹窿）の実験を示している。コナントが身廊の天井高をどのくらいに見積もっていたか、『スペクルム』のコナントの論考はすべてコピーをとってあるのだが、それがどこへいってしまったのやら、いまは探しようもない。絵を見て推量すれば、人影の身長が 8 ミリ、まっすぐ上に物差しをのばして天井までほぼ 105 ミリ。身長を 160 センチとすれば天井高はほぼ 16 ～ 17 メートル。そんなものでしょうか。

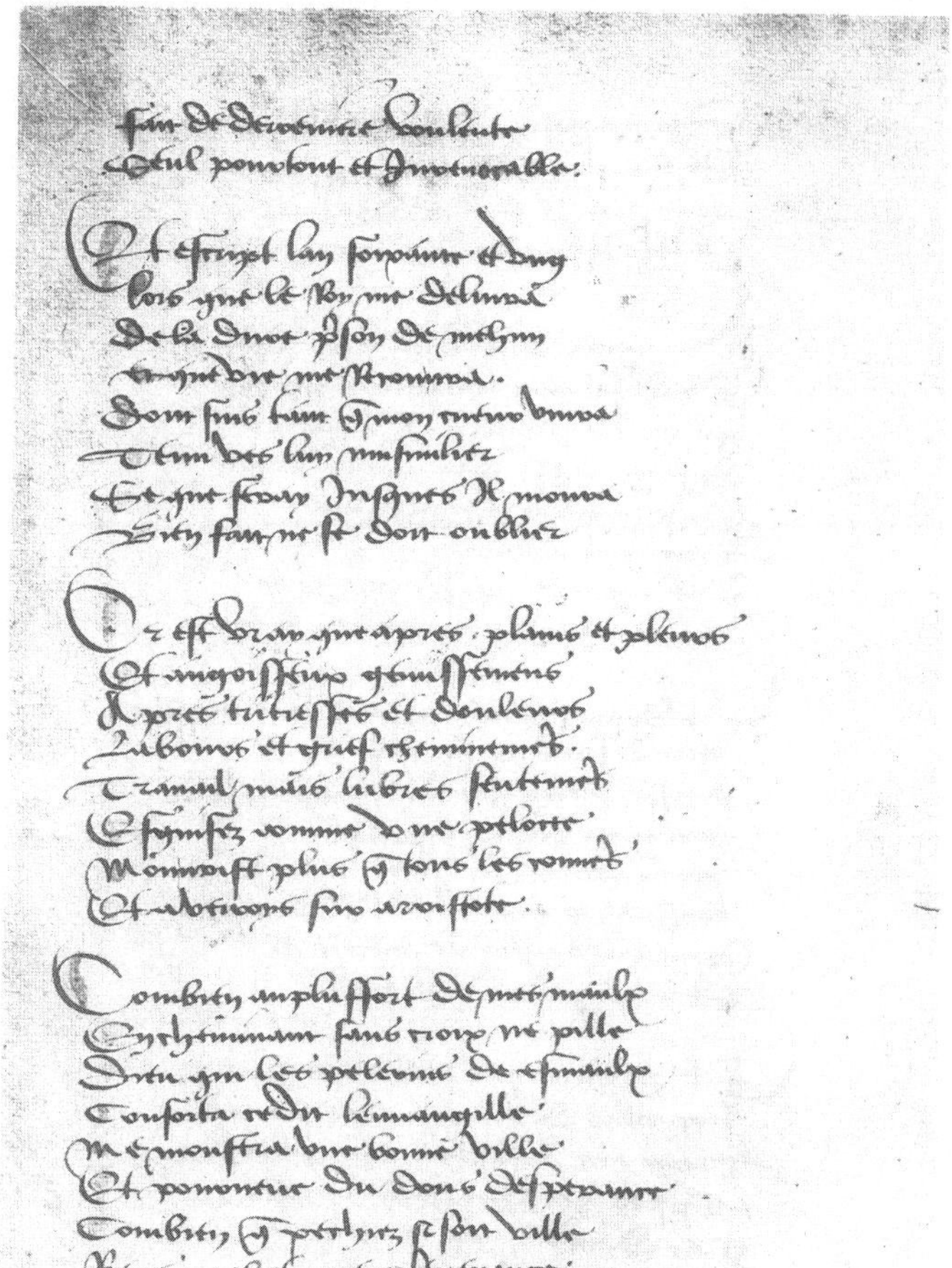

図 23．ヴィヨン遺言詩写本

ベーエヌのコワラン写本の『遺言の歌』の一葉。二つめの 8 行詩が 12 節。三つ残っている（『形見分けの歌』は四つ）同時代の写本のうち、このベーエヌ本は筆致が端正なことで売っている。ストックホルムにあるフォーシェ写本となにかと引き比べられて、フランス人のヴィヨン学者のあいだでは、だんぜんコワラン写本の人気が高い。なにしろパリのベーエヌ本なのだから。ベーエヌとは、ベーエヌエフと呼べとフランス人に注意されるが、国立図書館のことです。ちゃんと「フランス国立図書館」と呼びなさい。

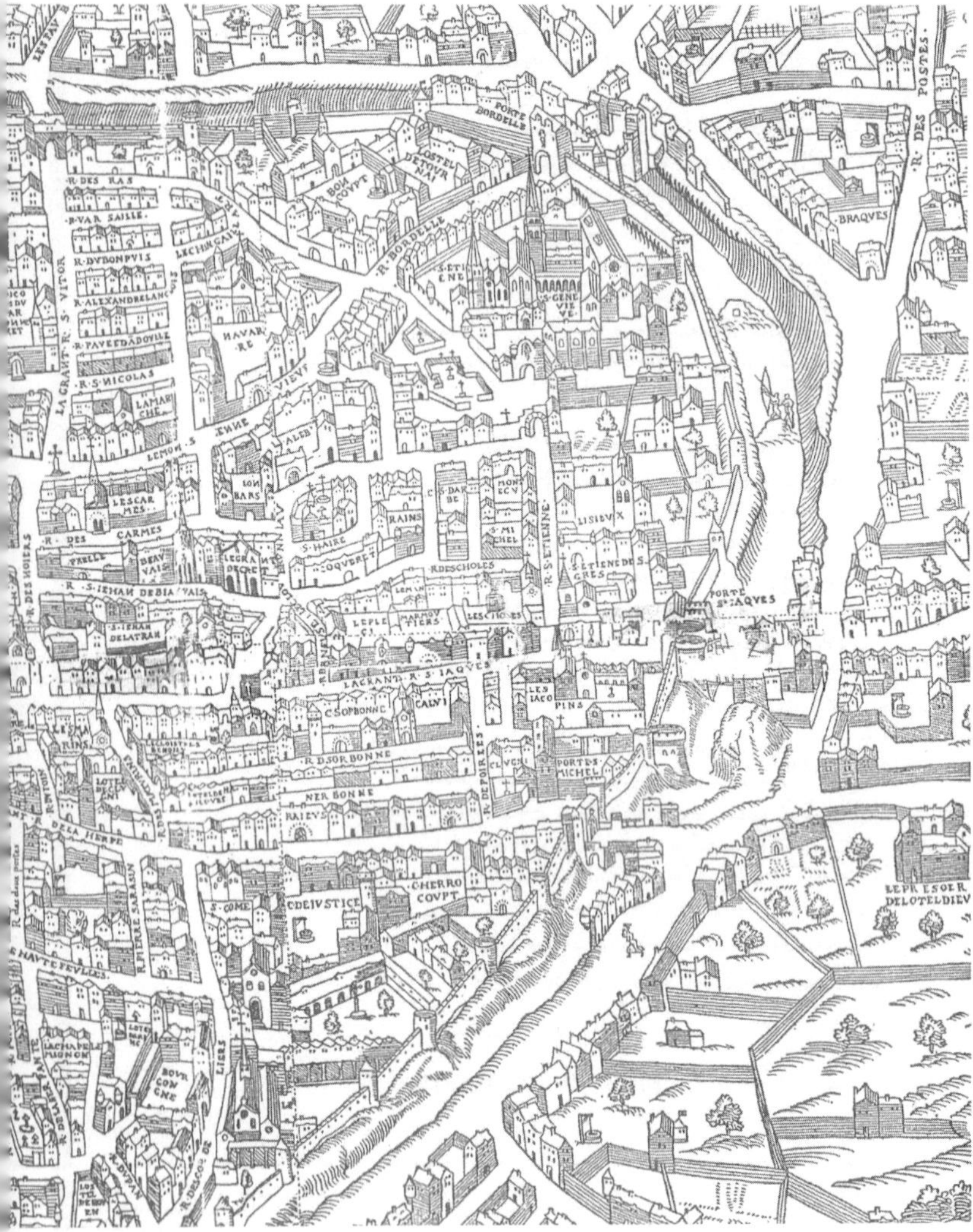

PORTE BORDELLE
LOSTEL DETOVRNAI
R. BON COVVT
R. DES RAS
R. VAR SAILLE
R. DVBONPVIS
R. ALEXANDRE LANGLOIS
R. PAVEE DADOVILLE
R. S. NICOLAS
LA GRANT R. S. VITOR
LA MARCHE
LECHIN GAILLARD
R. BORDELLE
S. ETIENE
S. GENEVIEVE
NAVARRE
R. DES POSTES
BRAQVES
LESCARMES
R. DES CARMES
PRELLE
BEAVVAIS
LEGRANT DECRE
R. DES NOIERS
R. S. IEHAN DE BIAVVAIS
S. IEHAN DELATRAN
LONBARS
S. HAIRE
COQVERET
R. DESCHOLES
S. DARBE
RAINS
MONTECV
S. MICHEL
R. S. ETIENNE
LISIEVX
S. ETIENE DES GRES
PORTE S. IAQVES
LEPLESIS
MARMOVTIERS
LESCHOLES
LA GRANT R. S. IAQVES
C. SORBONNE
CALVI
LES IACOPINS
R. DE SORBONNE
CLVGNI
PORTE S. MICHEL
NERBONNE
BAIEVS
R. DE POIREES
R. DE LA HERPE
LES MATHVRINS
R. PIERRE SARASIN
R. HAVTEFEVLLIES
S. COME
C. DE IVSTICE
CHERRO COVRT
LEPRE SOER DELOTELDIEV
LACHAPELLE MIGNON
BOVRGONGNE
R. DVPAN

パリの古絵図から

市庁舎の大広間にかかっていた綴れ織り壁掛けの図柄をもとに16世紀中頃の職人たちが描きおこしたもの。バーゼル市立図書館などに複製が伝わった。現在、パリ歴史博物館などで複製が販売されている。18世紀に制作された細緻な銅版画もあり、これはルーヴル美術館の版画類売店などで購入することができる。

図 24-1. シテ島とカルチエ・ラタン街区　上が東。左が北。セーヌ川は東から西に流れる。流れに乗って左岸、右岸をいう。カルチエ・ラタンは左岸。プチポンを渡ってシテ島からまっすぐ南に伸びる道路がサンジャック通り。道は登りになっている。この絵図面で真ん中あたりの右手の一郭がサン・ブノワ教会の境内。サン・ジャック通りをさらに登っていくとサン・ジャック門。右手にジャコパン修道院。ジャコパンの前のサン・テティエンヌ通りを東に入っていくと門があつて、その門を入って、さらにもうひとつの門をくぐり抜けると、サント・ジュヌヴィエーヴ修道院の構内に入る。このあたりの現在はパンテオンと呼ばれる建物が建っている。

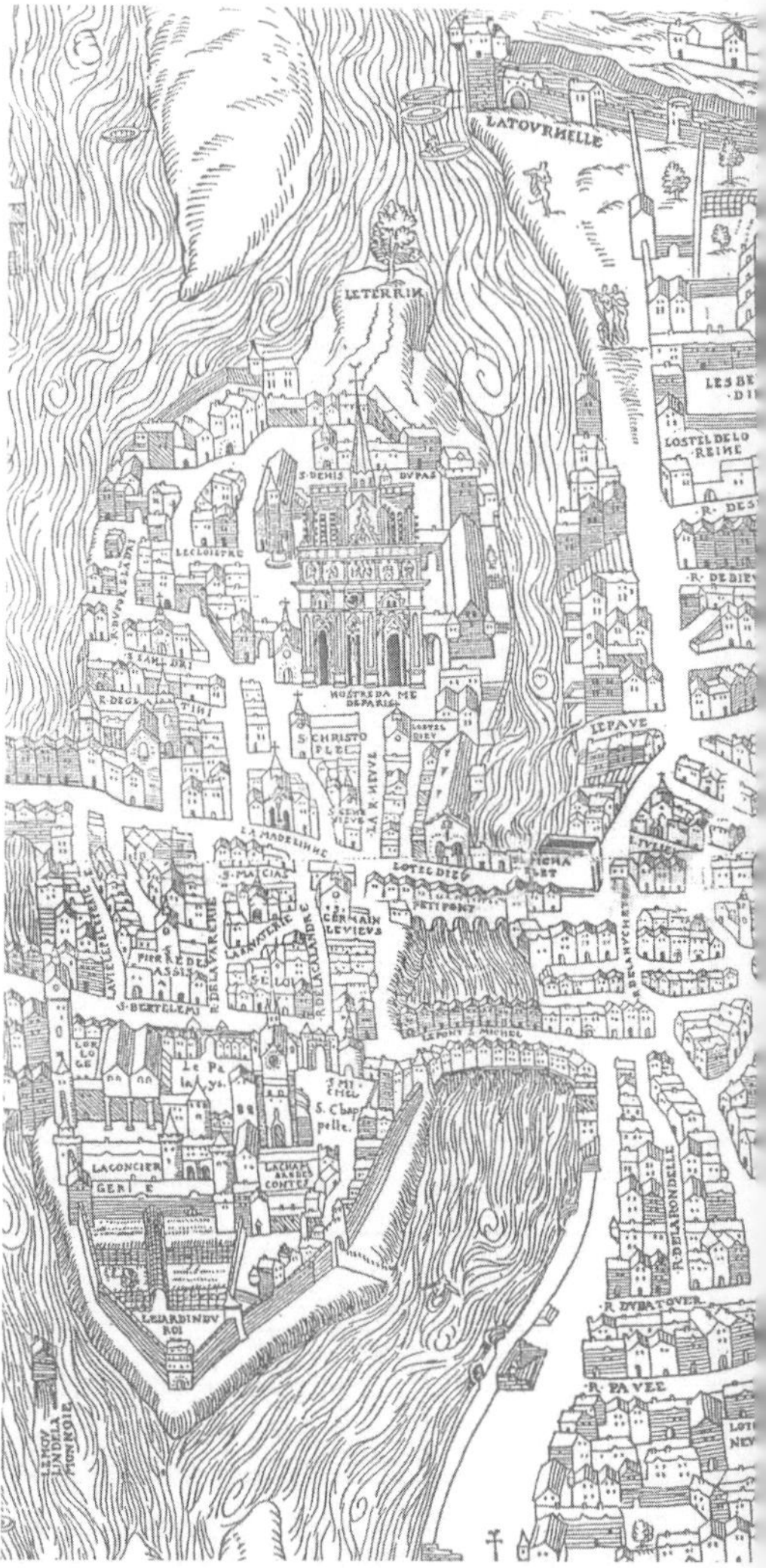

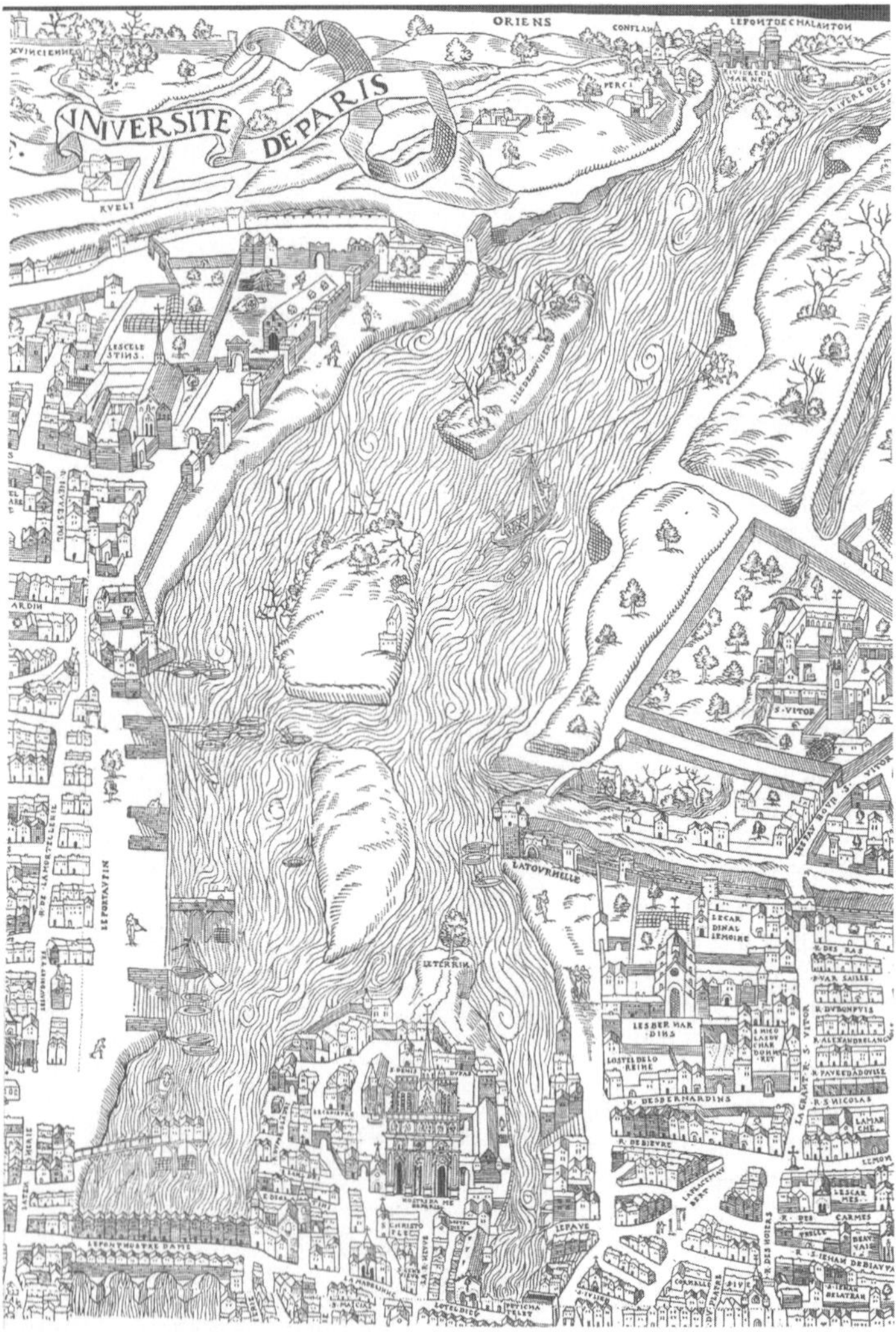

図 24-2．シテ島のノートルダム寺院からさらに上流のセーヌ川の両岸　川中のサツマイモみたいな形の島三つは、いずれ17世紀に一つに造成されて住宅が建ち並ぶようになる。サンルイ島である。その北側の対岸（目をこらして上辺をご覧ください。オリエンスと書いてあって、つまり上が東です）にセレスタン修道院が位置している。いまはセレスタン河岸にその名を残している。反対の南側にサンヴィクトール修道院。パリの左岸の街区カルチエ・ラタンの東門を出たところに位置している。だからその門はサンヴィクトール門と呼ばれた。

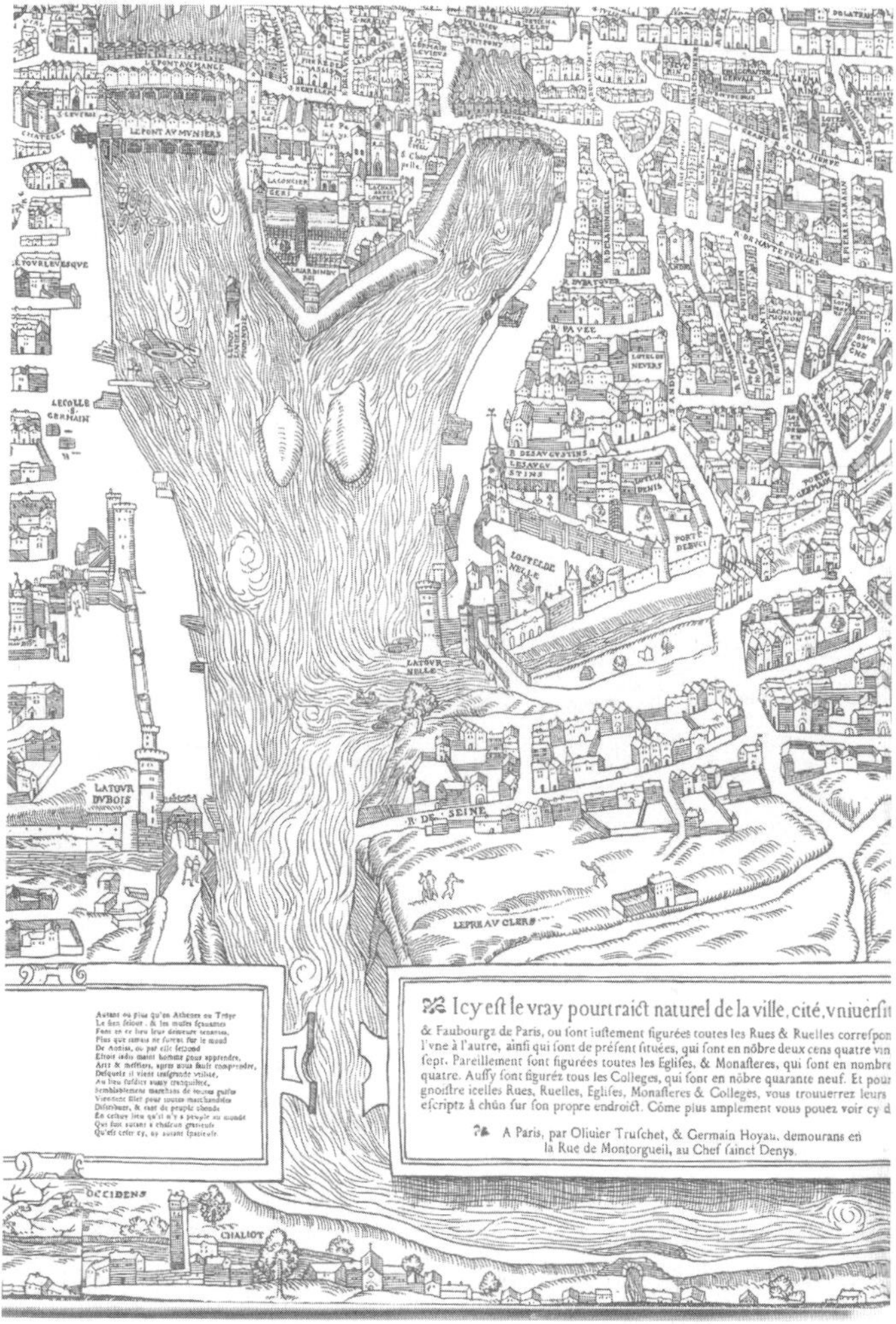

図 24-3. 眼光鋭いお方はお気づきであろうか、この図面の左下隅にオクシデンスと見える。西方という意味で、セーヌ川が西に流れる。このコラム欄ふうなところに、この絵図面がオルヴィエ・トゥルシェとジェルマン・オヨーによって製作されたものだと書いてある。だからこのパリの絵図は「トゥルシェとオヨーのパリ絵図」と呼ばれる。南側の河岸の、カルチエ・ラタンを囲む城壁の脇の堀割がセーヌ川に口を開けるところに、水上に身を乗り出すような気配で「ネールの塔」が立っている。まるでナヴァール王妃の伝説を意識しているようだ。まあ、じっくりとご覧ください、小舟などもちゃんともやってあります。

図 25. ネールの塔

19 世紀の版画家ホフバウアーのえがくパリの歴史的風景の一点。1380 年を想定してえがいたという（『イマージュ・ド・パリ』エディション・サンド、1984 年）図 24-3 のパリ絵図とつきあわせてご覧になるとおもしろいと思う。その間 2 世紀ほど経っているわけだが、ネールの塔は、時と人の流れも知らぬげに、セーヌの川面にその影を落としている。背後にひろがる街区はカルチエ・ラタン。

図 26. ヤン・ファン・アイクのえがいた教会堂内の聖母子のひらいた状態の全図

「均斉への希求は、神の御子をさえも線の統制に服せしめる。列柱の台座の作る線、柱頭の線、聖母の裳裾から神の御子の右脚伝いにのぼる線、すべての線が聖母の軽やかな頭飾にいたる。そして、緞帳が視線を遮る。遮られた視線が右に流れるところ、聖女カトリーヌが本を読んでいる。柔らかな触感の白地の縁飾りが、なんとやさしい雰囲気を作っていることか。象徴物はむろん無視されるべきではない。かの女は剣を軽やかに持ち、かの女の殉教の道具、車輪は、まるでかの女に忠実につき従う小犬のようだ。そして窓があく。宝冠をいただく頭部のぼうぼうと煙る羽毛の髪の背中にかかるあたり、これはどこの町だろう、市街と丘と遠山と、なじみの風景がひろがる。左翼のパネルについては、さて、どういったものか。大天使ミカエルは騎士の戦いと軍勢の象徴として描かれている。それはそれなりにこの時代の理解を示す。それに、この若々しい武者ぶりはどうだろう。時代は、騎士道になお未来を託すというのか。ところが、大天使ミカエルは、最終審判図において、人の魂の目方を測るべく天秤を手にする絵姿で描かれもする。」

以上は 1977 年に美術雑誌『みづゑ』に書いた連載エッセイ「画家たちの祝祭」の一節で、この連載エッセイは、1981 年に小沢書店から、エッセイのタイトルと同じタイトルで出版した。4 分の 1 世紀後、2007 年に、講談社学術文庫から、『中世の秋の画家たち』というタイトルで再刊した。じつは、いまでも、『みづゑ』連載エッセイのサブタイトルだった「北方ルネサンス」をこそ、本のタイトルにとるべきだったと悔やんでいる。なお、この三折り祭壇画「聖堂の聖母子」は、扉を閉じれば縦 30 センチに横 27 センチほどのミニチュア祭壇画で、ドレスデンの美術館にある。先年エルベ川の大洪水で、ドレスデン市街が冠水する被害が生じたが、美術館の所蔵品の救出が話題になった話を、先年というのは 2002 年のことだが、その年に発行された学習院大学美術史研究会の会誌『瓢鮎抄(ひょうねんしょう)』に書いた。「パリの空の下、セーヌはあふれる」というのだが、その『瓢鮎抄』の連載エッセイもふくめて、2004 年に学習院大学を退職するにあたつて、エッセイ集を編んだ。『飛ぶ鳥の静物画』といいます。図書新聞から出ています。ぜひ、ご覧ください。

ここに掲載した図版は『みづゑ』に掲載されたカラー図版をコピーした。美術出版社「みづゑ」編集部は、エッセイ連載にあたって、所蔵先の美術館などから原画の大型トランスパランシー(「透かし絵」と訳されるが、つまり大判「スライド」である)を取り寄せてくれた。

のうち２点は見開き大に掲載していて、ひとつはジャンヌの生村ドンレミの近くのムーズ河畔の遠大な風景。もうひとつは、これはこの本でも、残念ながらモノクロだが、ご覧に入れるルーアンのヴィュー・マルシェ広場の旧景。ジャンヌが火刑にあったその場所が柵で囲われている。旧景というのは、いまは見られない風景だからで、いまは旧市場の建物が取り払われて、そこにばかばかしいほど大きなジャンヌ・ダルク記念堂の鉄筋コンクリートの建物が建っている。その意味でこの写真は記念的なもので、おそらく他にはあまりないのではないか。ジャンヌ・ダルクの生死を囲うふたつの風景の写真をわたしが提供しているわけで、その生死をむすぶジャンヌの短い人生の跡がしるされたオルレアン、コンピエーニュ、ルーアンの写真も提供した。さて、そこで「ジャンヌの旗」だが、これはフランス語でエスタンダー（近代語でエタンダール）、英語でスタンダードと呼ぶ細長く、先細りになっていて、先端が２本ないし３本に裂けている旗で、ジャンヌがルーアンで異端審問にあった時に裁判人の質問に答えて、「地にユリが散りばまれていて、モンドが描かれていて、その両側に天使がいる。それは白い色をしている。白い生地でできていて、いや、ブカチーノかな、そこに名前が書いてある、イエスとマリアと、だと思う、絹の縁がついている。」ごらんのようにジャンヌはしどろもどろである。傑作なのは「ブカチーノ」で、わたしはルーアンの異端審問記録のラテン語版をフランス語に訳したのを主に見ているが、訳者は「ブーカッサン」と書いていて、なんの説明もつけていない。旗の布地の色についていっているところで、白い布地だったといっていて、それが自信がもてないのか、「ブカチーノかもしれない」といっていて、訳者はただそれをいかにもそれらしくフランス語形に直しているだけ。読めなかったのにちがいない。それで知らん顔をする。悪いくせです。異端審問記録のラテン語版は他にもあって、わたしはそれを見ているが、ちゃんと「ブーカチーノ」と書いている。ラテン語で、などと解説しているわけではない。これはむしろイタリア語です。いまのイタリア語にも「ブカチーニ」というのがある。スパゲッティより太めの穴あきパスタです。ジャンヌは「白色というか、パスタ色ですね」といっている。ごめんなさい。なにかカラー図版を解説するようなことになってしまって。おまけにプリントがあまりシャープではないから、おわかりにくいと思いますが、ジャンヌの顔面の左手（向かって）が旗の先端の方で、わたしが見ているカラー図版では地の色はグレイ。ジャンヌの顔面を白いと形容すれば、白いというか、むしろグレイがかっているとジャンヌはいっている。そこに黄金色でユリが三つ見える。その三つのユリの上にマリアと書いている。黄金文字です。ジャンヌの剣をはさんで、右手に、しかたがないのでアルファベットを使わせてもらいます、ihs と書いている。これはイエスの名前の略記、というよりもイエスをいう Jesus Hominum Salvator（人類の救い主イエス）のキャピタル・レターの組みあわせ記号である。字が書けないジャンヌだが、そういうふうに書くのだと教わったのだろう。もちろんこれを書いたのがジャンヌその人だというのではない。ジャンヌは左手に旗竿をもっている。だからジャンヌの顔面の右手で旗が旗竿に取りつけられているのだと分かる。ずいぶんと理詰めの絵の構図である。その付け根に近いスペースに「主なる神」とその左右に天使が描かれている。「主なる神」は左手に玉をもっている。モンドである。これを地球と訳すなんてとんでもない。モンドが球体であることはまだ常識となっていない。だからモンドをなんて訳すか。やはり世界でしょうねえ。

図 27. ジャンヌ・ダルクの旗

このジャンヌ肖像はシャルル・ドルレアンの詩稿の裏に描かれたものだという伝えがある。なるほどこの図版を見ただけでも、絵の描かれている地は羊皮紙の表皮のようで、シャルル・ドルレアンがぜいたくにも羊皮紙に詩を書き付けた、その紙葉の裏に絵を描いた人がいたという話になって、それはそれなりにおもしろい。どうしてこんなあいまいな物の言い様をしているのかというと、じつはわたしは現物はおろか、現物のきちんとした複製さえも見ていない。いままでにもいろいろなところにこの絵を紹介しているが、だから『回想のヨーロッパ中世』を本にしたときも、なにかの本に掲載されていたこの絵を編集の人に紹介したのだろうと思う。それがいまはその環境にない。いまわたしの手持ちの図書資料類で探すと、なんとずっと以前に千趣会が製作販売した「失われた時への旅　ヒロインの世紀」全 12 巻という図録本のシリーズがあって、その 5 の「聖女ジャンヌ・ダルク」にわたしが編集・執筆の両面で協力している。なんと「ジャンヌ・ダルク物語」というのをわたしが書いていて、40 ページから 99 ページにわたる大著で、これだけでも、多少おひれをつければ一冊の本になるほどのものだ。幕間狂言に仮想対話を組んでみたり、ヴォークールールの守備隊長ロベール・ド・ヴォードリクールがシノンの王太子にあてた手紙などという代物をねつ造したりなんぞして、かなり遊んでいる。カラー写真も 8 点ほど提供して、8 点というがそ

図 28．ルーアンのむかし市場の広場

手前の四角い囲いはここでジャンヌ・ダルクが火あぶりの目にあいましたという案内。広い木の囲いはただいま広場の舗装の修復中という案内。それがむかしの広場の舗装の修復なんか、なんの意味があったのか。この写真は1971 年 8 月に撮ったものだが、それから 10 年もしないうちに、市場の古びた建物は取り壊され、鉄筋コンクリート造りの、なにしろどでかいジャンヌ・ダルク記念堂がたった。フランス人のジャンヌ熱のすさまじさにはなにか不気味なものを感じる。ヨーロッパ連合が歴史の共通教科書を作ろうということになって、いざ出てきたものを見て、さすがのフランス人もげんなりしたという話が伝えられている。日本人にもそういう御輿を担ぐのがすきな人がいて、日本語版というのが作られたので、ちょっとのぞいてみて、なるほどと思った。ヨーロッパ連合の共通教科書といいながら、けっきょくお国自慢になってしまっているのである。そうしてフランス人の担いだ御輿が聖女ジャンヌ・ダルクだったという次第。これで英仏関係、独仏関係がうまくいくはずはない。まあ、ヨーロッパ連合の発想の原点はヴィクトル・ユゴーあたりのヨーロッパ合衆国で、だからユナイテッド・ステーツ・オブ・ユーロップで、ステートの立場はいぜん強いのだ。

図 29. ジャンヌの旅立ち

アドリアン・アルマンの『ジャンヌ・ダルク　その衣裳と甲冑』という、1929 年にパリのエルネスト・ルルー書店から出版された本があって、そのサブタイトル通り、およそ下着から兜まで、頭巾から拍車にいたるまで、ジャーン・ダールの衣裳小物を個別に資料に当たり、想像裡にスケッチを描き、旅立ちのジャンヌとか、コンピーンから出撃する時のジャンヌとか、ジャンヌの旗とか、数点の集合的スケッチも工夫した、その集合的スケッチの一つがこの図版である。

これはいろいろとおもしろいが、なかでも傑作なのが馬で、わたしは以前から疑っているのだが、ジャーン・ダールは馬に乗れたのだろうか。乗馬もまた騎士になるための修行の枢要の階梯で、それなりの修行の仕方というものがあって、ドンレミ村からヴォークールールの町へ出てきた村娘のジャネットは、さて、いつ、どのようにしてその階梯を踏んだのか。

馬はアンブランに足を運んでいて、アンブランというのは馬は馬でもパーフレの歩きようで、左右の前足後足、そろって前にもっていく。パーフレは、ロンシンなどに対して、騎行、狩猟、入城式など儀式に適した馬をいう。人のばあい、江戸時代の加賀飛脚の歩きようがこれで、人は前足は地面につけてはいないが、だから片側の脚と腕とを同時に動かす。これを「なんばあるき」という。どうして「なんば」かは、これは「難場」から来ているという説があるが、これは説にすぎない。

日本の馬術用語に斜対歩と側対歩（しゃたいほ、そくたいほ）というのがあり、斜対歩は馬の速歩のふつうの歩法（ほほう、歩き方）で、側対歩がフランス語でアンブランである。騎士道物語では、よく女性のまたがるパーフレがアンブランに歩いている。アンブランの他にも速歩にはピアッツェとかパッサージュとかあって、だから、アンブランは、自然体の歩法ではなく、学ぶべきそれだ。流鏑馬（やぶさめ）など、日本の伝統的な馬術で側対歩がとり入れられている。

わたしがいうのは、これからシノンへ向かうジャーン・ダール（ジャンヌ・ダルクの時代読み）の乗馬がアンブランなのはなぜかおかしい。ずいぶんと訓練された馬なことで、「インクェスタ」でのラサールの証言によれば、その馬を買ってやるのに 12 フランかかったという。それがルーアンの異端審問法廷の記録によれば、ジャーン・ダールは、なぜおまえはサンリス司教のハクネを取ったのかと聞かれて、取ったのではない、200 サルで買い取ったのだ。ただし、司教がそのかねを受けとったかどうかは知らないがと、苦しい弁解を強いられている。ハクネはパーフレの一種で、サルはフランスとイングランドの王ヘンリ 6 世の名において発行された 1 リーヴル・パリジスの金貨。200 サルは 250 フランにあたる。わたしがいうのは、12 フランのと 250 フランのとではかなりちがう。パーフレと一口にいっても、いろいろあったということです。

図 30. 死の舞踏

「何千という人びとが、毎日毎日、この異様な死《マカーブル》の広場たるイノッサン墓地にやってきて、くっきりと描かれた死の群像をながめ、かれらのよく知っている格言で各節をとめた、とてもわかりやすい詩句を読み、死の前での平等という考えになぐさめられ、あるいは、目前にせまる死を恐れたのである。猿そっくりの死の絵姿が、こうまでしっくりとその場になじんでいる例は、ほかにはみあたるまい。くすくす笑いながら、年老いてからだの堅くなったダンス教師のような足どりで、法王を、皇帝、貴族、日雇人夫、修道士、幼児、白痴を、その職業身分を問わずあらゆる人びとを、こっちへこいと、いざない連れていく。」（ホイジンガ『中世の秋』「死のイメージ」から）

画面はエヴェスクとエスクェーがそれぞれ自分の死者とともに。とはいうけれど右手の死者はエスクェーの腕に左手をからませ、右手はエヴェスクの左手をつかんでいる。他人の生者に手を出しているわけで、それはそれでなにか思想があるのか。エヴェスクは近代の発音でエヴェック、司教。エスクェーはエキュイエで、元来は楯持ち。騎士身分取得以前の状態をいうが、宮廷の平役人もエスクェーと呼ばれていて、この絵のように若者の肩書きに多いが、「ヴィヨン遺言詩『遺言の歌』」は、40 代、50 代になって、騎士ではないのに、騎士がなることになっている夜警隊の隊長職を、こちらも騎士ではないが、いま現に隊長をやっているのと裁判で争っているのをからかったりしている。「王家戦争勘定簿」の 1449 年の項に「エクエ・デクリー・ドゥ・ルェ」と出ていて、これは「王の厩舎係のエキュイエ」である。だから「楯持ち」というような訳語はおかしい。ヴォークールールからシノンまでジャンヌ・ダルクを護送した 6 人の男のうちジャン・ド・ヌイヨンポンというのは、ある会計簿に「エクエ」と出ていて、それが 1448 年か 9 年に騎士になったという情報があるのだが、かれのばあい、それでは「エクエ」がどういう社会的状態だったのか、それは分からない。

エヴェスクはかなり後代の音と形で、ラテン語やギリシア語ではウェスクス、ウェスコスである。一方、古英語、ということは低地ドイツ語のくずれた音と形でビスコップがあり、これは同じ語であった。近代、フランスでエヴェック、英語でビショップといっているのは同一語なのである。フランス語の方でエという接頭辞がつくのはよくある話で、スパトゥムにエがついて、エスペ、近代語でエペとなった。剣である。

「ヴィヨン遺言詩」に、イノッサン墓地のしゃれこうべの山を前にして、丁子の籠をもってく方（お役人へ賄です）と受けとる方と、これならどっちがどっちかおれにも分かる。それがだ、司教屋だったか提灯屋だったか、こいつばかりはどっちがどっちか、おれには分からない、と神妙に述べるくだりがあります。エヴェスク・ウ・ランテルネと書いていて、どうしてまた、ここで司教と提灯屋がくらべられるのか。ほかのところで、嘘つきは、いつも人をだまして、提灯だといって膀胱を売る。こちらではランテルネがヴェシーとひきくらべられている。エヴェスクが、その正体がヴェスクだとみんな知っていた。だからエヴェスク、ランテルネ、ヴェシーの三題噺が成り立ったのです。

エヴェスクと死者のあいだに垂れ下がっている擬似柱頭がランターンに見えてしかたがない。

Le mort

Tantost naurez vaillant ce pic
Des biens du monde et de nature
Evesque/de vous il est pic
Non ostant vostre prelature.
Vostre fait gist en aventure
De vos subges fault rendre compte.
A chascun dieu fera droicture
Nest pas asseur que trop hault monte.

Levesque

Le cueur ne me peult esioir
Des nouvelles que mort maporte
Dieu vouldra de tout compte oir
Cest ce que plus me desconforte.
Le monde aussi peu me conforte
Qui tous a la fin desherite
Il retient tout/nul rien nemporte
Tout ce passe fors le merite.

Le mort

Avances vous gent escuier
Qui saves de danser les tours
Lance porties et escu hier
Et huy vous finires vos iours.
Il nest rien qui ne praigne cours
Dansez/et panses de fuir
Vous ne poves avoir secours
Il nest qui mort puisse fuir.

Lescuier

Puis que mort me tient en ses las
Au moins que ie puisse un mot dire
Adieu deduis/adieu solas
Adieu dames/plus ne puis rire.
Pensez de lame/qui desire
Repos/ne vous chaille plus tant
Du corps qui tous les iours empire
Tous fault morir on ne scet quant.

図 31. パリ絵図（4） ラ・ヴィルと呼ばれた右岸街区の西南部。右上隅、シテ島から大橋（両替橋）を渡って右岸街区に入ったところにシャトレが見える。二つの塔が門をはさんでいるように描かれているが、これは奥行き 28 メートルものアーチ天井のパッサージュ（通り抜け通路）で、その上にシャトレの建物が載っていた。シャトレはこの本では奉行所と訳したが、代官所と訳すこともある。王の代官の役所である。シャトレ前広場から北へ向かう大通りがサンドニ大通り。しばらく行って左側にレジノッサン（レ・イノッサン）墓所がある。イノッサン墓地と書くこともある。その奥にレアル（レ・アル）、中央市場がある。レアルの南側の道を西に向かう大通りがサントノレ（サン・オノレ）大通り。パリの右岸街区の西門サントノレ門は、いまはテアトル・フランセ広場に変貌している。国立劇場前広場で、いまはそこから斜め北西方向へオペラ通りが走っている。このパリ絵図では、サントノレ門を出はずれてすぐ右手に入ってくる道の見当である。

Cõment villon voit a son aduis la
belle heaulmiere soy cõplaignant.

図 32-a. フランソワ・ヴィヨンのドッペルゲンガー

La vieille en regrettant le temps
de sa ieunesse.

図 32-b. 若さの盛りの時季を惜しむ、いまはもう若くない兜屋小町

パリの出版人ペール・ルヴェが1489年に出版した「ヴィヨン遺言詩」の詩集があって、「ル・グラン・テスタメント・ヴィオン・エ・ル・プティ」と呼んでいて、ヴィオン大遺言書と小遺言書といわんか、「遺言の歌」と「形見分けの歌」のことである。「コディシル」も、とタイトルは書いていて、「遺言付属書」という意味の専門用語だが、「遺言の歌」と「形見分けの歌」のほかに、従来この詩人の作だとされてきたいくつかのバラッドや4行詩、あるいは8行詩連作などがあって、ペール・ルヴェの本は「遺言の歌」につづけて、「くだんのヴィオンが上訴したわけ」とタイトルをおいて、バラッドをひとつ載せたあとに、見開き2ページを使って、左側になにやらカタチをきめた男の肖像。下に「くだんのヴィオンが裁かれた日にものしたロンドー」とタイトルをおいて4行詩を書き付けている。右側では男が3人、絞首台で吊られている。下に「くだんのヴィオンの墓碑銘」とタイトルをつけて、10行詩のバラッドの最初の連。第2連以下は次のページを使っておさめている。ここでは、だから、「男の肖像」は「首を吊られた男たち」に帰属するわけだが、ずうっとさかのぼって「兜屋小町恨歌」の入りの8行詩47節と続く48節を見開きにおいて、左ページに同じ「男の肖像」、これに「ヴィオンはいかに兜屋小町が自分の身の上を嘆くのをおのが身のいましめと聞いたか」とキャプションをおいている。右ページに「若さの盛りの時季を惜しむ老女」とキャプションをおいて、長袖の腕をお腹の上に組んで、咲き誇る花一輪に視線を落とす女性を描いている。だから、この「男の肖像」は「恋する男たち」に帰属する。この「男の肖像」はほかにも2か所ほどに使われていて、だからなにも「若者フランソワ・ヴィヨン」の肖像だと特定することはないともいえるし、あるいはまた、だからこれは「若者フランソワ・ヴィヨン」の肖像で、フランソワ・ヴィヨンのドッペルゲンガーが随所に登場するのだともいえる。

『カルミナ・ブラーナ』写本飾り絵

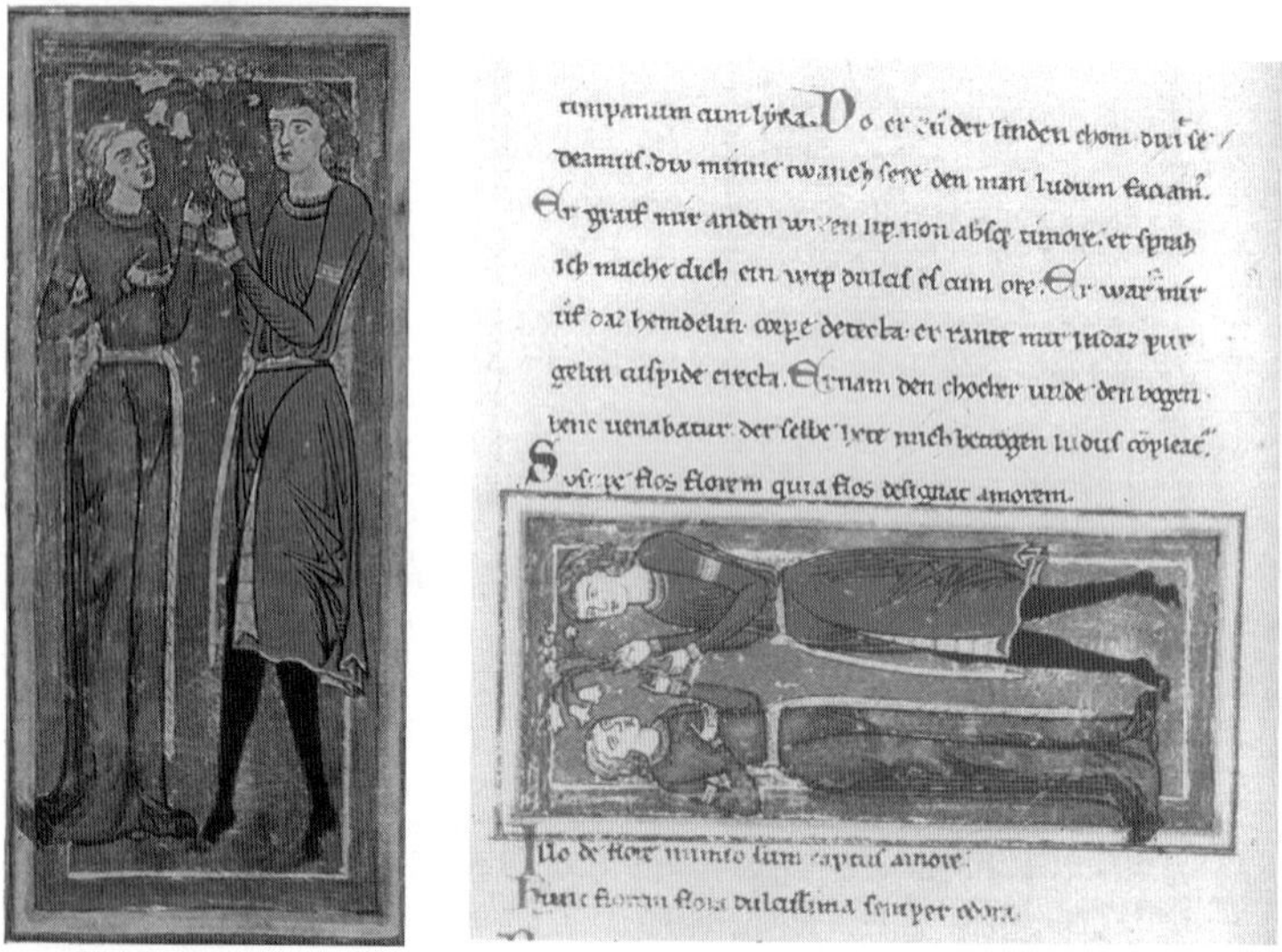

図 33-a. **「求愛」** 左は「ヒルカーシューマン本『カルミナ・ブラーナ』」の「テキストⅠ」巻末の口絵カラー図版から。右は「カルミナ・ブラーナ写本 72 葉裏ページの部分」。写本は1ページ 22 行取りで、このページはなお 6 行下に続く。9 行目から 6 行分、飾り絵が占拠している。「テキストⅡ」は「恋愛歌集」で、1941 年（なんと戦時下だ！）に出版されていて、それの一番最後、186 歌がこの詩だが、それの脚注に、初行と第 2 行のあいだに問題のミニアチュールが横ざまに見えると書いている。なんともおそれいります、これはその印刷本の 186 歌の行立ての話で、写本では、ご案内したように、9 行目から 6 行分とって、横ざまにこの絵が見える。なおこの写本のページの絵は「グーグル検索」に借りました。なお、また、「各ページに 22 行の罫線がはいっていて」と書いたが、これは「各ページ 22 行取りで」と読みかえて下さい。罫線なんか、入っていません。1961 年に「テキストⅠ」に対応する「コメンタール（注釈）Ⅰ」が出版されていて、その「アインライティンク（序文）」は「この 112 枚の裏表には一様に罫線が入っていて」と書いてあるものだから、ついそう書いてしまったのだが、いま、あらためてその文章を見てみると、「主なところには」と但し書きが入っている。さらにつけくわえて、「すくなくとも、一様に罫線を入れることがあらかじめ想定されていた」となにか話がおかしくなってくる。どうぞ、「図 33-b.」の「運命女神の車輪」のイラストをふくむページの写真をご覧になってください。初行から 7 行までの行間に、短い斜線を連続させた「罫線」が見えます。これをいっているらしい。それがこのところは、「主なところ」なんていえない。以下、次の「図 33-b.」の「コメンタール」をご覧ください。

図 33-b. 「運命女神の車輪」 左は「テキストⅠ」の口絵写真から。右は「ウィキペディア　ザ・フリー・エンサイクロペディア」所載の図版を借りた。図版の左辺欄外余白の regnabo は「王になるだろう」、上辺の regno は「王である」、右辺の regnaui は「王であった」、下辺の sum sine regno は「王であることがない」。下辺が「もはや王ではない」ではないところがおもしろい。出発点とも見え、また帰結点とも見える。フォルトゥーナは車輪をぐるぐる廻している。写本のページ面を見ると、絵の下に 13 行書かれている。絵は 9 行分ということなるが、スペース取りをみると、とうていそんなものではない。各ページに 22 行、均等に、一様にと解説者はいうのだが、どうも信用できない。初行から 7 行までの行間に「罫線」が入っている。「罫線」は「主なところに」入っているというのだが、この 7 行は 19 節にあてられている「贈与」の大事さを歌った詩の第二連までで、8 行目からようやく 17 節の「運命女神の歌」がはじまる。以下は「罫なし」である。おかしいではないか。

『カルミナ・ブラーナ』写本飾り絵

c

d

e

図33-c. d. e.　上から「さいころ遊び」「双六のようなものか」「チェス」

「双六のようなものか」といいかげんだが、実際よく分かっていないのである。「さいころ賭博」にしてもそうで、その辺のところのことは『わが梁塵秘抄』（図書新聞、2004年）に書いたので、ご覧ください。「梁塵秘抄」は12世紀後半に編集された歌謡集ですから、だいたいユーラシア大陸の西のはずれでヴァガンテースが歌を作っていたころあいと合います。わたしはこれから50歌ほど、好きなのを選んで注釈をつけました。「さいころ遊び」のところは、さしあたり「13 わが子は二十歳になりぬらん、博打してこそ歩くなれ、国々の博党に、さすがに子なれば憎かなし、負かいたまうな、王子の住吉西の宮」「14 拘戸那（くしな）城の後より、ちうの菩薩ぞ出で給う、博打の願いを満てんとて、一六三とぞ現じたる」のふたつです。

図 34. ヒエロニムス・ボッス「放蕩息子の帰宅」板、油彩、71 × 70.6㎝、
ロッテルダム、ボイマンス・ファン・ボイニンヘン美術館蔵

ボッスの作品図版資料について

ボッスの作品の図版は (1)『みづゑ』861 号（1976 年 12 月）「特集ボッス」に掲載した図版 (2)『みづゑ』874 号（1978 年 1 月）「画家たちの祝祭・北方ルネサンス 11 ヒエロニムス・ボッス：日常の裏側」に掲載した図版 (3)「集英社版世界美術全集 10『ボス / ブリューゲル』1978 年」所収の図版 (4)『ヒエロニムス・ボッス全作品』（中央公論社 1978 年）所収の図版 (5)Max J. Friedländer : Early Netherlandisch Painting, vol. 5 ; Geertgen tot Sint Jans and Jerome Bosch ; Leyden - Brussels, 1969 (6) Robert L. Delevoy : Bosch ; Albert Skira, 1960 所収の図版などから適宜借用した。

図35. ヒエロニムス・ボッス「旅人」 板、油彩、135 × 45cm × 2、マドリード、プラド美術館蔵の三折り祭壇画「枯れ草の筏車」の扉を閉じた状態

図36. ヒエロニムス・ボッス「シント・ヤーコプ（使徒ヤコブ）」と「シント・バーフ（聖バフォ）」 板、油彩、163.7 × 60.0 cm. × 2　ウィーンの美術学校付属美術館蔵の三折り祭壇画「最後の審判」の左右パネル外絵。

下方に幅狭の枠取りが設けられていて、そこに白地の楯がぶら下げてあるように描かれている。おそらく寄進者の領主の家の紋章を描き込もうとしたのではないか。

図 37-a. 右：ヒエロニムス・ボッス「東方三博士の礼拝」 マドリード、プラド美術館蔵の三折り祭壇画「東方三博士の礼拝」の中央パネル、板、油彩、138 × 72㎝

図 37-b. 上：「東方三博士の礼拝」の部分。ピーピング・トムのエピソードの画面。

コーマック・マッカーシーがイェローン・ボッスの絵を読み解く

近頃、1933 年生まれの、つまりわたしと同年のアメリカ人作家コーマック・マッカーシーの小説が気に入って、いろいろ読んでいるが、なかに『平原の町』というのがあって、そこに登場する「旅人」が、なんともボッスの絵になじむ。栗原敏行氏の訳でご紹介したい。(早川 epi 文庫)

「おれたちが旅をする、地図に描けない世界で。山のなかの峠道。血の染みがついた一枚岩。その岩の上の鉄の痕跡。腐食性の石灰岩の魚や貝殻の化石のあいだに刻まれたいくつもの名前。朧なものと朧にかすんでいくもの。乾いた海底。獲物を求めて移動する狩猟民の道具。その狩猟民のナイフの刃にちりばめられた夢。預言者の流浪する骨。沈黙。徐々に絶えてゆく雨。夜の訪れ。」

図 38. ヒエロニムス・ボッス「聖アントニウスの誘惑」 中央パネルの部分「隣村の火事」
（リスボン、国立美術館蔵の三折り祭壇画、板、油彩、131.5 × 119.0cm）

図 39. ヒエロニムス・ボッス「カナの婚礼」 板、油彩、93 × 72cm、
ロッテルダム、ボイマンス・ファン・ボイニンヘン美術館蔵

図 40. ヒエロニムス・ボッス「七つの大罪」 板、油彩、120 × 150㎝、
マドリード、プラド美術館蔵

図 41-a. ヒエロニムス・ボッス「パトモス島の聖ヨハネ」とその裏絵「受難」 板、油彩、63.0 × 43.3㎝、ベルリン、ダーレム美術館蔵

図 41-b. 「パトモス島の聖ヨハネ」の裏絵の中央の二重円の構図の絵

図 42. ヒエロニムス・ボッス「枯れ草の筏車」 板、油彩、中央主画面 135 × 100cm、左右両翼 135 × 45cm、マドリード、プラド美術館蔵

図 43. ヒエロニムス・ボッス「悦楽の園」 板、油彩、中央主画面 220 × 195cm、左右両翼 220 × 97cm、マドリード、プラド美術館蔵

図 44. サンブノワ教会堂

1791 年に製作されたとみられる銅版画に描かれたサンブノワ教会の教会堂西側正面玄関。このすぐ手前に「赤門の家」があった。1913 年にパリのオノレ・シャンピオン書店から初版が出版されたピエール・シャンピオン『フランソワ・ヴィヨン、サ・ヴィー・エ・ソン・タン（生涯とその時代）』の 1984 年に出版されたペーパーバックスの重版本の挿図を借りた。

図 45. 噂のジャンヌ・ダルク

パルルマン書記クレマン・ド・フォーカンベルグが執務日誌の余白にスケッチした「噂のラ・プセル」こと、ジャンヌ・ダルクの想像画。本文の説明はじつはまちがっている。原本は 1975 年 4 月に清水書院から出版した『ジャンヌ・ダルク　百年戦争のうずの中に』だが、その後、この本は『ジャンヌ・ダルクの百年戦争』というタイトルで版を改めたり、朝日文庫に『ジャンヌ・ダルク』のタイトルで入れたりしたが、けっきょくここのところは改稿することなくいまにいたっている。クレマンの執務日誌はアレクサンドル・テュテイが 1909 年にパリのルヌーアール社から出版した良質の校注本のマイクロフィルムをパリのベーエヌ（フランス国立図書館）で調達してプリントしたものが手元にあるので、問題の箇所をあらためて眺めてみた。そこかしこに鉛筆でメモが入っていて、なんだ、このことはもうずっと以前に発見ずみだったのだと思い知らされた。わたしがいうのは、じつはこのデッサンだかスケッチだかは、1429 年 5 月 10 日の記事の余白に描かれたものではない。「シャルル殿の兵隊たちがラ・プセルと呼んでいるくだんの女性をつかまえ、捕虜にした」話を書いている、ちょうど 1 年後の 1430 年 5 月の記事の余白にだった。ところが、まあ、ご覧いただきたい、鎖袴をはかされて、胸の開いたテュニカを着せられたラ・プセル、むすめの下に「メクルディ」と見える。水曜日である。ところがこの記事は 5 月 25 日「ジュディ」、木曜日と書き出されていて、続く記事は「同月 30 日、マルディ」、火曜日で、絵と合わない。困ったことですねえ。ちなみに前年、1429 年 5 月の記事にもどると、この女性、ラ・プセルは「バネール」を手に持っていると書いている。これも困った。図 27 の「ジャンヌ・ダルクの旗」にご案内したように、ジャンヌ・ダルクの旗はエスタンダー、近代フランス語の発音でエタンダール、英語でスタンダードです。バネール、近代語でバニエールは四角い幟旗です。だいいち、このスケッチそのものがエスタンダーに描いている。なんともうろん気なことである。もっとも、そのくらいの遊びがあった方が歴史はおもしろい。

司　教　杖

図 46-a. 司教杖（1）クローヴィスの洗礼

ランスの司教レミギウス（後に聖人になって、サンレミ）がフランク人の王クロドヴェクス（フランス語名クローヴィス）に洗礼の儀式を授ける場面を描いた絵。15 世紀末から 16 世紀にかけてパリで製作したことが知られている姓名不詳の絵師（フランス人のあいだでは「サンジルの絵師」と呼ばれている）の作。サンレミの背後の男が司教杖を肩に担いでいる。男などとお思いだろうが、さて、どう紹介したらよいのか。ちらっと見える胸の、これまたなんというのか、ガウンの留め帯でしょうか、その模様が、前面に出て、サンレミのガウンの裳裾をつかんで、サンレミの動作のじゃまにならないように後ろにひきつけている男のそれと同じで、だからやはり司教なのでしょう。なにしろサンレミはランス大司教です。何人もの司教をしたがえる。Charles Sterling : *La peinture médiévale à Paris 1300-1500*, vol.2 ; Bibliothèque des Arts,1990 から。図 47-b.,47-c. についても同じ

図 46-b. 司教杖（2）病気の治癒

サンス大司教ルドヴィクス（聖人になってフランス語でサンルー）がパリのノートルダム聖堂の北側にあった洗礼堂の扉口を出たところで病気治癒の儀式を執行している。この絵でおもしろいのは、まず、サンルーの背後の若い僧侶が司教杖を持っている。脇に挟んで持っている本は司教用の祈祷文集でしょう。また、おもしろいのは、これがなんとノートルダムの前の光景だということで、この絵の後景のつきあたりはセーヌ川。この絵も「サンジルの絵師」の作ということで、15 世紀末から 16 世紀という時代、シテ島のこの一角はセーヌ河岸に護岸工事がきちんと行われていた。また、おもしろいのは、ノートルダムの玄関に立ってノートルダム前広場を見ると、なんと左手のセーヌ河岸に「オテル・ディユー」、神の家ということで施療院の建物が見えた。絵もそう描いている。いまは反対側です。右手にパリ市立病院の広壮な建物が見える。

図 46-c. 司教杖（3）ある司教、レミギウスか

「クローヴィスの洗礼」に関係のあるタブロー画。グリザイユ（淡彩画法）で描いている。司教杖にご注目。「病気の治癒」では先端の渦巻き型デコレーションが大司教の肩に半分隠れ、「クローヴィスの洗礼」では後背に引っ込んでいてよく見えない司教杖が、ここでは司教がしっかり右手に持って大地を突いている。先端の渦巻き型装飾は、一見質素だが、その質素さのうちに、むしろ素材の高価値、価格の高価、職人の意地を蔵しているようで。

図 47. 女と男

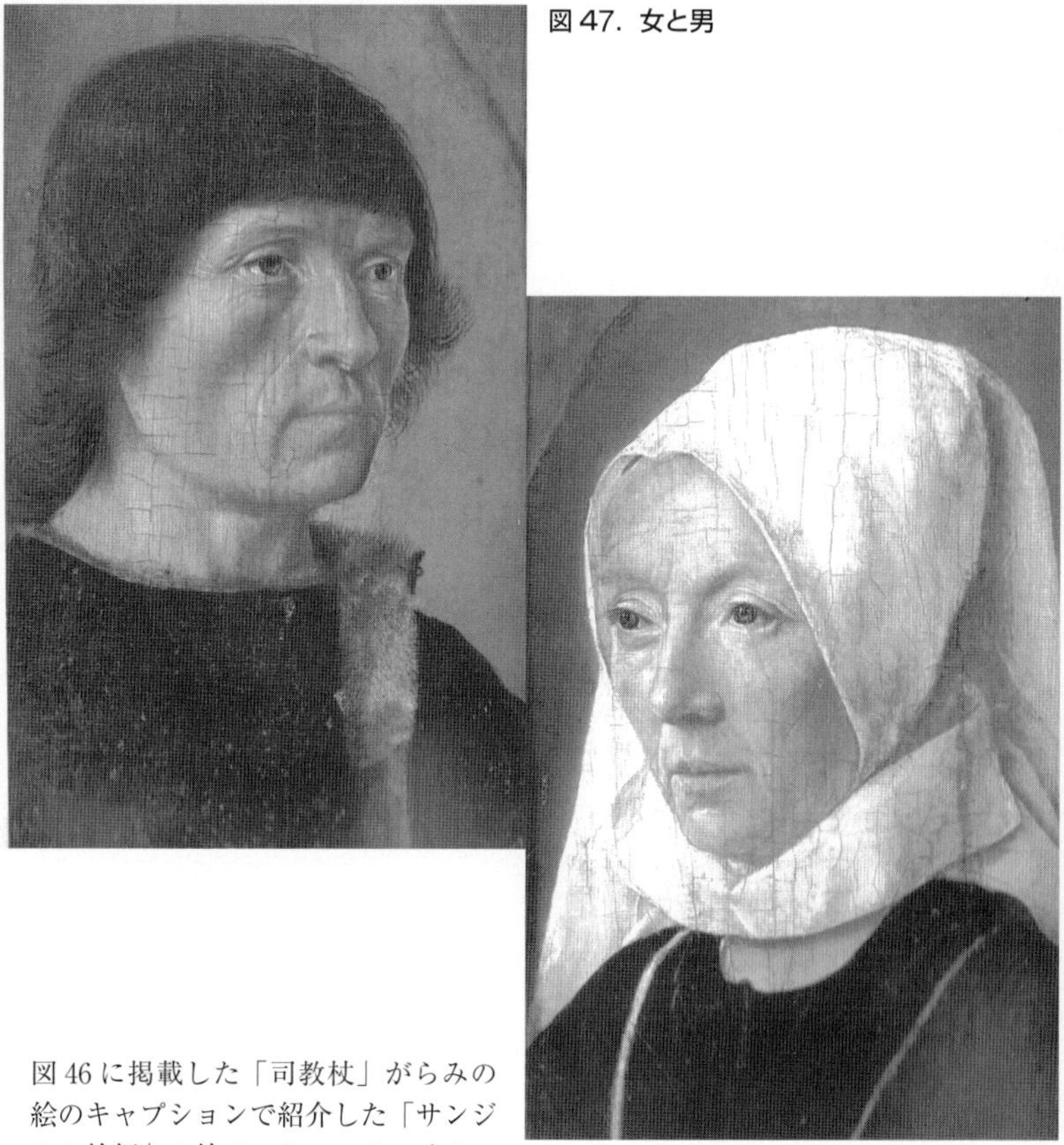

図 46 に掲載した「司教杖」がらみの絵のキャプションで紹介した「サンジルの絵師」の絵で、シャンティイのコンデ美術館に保存されている。それぞれ 17 × 12 センチメートルの小型のパネルで、男女ともに四十代というところか。三十代まではユーウェンタ、若者で、四十の坂を越えるとセネクトゥス、老人になる。アベラールは 39 歳の年にエロイーズに逢い、四十代をえらく苦労した。なんかこの男の顔はその頃のアベラールを思わせる。ふたりの出逢いの年、1118 年、エロイーズはまだ 30 歳にもなっていなかった。それをアベラールに見初められて、いやだというのに、結婚なんかしない方がいいとさんざん忠告したのに、アベラールはいうことをきかなかった。それでいろいろまずいことになった。いや、わたしがいいたいのは、だからといってエロイーズはその責任を相手に押しつけて自分はきれい事に構えているような女ではなかった。人間の実存的な強さをエロイーズはその心身に体している。「サンジル」の絵師の描く女にそれが見える。

はじめに

シャルトル聖堂の入口を入ったところから身廊を見通して撮った写真がある。わたしの講談社学術文庫の『中世ヨーロッパの歴史』のカバー装に使われた写真で、これがなんともすばらしい。帯がかかっているので、はじめは気付かなかった。帯を外してみて、分かった。身廊を埋める椅子席を左右に分けて、中央に通路がもうけられている。その通路沿いに、なにか白いもやもやが映っている。堂内の撮影に長時間露光する。そのあいだに通路を行き来した、これは人間の影である。

シャルトル聖堂の堂内をヨーロッパ中世に見立てれば、なにか白いもやもやはクレティアンテである。クレティアンテはフランス語で、集合的にキリスト教徒のことをいう。なんとも日本語に適切な言葉遣いが思い浮かばないので、こんなカタカナコトバで恐縮だが、つまりはキリスト教の信仰が倫理規範としてはたらいていたヨーロッパ中世に生きた人たちのことである。

クレティアンテの男と女の生きざまを書きたい。この本の原本である『回想のヨーロッパ中世』と『青春のヨーロッパ中世』を書いた、まだまだ若い頃合いのわたしの大それたもくろみがこれであった。この「生きざま」という言葉遣いについてだが、もともと日本語に「死に様をさらす」の「死に様」はあったが、「生き様」はなかった。それをいうのなら「生き方」だろう。その「生きざま」が誕生した場にわたしはいた。

河出書房新社から「生活の世界歴史」というシリーズが計画されて、堀米庸三先生が編集方のお一人で、その関係で、なにか企画会議のような性格の会合にわたしも出ていて、その折、この企画をどう宣伝していくかという話になって、だれかが、つまりわたしではないという意味だが、「生きざま」というコトバを使ったらどうだろうと言い出した。それ、いけるぞということになって、いろいろな方面の宣伝に使われた。わたしはそう記憶している。

「生きざまをさらす」というようなざっぱくな物言いが受けたということか、いまでも受けているということか、いまでは当たり前の物言いであるかのように横行している。わたしはじつは好きではない。人の生き方は人目にさらすものではない。自分の生き方は恥ずかしくて、人目につかないように、さりげなく振る舞って、なんでもない顔をしていたい。わたしはそう思うのだが、まだまだ若い頃のわたしはそうは思わなかったのか、生き恥をさらした。

さらすものは恥である。恥ずかしく思うほかはない。『回想のヨーロッパ中世』ではエロイーズの生きざまに共感したと称して、ひたすらいいつのり、アベラールをこばかにした。そのくせエロイーズの年の頃については、脳天気なもので、出逢いの年の頃はたぶん十六か十七と書いている。エロイーズの、それこそ生きざまについては、その後、わたし自身、考えるところがあって、生年については十年ほどさかのぼるのではないか。アベラールとの別れを知ったエロイーズのことを書いて、三十路の坂にかかったばかりの尼僧院長の、まだ若さの残るふっくらした頬からおとがいにかけて、涙が一筋、走ると空想をたくましくした、その文章も、大幅に訂正を要するだろうといまは思っている。

ここに『回想のヨーロッパ中世』を再刊するにあたって、考慮すべきはまずそのあたりのところであって、それが「エロイーズとアベラール」だけではない。この本の後半は「フランソワ・ヴィヨン」の「そのかみの貴女のバラッド」を書いた。その「フランソワ・ヴィヨン」が、続いて同じ三省堂から出版した『青春のヨーロッパ中世』でいなくなった。わたしがいうのは作者のフランソワ・ヴィヨンがいなくなったということで、作中の主人公のフランソワ・ヴィヨンは、まだ、いる。作者と主人公を重ねない読みで、作品の景色はだんだんと晴れ渡ってきた。

どうやら作者自身の原稿は残っていないようで、いくつかある写本の影印本に眼をさらしていると、そこにサンブネの司祭グィオーム・ヴィオンの生きざまが見えてくる。なにしろふしぎにそうなので、いつも一歩か二歩、わたしたちより先に角をまがるなにか影がちらっと見えるのを追いかける、これは探索行だった。

探索の里程を書き記した「ヴィヨン遺言詩注釈全四巻」を一九九七年から二〇〇二年にかけて小沢書店から出版した。だからここに問題が発生して、ヴィヨン遺言詩の訳文の整合性をどうたもつか。なにしろ「回想の」で第七章のタイトルにもとった「そのかみの貴女のバラッド」は「注釈」の方では「むかしの女たちのバラッド」と素っ気ない扱い。ついでにいえば第九章のタイトルにもとった「また、ジャンヌ、気立てのよいロレーヌ女」は「また、ジャーン、ラ・ボーン・ロレーン」と、ほとんど原文そのままの読み下し。

もっとも、これは「注釈」の訳文そのままではない。その後、なにしろ「ヴィヨン遺言詩全四巻」

などと、大部の本に仕立ててしまったものだから、これではあまり普及しない。一冊本「ヴィヨン遺言詩集」を作ろうという話が出て、その原稿をいま作っている。だから、もう一段、変移した、これは訳文である。

ボーンは形容詞ボンの女性形の読みで、ボンやボーンは広大なヴィヨン遺言詩のあちこちに出没するが、これはなんとも意味がとりにくい。気立てのよいなんてあぶなくて、あぶなくて。「フランソワ・ヴィヨン」校注者のあいだでは、いさましいとか勇敢なという意味のほかのことばに置き換えて読んだらどうかという話が出ているようだが、いったいなんのことか。いずれ、このボーンをはじめ、いまのフランス語になじまない読み下しについては、こちらも目下制作中の『ヴィヨン遺言詩総索引・書目一覧』をご覧いただくことになる。そうすると、そこにいまのフランス語ではどう発音するか、ちゃんと案内が出ている。なんと、この総索引、そういった注や正誤表も兼ねさせようといろいろ盛り込んだものだから、なんとも大部の巻になった。もう校正も仕上がっているのだが、二〇〇七年四月の日付の「あとがき」といっしょに眠っている。なんとか本にしなければと思っているのだが。

挿図の件もお断りしておくことが必要であろう。『回想のヨーロッパ中世』『青春のヨーロッパ中世』にはそれぞれ、挿図のスタイルで図版を挿入した。もっとも「青春の」の序章「放蕩息子の帰宅」では、ヒエロニムス・ボッスの絵をたくさん紹介したものだから、混み合って、これでは図録集ではないですかと批評する人も出る始末。いっそ「挿図篇」としてまとめたらどうだろう。そうすればキャプションも好きなだけいれられると、編集の長岡さんと話し合って、そういうことにした。そうなればそうなったで、わたしの性格からして「空間の恐怖」がはたらいて、なにしろ膨大なコメント量になった。なにか「挿図篇」だけで一冊の本ができそうな気配。

ちなみに「空間の恐怖」とはホイジンガの『中世の秋』に出てくることばで、第一八章「生活のなかの芸術」で、中世末期の芸術の風潮を批評して「ホロール・ウァクィ」にとりつかれていると、ホイジンガは、ここだけぽつんとラテン語を使っている。古くアリストテレスに出ると識者はいうが、日本語訳の『自然学』を見ても、どうもこの通りのいいまわしは出ないようで、それに日本語訳はウァクウムを空虚と訳していて、なじめない。ホイジンガのラテン語は、どうやら当時はやりのアート論の用語らしく、装飾と芸術のなれあいをいっている。

べつになれあっているつもりはないが、わたしのキャプションをご覧になって、なんとねえ、これは、本人もみとめているようだが、「空白の恐怖」にとりつかれているねえとご感想をお持ちの方もいらっしゃろう。ページに余白を残すことがよほど怖いのだろうねえ。律儀なんだねえ、この堀越孝一という人は。

二〇一二年三月一五日

堀越孝一

『人間のヨーロッパ中世』――目次

Ⅵ　パリの青春

Ⅶ　そのかみの貴女のバラッド

Ⅷ　無名の旗

Ⅸ　また、ジャンヌ、気立てのよいロレーヌ女

第Ⅰ部　回想のヨーロッパ中世

まえがき

ヨーロッパ中世史の歴史叙述は、いま定型を喪失している。歴史叙述の問題は歴史観の問題に根差す。中世史像の混濁が中世史記述の混迷をもたらしているのである。ごく大づかみにいえば、かつてヨーロッパ内陸にゲルマン諸族が侵入し、キリスト教会組織と結合したフランク族の官僚制国家が成立し、ノルマン等外民族の侵寇によってこれが解体し、その結果生じた混乱のなかからドイツ、フランス、イギリス等諸国家体制が再編されたというのが従来の見取り図であり、高校世界史の教科書の採用するところとなっている図式である。

わたしは、数年前、あえてこの見取り図をふまえて、ヨーロッパ中世通史を書いてみたことがあった。当然のことながら、この企ては破産した。破産を導いた欠損債務の数々をかぞえあげてみたところではじまらない。『ヨーロッパ世界の成立』というその本のタイトルは、成立したからそのことについて書きましょうというのではなく、いつ、どのようにして成立したかの見取りそのものが問題なのであるという、いささか斜めに構えたもののいいようと受けとめていただくほかはない。

ヨーロッパのたそがれのいま、ヨーロッパ社会の生成と持続の様相が問われ、答えをしぶっているのは歴史家の怠慢だと非難を浴びせかけられている。これがヨーロッパ思想界の状況である。近代化の理論、あるいはヨーロッパは近代の創造物だとする稚拙な理窟はさすがに影をひそめ、ルネサンスを謳歌する声もしだいに途絶えがちになった。いわゆる近代は近代以前に胚胎し、ヨーロッパ社会は、近代のかなた、中世にその基本の骨格を形成したらしいという推測がいまや常識化し、そもそも成立以来「動かぬ構造」なるものについてさえも取沙汰されている。たとえばのはなし、村落の形態、町の石だたみをみよ、といったあんばい。

　さて、ヨーロッパ社会はいつ成立したか。そのばあいのヨーロッパ社会とは啓蒙主義的精神構造のヨーロッパ人が無邪気にも想定したような、理想の、あるべき姿としての近代社会という意味ではない。一般概念としてではなく、いまの、あるがままのヨーロッパ社会、個別としてのそれが、ひとつの独特のタイプの構造と生活の調子をもつ社会として、いつ、どのようにして形成されたか。

　そこで、たとえば、ウィスコンシン大学の先生方はシンポジウムを催して、談論のなかみを本にして『十二世紀のヨーロッパ——近代社会の基礎』と題した。フランスはノルマンディーのスリジィ・ラ・サルの集会の成果が『十二世紀のルネサンス』というタイトルで刊行された。ごく最近には、故堀米庸三氏が、上記二書に表示された関心の方向性をふまえて、テレビの連続講義を企画され、これは『西欧精神の探究』という表題で本になった。

　かつてヨーハン・ホイジンガは、ピエール・アベラール、ジョン・オブ・ソールズベリを論じて、十二世紀は比類なく創造的な時代であったと感想を述べた。マルク・ブロックは、ノルマン等周辺民族による外圧に耐えたのち、十一、二世紀、ヨーロッパ内陸社会がめざましく変貌してゆくさまを多角的に記述した（『封建社会』）。下っては、ジェフリー・バラクラフは、十二世紀のドイツを論じて、転換期と評した（『転換期の歴史』）。リチャード・サザーンは『中世の形成』の序文に、十世紀後半から十三世紀初頭にいたる西ヨーロッパの形成が本書の主題であると述べた。

九、十世紀の混迷の時代をすぎてヨーロッパ社会は創出されたと諸書は按じているのである。中世と限定することはない。いまにいたるひとつの独特のタイプの社会と文化が生成したと見通しをつけているのである。この見取り図はよいかたちのものとわたしはみる。

ひとつ、その創成の季節のヨーロッパ内陸に入ってみようではないか。なんにしても、水の冷たいかぬるいかは、とびこんでみなければわからないのだから。このいいかたは、わたしの敬愛するいまのヨーロッパの知性、ライデン大学のホイジンガの後任者、セム・ドレスデン教授のものである。とびこむところは、泡立ち騒ぐ春のロワール川。アベラールとエロイーズ道行の絵姿が川面に映っている。

序章　ドン・キホーテの風車

ザンクト・ガレンの水車

スイスのボーデン湖畔のザンクト・ガレン修道院に伝わる修道院の平面プランがある。これは九世紀初頭の作図とみられるが、はたして現実のザンクト・ガレン修道院の模写か、それとも架空の絵図面か疑問があり、従来議論があった。架空の絵図面といっても、それはザンクト・ガレン修道院の理想型としてのという意味であって、この疑問を解くためにも、実際の修道院の構成と地形を勘案しながら、その平面プランを解析する試みが必要となる。

ごく最近、『中世史雑誌』という、これはイギリスのリチャード・ヴォーンという中世史家が中心となって、オランダで刊行されている国際的な雑誌だが、そこにおもしろい論文が載った。筆者ウォルター・ホーンは、平面プランの一角に、どうやら水車小屋を示すとおぼしい図型がみてとれるといい、そのことについて長々と論じているのである。

ひとつには、そういう、いわゆる「ものに即した歴史学」が最近の流行であるという事態をうかがわせるという意味でおもしろいし、また、九世紀の水車という、そのものの正体が、ヨーロッパ社会の生成という大テーマに案外密着していて、つまり、そのものに即してヨーロッパ社会の生成という事態について想念をふくらませていけそうだという見通しがあって、その意味でもおもしろいのである。

ザンクト・ガレンの平面プランは、あるべき修道院の構成を示したものであり、それに水車の存在が確認されるということは、水車もまた、この時代の修道院に備わるべき設備であると主張されていたことになると、ホーンは断定している。しかも、この平面プランは、現実のザンクト・ガレン修道院をベースに、あるべき形を描いたということであって、そう考えれば、問題の水車小屋と修道院の地形・水利との関係はどうなっていたのか。

修道院の東を北から南に水路が捲《ま》き、流れが建物にいちばん接近する地点に、問題の水車小屋は位置していた。これはまったく同型の三個の小屋から成り、それぞれに絵印が描きこまれていて、いちばん南側の小屋には「穀物を乾かす所」と文字が書きこまれ、真ん中のには「ピラエ」、北側のには「モラエ」と見える。ウォルター・ホーンの英語訳は「モーターズ」と「ミル・ストーンズ」で、「乳鉢」と「挽臼」ということになって、実体をよく伝えていない。いずれにしても小麦や大麦を乾燥し、粉砕し、粉に挽く機能を与えられた設備がおかれている場所ということで、これはもう三つの小屋そろって一つの「水車小屋」とみてよいのではないか。この一角のすぐ裏手には、パン焼き場とビール醸造場が図示されているのである。（図1）

ザンクト・ガレン修道院の平面プランの「水車小屋」は「粉挽き場」だった。九世紀の史料にはそう出るということで、それでは水車小屋が粉挽き場と観念され、水車小屋の娘がそのまま粉屋の娘ということになったのは、いったいいつごろからのことか。それははっきりしているようでいて、そうではないのである。というのは、古代ローマ時代、粉挽きは奴隷とろばの仕事であって、水車動力は製粉には無関心であったのである。皇帝カリグラは、ローマのパン屋の馬とろばを差押えたことがあったが、それは直ちにパンの不足を結果したのであった。

ローマの水車――粉挽きの出現

水車そのものは紀元前一世紀の記録から出はじめていて、それは、おそらく中近東の山地に発祥した工夫が地中海沿岸の山がちな土地に普及したとみられる素朴なタイプの、いわゆる「ギリシアの」あるいは「ノルウェーの」水車、すなわち、柄杓《ひしゃく》状の羽根が六、八枚ついている軸棒を流水におろし、水輪の回転をそのまま臼石に伝える式のものであった。紀元一世紀にプリニウスがこれに言及している。

ローマの技術者がそれを改良したということなのだろうか、ウィトルウィウスという名の、たぶん紀元前一世紀のローマ人の手になるデッサンが残っていて、だから「ウィトルウィウス型」と呼ばれるのだが、これは、水輪の羽根を水流に対して直角におく。回転力は水平に運ばれるわけで、これを、歯車を使って垂直のベクトルに変える。同時に回転数を増やすことができるわけで、ふつうローマ時代のは水輪の回転一に対して石臼のは五になる。

これにも二種あって、すなわち「上射式」と「下射式」であり、前者は水路の維持と水量の調整がむずかしく、一般にみられたのは後者であって、ウィトルウィウスの図面もこれであった。

フォーブズの『むかしのテクノロジー』第二巻の紹介する発掘調査の結果によれば、ナポリ近郊ヴェナフロの丘の斜面に設置されたウィトルウィウス型水車は、直径七四センチの水輪をもち、出力三馬力、石臼を一分間に四十六回転せしめ、一時間で一五〇キロを粉に挽いた。当時、奴隷ふたりで一時間当たり七キロがせいぜいであって、ろばの出力はコンマ四ないし五馬力であったというから、それはまさしく技術革新といってもよいていのものであった。

アルルから十キロほどのところのバーベガルの、レ・ボーの渓流を利用した設備は傾斜三〇度、標高差一八・六メートルの水路に八組の水輪を配し、水輪の径二二〇、幅七〇。回す石臼は下段のが四五センチの厚み、径九〇。小麦粉の生産能力、一時間当たり二四〇〇から三二〇〇キログラム。日に十時間稼動して、平均値をとれば、日産二八トンとなる。これは、当時、人口八万を養うに十分な量であって、ところが、当時のアルルは、人口おおよそ一万であった、と、フォーブズはふしぎがっている。

おそらくこれは、テオドシウス帝がアルルに滞在中（三〇八～一六年）に造営されたものであって、アルボネンシス道の軍団が主な供給先であったのであろうと、フォーブズは結論し、たとえば同様の「製粉所」がブルグンドのトゥールニュスの、いまのプレティ村にあったが、これは北ガリア軍団にパンを供給するためのものではなかったかと傍証に出している。（図2）

けっきょく、こういった諸例は、なにか製粉がすっかり水力に依存していたかの印象を与えるのだが、実情はといえばまさしくローマ的というべきであって、これらの設備は特定の政策に立った公共事業であったとみるべきなのである。都市ローマのパン屋とか、地方の一般の農村では、製粉は、いぜん人力、畜力にたよっていたのであって、その方が、一定しない水流にたよる「ノルウェー式石臼」などよりも、生産性が高かったのである。

だから、紀元四世紀以降、労働力が不足しはじめるや、水力利用の製粉がようやく一般化しはじめるのであって、たとえば都市ローマのティベル川北岸のヤニクルムに「トラヤヌスの導水渠《どうすいきょ》」を利用した水車が、あるいはまた「カラカラ帝の浴場」のなかの水車小屋が、「粉挽きます」の看板を立てはじめたのである。そのころになれば水車の所有者が、モリトーレス、あるいはモレンダリイ、すなわち「粉挽き」と呼ばれることになるのであった。

はずみがつくというのはおそろしいもので、五三七年ローマを攻囲した東ゴート勢は、導水渠を切断することをもって、ローマを飢餓におとしいれることができたのである、乾きはともかくとして。ローマ防衛軍の将軍ベリサリウスの麾下のエンジニアたちは、このとき「浮き水車」を考案して危機を救ったと、プロコピウスの『ゴート戦争』は伝えている。

「水の手が断たれ、水車が止まり、市は食糧難におちいった。馬の飼料も、たくわえが底をついた。このとき、発明の才あるベリサリウスは、難局をきりぬける手段を発案した。ティベル川を越えてヤニクルムの壁にかかるアーチ橋の下に、両岸にしっかりとロープを渡した、同じサイズの舟二隻を、二フィートの間隔をあけて、流れのいちばん急なところにつないだ。そして、一隻に石臼をおき、水輪を二隻の舟の中間に吊るしたのである。この仕掛けをいくつも作り、流れの力で石臼を回したところ、十分な食糧が確保されたのであった。」

フランクの水車

　ザンクト・ガレンの水車はウィトルウィウス型であったろうと思われる。ホーンは、十五世紀ネーデルラントの画家ヘラルト・メムリンクの、いまはフィレンツェのウフィツィ美術館にある「聖母戴冠」図に描かれた水車を同型のものと推定している。それでは、いったいそんな水車が当時ヨーロッパのいたるところで、ゴットンゴットン回っていたのであろうか。八世紀から九世紀にかけて、ほぼ現在のフランスからライン流域にかけて、カロリング朝フランク王国が成立していた時代である。

　アルプス以北、ヨーロッパ内陸に関する水車資料の初出は、西暦五百年前後アラリク治下の西ゴート王国領内のロッシュ（ロッシュこそは、次章でお話ししたい若者ピエール・アベラールが旅立ちに目指した最初の目的地であった）の修道院関係のもので、記録者はトゥールのグレゴリウスである。グレゴリウスの年代記の記述によると、それまでロッシュ修道院では、手で石臼を回していた。修道院長ウルススは、エンドリア川（のち、フランス語形でアンドル川）の河岸に「杭を打ちこみ、巨石を積みあげて水門を築き、水路に水を導いて、その水の力で仕掛けの車をなめらかに回した。」

　これを初出として、以後、メロヴィング朝、カロリング朝フランク王国における水車の普及を示す資料は、かなりの数が確認されている。その大半は修道院領についてのものだが、すでにトゥールのグレゴリウスが、ブルゴーニュのディジョンという町について水車の存在を証言していることからも容易に想像できるように、民間の水車施設も、もちろんかなりの普及度を示したことであろう。なんにしても、資料は教会関係の、とりわけ王侯による寄進文書にかたよりがちなのである。

この時代、修道院所領は農業経営の模範となったわけで、そこに先進技術である水車仕掛けが政策的に導入された。各地の王侯は、競って修道院に水車を寄進した。たとえば、カロリング朝フランク王カール（シャルルマーニュ）は七九九年、アニアーヌ修道院に水車二基を寄進した。アニアーヌは、南フランスのモンペリエ近くに七八〇年に創建された修道院で、創建者の聖ブロワは、カロリング時代の修道院改革運動の一方の旗頭となった人物である。

当時フランクの教会組織は、キリスト教王国の理念を掲げ、修道院を結ぶ網の目でフランク王国を包もうと、組織の強化につとめていた。ザンクト・ガレンの平面プランも、これは、シャルルマーニュの後継者ルイ敬虔王の代、八一六年から翌年にかけて、カロリング王家のアーヘンの王宮で催されたフランク教会会議に提出されたもので、そういう政策的意図を積極的に表示する性質のものであったのだ。

ところが、フランク王国の公権力の体系は、九世紀なかば以降、急速に瓦解の方向に向かう。くわえて北方ノルマン（ヴァイキング）、東方マジャール（ハンガリー）、そして地中海方面にはイスラム教徒（サラセン）の外民族のヨーロッパ内陸への侵寇という事態が、フランク王国の政治・経済・社会のシステムを破壊する方向へ作用したのである。

トゥールのグレゴリウスがロッシュ修道院の水車構築のことに言及している文章からもうかがい知れるように、水車の構築と管理は、当時としてみれば、かなり大掛かりなプロジェクトであった。解体と混乱の状況下に、いったい水車の技術だけが順調に発展したなどということが考えられようか。

中部ドイツはヘッセンのラウバッハの修道院長ハベルトゥスは八三五年に死んだが、かれは、修道院の周囲の山の険しい斜面に水路を掘りこんで、修道院の水車を回そうとして失敗したと伝えられる。この話はいかにも表現的である、というのは、ハベルトゥスの死の直後、八四〇年代に、ノルマン人は、最初の大掛かりなヨーロッパ内陸侵寇作戦を展開しているのである。マジャール人騎馬隊が村を襲い、ヴァイキングの舟団が修道院を荒らすとき、どうして水路工事のプロジェクトが普及しえただろうか。

だから、なるほど十一世紀末のイングランドのノルマン王家が、全イングランドの領主たちの所領の実勢調査を試みたさい、その記録簿として作製された、いわゆる検地帳（ドゥームズデイ・ブック）に、全部で実に五六二四基の水車が記載されたからといって、他方、七六二年の日付をもつウェセックス王エセルベルトの令状に、ドーヴァー近くの水車一基についての言及が読みとれる。してみれば、七六二年から一〇八六年まで、三二〇年ほどのあいだに五六二四基だ。年平均十四基強だと数字をもてあそんでみても、これはじっさいばかげた話なのである。

停滞と復興、歴史はそういうリズムを好むらしく、九世紀初頭のザンクト・ガレンの平面プランが、あたかも失われた知識を今の世に伝える黄金の古文書として「発見」されたという事態も十分考えられる状況が現実のものであったのではないか。すくなくとも十世紀前半までは、それこそ水車どころではなかった。社会的活力の低下と外民族の侵寇の醸成する混乱の世相は、固定的生産財の管理維持を困難にし、また、そういった設備の保持に十分みあうだけの、生産量を消費するに十分なだけの人口をかかえた町や村が消滅してしまった。

やがて外民族侵寇騒ぎも下火になり、各地に自生した領主権力が自己の支配領域を確定してゆく動きのなかで、ヨーロッパ内陸社会の経済と社会は、ようやく創成の季節を迎え、古い技術を「発見」し、新しい方策を工夫して、おのれ自身の辺境を開拓していこうとする。ドゥームズデイ・ブックの水車五六二四基のうち、すくなくとも五六二三基は（これはもちろん冗談だが）「ここ百年ほどのうちに」爆発的に普及した技術であったとみてこそ正しいのである。

水車のルネサンス

ここに奇妙な絵図があって、なにしろ水輪と歯車と石臼が描かれているのだが、三つが三つとも真円なのだ。かんたんにいってしまえば、遠近法を無視しているということなのだが、それにしても、水受けの板の数がざっと四〇以上もあり、歯車の歯の数もざっと四〇あまり。それを受ける対の歯車の方は、上面を真横に向けて描かれている石臼の影にかくれてみえないものだから、変速の比率はわからない。

石臼上面の穴の上に、角錐型のジョウゴがセットしてあって、なにやら石臼の上によじのぼった恰好の人物が、だん袋からザァーッと小麦を流しこんでいる。右手に宙に浮かんだ恰好の人物が、右上すみに顔を出した、輪光をいただく、これは天使だろうか、天上界の存在に向かって、両手をあげている。（図3）

ヘルラーデ・フォン・ランツベルクの四万五千行に及ぶ著述『ホルトゥス・デリキアルム』すなわち『悦楽の園』の挿絵である。ヘルラーデは、バイエルンのレヒ川沿いのランツベルク出身の修道女で、一一二五年生まれ。一一八一年、トゥルッテンハウゼン施療院を建て、一一九五年に死去している。

『悦楽の園』は一一五九年の日付をもつ著述だが、これは新参尼僧の教育のために書かれたものと考えられる。ストラスブールに保管されていたが、普仏戦争時に損傷をうけ、いまは部分的にしか残っていない。この挿絵の他にも、たとえば有輪重量犂《すき》による犂耕《りこう》の図など、当時の農業技術の革新の様をうかがわせる貴重なイメージを伝えている。

アランビュルジス、この名はいずれ後の章に親しく話題にするところであるが、十二世紀の水車の記録は、かの女の名前とも結びついている。

「余、アンジューのフルク若伯は、シノンの橋のたもと、サン・ジャック修道院の前に位置する水車（モレンディヌム）を、余が正当に所有しきたったがごとくに、未来永劫にわたって所有すべく、オート・ブリュイエールが所に居住せるフォンテヴロー修道院の聖母マリア尼僧院の尼僧たちに、テュニカやペリキアを取得すべき資にと、譲渡するものである。この贈与は、余が妻、伯妃アランビュルジスの成就する（異本・承認する）ところである。」以下、証人八名の氏名。

これは一一一八年ごろ作製された文書と推定されている。テュニカはワンピースふう衣服の総称。ペリキアは、ペリス、すなわち毛皮からの造語で、裏地付毛皮の衣服の呼称である。とすれば、この「水車」は、もしや布ざらし水車、皮なめし水車ではあるまいかと邪推をしたくもなるのだが、じっさい「テュニカやペリキアを取得すべき資にと」の一句は、いささか文意あいまいではあるのだが、水車を「モレンディヌム」すなわち挽臼と表記していることではあるし、粉挽き用と読んでおかしくはあるまい。

十一世紀以降ヨーロッパ内陸社会は水車力の利用に熱をいれはじめた。あらたな組成の村や町が、その数をしだいに増す。領主領がしっかりと根をおろす。新設修道会、とりわけシトー派修道会の農事指導が組織的に展開される。こういった社会経済の復調の動きが、水車の数の増加と相関しているのである。

フォーブズの紹介する数字を借りると、シャンパーニュのトロワを中心とするセーヌ・オーブ水系には、十一世紀に一四基の水車の存在が確認される。それが、十二世紀には六〇、十三世紀初頭には、じつに二〇〇に増えた。トロワの町は、セーヌとメルダンソンの水流を利用して、十二世紀後半、一一基の水車を構築した。十五世紀の末、一四九三年の日付をもつ文書によれば、同地区の水車基数は計四一。内訳をみれば、製粉用二〇、製紙用一四、皮なめし用二、布ざらし用五となっている。

のこぎり水車

ところで、わたしは、いま、十三世紀中葉、カンブレー出身の教会堂建築家ヴィラール・ド・オネクールのデッサンした水車の図を眺めて、考えこんでいる。なにしろ、「のこぎり水車」ということになっているのだが、どう眺めても、正直、仕掛けがみてとれないのだ。水輪の回転力がどう伝えられ、どうのこぎりが作動するのやら、なんともあやふやな印象で、見当がつかない。

たしかに、四世紀後半のガリアの著述家アウソニウスの長編詩『モセラ』（モーゼル川）の証言するところによれば、「ケルビスはすばらしい魚で名高い。そして、水車。その流れは、水車をはげしい勢いで回し、かなきり声をあげるのこぎりが柔らかな大理石塊に食いこむその音は、どちらの岸辺からも聞こえる。」

おもしろいことに、その後二〇〇年ほどして、六世紀後半、同じくモーゼル水系を旅して、自然の景観を歌ったローマ人フォルトゥナートゥスは、「のこぎり水車」のことはそっちのけで、もっぱら「粉挽き水車」のことを証言しているのである。

四世紀のローマン・ガリア人と、六世紀のフランク・ガリア人とは、水車に寄せる関心の態様がたしかに異なる。けっきょく、古代ローマ人は、技術の多様な応用可能性ということに関心を払っていたということか。けれども、それでは十一世紀以後、爆発的に展開する水力利用は、製粉だけにもっぱら限定されていたのかといえば、とんでもない、石工ヴィラールのあくなき技術主義が端的に示しているように、トロワの町の十三世紀末葉の水車の分類表が示している割合が、そのまま一般化できるとは思わないが、ともかく、十一世紀以後の西ヨーロッパ社会は、製粉以外にも、多面的な水車力の活用ということに、だからあたかも古代的技術主義のルネサンスを想わせて、ひたすらに邁進していくのであって、揚水、灌漑、油しぼり、染料調合、醸造、布ざらし、皮なめし、麻の繊維のさらし、製紙、ハンマー作動と、多種多様さが競われることになったのである。

ラインとエルベのあいだにあっても、十一世紀以降、水車力の利用はめざましく、アウクスブルク市は一〇〇〇年のころ、レヒヴェール、すなわち水車に導水するための堰を構築している。一〇四七年、バイエルンのイン渓谷のフィーヒト修道院の近くに、堰と導水渠を備えた水車が建造された。ハルツ山地の銅鉱山、トリエントの銀鉱に水車力が導入されたのは十二世紀のことであり、中央ヨーロッパの鍛冶場に水力利用のハンマーがふつうにみられるようになったのは十三世紀のことであり、十四世紀に入れば、メタル・ワイヤー製造に水力の応用がみられた。かくして、十五世紀中葉のウィーンの記録は、銃身に穴をあけるのに水力が応用できはしないかどうか、可能性を検討するにまでいたるのである。

水車におびえるドン・キホーテ

唐突なことをとお腹立ちでもあろうか、あなたがたは、十六世紀スペインの文学者ミゲール・セルバンテスの『ドン・キホーテ』をお読みになったことがおありであろうか。これに水車の話が出てくる。正編三の巻第二十章「世にも名高い騎士があやうい目をほとんど見ずにしおおせた冒険、勇猛なドン・キホーテ・デ・ラ・マンチャがなしとげたそれのように、見た人も聞いた人もない冒険の章」である。

ゆえあってカラトラーバの野にさまよいこんだドン・キホーテとサンチョ・パンサ主従ふたり連れは、「夜の闇の奥に、はげしい水音に鉄のきしりや鎖のひびきのまじる間拍子正しい音」を耳にして脅えすくむ。

サンチョにいたっては、こわさのあまり「爪さきの黒いとこほども主人から身を離す気になれず」、ところが、食にあたったのか、明け方の冷えこみのせいか、もよおしてきたので、しかたなく主人に内緒で、そっと尻をつきだしてやってしまったほどだったのだが、さて、その無気味な物音、明るくなって、主従、涙の別れの一幕を演じ、騎士ドン・キホーテは、従者に後事を託して、勇武の誉れ、神も照覧あれ、と進みみれば、

「おお、読者諸君、お腹立ちではおそれいるが、布ざらし水車の木槌《きづち》六個で、六個が代わりばんこに羊毛の布を打ち、あのすごい音をひびかせていたのだ。」

永田寛定氏の訳（岩波文庫版）でご紹介したが、さて、なんという戯《ざ》れ言《ごと》かと、あなたがたは眉をおしかめであろうか。けれども、これはけっして無意味な戯れ言ではない。十六世紀スペインの地方領主（イダルゴ）に体現された、末期症状を呈する「騎士」の姿を描くことによって、およそ騎士なる身分のまったき存在を写そうとした文学者セルバンテスの意図が、この戯れ言のうちに、はっきりとみてとれるのである。

ドン・キホーテは、いわば初源へ還る騎士である。騎士という身分団体が形成されたのは、およそのところ問題の十世紀から十一世紀にかけてであった。解体と混乱の九、十世紀のなかから、自生的地方権力としての領主が各地に領主領を構えた。子飼いの戦士団として騎士という身分団体が形成された。

馬の蹄鉄、あるいは鐙《あぶみ》の普及がこの時代にあたるという情報を、あなたがたはどううけとめられるか。蹄鉄は、重量をかけられた馬がヨーロッパ内陸の重くしめった沖積土を跋渉《ばっしょう》するのに効力を発揮し、重量とはこのばあい全身よろおった戦士のことであり、その戦士が片手に手綱、片腕に太槍をかいこんで、全力疾走で敵手めがけて突進するとき、鐙で足をふんばらずに、いったいどうして衝撃の反動に耐えることができたであろうか。（図4）

この騎士という人間類型の出現と水車の普及と、このふたつの事項の共時性ということを、セルバンテスは、いともあっさりと示唆しているのであって、しかも、スペインという土地の特殊事情までも教えてくれているのである。というのは、たとえばこのばあい、われらがドン・キホーテを、スペインの国民的英雄エル・シド・カンペアドールの替歌《かえうた》だとしよう。ということは、ドン・キホーテは十一世紀後半のスペイン北部に還るのである。

十一世紀後半といえば、さきほど紹介したように、たとえばイングランドには五千基あまりの水車の存在が証言されている。水車は日常的景観の道具立てとなっていたといってもよいかもしれない。しかし、スペイン北部ではどうであったろう。ピレネーの南麓に根を張ったキリスト教徒諸侯領の勢力は、まだエブロ川にまでも降りてきてはいなかった。エブロ河畔のサラゴサは、いぜんイスラム教徒の、いわゆる分派諸王の牙城であった。

アラゴン王サンチョ・ラミレス一世は、エブロ川の支流シンカ渓谷における要衝バルバストロ奪取を目指したが、けっきょくバルバストロがアラゴン領に確定したのは、その息子の代のことであり、サラゴサの城門にせまったのは、十二世紀に入ってからのことだったのである。

レオン・カスティーリャ王国の方は、一〇八五年にはトレドを奪い、スペイン中央台地の奥深くに進出していたのだったが、われらが憂い顔の騎士ドン・キホーテの活動舞台、ラ・マンチャ地方にキリスト教徒の旗がひるがえるには、十二世紀なかごろを待たなければならなかったのである。

ピレネー南麓を流れる諸河川に、にぎやかに水車の回る光景が、この時代、みられたかどうか。スペイン中央台地の荒涼たる大地を割って押し通る水路が、灌漑用の水車を景気よく回していたかどうか。答えは否定的なのである。

エル・シドは、この時代に生きた騎士である。この時代、新手の脅威が南から接近した。北アフリカのセネガルに発祥したアル・ムラビト朝イスラム政権が、モロッコ、アルジェに進出して、さらにイベリア半島に入り、エル・シドとそのなかまの抵抗を排除して、バレンシア、次いでバルセロナ、さらにはサラゴサにまで進んだのである。

エル・シドとそのなかまは、夜の闇の奥に響き近づくベルベル人イスラム教徒勢の進軍の太鼓連打の音に、いくどとなくふるえ脅えたことでもあったろうではないか（もちろん、武者ぶるいしてふるいたったと、このばあい書きかえるに、わたしとしてはやぶさかではないのだが）。わたしがいいたいのは「布ざらし水車の木槌六個が代わりばんこに羊毛の布を打つ、あのすごい音」とセルバンテスが描写するとき、かれの耳には、このベルベル兵の進軍の太鼓連打の音が聞こえていたのではなかったかということである。

ドン・キホーテが布ざらし水車の音をそれと認識できなかったのは、かれの不名誉ではない。われらが憂い顔の騎士のまなざしに、水車は日常的景観の道具立てとなってはいない。夜の闇の奥にその音を聞いてふるえ脅えるとき、騎士ドン・キホーテは初源の身分に還るのである。

風車の発明

ドン・キホーテの水車について語ることは、ドン・キホーテの風車について語ることである。

ドン・キホーテ主従の風車の冒険については、あなたがたもよくご存知のことと思う。ただ、このことはたしてご存知かどうか。騎士ドン・キホーテは、風車の羽根にひっかけられて、そのまま上にもちあげられ（乗馬ロシナンテはともかく）、一回転してからはねとばされたのか、それとも、羽根にひっかけられて、羽根がぐうーんとしなって、その反動ではねとばされたのか、古来、その辺の事情については激しい議論があった。つまりは、かれは運命女神の車輪から転落する王者か、それとも初手から運命女神に鼻もひっかけられなかったしあわせな凡人かというのが論点なのだが、それはさしあたり問題にしないでおくことにしよう。

わたしが、このばあい、あなたがたにおねがいしたいのは、騎士ドン・キホーテは羽根にとばされる以前も以後も、一貫して、風車は風車ではない、あれは巨人だとみているという事態を、正しく認識していただきたいということである。

水車のばあい、かれはけっきょく、夜明けとともに、それをみることによって、それをそれと認識したのであった。水車は、よくみれば、それと認識できたのである。ともかくも、それは、エル・シドの時代にも、あることはあったのだから。けれども、風車は、かれはこれをはじめからみている。にもかかわらず、かれはそれをそれとみていないのである。当然のことである。というのは、エル・シドが風車なるものを目撃する機会など、これはぜったいになかったと断言できるのであって、というのは、風車は十二世紀ヨーロッパ社会の発明であったのだから。

「聖具保管人代理のハーバードは、ハーバーダンの地に風力利用の粉挽き小屋を建設した。修道院長はそのことを聞くや、怒りに息をつまらせて、食べもできなければ、一語を発するのも困難な状態であった。翌日、ミサのあと、修道院長は、聖具保管人に対し、遅滞せず、大工たちをひきいて現地におもむき、ことごとくとりこわせ、木材を押収して保管せよと命じた。これを聞きつけたハーバードは、その場に出頭し、自分の土地（自由保有の封土）に建ててなにが悪い、風の恩恵はだれに対しても拒まれるべきものではないといった。また、かれのいうには、自分の麦を粉に挽こうと考えているだけだ、他人のは挽かない、近所の粉挽き場の邪魔をしようとしてのことだと思われては業腹だから、と。

いぜんとして腹立ち顔の修道院長が応えていうには、かりにあんたがわしの両脚を切断したとしても、わしはあんたに礼をいうよ。神かけて、わしは、あんたのあのいまいましい仕掛けがとりこわされるまではパンを食べないぞ。あんたは年寄りだ。承知していよう、王といえども、王の判事といえども、この町の修道院領のなかでは、修道院長と院総会の同意を得ずには、なにかを変更したり、なにかを建てたりすることはできないのだ。いったい、なんでまた、こんなことをしたのだ。あんたはいろいろいうが、わしの粉挽き場の邪魔になるのだぞ。町の人たちはあんたのところに殺到して、心ゆくまで粉を挽くだろうし、わしとしては連中を止めだてする権利をもたんのだからな。なにせ、町の人たちは自由人なのだ。倉庫係の粉挽き小屋、あれだって、わしが院長になってからのことだったら、建てさせはしなかったろうよ。出てゆけ！　そう院長はいった、出てゆけ！　あんたが家につくまでに、あんたの風車がどうなったか、耳に入るだろうよ。

ハーバードは、修道院長のけんまくに恐れをなして、すごすごと退出し、息子のマギステル・スティーヴンの意見を容れて、自分の手で、ただちに風車をとりこわさせたのであって、聖具保管人の手のものが現場に到着したときには、もはやなにも残ってはいなかったのであった。」

お読みいただいたのは、『ジョスリン・オブ・ブレークロンドの年代記』と呼ばれている、イギリスはサフォークのバーリ・セント・エドモンドにあったベネディクト会派修道院バーリ・セント・エドモンドの修道士ジョスリンの書き残した覚書の一節である。修道士ジョスリンは、この事件の当時、修道院長サムソン付きのカペラーヌス、すなわち礼拝堂付司祭であって、のちホスピキアリウス、すなわち訪問者係職についた。これは衣料係、新参者監督、施物係、病室係等の下級の役職のひとつであった。

一一九一年のことであった。イギリスではじめて風車のことが記録された、これが最初の機会であった。ということは、ヨーロッパでもっとも早いケースのひとつ、ということは、すくなくとも、風車ときけばあなたがたが必ず想いうかべられる、あのかたちをした風車のことが記述された、これが世界で最初の機会だったのである。

ギリシア、ローマ世界は風車を知らなかった。地中海沿岸では、水車のばあいと同じく風量と風向の調節が困難であったし、第一、なにも風車動力を使う必要がなかったということではなかったか。じっさい、十二世紀のヨーロッパ内陸に風車が出現したとき、風車はその仕事量に対して五パーセントが課税されたが、他方、旧式の水車の方はといえば、三パーセントであったと、これはアルル市政府の文書が証言している。なにしろ効率的な動力であったのだ。

イスラム世界の「風車」

オリエント世界も知らなかった。カリフ・オマール一世の代、七世紀中ごろ、ペルシア人ブ・ルルア某が「風で回る石臼」を作ったという証言がある。なるほど、十世紀中ごろ、アル・マスーディは述べている、「セイスタンは風と砂の土地である。この地に特徴的なことは、風が石臼を回し、それがまた井戸から水を汲みあげて、畑に水を供する。このように巧みに風を利用している土地はほかにはない。」だが、この風車、これはどうやら、ギリシア、ローマ世界の水車を転用したものらしいのだ。第一、これは柱式（ポストないしタワー式）風車ではない。

かなり後代の、これは十四世紀初頭のものだが、シリアの天文学者アル・ディマスキの図解入り解説文を、フォーブズ教授の本が紹介している。

「風で回る石臼を構築するには、セイスタンでは次のようにする。光塔（ミナレット）のような高い建物を建てるか、高い山の頂上とか丘の上とか、城の塔などを利用して、天辺に建物を建て、これに屋を重ねる。上屋に石臼が置かれ、回転して粉を挽く。下屋にはダウラブ（柄杓状の水輪）がとりつけられ、閉じこめられた風の力で回る。どのような風が吹こうとも、石臼は回る、もっともひとつの石だけだが。図のように、下屋の壁に切れ目を入れる。切れ目は外側に向かってひらいていて、内側に向かってせばまる。風を入れる切れ目であって、鍛冶屋のふいごのように、入る風は強められることになる。それに、広い方が外側だから、風も入りやすいし、どんな方向の風でも、なにしろ四方に切れ目を入れてあるのだから、とらえられる。入った風は、ちょうど織り手が糸巻きに糸を巻きつけていくように、輪枠に沿って流れる。この輪枠は、十二本の肋材で組まれていて、これを六本に減らすこともできる。この肋材の上に亜麻布が張られて釘でとめられていて、ちょうどお灯明のおおいのようなぐあいだが、ただ、このばあいは、肋材にかけ渡して波型に張っていくわけで、しかも一方の側だけに張られている。亜麻布にはふくらみがとってあって、風がそこに満ちて、前に押す。すると、風は次のふくらみに満ちて、また前に押す。そういうぐあいに、輪枠が回るのである。そして石臼を回す。こういった石臼は、水流がなく、風が活発に動く地方で必要とされている。」

あんまりおもしろいので、つい引用が長くなったが、最後の一行が、いわば語るに落ちたというものであろう。オリエントの風車は水車の代用なのである。

ブリューゲルの風車

十二世紀以後、風車がたどった運命については不明な点が多い。最初は固定式の、その意味ではアル・ディマスキの「風車」に劣る、回転装置を蔵した箱を高い杭の上にのせ、その杭を、ぶっちがいに丸太を二本植えこんだのを左右両対に配し、これに渡した横木二本ではさみつけて固定するという式のものからはじまって、首振り式の、これはあなたがたもよくご存知の、粉屋の生活空間や倉庫も兼ねた塔屋の天辺に、回転する屋階を架す式のものに、いったいどう展開したか。あの十七世紀オランダの画家レンブラント・ファン・レインの「一六四一年、レンブラント」と署名の入った銅版画

「アムステルダム近郊パッセルデルスの風車」のみせる、あの感動的なイメージは、いったいどのような風車の技術と思想の歴史をはらんでいるのか。（図5）

バーリ・セント・エドモンドの風車からドン・キホーテの風車にいたる道筋には、十五世紀初頭のフランドルの画家ヤン・ファン・アイクの、いまはベルリンの美術館にある磔刑図の遠景右奥の丘の上に、円塔に円錐形の屋根を架し、四枚の羽根を斜め十字に交差させた風車がみえる。ファン・アイクよりも数世代あとのブラバントの画家ヒエロニムス・ボッスの風車がみえる。

たとえばリスボンの美術館にある三折祭壇画「聖アントワーヌの誘惑」、その右翼内絵、聖者が枯木のほこらに半身をのぞかせる裸女から目をそむけている恰好の画面だが、その遠景に湖がみえる。その対岸には、なにやらSF風の建物が立ちはだかっているが、その手前、湖の左岸に、これは四角の小屋で、屋根も切妻の、そのかぎりではありきたりの、しかし、ボッスの画面全体の調子に照らせば、むしろ無気味な印象の風車小屋が建っている。やはり、小屋の向こう側に、斜め十字形に大きな四枚の羽根。

そして十六世紀ネーデルラントの画家ペーテル・ブリューゲルの風車。

風車の画家ブリューゲル、そう呼んでもよいかもしれない。そうわたしに印象付けるのは、一五六四年の作とみられる大作「カルヴァリオの丘」であって、これは現在ウィーンの美術館にある。ごらんのように右手奥のカルヴァリオの丘（ゴルゴタの丘）の方へ、人びとがおもいおもいにかけてゆく。（図6）

十字架の材木を負わされたイエスのイメージが、ちょうど画面の真中で、イエスをひきたてててゆく一行の行列がくねくねと丘のふもとの道をゆく。近景に、これは明らかにほかの人影とくらべて不釣合いに大きく描かれている一団の人影。聖母マリアと、そのいまにも崩れんとする肢体を支える、これは聖ヨハネ、緋の衣を顔にあてているのがマグダラのマリア、掌を組んで祈る姿勢のクロパの妻マリアが、「十字架降ろし」の図柄を作る。本来、これは、十字架から下ろされたイエスの屍をかこんで嘆き悲しむ聖母とその取巻きという図柄なのである。してみれば、時間の経過を先取りしているわけだ。

この一隅《いちぐう》には、なにやら超現実の雰囲気が漂っている。描写も、いってみれば古風で、全体として、ファン・アイクないしペトルス・クリストゥス風のイメージだが、聖ヨハネの姿態、マグダラのマリアの衣装などは、これはロヒール・ファン・デル・ウァイデンを想わせる。

聖母マリアとイエスを結ぶ線を延長したあたり、屹立する岩峰の天頂に、これはいったい、どうしてこんなところに建てられたのか、堂々たる小屋組みの風車が一基、丘の上、イエスの刑場の方角に、四枚の羽根を向けている。ごらんのように、言葉そのままの意味で屹立する岩峰であって、うちみるところ、どうやらその天辺に円盤状の基台を据えて、これを支っかい棒で下から支え、その上に小屋をのせている。

入口に梯子がかけられているのまではっきりみえるこの小屋は、二階建てで、側壁に小さな窓が四つあいている。そして、妙なことに、小屋のすこし下の岩壁にも、これは明らかに人工的な穴が、だから窓だろうか、ふたつあいているのであって、だいたいが、この岩峰に登る道は、みたところどこにもみあたらないことと考えあわせて、もしや岩峰は空洞になっていて、階段は内部にあるのか。

村の風車

画家は聖書からイメージを汲んでいる。カルヴァリオの丘の上の黒雲は、『詩篇』十八章の十一節にこう書かれている。「主は暗闇を隠れ家となさった。主を取り囲む幕舎は暗い水と空を覆う厚い雲である。」『ルカによる福音書』二十三章の四十四と四十五節は、イエスが十字架にかけられたのは正午頃であったが、「日がかげって、三時頃まで大地は闇に覆われた。主の宮の幔幕は真ん中から裂けた」と書いている。

『詩篇』十八章は「主はケルビム（智天使）の上に座し、風の翼に乗って飛んだ」とも書いている。「主はわが岩、わが砦、わが櫓」とも書いている。主の岩、主の砦、主の櫓に静止する風車は、やがて巻き起こるであろう一陣の風を予感せしめるべく描かれたものであったのか。

カルヴァリオの丘、すなわち「しゃれこうべの丘」の意である。この画題を、画家は画中に指示していて、というのは、前景の活人形の出し物のかたわら、画面右下隅に、牛だか馬だかのしゃれこうべが描かれているではないか。そして、これがまた、奇妙に風車と照応するのであって、というのは、このイメージがやはり画面右下隅に描かれている絵がもう一枚あって、どうも画家のサインのようにもみてとれるが、しかし、ブリューゲルは、この二点にしかこのイメージを残してはいないのである。「婚姻の行列」と題される絵で、一五六五年ごろの作と推定されているが、いまはブリュッセルの市立美術館にある。

ちょうど同じ位置に、これもまた不釣合いにでかでかと風車が描かれている。ここでも、また、風車の四枚の羽根は、「暗い水と空を覆う厚い雲」の方角に面を向けて、静止している。これもまた「カルヴァリオの丘」なのであろうか。

専門家のあいだでは、この絵は大変好評で、十五世紀ネーデルラント画派（ファン・アイク兄弟にはじまる十五世紀のフランドル・ネーデルラントの画家たちの総称）研究の仕掛け人フリードレンダー教授は、風車の点描も効果的に、熟達の筆づかいをもって村の平穏な光景を描いている、といっている。風車は平穏な村のムードをだすための大道具であるというのだ。どうも教授の評言はいただけない。これは近代主義批評である。わたしなどは、この絵をみると、薄気味わるくて、鳥肌が立つのだ。

風車と絞首台

ブリューゲルの風車については、さてどういったものだろうか。なにか邪悪なるものと聖なるものとがともに仮託されたイメージであることはたしかだと思われる。画面の性質が、そうわたしに告げ知らせる。「カルヴァリオの丘」の構図をとるとき、詩篇の言葉、わが岩、わが砦、わが櫓を画家は想起したかどうか。この連想は、しかし、わたしの耳に快い。主の櫓が邪悪な現象世界のただなかに現出しているわけで、とすれば、村の嫁入りの行列は、これもまた邪悪なる世界をゆくのか。

この画家には「絞首台上のかささぎ」という、村の平穏なたたずまいを輪舞する村人のイメージに托したとみてもよい絵がある。この絵の主題は、しかし、村はずれの森のなかの絞首台であって、その上にかささぎがとまっている。このばあい、絞首台が主の裁きを意味するはずはない。村を支配する権力であり、あるいは画家の生活圏が当時おかれていた状況を考えれば、身辺にせまる王朝的支配の邪悪なる力である。

風車も絞首台も、いずれ村にありふれた設備であった。ブリューゲルの時代には、そうなっていた。これがあるいは主の櫓の意味をはらみ、現世の支配者の強大な意志を表示する。

十世紀後半、ヨーロッパ内陸の各地に城主領が林立した。ヨーロッパ社会はここにようやく形成の緒についたのである。城主は「強いやつ」であり、その強さは、いわゆる流血裁判権の掌握を核としていた。すなわち絞首台の設置である。城主領というひとつの生活の単位がここに形成され、領主領の国際関係がヨーロッパ内陸に政治的脈動を与えた。水車力、風車力の活用は、村の経済の展開を促すものとして、多く領主のイニシアティヴの下に建設されたのである。絞首台と風車とは、かくして連動するイメージとして、時間の経過とともに肥大した。

絞首台を建てた領主は、もともと邪悪なる意志の体現者であったのか。風車は、当初からブリューゲル風のイメージをはらんでいたというのか。そして、いま、ブリューゲルの時代に、絞首台と風車の意味論が問われている。

ミゲール・デ・セルバンテス・サベードラはすでに生まれている。ドン・キホーテの風車は、ブリューゲルの風車の影をひきずっているのである。

I　ロワールの春

流転の修道院

ロワールの流れが海に押し出すブールヌフ湾を南で仕切る位置に、ノワールムーティエ島がある。干潮時には歩いて渡れ、だから島というより岬だが、現在は立派な橋がかけられている。七世紀に聖フィリベールがここに修道院を建てた。当時、島はエル島と呼ばれていて、エルの修道院、すなわちエルムーティエが訛《なま》ってノワールムーティエとなった。

前章でもいささかふれたように、九世紀に入るとノルマン（ヴァイキング）侵攻の大波がヨーロッパ内陸を洗った。ここロワール河口域にも、アイルランドに拠点を据えたノルマンが、季節のめぐりとともに毎年のように現われて、かれら流儀のあいさつをくりかえすのだった。とりわけ物資豊富な修道院は、かれらの見逃すところではない。サン・フィリベール修道院は存亡の危機にさらされた。

すでに、八二〇年代に入る以前、修道士団は、対岸の本土にグランリュ湖と呼ばれる沼がある、そのほとりのデエスというところに、春から秋にかけての避難所を建てている。季節の甦りとともに水平線上に姿を現わす海賊の脅威をやりすごそうというわけだった。けれども、三〇年代の終わりには、けっきょくノワールムーティエの本院を放棄せざるをえなかった。そうして、さらに内陸に入った、ロワール本流沿いのソーミュールのすこし手前のキュノーの修道院が、新しい避難所ということになった。

ところが、八五八年には、今度はデエスを捨ててキュノーに本院を移さざるをえなくなり、そのキュノーさえも、ロワールを遡行するノルマンの群れに対して安全ではなく、八六二年には、そこから南にポワトゥーの山地に入って、メッセイというところに修道院を移した。しかし、そこも十年しかもたなかった。八七二年か三年には、かれらは、さらに奥地に入った、オーヴェルニュ山地のサン・プールサン・シュール・シウールというところに引っ越した。ここはヴィシーに近い山の中である。

ところが、かれらの流転の旅は、そこが終着駅というわけでもなかった。八七五年、かれらは、さらに東に移動して、ブルゴーニュのソーヌ河畔の城塞都市トゥールニュスにようやく安住の地を見いだしたのである。

サン・フィリベール修道士団が、聖遺物と聖器具を奉持して東への道をたどったロワール沿いの土地には、フランク王国の地方行政区画であるパグスがいくつか設定されていて、それぞれにその長官コメスが配置されていたのである。外敵侵入に対して、しかし、かれらは無能であった。だから修道士たちは、自分たちの才覚で危難を乗り越えなければならなかったのである。

やがて、そういう土地土地に「強いやつ」が現われた。ノルマンの侵攻に対して地域住民を保護する力量を備えた人物である。出身は屠殺業者であったらしいという噂のロベールという男も、そのひとりであった。かれの息子は、北のセーヌ川流域の方で名をあげて、パリのコメスの称号をとった。パリ伯ユードであって、この家系が、のち、パリを中心とするセーヌ盆地、すなわちフランスと呼ばれる土地に侯権を確立して、フランス侯を称し、やがて十世紀末、ユーグ・カペの代に、西フランク王に代わって王号をとり、カペ王家を創始したのである。

強いやつロベールの家系はセーヌ流域に移ったが、ロワール下流域には、そのほかにも大勢、強いやつらがいた。アンジュー家、ポワトゥー家、トゥーレーヌ家、ブロワ家、あるいはナントの伯家といった諸家が、そこから発生する。ノルマン騒動が一段落したのち、十世紀後半以降、かれらは、それぞれに、領域支配をめざす。こうして、ポワトゥー伯領、アンジュー伯領といった諸侯領が、ロワール下流域に形成された。

やがて、十一世紀末、ロワール河口ナント近くの城主領ル・パレに生まれ育った若者ピエールが、サン・フィリベールの修道士団がたどった、その道筋を、東に向かう。このたびはノルマンの禍から逃れる旅ではない。学問の教師と書物を求めての旅である。

混迷の九、十世紀に危く消滅しかかった古典の学芸ではあったが、それでも各地の修道院に、学問の燠《おき》が赤く息づいていた。前章に紹介したザンクト・ガレンもそのひとつである。あるいはノルマンディーのベック・エルーアン、ロートリンゲンのエヒテルナッハである。シャルトルであり、またパリである。知のアルス、すなわち職業としての学問を志す若者は、いま、生国を離れて旅立つ。

おもしろいことに、若者ピエール、のちのスコラ学者ピエール・アベラールは、やがて生涯の暮れ方に、ブルゴーニュのクリュニー修道院に避難所を見いだし、サン・フィリベールの修道士たちがみつけた安住の地トゥールニュスと同じソーヌ河畔の、トゥールニュスからすこし北のシャロンで死ぬことになる。このばあい、ピエールの迫害者は、ノルマンならぬ北フランスのキリスト教会であった。

ただ偶然の一致で、状況はまったくちがうではないかと、あなたがたは、わたしのみだらな連想をお咎めになるだろうか。けれども、隠国《こもりく》のブルゴーニュという土地の性格を、たしかに形の上だけの類似にすぎぬとはいえ、このふたつの出来事は指示しているとはいえまいか。

ピエール・アベラールの生涯を手掛かりに、十二世紀ヨーロッパの生の環境の感触をたしかめたいと思う。以下四章の主題はここにある。

城主領ル・パレ

ロワールの流れもそろそろ河口に近いナントで南から合流するセーヴル・ナンテーズ川とロワールの本流とにはさまれた土地をモージュという。古くフランク王国時代にパグスとして設定された土地である。

ブルターニュ半島のアルモリカン山地の南への押し出しと、南のガティヌ山地とにはさまれた台地帯をロワールが刻む。小谷、ほれ溝が片岩質《へんがん》の大地を縦横にえぐり、叢林（ボカージュ）が緑の模様を描く。ひとむかし前までは、遠近《おちこち》の高みに、高く木組みをとった風車がみられた。フランス革命時、ヴァンデーの騒乱に際して、この土地に拠った一党がこれを信号用に使ったというエピソードは、フランス人ならばだれでも知っている。しかし、いまわたしたちの回想する時代のモージュには、風車は一基も建っていなかった。それはたしかなことであって、その辺の事情については、前章でお話しした。

十世紀初頭、ヴァイキングが、ロワール河口半島部のレス、セーヴル・ナンテーズ西岸のティフォージュ、エルボージュ、そして東岸のモージュを荒らした。ヴァイキングが示した最後の威勢であって、これを制圧したのが、ナントに拠って伯を称した「撚《よ》りひげの」アランであって、かれはこれら諸地方の領有を宣言した。もともとこれら諸地方は、南のポワチエに拠ってポワトゥーの伯を称した家系の統制権の及ぶ土地であって、当主「麻屑頭《あさくずあたま》の」ギヨームとしては承服しがたいものがあったが、当時、かれは、ポワトゥーそのものの統制をめぐって、北のパリ盆地のパリに拠ってフランスの侯を称していた「大」ユーグと交戦中であって、この方面に手当する余裕がなかった。けっきょくナントの伯の主張を認める結果となり、次代ポワトゥー「から威張りの」ギヨームが、エルボージュ、ティフォージュの一部をとりかえしはしたものの、レス、モージュはナントの伯の統制圏と確定したのである。

ところが、レスはともかく、モージュは、十一世紀に入って「黒伯」とあだなされたアンジューの伯フルク・ネルラによって、じわじわと蚕食《さんしょく》された。モントルヴォー、ボープレオー、モンフォーコン、シャントソーといったところに、アンジュー伯に誠実を誓う領主の領主領が設定された。

いま「ロワールの城めぐり」のセット・メニュー・コースの下流の出発点はアンスニである。ロワールの流れも、このあたりにくれば、川幅は五〇〇メートルほどにも広がり、黒ずんだ板岩をよろおった大岩盤が町をのせてロワールの右岸にせまる。アンスニは、町自体があたかも城砦であって、

「ブルターニュ関門」の呼び名もさてこそと思われる。ここから下流がブルターニュなのだ。アンスニからすこし下流のシャントソー、ここもまた、左岸の高みにロワールの流れを見下ろす城市の名残りをとどめていて、フルク・ネルラがナントの伯の領分に対して突きだした槍の穂先の城がここであった。

シャントソーは、アンジュー伯のモージュ経営の拠点となったのではないかと思われる。さらに、アンスニのすこし上流に、南から注ぐエヴル川に沿ってサン・フローラン・ル・ヴィエイユ、小モントルヴォー、大モントルヴォー、ボープレオー、くわえて、セーヴル・ナンテーズ中流を押える要衝モンフォーコンと、モージュに設営されたアンジュー方の城主領をかぞえてみれば、十一世紀中葉、モージュ東部はアンジュー伯の統制下に入ったことがわかる。ナントの伯には、もはや、セーヴル・ナンテーズ下流の東岸しか残されていない。ル・パレの城主領は、まさしくこの辺境の地に立地していたのである。

ル・パレは、ナントからポワチエへ向かう国道を一五キロほどいったセーヴル・ナンテーズ河畔の小村である。一九七九年、村はピエール・アベラール生誕九百年を祝う記念行事をおこした。

ル・パレ、ラテン名、パラティウムの城主領については、史料はほとんどない。わずかに十二世紀前半、レンヌに拠ったブルターニュ侯コナン三世の代、ということは一一一二年から四八年までのことであって、ピエール・アベラールの後半生の時期とほぼ重なるのだが、ル・パレの城主領のものたちが、ナント近郊にサン・マルタン・ド・ヴェルトゥーという修道院があった、そこの修道士たちと諍論《そうろん》をおこし、レンヌの侯の法廷で裁定が下されたという記録がある。

これは、まあ、ル・パレの城主一門が、先祖代々、ナント・レンヌの伯、つまりはブルターニュ侯（コナン三世の父のアラン・フェルガンの代、侯権が確立されたとみてよい）に対して誠実の誓いを立ててきたことを教えてはくれるが、それだけのこと。ル・パレの城主支配の実相を明かすというほどのものではない。むしろおもしろいのは、ピエール・アベラールは、一一一八年か九年に、かれは一〇七九年の生まれだから、四十に手がとどこうという中年になっていたが、パリで小娘エロイーズを孕ませて、ル・パレの親の家に連れかえり、妹ドゥニーズにめんどうをみさせて、子を生ませた。小娘と書いたのに他意はない。一一一八年、三十九歳のピエールと結ばれたとき、エロイーズはたぶん十六か十七、そして、すぐ子を孕んだのだから。

尼僧に変装させたエロイーズをともなって、ル・パレの町の城門をくぐろうとした、その奇態な二人連れを押しのけるように、騎馬の一団がわらわらと城門を出てゆく。城主を先頭に、レンヌの伯の法廷に出かけてゆく城の連中である。あるいは、ピエールに代わって家督を継いだ弟のラウールだかダゴベルトだかも、城主の供の一行にまじっていたかもしれない。自由奔放に生きる身勝手な兄と、これはどういうことか、うら若い尼僧の二人連れが、あわてて城門のかげに身を避けようとするのを、めざとくみとめた弟が、はたして声をかけたかどうか。（図7）

城主領の国際関係

ところで、ピエールは何者であったか。

アベラール、ラテン語形アバエラルドゥスは、これは生得のものではなく、ピエール自身の命名であったろうとホイジンガは考えているが、それは、クリューニー修道院長尊者ピエールによるかれの墓碑銘や、ウォルター・マップのアベラール頌辞などを材料に、アバエラルドゥスという名前そのものについて考えた上での判断である。

じつは、ピエールは、おそらく家を出てから十年ほどして、ル・パレにもどって療養の生活を二、三年送っている。また、その数年後、おそらく一一一二年ごろ、またル・パレにもどって、母親リュースが修道院に入るのを世話してやっている。父親ベランジェは、すでにそれ以前、修道院に入っていた。こういったことまで、ちゃんとその「自伝」にしるしていながら、家族のことについては、けっきょく父母の名しか教えてくれていないのである。弟と妹がすくなくともひとりずついたことは書いてはいるが。

ベランジェ、ラテン語形ベレンガリウスはル・パレの城主から封をうける領主であった。そう考えて不都合な点はないと思う。たしかに、ピエール自身いっている、「わが父は、軍職につく以前、かなり学問に親しみ」とか、「かくして武勲の輝き、相続財産、長子の特権をなげうち」とか、と。これは騎士の言である。騎士、ようやくこのころ、身分をもちはじめたプロの戦士なかまの。

十一世紀末、ポワトゥー、アンジュー、ブルターニュに城主の城が林立していた。フランク王国時代のパグスの長コメスは自立する伯に変わり（コメスという呼称は、そのまま、フランス語形でコント、英語形でカウントとして残った。なお、コメスとは、もともとローマ皇帝の側近者の意）、コメスの下僚であったウィカリウス（代理者、フランス語形でヴォワイエ）は、伯の官僚となって、十世紀末までは、その管区（ウィカリア）管理の実権を維持していたが、十一世紀に入れば、そろそろ史料に登場しなくなる。代わって登場するのが、「ミレス・カストゥルム」「ウィカリウス・デ・カストロ・ウィウォンヌ」といったいいまわしで、これがいわゆる「城主」（フランス語形でシャトラン）であり、その支配領が城主領（シャテルニー）である。

ウィカリウスがそのまま城主に移行した例もあり、「強いやつ」（フランス語形で、ル・フォール）が、ウィカリウスが役所を構える町の川の対岸の高みかなんぞに城を建て、いつのまにか町を乗っ取ってしまうというケースもあった。ポワトゥーの例でいえば、たとえば、セーヴル・ナンテーズと同様、ヴァンデー丘陵・ガティヌ山地に源頭を発して西に流れ、大西洋に注ぐセーヴル・ニオルトワーズ中流のニオール、ここにはもともとベサックというウィカリアが設定されていた。それが、ベサックの町の対岸の城主にウィカリアを横領され、ニオール城主領が形成されて、ベサックの町は、ニオール城市の郊外区になってしまったのである。

十一世紀のポワトゥーに形成された城主領の大きさはどのくらいであったか。史料の断片を勘案し、ミシュラン社発行の二十万分の一の地図を虫めがねでのぞき、定規をあてて距離を出してみれば、だいたい円型にして半径十数キロといったところであろうか。なによりも防衛が城の主たる機能なのだから、一日の、しかも日のあるうちの行動可能範囲に制限される。だから、大きなウィカリアのばあいは、幾人かの城主によって分割簒奪されているのである。

そういった城主領がいったいいくつくらいあったか。これまた、きちんとした数字は出てこようにもない。マルセル・ガローはポワトゥーについて、主たる城主領五七の分布図を作っている。オリヴィエ・ギュイヨは、アンジューについて、一一〇九年の史料で確認される城として八六城ほどを析出し、分布図を作製している。しかし、こういった数字は、ギュイヨ教授の細心の配慮が示しているように、ある時点での、しかも史料から検出しうるかぎりでの計算にすぎないのである。

だから、林立する城だの、城主領の国際関係だのと言葉を弄するのだが、さらに城主領のなかに入ってみれば、なおのこと、この時代のアナーキーな秩序の景色がたしかにみてとれよう。

村の領主たち

ポワトゥーの最西端、大西洋岸に近いタルモン城主領をのぞいてみよう。東は、どういうわけか「ブルトンの瀬戸」と呼ばれるラ・ロシェルの北の海域に河口をあけるレ川と、その支流ヨン川、北はジョーネイ川にいたるまでの広大な支配地を構えたタルモン一門である。とうていこれは、半径十数キロの城主領というイメージには遠く、そのわけは、それぞれに小城を構える数個の家系が、まずはタルモン城主の側近を固めていて、いってみれば複合城主領を作っていたのである。十一世紀後半、タルモン城主の封臣の家系は、三十家ほどかぞえられる。

父と息子たちその他、一家平均五人の成年男子としても、一五〇の戦士集団。これに従者小者をかぞえれば、五、六〇〇の軍勢になる。かれらはバロネス、プルケレス、オプティマーテスなどと文書に出るが、総じてこれがミレス、すなわち騎士と称される身分を形造ってゆくのである。

かれらミレスの家系のほとんどは、いわゆる「村の領主」である。村に住み、せいぜいが数マンス、数ボルドの土地を家領とする。マンスもボルドも、前者は牛四頭、後者は二頭で耕せるだけの土地という意味の面積単位。いってみれば、牛十数頭を耕作用に飼っている土豪といった感じである。ぶどう畑とぶどうしぼり小屋、水車小屋、村の教会堂などがかれの所有にかかわるものであれば文句なし。教会堂や水車の使用料が領主の収入になる。また、家領の耕地を村人に賃貸しして、地租を徴収する。

村人の方でも、それに見合うだけのものが十分あったからこそ、領主との共存をよしとしたのであった。かれは、代々この土地に住む「強いやつ」の家系に出るものであったかもしれなかった。「もっと強いやつ」が現われ、なかでも「いちばん強いやつ」の強制する城内平和が、かれとかれの村とをとりこんだ。けれども、先祖の武勲はいまだに語りつがれ、かれはいぜん「強いやつ」の威信をとりくずしていない。村の領主のカリスマは、村の歴史に根付いているのである。

それに、かれは、鉄製の鋤や鍬を工面してきてくれたではないか。ぶどうの苗木を村に移植してもよいというポワトゥー伯の認可状をとりつけてきてくれたではないか。なるほどかれは欲張りだ。だからといって、なにも、初仕込みのぶどう酒を全部召しあげて、タルモンの城主と分け取ることはなかろうによ。やせこけた自分の猟犬のめんどうをみるのは、ほんとうはおまえたちだと勝手に決め、いや、これもタルモンの殿さんの考えだそうだが、まあ、それはそうだが、こっちでやるから、その分出せとかねをとりあげる。猟犬掛の小者をやとったそうだよ。

と、まあこんな調子で、十一世紀は村の経済の展開期であって、村との連帯を図る領主としては対応に忙しかったのである。

二、三の例をみてみようか。

タルモン城主ペパンの封臣ギヨーム・アルベール（エルベール）は、死に臨んで、タルモン城下のサント・クロワ修道院に、かれの所有にかかわるヴェレの教会サン・ピエール・ド・ヴェレとその付属地のすべて、ボルド二筆分、ぶどう畑二箇所からあがる賃租収益、建物用地一筆分、菜園と果樹園、ペトラデュの教会の収入のうちかれの取分、最後に、これはその教会から力ずくでとりあげた水車一基、これだけのものを寄進した。

同じく、ピエール・ド・ブイルは、同じくサント・クロワ修道院を死後の魂の預け所と決め、ボーリューの教会の所有権の半分、ボルド一筆分、池と水車、あわせてそれにともなう諸種の収入、ヴナンソーの教会の所有権の四分の一、洗礼と埋葬にかかわる収益の四分の一、ボーリュー村のパン焼きがまの使用料、ヨン川の入漁料。以上を寄進した。

この二例は、まあ、大領主の家系を示している。それだけのものを寄進しても、家督を継いだものは困らなかったのだ。もっとも、修道院文書は、寄進受けとりのことは熱心に記述するが、寄進者の家族がその後どうなったかについては、もともと冷淡であって、結構、次に紹介するユーグ・ド・ネミの家のようなケースも多かったにちがいない。

破産した領主もいた……

ボカージュ・ヴァンデ（ヴァンデ叢林地帯）の内ふところに抱かれたネミ村の領士、だからユーグ・ド・ネミと表記するよりは、ネミ村のユーグと呼びたいが、かれには、館と呼べるような屋敷とてなかったが、世襲財産はかなりあり、小作に出した畑地からあがる賃租のとりたて、いわゆる「領主裁判」の執行にかかわる罰金と手数料の徴収に精を出し、かたわら、というよりも、これが本来の仕事なのだが、村の安全維持のため、同じくタルモン城主の封臣なかまのギヨーム・ユルリックと、その従騎士ギヨーム・パパンの協力を得ている。ユーグの家の子郎党とこの寄宿の騎士の一行とが、ネミ村の防衛力を作っていた。

そんなユーグの念頭を去らない心配事があった。父親がサント・クロワ修道院に遺贈したボルド一筆分の件である。サント・クロワの方からは度重ねて催促があったのだが、ユーグとしては、おいそれとこれに応じられない事情があった。世襲の家領は、代々の当主によって、もうずいぶん教会、修道院に寄進されている。ユーグ自身もまた、純な信心と後世《ごせ》をねがう利己的な配慮の二重にセットされたメンタリティから、生涯の最期を迎えるにあたっては、やはりサント・クロワ修道院に応分の喜捨をと心に決めている。それを考えあわせると、いま父親の約束した寄進を実行してしまって、はたしてよいものかどうか。世襲の財産は、そろそろ底がみえてきているのである。

サント・クロワ修道院の方としては、不満がしだいにつのる。修道院の保護者たるべき宣誓をユーグに求めれば、父親の寄進の棒引きを条件に応じようという。修道士たちは、ユーグのことを、「舌ばかりまわって、実行の方は防壁で固めているやつ」と批評している。ついには、修道院長ギヨームみずからユーグのところにのりこむ仕儀とあいなった。ユーグの法廷でのあれこれの議論のはてに、けっきょく、事はユーグの良心まかせということになった。ユーグは、生涯の最期の時に、贖罪のしるしを教会に寄せるであろう。

たしかにユーグは約束を果たした。家督を継いだジャンは、死んだ父のたくわえと、母のそれ、さらに自分自身のをくわえた寄進分を、サント・クロワ修道院に対して確認した。ところが、ユーグが死んでから一年もたたぬうちに、破局が訪れた。敵対勢力の侵寇があり、ジャンは、多額の軍事費支出を余儀なくされたのである。かれのふたりの叔母を妻としたアルベルト・ド・ボーリュウ、ユーグ・クラリスティ両名は、ふりかかる火の粉を払おうと、ジャンの寄進は過分だといいたてるばかりであった。サント・クロワの方はあくまでもゆずらず、長い訴訟沙汰となった。ネミの領主の家系は、ジャンの代に破産したのである。

若者の旅立ち

『カルミナ・ブラーナ』という、十二世紀のラテン詩歌を集めた歌集があって、その歌のひとつに、「夏の乳房」、これはそうわたしが勝手に名付けたのがあって（ヒルカーシューマン版第一四三歌）、

いま、春は夏の乳房を吸う

と、その一行を口ずさめば、モージュ台地の季節はもちろん春で、合切袋を肩に、ピエールが歩く。丈を越すハリエニシダの花枝がピエールの頬をなぶり、蜂が鼻先をかすめ、蝶は花影にかくれる。ギリシア風皮サンダルが長衣の裳裾をはねあげ、舞いあがる土埃のなかを旋回して、踏みしだかれるルリジャコウソウ、チシャ、キンポウゲ、ミュゲ、ピサンリの花々。

青の薄手毛織り地の、脇に縦長に、幅は掌ほどにアーカンサス模様の刺繍帯。襟ぐりを大きくとって、縁にもやはり花柄の刺繍を刺す伊達好み。ふくらみをつけた袖は手首にとめる。栗色の髪は長く、波打って肩にかかる。

みよ、楽しい春が、

待ちのぞまれた春が、
喜びをともない、帰り来たった、
野花は紅紫に、
咲き競い、
晴朗の太陽、光あまねく、
悲しみを打ちひしぐ、
夏がもどってくる、
いま、冬の厳しさは
立ち去ってゆく

いまは融けてゆく、
少なくなってゆく、
霜とか雪とか、そういったものは、
冬の寒気は逃れ去り、
いま、春は
夏の乳房を吸う、
あわれな人たちだ、
夏の右手の下に生き、

気ままに、
振舞おうとしない人たちは

誇らかにやろう、
楽しくやろう、
甘い甘い蜜を吸って、
キュピドの恩典に
あずかろうと
するがほどには、
キプルスの女神の命に従い、
誇らかに
楽しくやろうよ、
パリスのなかまに、
みんなでなろうよ

歌の土地、水の土地

あるいは、シャントソーのあたりで、哨戒中の騎士に誰何《すいか》されるようなことがあったろうか。このヒッピーじみた若者が、ル・パレの城主領のものだと名乗り、城主の領外旅行認可状をみせながら、行先はさしあたりロッシュだ。高名なる論弁学者ロスケリヌス先生がそこにいる。家督は弟にゆずって、学問の道に入るつもりだと聞かされて、シャントソーの騎士は、なにか異教徒でもみるような眼付きをしなかったかどうか。いけ、いけ、と手で追いながら、視線を地平のかなたに馳せる騎士の眼球に、シャントソーの四角い石の天守が黒々と映っていたことはたしかである。

モージュの春の野道を東に向かった若者ピエールは、たぶんフォンテヴローの森をぬけてヴィエンヌのほとりに出、シノン城市の雑踏にまきこまれたあげくに、タヴァンの先でヴィエンヌの流れから離れて、ロッシュに向かったにちがいない。この道は、ポワトゥーとトゥーレーヌのあわいをゆく。いまあげたフォンテヴロー、シノン、タヴァンといった地名は、いずれもこの時代のこの道の性質を表示するものであって、フォンテヴローだが、若者が森蔭の道を通りすぎてまもなく、隠者ロベール・ダルブリッセがここに修道院を建てるであろう。ポワトゥー伯ギレム七世の寄進したこの修道院こそは、ポワトゥー家の、またアンジュー伯家の一族の聖所としての位格をもつ。ギレムの孫娘アリエノール・ダキテーヌもまた、およそ一世紀ののち、老残の身をここに寄せるであろう。

ギレム七世はあだなをトルバドゥールといい、その孫娘アリエノールは「トルバドゥールの女王」と呼ばれた。トルバドゥールとは、オック・ロマンス語抒情詩人の謂《いい》である。ギレム七世のボルドーの居城「木蔭の館」、ポワチエの一族の根城「モーベルジョンヌの塔」で催される歌会に集うアキテーヌの領主たちが、みずから三弦のヴィオールをつまびいて歌う即興歌。トルバドゥールの詩歌とはこれをいう。

領主たちの社交の遊びである。母音の響き重く、彩り映える言葉をあやつる才を讃えて、「かれは

「巧みに歌う（トロバール）すべを知っていた」と、ギレム七世の伝記者はいう。ことのついでに、ギレムの歌一篇をご紹介しようか。

新たなる時季《とき》のなごみに、
緑なす森の、鳥たちは
こもごもに声を競いて、
新たなる歌の調べに、
心してたずね求めよ、
直《ひた》に心のおもむくところを

しかれども、わが想いの方よりは、
使者、来たらず、
封書、とどかず、わが心、
まどろみも、笑いも知らず、
あえて進むも知らず、われ知らず、
われ望む、和解の叶うや否や

たとうれば、われらが恋は

山櫨子《さんざし》の枝にも似て、
木にうちふるえ、
夜雨にうたれ、露にぬれて、
緑の葉、小枝の茂みに、
朝の陽《ひ》光のひろがるがまで

想いおこすは先ごろの朝、
われら争いの矛を納め、
かの人、われに贈与をなせり、
その指にはめたる指環を、愛を、
ねがわくば神、われを永らえ得しめ、
かの人のマントの下に、わが双の手をおかしめ給え

人がどういおうとかまうものか、
よき隣人と別れるなどと、
どうせ口さがないのが人の常、
針小棒大にいいたてる、
恋の自慢に憂身をやつす、

されど、われら飽食せしもの也

六行詩五連のこのチャンソ（シャンソン、歌）は、ギレムの作とされる九編のうちのひとつであって、とりわけ第三連「たとうれば、われらが恋は」の調べに、あなたがたはアキテーヌという土地を柔らかくおおう抒情の大気をお嗅ぎでないか。じっさい、ガロンヌ、ドルドーニュのほとりを旅されるならば、詩歌の風土という想念にあなたがたはとらわれよう。

ゆるやかに起伏する丘陵を縫って、川筋の木立がみえかくれするドルドーニュのほとり。木蔦《きづた》におおわれた田舎屋敷が叢林の蔭にひっそりと息づくポワトゥーの野の道。湿潤の大気は白く甘く、ものみな縁取りの緑のかぎりなく優しい水の土地アキテーヌ。（図8）

アキテーヌ小史

さて、あなたがたを途迷いのうちにおいてしまったであろうか。いきなりアキテーヌだのオック・ロマンス語だのと、いったいなにごとかとお腹立ちであろうか。

ポワトゥー伯ギレム七世はアキテーヌ侯をも兼ねていたのである。アキテーヌ侯としてはギレム九世を称する。アキテーヌ、ラテン名アクィタニアは水の土地というほどの意味である。湿潤の大気と重く湿った土の風土がよほどローマ人に印象ぶかかったのか、かれらはそう呼んだ。

カエサルの『ガリア戦記』では、アクィタニアはピレネー北麓を指しているが、ローマ初代皇帝アウグストゥスのガリア編成は、ロワール川以南ピレネー山脈まで、大西洋岸から、ベリー、オーヴェルニュ、セヴァンヌまでをアクィタニア道とした。行政府は、アヴァリクム（ブールジュ）、リモーヌム（ポワチエ）、メディオラヌム・サントヌム（サント）、ブルディガラ（ボルドー）、エルーサ（オーズ）に分置された。

三世紀末、ディオクレティアヌス帝による改組を経て、五世紀には西ゴート王国に併呑され、六世紀初頭、フランク族長クローヴィスが西ゴート軍と戦ってこれを破ったのは、ポワチエの西二〇キロ、ヴウィエにおいてであった。クローヴィス以後、メロヴィング朝フランク王国の時代、アクィタニアは情勢さだまらず、各地にドゥクス（侯）を称する権力が立った。

八世紀のはじめ、スペイン・イスラム教徒勢がピレネーを越えて北侵したさい、アクィタニア侯を称していたユードもそのひとりであった。ユードは、けっきょく、フランク王家の家老カール・マルテルの援助をうけて、イスラムの禍を払いのけたわけであるが、その戦場もまた、ポワチエの北方であった。やがて、カロリング王朝フランク王カール（シャルルマーニュ）の代、ユード家はカールに服属し、カールは自分の息子のためにアクィタニア王国を立てた。

九世紀中葉まで、この王国は、トゥールーズ、リモージュ、ポワチエを首府として存続していたのである。そして、九七七年以降、王号がはずされて、アクィタニア侯領が設定されるにいたった。そして、前述のように混迷をきわめた九世紀後半から十世紀にかけて、土地土地の強いやつの家系、ポワトゥー家、オーヴェルニュ家、そしてトゥールーズ家が、あいついでアキテーヌ侯号をとり、十世紀中葉以降、ポワトゥー家がアキテーヌ侯号を独占するにいたったのである。

この過程で、ベリー、オーヴェルニュ、トゥールーズは、アキテーヌという土地の概念からはずされた。さらに、ボルドー地方（ボルドレ）もまた、こちらの方は、ピレネー山中のガスコーニュ家が押し出して、一時、アキテーヌ侯家の手から離れたのである。ちなみにガスコーニュとはヴァスコーニュの訛りであり、すなわちバスク人の土地の意であって、おそらくピレネー山中のナヴァール人の家系に出る一族が構えた政権であった。ポワトゥー・アキテーヌ家は十一世紀中葉、われらがピエール・アベラールの生まれるすこし前、ガスコーニュ侯号を買収して、ボルドレを回復した。

ところで、前にお話しした広義のアクィタニアを言語圏とする言語をオック・ロマンス語という。ピレネー南麓からカタロニア方面、北イタリアのロンバルディアにまで、この言語圏は広がっていた。さきほど紹介したギレムの歌も、この言語で歌われているのである。いいかえれば、だから、トルバドゥールの言語である。

これを「南仏語」といい「プロヴァンス語」と呼ぶのは、いずれこのアキテーヌの地が、パリ盆地に成立した政権カペ家によって征服され、フランス王国という理念が現実化されてゆく十三世紀以降の過程で発生した呼び方であるにすぎない。この時代、ロワール川をはさんで南にオック・ロマンス語、北にオイル・ロマンス語の言語分布図が描かれていた。ロマンス語とは、すなわち、ケルト語の洗礼をうけて崩れたラテン語である。カタロニアのロマンス語からスペイン語が形成され、ロンバルディアのロマンス語から北イタリア語が派生した。そう考えて大筋のところ、まちがってはいない。アキテーヌのロマンス語は？　十三世紀以降、「プロヴァンス語」、意味をとれば地方語に矮小化されてゆく運命にあった。

ポワチエの城主

ボン・ヴジィ「よき隣人」と、男性的なのが妙におかしいが、これぞギレムの想わせびとへの呼びかけであって、「よき隣人」とはよくもまあいったもの、まさしくポワチエの城主たるギレムの隣人、ポワチエから北へ三〇キロほどのところにシャテルローという町がいまもある。そこに城を構えたシャテルロー城主ユーグの妻モーベルジョンヌこそが、このばあい、「トルバドゥール」ギレムのミドンヌ、すなわち女主君であった。

若者がフォンテヴローの森蔭をのぞの歩きまわっていたころ、ということは一〇九五年か六年の春のころとわたしは想定しているのだが、ギレムはその妻フィリッパの権利を楯にとって、南のトゥールーズ伯家との訴訟沙汰にもっぱら熱中していた。

一〇八九年、十八歳のとき一緒になったヒルデガルド（アンジュー伯フルク・レシンの妹）、これとは三年後に別れ、その後一緒になったのがこのフィリッパであって、かの女は当時トゥールーズ伯であったレイモン四世の姪であって、父ギレム四世が一〇九三年に死亡したあと、弟のレイモンが伯家を相続したのを認めず、この叔父に対して訴訟をおこしていたのである。

ちょうどポワトゥー伯がアキテーヌの侯を名乗ったように、「ナルボンヌの君主」トゥールーズ伯位には、この時代、ローヌ川下流のサン・ジル城主の家系がついていた。これをサン・ジル家系トゥールーズ伯家という。これがガロンヌ中流のトゥールーズに城を構えて、アキテーヌから地中海に出る「トゥールーズ回廊」をがっちりと押えている。ちょうどポワトゥー伯家が、ロワール中流、ひいては北フランスのパリ盆地からアキテーヌに抜ける「ポワトゥー回廊」をがっちり押えていたように。

争いはここに必至であって、ギレムはフィリッパの立場をたっぷり利用しようと図る。一〇九六年、理想主義者レイモンは、法王ウルバヌスの唱導に乗って十字軍に出かけた。初回のパレスチナ十字軍である。当然のように、ギレムはトゥールーズに兵を押し出し、フィリッパはトゥールーズ城に入って、トゥールーズ伯を名乗る。一〇九九年、フィリッパは、その城で、ギレムの子を生んだ。のちのポワトゥー伯ギレム八世、アキテーヌ侯ギレム十世、アリエノール・ダキテーヌの父親である。それで、あだなを「トゥールーズ人」という。

ところが、その二年後、ギレムもまた十字軍に出かける。アキテーヌの騎士領主を糾合したこの十字軍をアキテーヌ十字軍と呼ぶ。ねらいはよくわからないのだが、ひとつには、トゥールーズの騎士領主を従えて出かけたレイモンが、シリアのトリポリに伯領を作り、トリポリの伯を名乗ったことに対する嫉妬心もあったろうか。この時代、しばしば後先みずの行動が、わたしたちをおどろかすことがある。

ところで、その際、ギレムはどうやらトゥールーズ伯位を「質に入れた」らしい。つまり、伯領からの退去を条件になにがしかの金額を伯家から引出したのであって、フィリッパは、おそらくボルドーの城にもどった。こうして出かけた十字軍は、途中、南ドイツはドナウ上流のバイエルン侯ヴェルフを誘い、その東隣のオストマルク（オーストリア）辺境女伯イーダをも誘い出して、三者合同の十字軍となり、コンスタンティノープルからアナトリアに入ったまではよかったのだが、アナトリアの苛烈な自然との戦いにいいかげんくたびれはてたところで、タウルス山脈をぬける手前のヘラクレイアにまでたどりついた。そこでトルコ勢に襲われた。

アキテーヌ十字軍は解体した。美貌をうたわれた女君主イーダは、乱戦中に行方不明となり、「トルバドゥール」は、騎士の勇武のほどを披露する機会を失った。

モーベルジョンヌの塔

シャテルローの城主の奥方との情事は、おそらく十字軍から帰った後のことであったと思われる。なにしろ記録は皆目なく、歴史的想像力が最高度に要求されるところだが、ここはひとつ、ボルドーの木蔭の館での、あるいはポワチエの城での歌会を、ふたりの出会いの場と想像してもよいのではないか。

そうして浮名が流れ、歌会でのシャテルロー城主とポワチエの城主とのやりとりが、ふたりの意地の張り合いをつのらせる。いずれ社交の所作事と観念していた妻と主君との情事が、酒脱を装った主君ギレムの本心からの恋と知って、あわてふためくユーグの顔が目にみえるようではないか。

シャテルローといえば、これはミルボーとともに、ポワトゥーとトゥーレーヌの境界に位置する城主領である。ポワチエの伯の威勢は、かれら城主たちの誠実に拠って立っているわけで、そこにこの恋愛沙汰はどうしたわけか。伝えによれば、なんでも月のよい夜に、司祭に変装したギレムは、のこのこシャテルローに出かけ、モーベルジョンヌを携えて、鼻歌まじりにポワチエの城へ拉し去ったという。

いま、ポワチエの町の裁判所の一角に、むかしの城の遺構がわずかに残っている。その四角の塔屋を「モーベルジョンヌの塔」と呼ぶ。十五世紀にベリー侯の手で内部は改装されたが、これこそはギレムが、想わせびとモーベルジョンヌのために建てた塔だという。シャテルロー城主ユーグの立場もさることながら、正妻フィリッパの立場は、このばあい、いったいどういうことになったのか。

じつは一一一四年、ギレムはふたたびトゥールーズに兵を入れていて、一一二〇年ごろ対トゥールーズ政策を断念したと判断できる根拠もあって、フィリッパとの共闘はこの間続いていたのであって、だからモーベルジョンヌは、あくまでもポワチエ城の囲いもの扱いなのであった。けれども、ギレムは、モーベルジョンヌが連れてきた女子アノールを、フィリッパの腹に生まれたギレムにめあわせているのであって、それがいつのことかは不明だが、一一二二年、アノールの腹にはじめての女子が生まれた。アリア・アノール、すなわち「もうひとりのアノール」、アリエノール・ダキテーヌである。

II　運命女神の歌

トルバドゥールの女王

そうして、一一五二年三月、「モーベルジョンヌの塔」は、三〇年の眠りから覚めた。ポワチエの城主がポワチエの城にもどったのである。

なんと唐突な、とあなたがたは顔をおしかめであろうか。なるほどわれらが若者ピエールを、一〇九五年か六年の春のフォンテヴローの森蔭の道に残して、ポワチエの城主の家系の話にうつつをぬかしている気配だが、わがイマジネールのうちに、若者の旅立ちの背景の絵がこれなのである。いましばらくおつきあいねがおうか。

「もうひとりのアノール」アリエノールは、祖父ギレムの住むボルドーの「木蔭の館」から南に四〇キロばかりのブラン・ブリートの館に生まれ育った。母アノールと弟を幼くして失い、一一二七年、祖父ギレムの死を機会に、父ギレム、妹ペトロニラとともに、「木蔭の館」に住んだと思われる。十年の歳月が流れ、父ギレムは、スペインのサン・ティアゴ・デ・コンポステラの巡礼の旅の途上に死去した。死に臨んだギレムは、宗主たるフランス王、北フランスはセーヌ川中流のパリ盆地のカペ家の当主ルイに対し、息女アリエノールと、カペ家の跡取りルイとの結婚を提案した。

こうしてアリエノールは、カペ家の嫁取りの一行に拉致されるように、北の都パリへ向かう途中、その年の夏、ポワチエの城へ入ったのである。モーベルジョンヌの塔はかすかに身じろいで、ポワトゥーを去ろうとするポワトゥーの伯、十五歳の少女アリエノールがおずおずと入ってくるのにまかせた。伝令が夜道を走り、カペ家の当主ルイの死を告げ知らせた。アリエノールの夫ルイは、いまやカペ家の当主、フランス王、アリエノールはフランス王妃である。モーベルジョンヌの塔は、しかし、うるさげに鼻を鳴らすのみであった。

アリエノールは北に去り、ポワチエの城は時の流れのうちに沈んだ。

ギレムの選択に道理はあったろうか。ポワトゥー家の命運を、北のカペ家に賭けなければならない必然性が、はたしてあったのだろうか。アリエノール自身が、やがて答えを出した。生まれてから嫁にいくまでと同じ年月をカペ家の嫁としてすごし、二女を残して、かの女はカペ家を去った。モーベルジョンヌの孫娘は三〇歳にして、みずからの運命を自覚したのである。

一一五二年三月の下旬、アリエノール・ダキテーヌは、かの女に誠実を誓うポワトゥーの騎士隊に護衛されて、ボージャンシーからロワール右岸の道をゆく。

ボージャンシーにサンス大司教の名において召集された教会会議は、フランス王妃の王家追放を宣告したのである。胸高に帯をしめた白のテュニカの裳裾《もすそ》が脚にからむのをうるさげに、河面を渡る風に漆黒の髪を流して、横座りに白馬の手綱をとる。

ブロワの手前で、ジョフロワ・ダンジューの襲撃にも似たあいさつをうけた。この十六歳のアンジュー家の二男坊は、あわよくば前のフランス王妃を妻にとねらったのである。若者は右手にアリエノールの乗馬の手綱をつかみ、左手に黄金の鐙を押えて、アリエノールをいかせまいとする風情である。若者の左手の指は、皮のサンダルばきのアリエノールの裸の足の指にふれ、いっぱいに見開いた碧い瞳から放射される視線は、アリエノールの群青の瞳をとらえて離さない。若者は、じれたようにじたんだを踏み、ふとアリエノールの気はゆるんで、表情に笑いをふくむ。

この調子では、トゥールの渡しには、ブロワのチボー殿が待伏せしているかも知れませんぞ、と、年長の騎士が思案顔にいう。アリエノールの信頼おくメレの騎士である。アリエノールは笑いをこらえるのにけんめいである。一行は、そこでトゥールの渡しを避け、舟を傭ってひそかにロワールの流れを渡り、脇道に入ってポワトゥーをめざしたと記録は伝えるのだが、さて、どの道か。アンボワーズのあたりで渡って、ロッシュに出て、そこからシャテルロー、祖母モーベルジョンヌゆかりの土地に向かったたか。

アリエノールの宮廷

ポワチエの城は、こうしてふたたび城主を迎えた。モーベルジョンヌの塔は、三〇年の空気の澱みを吐きだした。ポワトゥー女伯の宮廷（クール）が設営された。

宮廷とは、つまりは家臣団の構成のことであり、アリエノールのクールについては、従来、ほとんど研究がない。けれどもクールの構成は、中世的世界における王朝的権力の実態を知る手掛かりとして重要であって、ポワチエのクールの構成を、いまここに乏しい材料をあれこれひねくりまわして推量すれば、まず第一にボルドー大司教ジョフロワ・ド・ローレオル。そして、タイユブール城主ジョフロワ・ド・ランコン。

ランコン家は、もともとヴィエンヌの支流ガルタンプ川上流のランコンの城主の家系だが、その西、同じくヴィエンヌ支流クラン川（これはポワチエを貫流している川だ）上流のジャンセイ城も手に入れ、さらにタイユブール、これはロシュフォールで大西洋に注ぐシャラント川に河口近くで合流するブートンヌ川、その合流点の上流域の重厚な城砦であって、これを領したタイユブール一族と結婚関係を通じて合同し、タイユブール城主とふつう呼ばれる。つまりは、ポワトゥー伯領南辺のランコン、ジャンセイ、タイユブールと三個の要衝を押える強大な家系である。

ジョフロワ・ド・ランコンは、名義上アリエノールと共同統治の形でアキテーヌ侯を名乗ったカペ家のルイによって、アキテーヌ侯名代（セネシャル）の資格を与えられたらしい。もともとギレム十世の代に、ポワトゥー伯名代の地位にあったのは、これもやはりブートンヌ川中流のモーゼの城主ギレムであった。これは一一三七年以後もこの職にとどまったが、いずれこれも名目的なものであって、実権はなかったと思われる。

モーベルジョンヌの塔の宮廷に、このギレム・ド・モーゼがいたかどうか、それは不明である。というのは、アリエノールは、サルデブルイユなるものにポワトゥー伯名代職を与えているのであって、このサルデブルイユ某は、コネターブル、すなわち原義をとれば厩奉行、職の内容を問題にすれば侍大将の肩書の下に史料に出ることもある。

このサルデブルイユは、ある史料ではフゴ（ユーグ）と出ていて、だからユーグ・ド・サルデブルイユだが、これは謎に富む人物で、十字軍にもアリエノールに従ったポワトゥーの騎士としか知られていない。後述のエルヴェやベルナール・ド・ヴァンタドゥールとともに、この時代、まだ領主貴族という身分団体がかたまっていず、社会的上昇運動が活発であったことを示す証例のひとつである。

歌人ベルナール

その他、シャテルロー城主ギユメット。エルヴェ・ル・パヌティエ。後者は、じつは「パン掛」のエルヴェの意であって、アリエノールによって「パン掛」職にとりたてられた騎士エルヴェの姓となったという次第。エルヴェは、一一五七年以降、ポワチエの代官（プレヴォー）職についている。あるいは、オリアーヌ・ド・パディアック。これについては不詳。そして、おそらく、ベルナール・ド・ヴァンタドゥール。これの紹介は、トルバドゥールの『伝記』にまかせよう。

「ベルナール・ド・ヴァンタドゥールはリムーザンの人、ヴァンタドゥールの城の人であった。門地は低く、パン焼き掛で、城のパンを焼くかまど番の奉公人の倅であった。かれは立派な男になり、歌を歌い、歌を作ることを知り、礼節の道に通じた。ヴァンタドゥールの準伯はかれの人となりと歌いぶりに魅せられて、かれを重く取り立てた。その準伯には、若く、高貴で、喜ばしい妻がいた。かの女はベルナールとかれの歌を好み、ついにはかれに心奪われ、かれもまたかの女に心奪われた。かくしてかれはかの女のことを詩に歌い、かの女に寄せる愛の想いと、かの女のすぐれた資質を歌に作った。ふたりの恋は長く続いたが、ついに準伯も、まわりのものもこれに気付いた。準伯はベルナールを身辺から遠ざけ、妻を監禁した。伯妃はベルナールに別れを告げ、この地を立ち去ってくれるよう懇願した。こうしてかれはその地を去り、ノルマンディー女侯のもとへおもむいた。女侯は若く、資質ゆたかな女性であって、品位のこと、名誉のこと、美辞麗句のことをよく心得ていた。ベルナールの歌と詩文はかの女をたいへん喜ばせ、かの女はかれを心から受け入れた。かれは女侯の宮廷に長く滞在し、かの女に心奪われ、かの女もまた、かれにとらわれた。かれはかの女のことを、多くの歌に作った。かれがかの女のもとにあるあいだに、イングランド王ヘンリがかの女を妻とし、ノルマンディーから立ち去らしめて、イングランドへ連れていった。ベルナールは海のこちら側にとどまり、心さびしく慰められぬまま、トゥールーズ伯レイモンのもとに身を寄せた。かれは死ぬまで伯のもとにあった。ベルナールは、苦悩の心を抱いて、ダロン修道院に入り、そこで死んだ。わたし、ユック・ド・サン・シルクは、ベルナールの愛した準伯妃の息子であるヴァンタドゥール準伯エーブルの口から事の次第を聞き知って、ここに書きしたためた。」

ノルマンディー女侯とあるのをポワトゥー女伯と読みかえれば、一一五二年のアリエノールのクールにベルナールがいたという、これは証言となる。そうして、後代からさかのぼって眺めるとき、ポワトゥー女伯、ノルマンディー侯妃、イングランド王妃といったアリエノールの重複する肩書は、なにしろ一一五二年から五四年にかけての短時日にかかわるものであっただけに、重ね折りたたまれてみえる。（図9・10）

遠い恋

ボルドーの北で、深く切れこんだ入江（ジロンド川）に注ぐドルドーニュ川を東に遡行して源流に入る。北からヴィエンヌ川が南に遡行し、リモージュをすぎて、やがて源頭にいたる。ここリモージュ東南の山中に、ヴァンタドゥール城址はひっそりとうずくまる。

城主ヴァンタドゥール準伯はエーブル三世といった。その父で、同名のエーブルは、あだなを「歌人（ル・シャントゥール）」という。これは、ギレム七世「ル・トルバドゥール」の同時代人であった。エーブル三世の最初の妻は、テュレンヌ準伯女マルグリットであって、これは一一四八年に死去したと伝えられる。テュレンヌは、ドルドーニュのすこし下流の城主領であって、いってみればこれは、ヴァンタドゥール城主国の隣国のお姫様である。

次にめとったのが、モンペリエの城主ギレムの息女アライスであった。モンペリエは、いまふうにいえばラングドック東端の大都会だが、この時代に即してものをいえば、トゥールーズ伯家の本貫の地サン・ジル城主領の西の城主領ということになる。奉公人ベルナールが誠実の愛を捧げたのは、さて、このアライスか、それともマルグリット・ド・テュレンヌか。

この時代、アキテーヌ侯国、トゥールーズ伯国といっても、それはゆるい縛り。城主たちは、それぞれの利害にからんで、平気で境界を乗り越えていた。アライスを愛し、アリエノールに愛を捧げたポワトゥー家の家臣ベルナールが、アリエノールへの誠実を、こんどはトゥールーズ伯レイモン五世あてに切り替える。これもまた、この時代の日常の営みであった。

さて、ベルナールはポワチエにいた。そう断定するとしよう。じっさい、アリエノールがかつてパリの王妃館で設営したクールには、ベルナールの先達ケルカモンであるとか、マルカブルであるとか、そういったトルバドゥールが立ちまざっていたらしいのである。両人はともにガスコーニュの生まれと伝えられ、後者は、のち、カスティーリャ王アルフォンソ七世の宮廷に出仕している。こういった仮名臭いトルバドゥールの名は、もしやかれらもまた、じつはどこかの領主であったのではないかと疑わせる。もちろん、ベルナール同様、低い門地の出であったと考えてもよいわけだが。けれども、同じくアリエノールに供してパリの宮廷に入ったジョフレ・リュデル、この高名なトルバドゥールは、これははっきりしている、ボルドーの北、ジロンドという深い入江の東岸に立地する領主領ブラーイの領主であった。

また『伝記』の紹介をおききねがおうか。

「ジョフレ・リュデル・ド・ブラーイはいとも高貴なる人、ブラーイの殿であった。かれは、アンティオキアからやってきた巡礼に、トリポリの伯妃がいかにすぐれた女性であるかをきき、いまだ見ずしてかの女に心とらわれ、美しい旋律と簡素な言葉の数多の詩歌にかの女のことを歌った。そして、かの女に会いたいとねがい、十字軍士となって船出した。船中、かれは病に倒れ、瀕死の身を、トリポリの、とある宿屋に運ばれた。このことがトリポリ伯妃に知らされた。かの女はかれのもとにやってきて、寝台近くに寄り、両の腕にかれを抱いた。それが伯妃と知るや、かれの聴覚と嗅覚は回復した。かれは、かれがかの女をみるまで、かれの生命を永らえさせたもうた神を称め讃えた。このようにして、かれは、かの女の腕に抱かれて死んだのである。かの女は、宮殿の一隅に、礼をつくしてかれを葬らしめた。そして、かの女は、かれの死を悼む悲しみのゆえに、その日のうちに、尼僧となったのであった。」

じっさい、かれは、一一四七年、ルイとアリエノール夫妻のパレスチナ十字軍に参加した。そして、そのまま帰国しなかった。この時点での「トリポリ伯妃」といえば、トリポリ伯レイモンの妻オディエルヌだが、詩人の恋についてはなんの伝えもない。トリポリ伯妃の名のことなど、詩人にとってはどうでもよいことであったかもしれない。これは「いまだみぬトリポリ伯妃」への「遠い恋」なのである。

ジョフレ・リュデルの一世代あとのトルバドゥール、ランボー・ドランジュ、ちなみにこれはモンペリエ家系に属し、前述のヴァンタドゥール準伯の後添いアライスの甥にあたり、母方のオランジュ領主家を相続し、こう呼ばれるのだが、かれのばあいは、ロンバルディアのブスカ侯の娘、ウルジェル伯妃を愛したが、『伝記』の伝えでは、「永らく想いを伯妃に向け、いまだみずして愛し、けっして会いにゆくてだてをとろうとはしなかった。筆者自身きいたところでは、伯妃は、のち尼僧になってから、もしランボーがかの女を訪れたならば、かの女としては、かれが手の甲でかの女の裸の足にさわることをしのぶという喜びをかれに与えただろうにといったという。」

これぞまさしく「遠い恋」の真骨頂である。「手の甲で裸の足にさわる」という、両の腕に抱かれるや「聴覚と嗅覚が回復する」という、「かのひとのマントの下に、わが双の手を置く」という、そういう生身の女体に対する官能のうずきを一方の極におくところに成立する「遠い恋」の理念が、こうしてジョフレ・リュデル以後、後続のトルバドゥールによって錬磨され、いや高に想わせびとを掲げずにはおかない女性讃美の詩法を、永くヨーロッパの抒情詩に遺贈したのであった。

ポワチエの初夏

これがアリエノールのクールであった。それはポワトゥーの領主たちが社交の作法と詩学とを実修する場であって、だからひとつの運動体であって、たえず周辺に影響波を放射する。プロの歌芸人ジョングルールによる歌の弘布、出入する領主たちの絶えまない波動。あたかもこれは渦巻く星雲であって、回転し、拡散し、収斂する。渦巻く星雲自体、また、ボルドーからパリへ、パリからポワチエへと転位し、いままた、アンジュー家のクールをものみこんで、アンジューの都へと動こうとする。歴史はどうも、急ぐときにはむやみに急ぐものであって、この前後、アンジュー家のヘンリのばあいがそうであった。

この前年、カペ家との確執が再燃して、夏八月一杯、ヘンリは、父アンジュー伯ジョフロワとともにパリにいた。以前からの経緯もあって、アンジュー家は、この休戦交渉において、大いに譲り、ヘンリはノルマンディー侯としてカペ家のルイ七世に対し臣従礼を立てるわ、両家間の争奪の的であったヴェクサン、これはノルマンディーとフランスの境界地帯である、そのヴェクサンについても、カペ家のいうがままにくれてやるわで、ずいぶんと気前のよいことであった。

ジョフロワの健康がすぐれなかったこともあったのだろうか。パリからの帰途、九月七日、アンジュー伯は、ロワール（これは大ロワールの支流のロワール）中流のシャトー・デュ・ロワールで死去した。とある小川で沐浴したのがいけなかったのだという。かくして、ヘンリは、アンジュー伯、兼ねてノルマンディー侯ということになった。ちなみに、ノルマンディー侯位は、これは母マティルドからの贈与である。

明けて、一一五二年四月初旬、ヘンリは、ノルマンディーの都ルーアンにノルマンディーの領主たちを集めてアキテーヌ侯アリエノールとの結婚の是非をただした。ルーアンの城の女主人、母マティルドが、「おもらい。妾《わたし》だって、前《さき》のドイツ帝妃だよ」といったという伝えはないが、そうわたしの耳にはきこえてくる。「そうじゃないんだ、母さん、かの女はアキテーヌの女王なんだ」、と、十九歳の息子。

前年の夏のパリで、ふたりのあいだに黙契が成ったかどうか。アリエノールの心は、カペ家を去ると決めていた。かの女は、カペ家の堅実な家風というものに、いいかげんくさくさしていたのである。トルバドゥールの女王は、なにしろ陽気な女であった。この陽気な女といういいまわしについては、なおのちの章でお話しすることになろう。

クラン川を渡る五月の微風がさわやかに頬をなでる。モーベルジョンヌの塔の窓辺によるアリエノールの視線の向かうところ、いましもアンジュー伯ヘンリが城門にさしかかる。胸厚でずんぐりした身体つきの赤毛の若者は、白黒まだらの胆汗馬《たんかんば》にゆったりと打ちまたがって、左手首に鷹をとまらせ、つば広の帽子にえにしだの小枝を挿しかざしている。

「これがあなたの選択ですか、わが女王」アリエノールのかたわらにひかえるトルバドゥールが不興げにつぶやく。

「そうよ、ベルナール。おかしいかえ」と、おどろいたように、アリエノール。

「えにしだはいやだなあ、さんざしの枝かなんぞの方がいい」

アリエノールの表情に笑いが走って、窓外の景色は光にわき立つ。

五月十八日、アリエノールとヘンリは婚姻の秘蹟をうけた。

ヴィエンヌの流れのほとりに

エロイーズの手紙文によれば、ピエールは歌作りとして世に知られ、その名は万人の女の口の端にのぼったという。また、その歌はふたりの愛を歌うものが多く、女たちの嫉妬心をそそったという。さてさて『アベラールとエロイーズの往復書簡』のわがテキスト・クリティークは、「遠い恋」に情念をしぼる男の姿など浮かびあがらせはしないのだが、まあ、それにしても、ピエールの「風流」はこれはやはり土地の感性に根ざすものであったかと、ふと想わせる。その土地を捨てて、いま若者は、いまだ情念のゆらぎも知らず、神の表情も強張った曇天の北国へと入っていこうとする。いったい、なにがピエールを北にひきつけたのか。

フォンテヴローの森をぬければ、ヴィエンヌ川のほとりに出る。ロワール本流との合流点から一〇キロほど上流に入ったところで、ヴィエンヌの流れは、シノンの大岩盤を洗う。川端に屹立する懸崖の上にアンジュー家の城をのせ、懸崖がわずかに川床に崩れおちるその断崖に街区のしがみつくこの城市は、そう、若者が好奇のまなざしを投げかけたこの時点では、まだ歴史の正面舞台に登場してはいない。この城に歴史の活力を与えたのは、これまたアキテーヌの女王である。アリエノールがアンジューの若伯と結婚するや、アンジュー、ポワトゥーを結ぶ軸線として、ミルボー、ルーダン、シノンの三城が補強され、伯家の主城としての地位を与えられる。

現在、ボルドーからアングーレームをぬけて北上する国道一〇号線は、ポワチエからいくぶん東寄りに、まっすぐにロワール河畔のトゥールへ向かう。この幹線を横目に、国道一四七号線をとって北上し、ミルボー、ルーダンとぬけて、ルーダンから七五九号線という支線に入ってシノンへ向かう旅行者は、まず、その大半が「ロワールの城めぐり」の閑人墨客であろう。しかし、むかしポワチエからヴィエンヌ河畔に出るこの道は、商人や巡礼が往きかい、騎馬の伝令使の疾駆する大街道であった。ヴィエンヌの河岸には、ロワールから回送された艀《はしけ》が輻輳する。シノンは、この地方の経済の結節点であった。

流れは岩盤の丘の南を巻く。河縁にへばりつくシノンの町の、二、三人並んで歩けば道幅一杯になってしまうほどせまい石畳の通りをゆく。石造りの家々の黒ずんだ土台の石は土中にめりこみ、歪んだ連続線を作る。いまは忘却の果てにあるかの田舎町。訪れるものの靴の音のみが高く響く。この閑寂がまたいい。かえって、その昔の喧騒の幻聴を誘う。

グラン・カロワ、なんと大げさにも「大四辻」から、爪先登りの道が登って岩峰を巻く。ようやく息が切れかかるころ、シノン本城跡とその東のサン・ジョルジュ砦跡との間を深くえぐる狭間《はざま》にかかる橋の上に出る。昔の木橋も、いまは石のアーチ橋だ。

サン・ジョルジュ砦は、アンジュー伯ヘンリの造営になる。シノン本城をのせた大岩盤は、南北と西は懸崖状になっていて難攻不落だが、東は比較的甘い地形をみせている。その東の柔腹を補強するための構築であった。

運命女神の歌

ここシノン城こそは、やがて十五世紀、パリの王館を追われ、ロワール河畔に臨時政府を立てたヴァロワ家の跡取りシャルルが、本陣をおいた城である。ロワール中流の要衝オルレアンをイギリス軍に攻囲され、反攻を策するシャルルのもとに、一四二九年二月の末、ロレーヌの小娘が現われた。ジャンヌ・ダルクである。

ジャンヌの名については、なおのちの章でふれることがあろう。なにしろ、ジャンヌもまた、エロイーズとともに、のちの章でご紹介するが、詩人ヴィヨンの歌った「そのかみの貴女」のひとりなのだから。わたしの連想は、ここで、むしろ詩人の歌わなかったひとりの女性、アリエノール・ダキテーヌへとはせる。

正直、告白するが、シノン城のアリエノールのイメージは、これはじつは、往年の映画「冬のライオン」でアリエノールを演じたキャサリン・ヘプバーンのイメージなのであって、この映画の筋立ては、ピーター・オトゥール扮する夫ヘンリに叛逆の罪を問われ、イングランドに軟禁中の身のアリエノールは、毎年一回、クリスマスの宮廷に、こどもたちに会うことを許される。この年、ということは、すでに年月は流れて、一一八〇年代に入っているという想定だが、したがって、アリエノールはすでに五十の坂を越しているということになるが、クリスマスの宮廷は、シノン城に設営された。王妃アリエノールの乗る舟が、シノンの舟着き場に近づく。
ここは、ひとつ、『カルミナ・ブラーナ』第十七歌と第十六歌の歌声を、ＢＧＭに使いたいところである。

おお、運命女神よ
月のごとく
つねに定まらず
満ちては
また欠ける
いとうべきこの世の生は
ときにいじわるく
ときにやさしく
遊び心のおもむくままに
貧窮を
権勢を
氷よろしく解いてみせる

おそろしくも

むなしい運命よ
おまえは車輪だ
性悪で、たとえ
救いあげるにせよ
すぐまた突き落とす
影にかくれ
おおわれて
わたしにのしかかる
もういまは
おまえの悪事の遊びで
わたしの背中は裸だ

身体の運も
心の運も
いまはわたしにさからい
愛着といい
欠落といっても
いずれ移りゆく

さればこの時にあたり
あとにのばさず
絃の脈動にふれたまえ
運命の強きをも
くじくことを
われともに嘆き歌うべし（第十七歌）

禍々《まがまが》しく垂れ下がる黒雲の下、柳の枝葉は闇をはらんでふくれあがり、河面に落ちこむ。流れはねっとりと重い。浮草の茂みを割って、舟の形がおどろに浮かび出る。舳先は荒木の一本造りで、これはこのばあい、獅子頭《グリフィン》がのぞましい。視線を凝らせば、やがてそれとみえてきて、そこで視線をさらに奥にのばせば、前部甲板の中央に、一段高く木組みの大椅子がしつらえられていて、そこに女が座している。黒髪は肩に流していてもよいが、お高祖《こそ》頭巾ふうに顎吊り方式の厚地の頭巾のなかに束ねこみ、宝冠でとめていてくれた方が、このばあい、冬枯れの野川の風景によくなじむ。髪はどうであれ、吊りあがった切れ長の眼の奥に、舟の向かう河岸の光景をしっかりと映して、唇の片すみに微笑《えまい》を含む。というのは、女は両腕を大きく開いていて、寛衣の袖は肩のあたりまでずり落ち、ぴったり身についた亜麻の肌着の地色をみせている二の腕は、河岸に出迎える夫ヘンリー王の肉厚の掌にがっしりとつかまれる感触を、すでにしてたっぷりと味わっているからである。

「王妃！　待ったぞ！　会いたかった！」

ヘンリー王の野太い声におどろいたか、河縁の葦の茂みのなかで、野鴨が羽音を立てる。舟着き場の棒杙《ぼうぐい》に片足かけて、両の掌で口をかこう男の無邪気さに、女の微笑はふくらんで、

「王妃とな！　さて、だれのこと！」

声音はさわやかといってもよかった。

運命女神に傷つけられて　わたしは
　嘆く　眼から涙
なぜって　わたしを裏切って　いぜん
　くれた贈り物をとりあげた
真実　本に書いてある　運命女神は
　前髪をもつ　ところが
たいていは　あとに続いて　禿の
　機会がやってくる

運命女神の玉座に　おごりたかぶって
　座していた
色とりどりの栄華の花を
　冠に飾って

まこといかにしあわせに　さいわい
　栄えていたとても
いまは　もう　転げ落ち
　栄光は奪われた

運命女神の車輪がまわる　わたしが
　下れば　別のひとが
高いところにひき上げられる
　おごりたかぶって
頂上に座す王よ　転落にご用心！
　なぜって　車輪の下に
女王ヘクバの名が読める（第十六歌）

タヴァンの騎士

亜麻色の長髪を春風になぶらせて、川岸に立つ若者の耳に、この歌声は、まだ一世紀ほども遠く、とどかない。一途に思い定めて、はるばるロレーヌからやってきた小娘が、グラン・カロワの一角の井戸の縁石に足をかけて、気ぜわしげに馬からトンとおりたつ一瞬の光景は、遠い未来の予告の絵としても、まだ若者の視野に入ってはいない。歴史はまだ沈黙していて、騒々しい語り手たちを拒否している。空間の層を重ねて見透すとき、なんとわたしたちは、かれら男女を近しいものたちと錯覚してしまうことであろう。わが回想の中世は、じつのところ、この手の錯覚により立っている。

むしろ近しいものたちといえば、このとき、若者は、巡礼か、それとも十字軍行の騎士と立話していたと想像してみてはどうであろうか。というのは、シノンから上流に一〇キロほどのところのタヴァン、そこのサン・ニコラス教会堂の地下納骨所のフレスコ壁画は、ちょうど若者がこのあたりを歩いていたころの作と推量されていて、そこに巡礼と騎士のイメージがみてとれる。幅四メートル、奥行七メートルほどのせまい地下堂の、高さ二メートル三〇ほどの天井を八本の柱が支えていて、その柱頭上部の四面の梯形《ていけい》のスペースのそれぞれに絵が描かれていて、全部で三一の図柄がみてとれる。

騎士は鎖帷子《くさりかたびら》に全身をよろおっていて、水滴型の楯を左腕に、右腕は長槍を肩の上に担ぎあげるように構えていて、その槍は敵兵の腹を突き刺していて、敵兵はその槍をつかんでいる。騎士の足とは絵が崩れていて、コット・ダルム（軍衣）の裾の造作はみてとれない。輪郭線を太く無造作にかいていて、単色の色面を張りあわせるといったふうの画法であって、むしろ即興のスケッチというべきか。はだけた胸に乳房もあらわに、その乳房を槍がつらぬき、白蛇がくらいつくという惨たる図柄の、これは淫乱のアレゴリーであろう、これなどは、とりわけ絵のタッチの即興性を示している。

タヴァンの壁画は、美術史のいう系譜をたどれば、ヴィエンヌを上流にさかのぼっていって、クルーズ、ガルタンプと支流に入る、そのガルタンプ渓谷のサン・サヴァン、ちょうどポワチエの東四〇キロばかりの見当になるが、そこの教会堂の身廊天井の壁面を埋めつくすフレスコ画と同族とされる。ポワトゥー、トゥーレーヌ、アンジューに棲息した画師たちの感覚と技法のモードの展開であ

る。（図11・12）

タヴァンは、そこからさらに数キロ上流の、イール・ブーシャールの城主領に入る。十一世紀の半ば、アンジュー伯ジョフロワ・マルテルがトゥーレーヌを手に入れたとき、ここにはジョフロワ・フエルという名の城主がいたが、これは、正統の相続権者であるその甥のブーシャールの立場を犯すものであった。アンジュー伯権は、しかし、この叔父の立場を支持したらしい。

アンジュー伯立合いの下に、このジョフロワが、城主領内のタヴァン、クラヴァン、ブレティノル、アンチェ、サジリの五か村について、マルムーテー修道院の領地であった畑地や牧草地を修道院に対して保証することを記載した文書が残っている。それまでイール・ブーシャールがそれを横領していたというのである。

マルムーテー修道院は、トゥールのサン・マルタン修道院の娘修道院として十世紀末に建設された修道院で、トゥールの北西の郊外に、その遺構がある。

ついには叔父と甥の戦争になり、タヴァンのマルムーテー修道院の領地もずいぶんと荒らされたらしい。だから、一〇七〇年から翌年にかけての時点で作成されたと見られるある文書で、甥のブーシャールは、その「オノール」、すなわち城主領と城主としての立場を回復したのち、マルムーテー修道院に与えた損害の償いとして、さらに下流、あと二、三キロでシノンというところのリヴェール村の領地の「半分」を寄進し、さらに、その後、死に臨んで残りの「半分」を寄進して三日後に死去したと伝えられているのである。

タヴァンの教会堂の地下室の装飾の仕事が、こういった政治的経緯とどう関係していたか、もはやいまとなっては知るよすがとてない。ただ、そういった政治的経緯を通して透かしみるイール・ブーシャール城主領の生活環境を、タヴァンの騎士の、淫乱の女の、そしてまた巡礼の背景として想像のうちに甦らせることができないかどうか。その想像の働きを、逆にタヴァンの騎士の、淫乱の女の、巡礼のイメージが助けないかどうか。

巡礼は、ぴたりと身についた亜麻の下着に袖長の短衣をつけている。下半身は、股引をはいているのであろうか。袖口をとめる帯紐が、中指と薬指のあいだの指の股にかかっているのをあわせみて、なにか「手甲脚絆《きゃはん》」のイメージがあって、愉快だ。右手に杖、だろうか。左手にもつのは、バルサム香木の枝葉か。よくわからない。『詩篇』の「都もうでの歌」にも、このイメージは出ない。

エルサレムよ、われらの足は、
あなたの門のうちに立つ（詩篇、一二二—2）

そう、ダヴィデは喜びの声をあげたと、法王ウルバヌスは、数千の群衆を前に語る。一〇九六年三月か四月の、たぶん復活祭。場所はトゥール郊外、ロワール河畔の草の原である。

なお、この『詩篇』からの引用に「立つ」と見えるのは、ラテン語の「ヴルガータ」版では動詞の未完了過去というややこしい時制をとっていて、それにはそれだけの理由があるわけで、日本語訳の「口語訳聖書」のように「立っている」と訳してはならない。「文語訳聖書」の「たてり」の方がまだましで、未完了過去というのは起きたことが習慣となる、繰り返されることをいうのである。

わがイマジネールのうちに、若者もまた、画像の巡礼とともに、群衆に立ちまざっている。この春、ピエール・アベラールは十七歳。ロッシュに向かうにはちょうど手ごろの年齢だ。法王ウルバヌスは、その前年の暮れ、オーヴェルニュ山中のクレルモン・フェランで第一声をあげ、その年のクリスマスをリモージュですごしたのち、ポワチエを経由して、ここロワール中流のトゥールへやってきた。

明年の聖母被昇天の御祝日までに、皆の衆、とウルバヌスは十字軍を勧説《かんぜい》する。用意万端ととのえて、家を出立なされませ。集まるところはコンスタンティノポリスと決めましょうぞ。ともにエルサレムの門に立とうぞね。

お先にいっておりますで、法王さん。タヴァンの巡礼の老人は、ピエールに語るともなく、ひとりごつ。隠者のピエールさんがツァーを組んでおりますだに。明年なんて待てないでがすよ。はあ、もう老齢《とし》ですからに。

Ⅲ　孤独な哲学者

エロイーズぶみ

「わたしのしたことはみんなあなたのため、いまだにあなたのご命令に忠実に従っているのですから、もっともっと酬いられて当然と信じて生きてまいりました。少女のわたしが辛い修道生活にひきいれられたのは信心からではない、あなたのご命令があったればこそでした。そのあなたからなんの報酬もいただけぬとなれば、わたしの苦労はただむなしかったとあなたはお考えか。神からはなんの報酬も期待しません。あなたもご存知のはず、神への愛ゆえのわたしのこの労苦ではありませんでした。あなたが神のもとへ急がれた折、わたしも法衣をつけてあなたに従いました。いいえ、わたしが先でした。御使いの命にそむいて、うしろをふりかえりみてしまったロトの妻のことを、あなたはお考えだったのですか。ご自身を神に捧げられる前に、まずわたしに法衣をつけさせなさった。あなたはわたしをお信じではなかった。そうと悟って、わたしは悲しかった、恥ずかしかった。先に立ちもしましょう、おあとに従いもしましょう、あなたのご命令のままに、たとえ地獄の火のなかなりとも、ためらうことなくお伴いたしますわたしでしたのに。

わが心わがもとになく、ひたすらにみもとに添うわたしでしたのに。そのむかしにもまして、いま、わが心、ひたすらにみもとに添う。なぜって、添わねば、いきどころがないのです。あなたがおいでになければ、わたしの心はないのです。どうかわたしの心がみもとに添えるよう、お振舞いになって下さい、おねがいです。あなたがご好意をお示し下さり、愛に愛をお返しくださり、すこしでもよい、お応え下さり、みもとに添うわが魂のけなげさに、お言葉をかけて下さるならば、わが魂はみもとにあって居心地よく感ずるのです。ああ、いとしいあなた、あなたの愛がわたしに信をおけないということであるのなら！　信をおけずに不安がっているということであるのなら！　それがそうではない。むかし、わたしはあなたをあまりにも安心させすぎた。それだけに、いまわたしはいうのです、わたしのことを意に介さないにもほどがある、と。おねがいです、わたしのしてきたことを想い出して下さい。そうして、わたしになにを負うておいでか、よくお考えになって下さい。あなたと肉の喜びをともにしておりましたころ、この女は情欲に動かされているのか、それとも愛にかと、世間の人は疑いました。いま、結末がこうなって、事をはじめたわたしの心は明らかでしょう。わたしはあなたのご意志に従えるよう、すべての快楽を断ってまいりました。みずからのためにはなにひとつ残さぬよう、してまいりました。いまは、ただ、あなたのものになりきりたい。それだけのわたしなのです……」（エロイーズ第一書簡）

夫ピエール・アベラールへあてられた妻エロイーズの最初の手紙の一節である。ピエールはこの手紙を、いったいどのような感慨をもって読んだのであろうか。

若者ピエールも、いまは五十の坂を越した。いまピエールは、ブルターニュ半島の南の海岸、大洋に突き出た岬の南端のサン・ジルダス修道院長をつとめている。

あれからパリに出て、推論《ロギクス》の学の教師として名をあげ、ついにパリの左岸のサント・ジュヌヴィエーヴ修道院の境内に自分の学校を開くまでになった。ノートルダム聖堂付属学校、サン・ヴィクトール修道院の学校は昔日の輝きを失った。推論の学の分野では当代の大立者シャンポーのギヨームを圧倒し、聖書学において、ランのアンセルムの権威を損わしめ、いまやピエールは、パリの大教師《マギステル・マグヌス》である。

ところが、一一一八年、三十九歳の大教師はスキャンダルをおこした。油断があって、そこに情欲がつけこんだと、かれはいう。ノートルダム聖堂参事会員フュルベール某の姪のエロイーズ、悪魔は、この十六か十七の少女の姿を借りて立ち現われた。その美しさは王国中に喧伝されていたと、かれはいう。こういうのを紋切型というのである。一方、わたしはといえば、若さと容姿において優れていた、と。どう批評したらよいものか。

話は前後するが、かれ自身の証言というのは、これは、サン・ジルダス修道院長になってのち、おそらく一一三二年ごろのことと思われるが、かれがさる友人あてに書いた手紙があって、これはその友人の不幸を慰めるという趣旨の文章で、不幸を慰安するにはもっと不幸な人の話をしてやるという、これはまさしく中世風の作法に従って、災禍に見舞われつづけであったおのれ自身の半生の記に仕立てられている。だから、古来「わが災禍の歴史」と呼びならわしているのだが、それが出所なのである。

中世の知識人のあいだには、ラテン語でやりとりした手紙は、たがいにこれを公開する慣行があって、この手紙もまた公開されたらしい。これは中世末期の人文主義者にいたるまで連綿と続く作法である。この手紙をエロイーズが読む機会があった。そうして、懐旧もだしがたく、ピエールに手紙を書いた。その一節が、この節の冒頭に紹介した文章である。

大教師のスキャンダル

エロイーズの素姓は皆目わからない。叔父フュルベール（伯父かもしれないが）の家にやっかいになる以前、かの女は、パリ西郊のアルジャントゥイユ女子修道院で養育されていた。おそらく十四歳のころ、叔父の家に寄宿するようになり、その二、三年後、ピエールと知りあった。

出会いの事情についても、皆目わからない。想像は、このばあい勝手であって、ある日、ピエールが、サント・ジュヌヴィエーヴ修道院の境内の一隅に学生を集めて講義していた。あるいは、場所は、パリ左岸からシテ島に渡る「小橋《プチポン》」のたもととした方がいいかもしれない。そうすれば、これは、後代のダンテとベアトリーチェの、フィレンツェはアルノ川の橋のたもとでの出会いの試し刷りということになる。

じっさい、アベラールの時代のパリの教師たちは、なるべく人目をひくところに教場を設けたのであって、小橋は、当時も後代も、もちろんわれらが詩人フランソワ・ヴィヨンの時代にも、橋上にまで店屋が立ちならび、そういった家屋の一角の土間などは、教師が雄弁をふるう様を、橋を渡るひっきりなしの人の波に披露するのに恰好の場所だったのである。（図13）

そこにエロイーズが通りかかった。ベージュに染めた麻布地のテュニカに、小紋の刺繍刺しの帯などを小意気にしめて、ひっつめ髪の長い髪束を左肩に垂らす。そんな恰好がのぞましく、これはまんざら空の空想というだけのことではないのだが、それはともかく、学生たちの頭越しに、ピエールの視線がエロイーズをとらえて、ということになった。

想いも熱くピエールは、エロイーズの叔父に自分を売りこんだ。これはピエール自身の証言である。こうしてかれは、少女の家に入りこんだ、家庭教師ということで。フュルベールは、のんきといえばのんきな話だが、これが大教師の策略だとは気付かなかった。もっとも、これもまたピエールの一方的証言で、案外、フュルベールの方も万事承知の上、肚に一物あってのことだったのかもしれない。だが事態は、フュルベールの思惑とは無関係に進行し、姪はピエールの子をはらみ、ピエールはフュルベールの家を出た。

たしかにピエールはエロイーズを愛していたのだろう、そこで打ち切りとはせずに、エロイーズをひそかに連れ出して、ル・パレに連れていって、そこで出産させた。その辺の事情については、前章にいささかお話しした。そうして、ピエール・アストラブと名付けたこどもは妹のドゥニーズに預けたまま、エロイーズをパリに連れもどし結婚した。一応話はついたらしく、結婚式にはフュルベールも列席したという。ところがピエールにいわせれば、もともとかの女は結婚を望まなかったという。ふたりは、この結婚を世間に対しては秘密にしておくことにしたという。

ところが、ここにフュルベールは、とピエールは聖堂参事会員を非難する、約束を破って、この秘密を世間に洩らした。あまつさえ、姪を虐待した。そこで、ピエールはかの女をアルジャントゥイユ修道院に預けた。そのときかの女に修道女の恰好をさせたのを、ほんとうに修道女にしてしまったのだと誤解したフュルベールは激昂して、ある夜、刺客を傭って、ピエールを襲撃せしめ、かれの男性器に損傷を与えた。

困惑と恥じらいが、ピエールに修道誓願を立てしめた。エロイーズも、夫に従って、修道女のヴェールをつけた。こうして、ピエールはサン・ドニ修道院へ、エロイーズはアルジャントゥイユ修道院へ入ったのであった。（図14）

サン・ドニとはだれのことか

「ブルターニュのヴァンヌ司教管区にサン・ジルダス・ド・リュイスという修道院があって、羊飼いの死によって荒れ果てていた。そこの修道士たちは、全員一致でわたしを修道院長に選挙し、土地の領主の同意もとりつけ、また、わたしの同輩たるサン・ドニ修道院の修道士たちとその院長の承認もかんたんにとりつけたのである。かくして、フランス人の嫉妬心は、ちょうどローマ人のそれが聖ヒエロニムスを東方へ追ったように、わたしを西方へと追いやったのであった。」

こう、ピエールは、サン・ジルダスへの追放の次第を説明する。

サン・ドニ修道院で、かれはおとなしくなどはしていなかった。かれは教育係につけられたらしく、教室を預かったが、集まる学生の数を自慢して、他の教育係僧の反感を買い、さらに、三位一体説に関する論説をものして、物議をかもした。キリスト教会の基本教義である三位一体説を推論によって論証しようとしたのである。これが問題になった。ピエールの旧敵アルベリクとロチュルフがこれにかみつき、かれらはランス大聖堂付属学校の教師をしていたので、親分筋のランス大司教と、当時のフランス駐在ローマ法王特使、身分はローマ近郊プレネステ（のちのパレストリーナ）司教コノを動かして、ソワソンに究明の集会を開かせた。一一二一年のことであった。

審問の結果は黒と出た。問題の論説は文字通り火中に投じられ、ピエールは、ソワソンのサン・メダール修道院に身柄を預けられた。サン・メダールの院長と修道士たちはいい人たちだったとピエールはごきげんだが、しかし、それはほんのわずかのあいだ、法王特使の命令で、ピエールはふたたびサン・ドニ修道院にもどされた。その数か月後、ピエールは、またもや問題をおこした。今度は、サン・ドニ修道院のその「サン・ドニ」とはだれのことかと、修道士一同と論争をはじめたのである。

サン・ドニ修道院の開基は、三世紀のパリ、当時はローマ帝国の属州ガリアの北の町で、ルテティアと呼ばれていたパリにあらわれたキリスト教の宣教師ディオニシウスなのだが、中世人はこのディオニシウスと、もうひとりのディオニシウス、ディオニシウス・アレオパギタというのを混同していて、これはイエスの使徒パウロがギリシアに伝道した折、アテナイで回心し、のちアテナイの教会の長になったとされる人物であって、アテナイの裁判所アレオパゴスの裁判人であったので、アレオパゴスのディオニシウスと呼ばれたのである。

ピエールは、しかし、そのことを指摘したのではないのである。ただ、八世紀イングランドの教父ベーダが、ディオニシウス・アレオパギタは、アテナイではなくコリントの司教であったと述べている文章があると指摘しただけだ、とかれ自身は主張している。ところが、これがサン・ドニ修道院の修道士一同の神経をさかなでにした。このいらざる口出しは、九世紀前半のサン・ドニ修道院長イルドゥアン、かれらの大先達の権威を傷つけることになるのである。

イルドゥアンは、まだフランク王国健在なりしころ、サン・ドニの修道士となり、八一四年から翌年にかけて院長を務めた人であり、のち、これはまったくの偶然だが、前述のソワソンのサン・メダールの院長をも務め、その後、ケルン司教に補されている。かれは、ディオニシウス・アレオパギタに帰せられる著述集「偽ディオニシウス・アレオパギタ文書集」の編訳者として知られ、サン・ドニの開基聖ディオニシウスをディオニシウス・アレオパギタと同一視したのは、じつにかれだったのである。

だから、ピエールの発言は、イルドゥアンの権威か、ベーダの権威かという形の論争を引き出したわけで、このばあい、売り言葉に買い言葉であったろうとはいえ、ベーダの著述は、なにしろこれは全ラテン教会に読まれているのだから、ベーダの意見の方が正しいと主張しているのは、ピエールのものの考えかたを示唆するものとして興味ぶかい。

十二世紀の知性の態度

ピエールよりも二世代あとの同名のピエール、こちらはブロワの出なので、ブロワのピエールと呼ばれているが、これはじつは前章に紹介したアリエノール・ダキテーヌの夫、アンジュー伯ヘンリの側近に入り、やがてヘンリの死後、アリエノールの顧問官を務め、生涯の最後を、イングランドのバスの副司教として終えた人だが、多数の書簡文を残している。ラテン名ペトルス・ブレセンシスといい、ペトルス・アバエラルドゥスと並び立つ十二世紀の知性のひとつだが、そのかれが名言を残していて、すなわち、古代人は巨人である、われわれは矮人《わいじん》である、けれども巨人の肩に乗った矮人である、と。

これはいろいろな意味にとれるが、なによりもまず、十二世紀の知性が権威を権威として正当に評価することをめざしたということ、そういう能力の段階に到達したという自信のようなものがここにうかがわれる。矮人は巨人を足場にしてはるかなる知識の地平をみはるかすのだが、その足場選びがいまようやく可能になったということであろう。ペトルス・アバエラルドゥスの考えかたが披露されている著述『然りと否』は、けっきょくこの消息を伝えるものであって、先人の著述を吟味し、意見の異同をつきあわせて、もっとも妥当な意見をとる。つきあわせが不毛に終わったばあいには、理性による推論が答えを出す。これがピエールの、ということは十二世紀ヨーロッパの知性の態度であり、じつにヨーロッパの知性の判断の定式がここに定立されたとみてよいのである。その意味で、ピエールこそはヨーロッパの哲学の開基である。(図15)

ディオニシウス論争において、ピエールはベーダの権威を是認した。イルドゥアンとベーダのつきあわせにおいて、後者を選択したのである。この論争は、だから、ピエールの思考のプリミティヴな形態を示している。問題は、このばあい、ピエールの判断がそこで止まり、ベーダ批判に及ばなかったということにある。なにがピエールをそこに止めたのか。サン・ドニの修道士一同に対する意地か。そこに生身のピエールがちらりとみえる。

ピエールは逃げだした。パリの東、トロワとモーの伯（シャンパーニュ伯）の領内にプロヴァンという町がある。そこの一小修道院に身を寄せた。修道士の逃亡は、これは重大な問題であって、サン・ドニ側とシャンパーニュの伯とのあいだに折衝が重ねられた。サン・ドニ側はゆずらなかった。破門の処置をさえも考慮すると脅した。『ルイ六世治世年譜』の古記録は、修道院長アダムがプロヴァンにやってきて、この件に関して仲裁にのりだしたシャンパーニュ伯チボーと談判したことを、一一二二年二月の項に報じている。

ピエールを救ったのは、その直後、サン・ドニ修道院長の交替という偶然の事情であった。修道院長アダム死去のあとを継いだのが、かのシュジェーであったことも、また、ピエールに幸いした。わが災禍の歴史というけれど、どうしてどうして、ピエールはけっこうついていたのである。

けんかの顚末

シュジェー、十二世紀フランスのキリスト教会にいぶし銀の光沢を放ったこの教会人が、ピエールと同世代であったことを、わたしは喜んであなたがたにお知らせしたい。かれは一〇八一年の生まれ。ピエールとは二歳ちがいである。素姓はわからない。フランドルの出とも、サン・ドニの出とも、あるいはパリ南方、ボース平野のトゥーリの出ともいう。十歳のころからサン・ドニ修道院の見習い僧となった。

パリの北、コンピエーニュの西にエストレ・サン・ドニという小さな町がある。そこに、サン・ドニ系列の教育施設があって、かれは二十歳をすぎるまで、そこで学んだ。学友に、カペ王家の次男坊ルイがいた。ルイは、前章で紹介したアリエノールの最初の夫になる男だが、この時点では、まだ兄のフィリップが健在で、かれは教会人になるべく修業中だったのである。

それから、ロワール河畔のサン・ブノワ・シュール・ロワール、ここについては、なおのちにお話しする機会があるが、そこの修道院の学校でも学んだ。その後サン・ドニ本院、ノルマンディーのベルヌヴァル、ボースのトゥーリ諸修道院の役職を歴任し、一一一八年、カペ家の当主ルイによって、当時マグローヌに滞在中のローマ法王ゲラシウス二世のもとへ派遣された。マグローヌは、モンペリエの南の、いまでこそ砂州の上の廃寺だが、当時はこの地方の司教座がおかれていたところで、のち、モンペリエにその座を奪われた。

けっきょく、一一二二年まで、かれはローマ法王庁に出向していたわけだが、ついでにいえば、これは、いわゆる聖職叙任権闘争を闘ったドイツ王とローマ法王の手打ちの条約「ウォルムスの協約」の諸条項が審議されつつあった時期であって、教会組織と世俗の権力組織の関係をめぐるこの世紀の対決の裏方たちと、かれはこの期間つきあっていたわけで、これはこの男、フランスの教会組織とカペ王家の双方に管理の手腕をふるうことになるシュジェーにとって、大いに有益な体験であった。

シュジェーは、テキパキと、ピエールの問題に片をつけた。王家による仲裁を求め、ピエールに対し居住の自由を認めたのである。『ルイ六世治世年譜』によれば、三月十二日以降のことであった。これは、まさしく政治的解決というものであった。こうしてピエールは、プロヴァンの東、セーヌ川沿いのノジャン近郊の荒野に庵をあみ、これを「パラクレートゥス」と名付けた。意味は、保護者、慰安者だが、教会用語においては「聖霊」の異称である。

以上、長々とお話ししてきたが、これだけの大事件の連鎖が、なんと一一一八年から二二年までの四年間のことなのである。なんのことはない、シュジェーが法王庁に出向していたあいだの四年間である。シュジェーとしては、留守中、知らぬ間にサン・ドニ本院に籍をおいていた、この高名な大教師の処遇には困惑したことであったろう。パラクレー（パラクレートゥスのフランス語読み）居住許可は暫定的なものであり、ピエールはあくまでサン・ドニの修道士である。そこに三年後、一一二五年のことと思われるが、サン・ジルダス・ド・リュイス修道院の修道士団がピエールを院長に選挙した。

さて、ここにシュジェーの手が動いてはいなかったか。当時の修道院長選挙の実情からみて、この想像、あながち荒唐無稽ともいえまい。ていのいい追放である。八七ページに紹介したピエール自身の文章をご想起ねがいたい。この点、かれは的確に事態を見透しているのである。

アベラールとエロイーズの再会

けれども、それでは、それから四年後、一一二九年、アルジャントゥイユ女子修道院がサン・ドニ修道院長シュジェーの策動によって解散の憂目にあったというのも、これもピエール・アベラール問題処理の一環としてであったということなのか。『ルイ六世治世年譜』一一二九年の項にこう読める。

「王は、パリのサンジェルマン・デ・プレ修道院で開かれた教会会議に出席した。これは法王特使、アルバノ司教マテオの主催した会議で、ランス大司教ルノー、パリ司教エティエンヌ、シャルトル司教ジョフロワ、ソワソン司教ジョスラン、その他多数の高位の聖職者が陪席した。諸修道院の改革のことが議せられたが、とりわけアルジャントゥイユ修道院の修道女たちの追放のことが決定された。シュジェーの主張では、該修道院はもともとサン・ドニ修道院に属していた。法王特使は王とパリ司教の賛同をとりつけた上で、アルジャントゥイユ女子修道院にサン・ドニの修道士たちを居住せしめるよう、サン・ドニ修道院長に対し慫慂《しょうよう》した。」

そしてそのすこしあと、四月十四日の日付のある項に、この決定を確認する王の令状が発行され、副署者に、王とその共同統治者である王息フィリップ、王妃アデライード、ランス、ブールジュ、クレルモン、ラングル、オータン、トロワ、ノワイヨン、ラン、パリ、ソワソン、オルレアンの諸司教、くわえてヴェルマンドワ伯ラウールの名がみえることを報じている。

なんとも大げさな扱いではないか。当時、カペ家をフランス王家として立て、王家によるガリア統一を唱道していたガリアの主だった司教連が全員ここに名を連ねたといってよい。ガリアとはつまりはのちのフランスのことである。この時代、ただフランスというと、それはセーヌ中流のパリ盆地をまず指したのである。だから、ガリアなどと、おそらくお耳障りな言葉づかいをせざるを得ない。

さて、このこともまた、シュジェーの政治力を示すものであったと考えてよいのだが、ところが、一書によれば、アルジャントゥイユ尼僧院解散の口実は、尼僧たちの不行跡にあったという。これはおもしろい。ふしだらな尼僧院長エロイーズのイメージは、むしろ楽しい。もしシュジェーがたしかにそう主張したとするならば、シュジェーのユーモアのセンスは大したものである。たしかにエロイーズという女性の本性をみぬいていたといってもよいかもしれない。だから、わたしとしては、これはブラック・ユーモアだと思うという意味である。

ここで久しぶりにピエールが登場する。なんと十年ぶりにである。少女エロイーズとの「放蕩」のつけに、男性機能を支払ったピエールが、十年ぶりに「女」に再会する。この再会のことも、ピエールは「わが災禍の歴史」に報じているが、その筆調は意外に淡々としている。エロイーズたちの苦境を遠く西海の地で知り、これはたすけてやらねばと考えて、パラクレーにもどり、エロイーズとかの女に従う尼僧たちをそこに呼んだ、と。

それというのも、じつは再会ののち、ピエールはしばしばパラクレーに出かけてきて、なにくれとなく女たちのめんどうをみてやっていたのであって、それから二年ほどして例の手記を書いたのであって、だから、その手紙をたまたま披見する機会のあったエロイーズが、懐旧もだしがたく、とわたしは書いたが、じつはこのいいまわしはレトリックにすぎないのである。

そういうわけで、ピエールは、自分の創建したパラクレーの僧院の保守のことも配慮してか、これをエロイーズとその尼僧団に贈与し、女子修道院設立の認可状を法王庁からとりつけてやったのである。ピエール・アベラールの「誠意」は、十分、みとめてやらなければなるまい。ところが、エロイーズはなお不満であった。かの女はなにが不満であったか。これが、古来、ピエール・アベラール研究者を悩ませてきた大問題である。

わが災禍の歴史

「小生が支配の任をひきうけた、あの規律を知らぬ修道士団が、昼となく夜となく、いかにわが心を悩ませたか、いまではこれは周知のことと思う。まずたしかなところ、修道士たちを戒律の生活にひきもどそうとするには生命をかけねばならず、かといってこれをおろそかにすれば、小生自身、永劫の罰をうけること必定。修道院自体が、この地方の領主たる暴君の支配下におかれ、領主は修道院経営の混乱に乗じて修道院領を恣《ほしいまま》に私し、ユダヤ人領民に対するに増す収奪をもって修道士に臨む。修道士は修道士で、日々の糧を求めて小生に苦情を鳴らす。なんと、かれらは、小生の宰領に任すべき共同財産をもたず、各々勝手におのが財布よりみずから購い、妻子を養っているのである。かれらは、かくのごとく、小生を苛《さいな》むことに喜びを見いだし、かくのごとく修道院には管理もなにもあったものではないのだから、小生としては採るべき道はふたつにひとつ、規律の全面放棄か、はたまた完全撤退か。

しかも、この野蛮な土地の住民たちもまた、法を守らず、規律を知らず、かれらの生きかたに小生はまったく対立していたものだから、助けを求める人とていなかった。外には領主とその家来たちが小生を圧迫し、内にあっては修道士たちが絶えずわなを仕掛けていて、〈外には争い、内にはおそれ〉という、あの使徒の言葉は、まるで小生のためにいわれたかに思われる事態ではあった。（中略）

そして、わが息子たちによる迫害は、敵どものやり口にくらべて、はるかに危険、はるかに執念ぶかいものがあった。小生はつねにかれらとともにあり、かれらの仕掛けるわなに絶えず身を曝《さら》していなければならない立場にいたからである。小生の身体に対してくわえられる敵の暴力は修道院を外にしたときだけのことである。ところが、わが息子たち、かれらの院長、すなわちかれらの父たるこのわたしに托された修道士たちが、暴力をもって、策略をもって絶えず小生を悩ませるのは、修道院のなかにおいてのことなのである。

おお、かれらが小生に毒を盛ろうとしたこと、いくたびぞや！　かつて、人、聖ベネディクトゥスに対して為せしがごとくに。この偉大な教父は、けっきょくその性悪な息子たちを捨てられたのであったが、その決断にならい、同じ理由からして同じ決断を下すべき立場に、小生は置かれたかのごとくであった。それというのも、絶えず危険に身を曝していれば、小生は、やがては神への愛を忘れ、神を試みるものになってしまうであろう、いや、それどころか、われとわが身を滅ぼすことにもなってしまうであろう危惧があったからである。

小生は、かれらが日ごろ仕掛けるわなに用心して、毎日の飲食物にも、できるだけ注意した。そこで、かれらは、なんと聖餐式の最中に小生を滅ぼそうとして、聖杯に毒をいれるのであった。また、しばらくして、病床の伯を訪ねようとナントに赴き、肉身の兄弟の家に宿った折、かれらは、小生を殺そうと図り、小生の供をしていた下僕の手を介して、小生に毒を盛った。けだし、さすがに兄弟の家では、小生もあまり用心はしていまいと考えたからなのだが、しかし、主の御加護あって、このことは効を奏さず、毒をいれた食物は、小生のために用意されながら、小生自身は指一本ふれもせぬまま、随行の修道士のひとりが、それをそれとも知らぬまま食して、生命をおとしたのであった。事を仕組んだ下僕は、良心はとがめるわ、悪事はばれるわで、いたたまれず、逐電した。このことがあってのち、小生は公然と、かれらの仕掛けるわなに備える手段をとり、修道院を出て、数人の修道士とともに小房にこもる生活をはじめたのである。残った連中は、小生が旅に出ることを予知するや、金で買収した盗人連中を、道という道に配置して、小生を殺害しようと企むのであった。

こうした日々の危険に心をわずらわされる折しも、ある日、小生は馬鞍からころげおち、主の御手が小生を打ちたまい、首筋を傷つけてしまった。その傷は以前にもまして小生を苦しめ、弱らせたのである。

すでに何度となく、小生は、とうてい手に負えぬかれら叛逆の徒を破門の脅しによって押えつけようと試み、とりわけ凶暴な連中を強いて、かれら自身の口から公に誓いを立たしめ、修道院から退去すること、もはや小生をわずらわすようなことはしないことを約束せしめたのであったが、ところがかれらは恥知らずにも約束を破り、公然と誓いをふみにじるのであった。そこで、やむなく小生は、ローマ法王イノケンティウスの権威に頼みすがることにした。このことのために派遣された法王特使、さらに伯、司教の面前で、かれらは誓いを立てるよう強制されたのであったが、それでもかれらは、おとなしくなどはならなかったのである。

最近になって、これら悪僧連が追放されたあとの修道院に小生は帰り、嫌疑薄しとみていた他の修道士たちにおのれを托したのであったが、ところがどうだろう、この連中は出ていった連中よりもむしろ性悪だったのだ。毒を盛ろうとこそはしないまでも、小生の首に剣を擬するかれらの魔手から、小生は、土地の某領主の助けをえて、ようやく逃れたのであった。こういった危険は、いぜん小生を苦しめている。あたかも吊るされた剣の下の日々であって、食事のときも、息のつまる想いである……」

修道院長対修道士団

なんともけっさくな文章で、わたしは思わず笑ってしまうのである。お読みいただいたのは、八七ページにご紹介したピエールの文章のすぐあとにつづく、サン・ジルダス修道院の修道士団弾劾の文章である。いったい、このピエールという男には、相手には相手の論理があるかもしれないと想像するだけの余裕がまったくなかったのであろうか。おそらく、お読みになって、あなたがたもそうお感じであろう。これでは、どこへいってもけんかになるはずである。

問題の根はさらに深い。ピエールの狭量は、けっきょくは修道院という修道士の共住組織についてのピエールの無理解に発する。およそケラリウス的なる原理についての無理解とわたしは言葉を選びたいのであって、ケラリウスとはそれではなにか、ケラリウス的といういいまわしでおまえはなにをいいたがっているのか、そのことをおわかりいただこうには、またまた寄り道のようだが、同じく修道院長と修道士団の対決を、これは修道士団の側から記述している文章をご紹介するにしくはないであろう。一二〇〇年ごろのイングランドのサフォークと、一一三〇年代のブルターニュと、すこしずれるが、状況はひとつといってよい。第一章にもご紹介したバーリ・セント・エドモンド修道院の修道士ジョスリンの報告である。

このころ門番役のラルフに不審の咎あり、僧院総会は全員一致で、ラルフ処分を決め、副院長《プラエポシトゥス》は、ケラリウスのジョシラスに命じて、職務にともなう給料を除く、一切の特別手当の支給を停止せしめた。ところが、ラルフはこれを不服として、院長サムソンに直訴し、院長はラルフを支持して、僧院総会の席上、ケラリウスに対しラルフの権利回復を命じ、命令が実行されぬうちは、水以外の一切の飲物を禁ずるとケラリウスを脅した。

ジョシラスは、ただちに水以外の飲料を絶った。それを知った院長は、さらに肉を食べることも禁じた上で、一週間ほど修道院を留守にした。院長が出発した日の朝の総会において、ジョシラスは、「院長の禁令を書き付けにして表示し、手に鍵束をもって、僧院総会の意志に反することをするくらいなら、むしろ職を辞するであろうといった。」

会衆は、口々にジョシラスに賛意を示したが、とりわけ新参の修道士たちは熱心であったが、長老格の連中は用心深く構えた。

修道院長は、出先から手紙をよこして、かれら上級の連中を脅し、「ナイフで院長を切り刻もうとわれわれが誓いあった陰謀のこと」を指摘した。帰院するや、院長は首謀者格とにらんだ修道士を召喚したが、応じなかったので、これを捕え、一晩監禁した。翌日、僧院総会は白旗を掲げた。感動的な和解の情景がこれに続いた。「セント・エドモンドの修道士たちは院長を殺そうとしているという不快な噂」の恥はここにそそがれ、院長はじめ、かれら一同、涙にくれたのであった。

にもかかわらず、と、ジョスリンは淡々としるしている、院長はひそかに命じてラルフの権利を回復せしめ、「われわれはみないふりをすることにした」、と。

ケラリウスのジョシラスは、この直後、職を解かれて、副ケラリウスに降等された。院長のお眼鏡にかなったロジャーというのが、筆頭ケラリウスの職を襲ったが、ところが、この年、一二〇〇年の暮、会計に不審な点のあることが発見され、ロジャーは失脚して、ふたたびジョシラスが筆頭の地位にもどった。ジョスリンはジョシラスに好意的な筆調をみせていて、ジョシラスが修道士団のあいだで相当な信頼を得ていたことはたしかである。

院長が食事と飲料を種にケラリウスを脅したというのはおもしろい。ケラリウスとしては、さぞかし「頭にきた」ことであったろう。ジョスリンの文章は、その感じをよく出している。ケラリウスは、修道士共住集団の生活を管掌する総支配人である。その職務の尊厳を、院長は、あえて意図的に傷つけたのだ。僧院総会の席上、「手に鍵束をもって」傲然と立つジョシラスの姿が想いしのばれようではないか。

僧院総会集会は、毎日、一時課、これは夏期は早朝六時、冬期は六時四五分（ということになっている）のお務めだが、その終了後に開かれ、短い説教や書物の朗読のあと、その日のことが指令される。院長選挙、その他、重要問題について討議されることもあり、会議をしめくくるのは、副院長の唱歌する『詩篇』第五章「主よ、わが言葉に」である。

倉庫係ケラリウス

「鍵束」とは、つまりはケラリウスが「倉庫係」であることを示す。あなたがたも、あるいはごらんになったことがおありかと思うが、イタリアの土産物のひとつに、滑石製の修道士の小像、といえばなにかしかつめらしいものを想像されるかもしれないが、なにそれほどのことはない、でっぷり肥えた、マンガチックな、三頭身寸法の小像がある。数年前、わたしがヴァチカンの前の土産物屋で買い求めたのは、両手に野鴨の首をしめたのをぶらさげて、うれしそうにニヤついている。現にわたしの眼前には、これは南ドイツのシュヴァーベンの「黒森《シュヴァルツ・ヴァルト》」山中のティティゼーで買った、これは錫製のが鎮座しているが、これは両手を法衣の下に組み、大口あけて、歌っている。

この手のものでいちばん印象に残っているのは、もう八、九年も前に、ブルゴーニュのクリュニー村のオテル・モデルヌという宿に泊った折、食堂の窓ぎわの放熱器の上に、これは彩陶の、しかも大型の人形をみかけた。高さ二〇センチほど、幅も同じくらいの大僧正様で、右手に鍵束、左手に徳利をぶら下げて、しあわせそうにほほえんでいらっしゃった。

このクリューニーの大僧正、これぞまさしくケラリウスなのである。ケラリウスは、修道院の数ある役職のひとつだが、これればかりはだれもがなれるという性質のものではなかった。ケラリウスの職務は、修道院の生活全般にかかわる。種々の器具と物資の保管、食事と衣料の管理がかれの権限下にあり、聖ベネディクトゥスの「修道戒律（レグラ）」は「賢明で温和な性質の、大食漢でなく、高慢でなく、無礼でなく、のろまでなく、浪費的でなく、全修道士にとって父のような、神を恐れる者」（第一三章、今野國雄訳）がケラリウスに選ばれるべしと規定し、同じころ作られたとみられる同種の会則「レグラ・マギストリ」は、「ケラリウスには、廉直で謹厳な人柄と修道院長が判断した人を、大食の欲望に屈することのない人を、飲み食いを愛する人と評判されることのない人を選ばなければならない」（第十六章）と、大喰《ぐら》いを警戒している。

なにしろケラリウスは食事の管理者なのだ。副ケラリウスを介して炊事係（これは交替制で、修道士全員があたる）を監督する。修道士たちに、毎日、脂肪と野菜を、木曜、土曜には魚を、大祝日には、いつものそら豆に代えて玉ねぎを出し、パイやフラン（卵菓子）を振舞わねばならぬ。ケラリウスは、「献立表」を用意し、毎週土曜、プラエポシトゥス（副院長、九九ページ参照）やカメラリウス（会計係）たちと、次の週の献立のことを打ち合わせる。なにしろ、大変な重職なのだ。

もうひとりのピエール

さて、わたしの空想は、そのころサン・ジルダスの修道士で、ちょうどバーリ・セント・エドモンドのジョスリンのような立場にあった男が、ピエールに追放されて、諸々放浪のあげく、どうまく立ち回ったか、ついには南ドイツはバイエルンのベネディクトボイエルン修道院のケラリウス職についていて、それは一一五〇年代のことだが、その地をもうひとりのピエール、すでにご紹介する機会のあったペトルス・ブレセンシス、ブロワのピエールが、かれは一一三五年ごろの生まれだから、二十歳前後の若者として通りかかる。

かれはこれから、北イタリアのボローニャに法学を学びに出かける途中である。かれはパリに遊学中、すでにピエールとエロイーズの恋物語のことは知っていて、ひょっとしたらパラクレーの老女のところに立ち寄ったかもしれないとまで、わたしの空想は走るのだが、この高名なる大学者の噂を、バイエルンの一修道院のケラリウスの口からきこうとは、夢にも思わなかった。

まあ、そんなふうに、わたしの空想は駆けるのだが、旅の途上に立ち寄ったこの若者に、ベネディクトボイエルン修道院の食堂の一隅で、濁り酒などを振舞いながら、ケラリウス・アボのいうには、

「あのお人は、そうよな、なにしろ修道院の慣行ってものを知ろうとなさらんかった。わしは倉庫係だが、これがなかなか骨の折れる仕事でな。なにしろ毎日の食事のことから、ぶどう酒の仕込み、貧

者への施物までが、倉庫係の職務なのだ。で、まあ、内緒の金ってものも必要になる。自由に金が使えんようでは、身動きできんからな。それで、いつのまにやら、倉庫係というものは、その職にともなう収入ってものをもつようになった。ま、最初は倉庫係の才覚で、修道院領の村々から、玉ねぎの寄進をうけ、五大年祭に、そら豆のかわりに食卓に出すという風だったのだが、そうこうするうちに、その玉ねぎが倉庫係の収入に化けちまった。どこそこの村のだれだれの玉ねぎ畑は、倉庫係の収入分っていうぐあいになってきた。おうよ、わしだってもってるさ。いま、あんたに振舞った乳糖は、わし個人の奢《おご》りってわけよ。ま、そんなわけでだ、なにも倉庫係には限らんのだが、あのお人は、それがけしからんと思ったわけだよ。」

大哲アベラールが、なんとも俗にまみれた感じになってきたと、若者は途迷いを覚えている。

「そんなあのお人をやっちまったと、昨夜は悪乗りしたが、なに、おどしただけよ。つまり、そういう事情もわかってくれと申し入れたのだ。修道院長というのは専制者でな。勢い修道士は団体を組んで対抗しなければならん。あんときは、そうよ、全員、なんと副院長までもが、団体を組んだな。アベラール師の立場のなかったことが、これでもわかろうよ。貧欲についてのお説教を長々と聞かされてな、まいったよ。こっちとしては、修道院とはそもなにかで対抗したわけだ。なにしろ、あのお方には、その辺のところがぜんぜん通じない。あのお人は、修道院には不向きなお方だったのだ。」

「けれど」若者は率直に問う。「あなた方はアベラール師を院長に選挙なさったのでしょ。院長は修道士全員の選挙できまると聞いています。」

「サン・ドニの院長に頼まれたのだ。」アボはこれまた率直に答える。「あの不幸な事件のあと、サン・ドニの修道院長が身柄を預かった。ところが、サン・ドニの修道士たちとうまくいかない。ていのいいやっかい払いで、こっちへ回されたってことさ。」

食堂の窓から明るい陽光の射しこむバイエルンの初冬の午後である。中庭の鉄井戸のほとりのさんざしの茂みがバサッとゆれて、尾長が飛び立った。若者は、うつむいて思案顔である。パラクレーの老女の柔和な相貌を、いま若者はふしぎに想いおこしている。あの平穏はどこからくるのだろうか。ピエール・アベラールは不幸だったと、いま若者は想いはじめている。「あの方は、隠国《こもりく》のブルゴーニュで、穏やかな魂を主に召されました。」若者にいうともなく、一語一語たしかめるように発音した老女の声を耳朶《じだ》の奥にとらえながら、若者は、うつむいて一所懸命、思案している。

Ⅳ　尼僧院の暦日

エロイーズの手紙

尼僧たちをひきつれてパラクレーに移り住んでから三年ほどもたったころ、エロイーズは、夫ピエールが友人あてに書きしたためた手紙を読む機会があった。

「偶然に」とエロイーズ自身はいっているけれど、プロヴァンの片田舎の庵である。偶然といっても、ただの偶然であったろうはずはなく、手紙をあてられたその友人なる人物が、ひそかにこれをパラクレーにとどけさせたのか。エロイーズに従う尼僧たちのなかに気のきいたのがいて、群れを作るとたいていそういうのがひとりはいるものだが、いわば世間との交渉係で、かの女のところに情報はすべて集まる。女主人の夫が他人あてに書いた手紙をからめとるぐらいは朝飯前である。

あるいは、シュジェーが一枚噛んでいたのかもしれない。サン・ドニ修道院長がこれを入手して、出入りの商人かなんぞに、さりげなく預ける。「埃まみれの足」、行商人が律儀に預かりものを運ぶ。例の尼僧が心得顔に受け取って、女主人の部屋の机の上にのせる。出先から帰ったエロイーズの視線が机上の封書にとまる。情景が目にみえるようだ。

シュジェーが一枚噛んでいたという想像が当たっているとすれば、サン・ドニ修道院長は、エロイーズのことを熟知していたということになる。これはありえたことであり、ということは、しかし、アルジャントゥイユの尼僧団追放の件は、エロイーズがらみの事件であった可能性が強まる。シュジェーの意図はどこにあったか。

だいたいがパラクレー女子修道院設立の件にサン・ドニ修道院長が関与しなかったとは考えられない。じつはこの件についてもシュジェーの了解があったのではないか。証明する材料は皆無だが、事態は相互がらみに動いていたと考えてこそ当然であろう。

ピエールは、エロイーズとその輩下の尼僧たちをパラクレーに誘置したあと、しばらくのあいだは、しばしばパラクレーに出向いて、なにくれとなくめんどうをみてやっていたらしいのである。だから、エロイーズの最初の手紙、これはのちに『アベラールとエロイーズの往復書簡集』としてまとめられた書簡集、これの最古の写本が「トロワ本」と呼びならわされているもので、その第一書簡が問題のアベラールの「わが災禍の歴史」、これにつづく第二書簡ということになるが、その手紙にエロイーズは、そんな一介のおともだちあてに長いお手紙をお書きになる余裕がおありなら、妻であるこのわたしのこともすこしはめんどうをみて下さいと、いとも率直に要求しているのだが、それはそういう経緯を踏まえての発言だったのである。

夫がパラクレーに姿をみせなくなってから、二年、三年の時が流れた。いっそアルジャントゥイユに放りこまれたまま、忘れ去られていたのだったら、まだあきらめもつく。それがどうだろう、法衣の下にむりやり押えつけた愛欲の焔《ほむら》が長い忘却の水にようやく消えかかりもしようというころ、十年の歳月ののちに、夫はふたたび妻の前に姿をみせた。そうして、おためごかしに、なにくれとなくめんどうをみたがる素振りをみせた。

最初、エロイーズは、いわばおもしろがっていたのである。昔の愛人の役割を演じようと夢中になっているピエールに、なかば揶揄の気持ちも手伝って、調子を合わせていたのである。けれども、それはついにエロイーズの悲しい自己欺瞞であった。そのことに、やがてかの女自身気付いた。抑え切れようにもない情愛の焔が、ふたたび燃えさかろうとする気配に、エロイーズは、ほとほと自分自身をもてあました。

すると、ふいにピエールの姿が消えたのである。しかめつらをして、近々の再訪を約して立ち去ったサン・ジルダス修道院長は、その後、半年、一年とすぎても、姿を現わさなかった。尼僧たちの口からピエールの名が出るのも、しだいに間遠になった。パラクレー尼僧院は、ようやく創建時のにぎわいを忘れ、永遠の刻に予定された共住集団の日常のペースを刻みはじめていた……。

それだけに、なおのこと、エロイーズの内なる野性の女は猛々しく駆ける。なぜにわたしたちをお見捨てか。あなたご自身植えつけられたぶどうの樹を、どうして手入れしようとなさらないのか。なぜにお手紙ひとついただけないのか。ピエールの無沙汰に抗議する尼僧院長の手紙は、もうどうしようもなく調子を高めて、「夫」ピエールの背信を責める「妻」エロイーズの言葉を誘う。

「あなたは婚姻の秘蹟によって、わたしと結びついています。」

そのことをあなたはよくご存知のはず。そのあなたこそ、わが喪失の苦悩を療すべき義務を負う唯一の御方と、エロイーズの言葉は、ことの本源へと遡行する。もはやこれは、数年の無沙汰を詰問する尼僧院長エロイーズの手紙ではない。十数年前の「情事」の責任をとれと男にせまる女エロイーズの捨身の言葉である。

「情事」という言葉、これはじつはエロイーズの次の手紙、書簡集では第四書簡に使われているもので、原語はフォルニカティオ、これはむしろ「放蕩」とか「売淫」と訳すべき言葉である。エロイーズは「悪い言葉ですけれど、表現的なので使います」と断っている。「情事」という訳語は、これは畠中尚志氏の訳文からお借りしたもので、氏の御訳は昭和十四年に岩波文庫に収刊された。じつに「情事」という言葉が戦前から使われていたわけで、これはおどろくべきことではないだろうか。

愛の怨みと讃歌

それはともかく、第二書簡（エロイーズ第一書簡）のエロイーズの文章を、すこしお読みいただこう。

「苦痛の原因が大きければ大きいほど、慰めの治療も生半可なことではすみません。けれども、他人の手ではだめなのです。あなたご自身の手でなければならないのです。わたしに苦痛を与えたただひとりのお方であるあなたが、ただひとり、わたしに慰めを与えることができるのです。わたしを悲しませ、わたしを喜ばせ、わたしを慰める、ただひとりのお方があなたなのです。この大いなる責任を負うているのは、ただひとり、あなたなのです。

むかし、わたしは、あなたの命令なさったことのすべてを、直ちに実行いたしました。なにごとにせよ、あなたのご命令には逆らいがたく、すすんで自分自身を殺すよう、力をつくしました。じっさい、ふしぎな話とおききでしょうが、わたしの愛は、おろかしいほどのものにまで高まり、あなたのご命令に従って衣と心を変えたとき、愛は、愛そのものが求めるところを、もはやとりもどす望みも捨てて、みずから捨てたのでございました。あなたから求めるものは、あなたご自身以外にはありませなんだ。ただにあなたのみを欲し、あなたのものであるなにかを欲したのではありませなんだ。結婚の誓いの質物を、贈り物を欲したのではありませなんだ。わたし自身の情念と欲望をではなく、あなたにはおわかりのはず、あなたご自身の情念と欲望を満たしてさしあげようと、一途にねがいました。妻の名こそ、それは神聖で、法に叶ったものではありましょう。けれど、愛人という名の方が、わたしにはもっと甘美です。いいえ、恥の名とおききこえでしょうが、むしろ妾あるいは娼婦と呼ばれたかった。」

いいつのる言葉の果てに、むしろ妾あるいは娼婦と呼ばれたかったと書きしるしたエロイーズのペンがはたと止まった。エロイーズの内なる野性がふと萎えて、聡明な女が顔を出す。生一本な心情の吐露が、むしろレトリックとも読める言葉をひきだしてしまったことへの恥じらいが、夫婦の愛とはなにかの議論を誘いだす。ピエール、あなたってなんてすてきな御方でしょう、あなたは天下に隠れなき女蕩《た》らしでした、と、これはまじめかからかいか、讃歌を奏でる。とどのつまりに、またもや話のむしかえしで、なぜ訪ねてきてはくれないのか、せめて手紙ぐらいくれないのかと詰問口調。もしもずっとこの調子だったら、と、野性の牝馬は猛々しく鼻を鳴らす、世間の人がどう取り沙汰するだろうか、教えてさしあげましょうか。ピエールの愛は、愛ではなく、情欲だった。だから、情欲の止まったいま、かれは女に関心がないのだ！　こうですよ、ピエール、と、エロイーズは、こみあげる悲鳴を、かたくくいしばった歯に抑えようと、必死の風情である。

どうぞ、おねがいです、と、エロイーズは、反転して、ふたたび、嫋々《じょうじょう》とかきくどく。第二書簡の最後の段落にあたるこの部分は、前章の冒頭にご紹介した。どうぞ、お読みかえしいただきたい。そうして、この手紙を、「さようなら、わたしの唯一者」と止めたこの女の心情を推し量っていただきたい。

嘆きのエロイーズ

パラクレーに冬がきて、岸辺の澱みに薄氷の張るアルデュゾンの川面を渡る北風が、粗織りの亜麻地のヴェールを押し通って、尼僧たちの頬を刺す。繻絆《じゅばん》に毛皮の胴着を着込み、上衣（トガ）の袖を手首にしっかりととめて、建物の北側のりんご樹園で、落ちこぼれた小粒の野生りんごの実を拾い集める作業に従事する女たちは、背筋をはいのぼる冷気に、時おり、作業の手を休めて、掌に息を吹きかける。

万目蕭条として緑なく、わずかばかりのぶどう園も、いまのこの季節には、枯れ棒杙《ぼうくい》をさし並べた丘の斜面の囲い地でしかない。いましも、その小丘の裾をまわりこんで細々と続く小径に一個の人影。平帽に毛皮の胴衣、臑《すね》を脚絆でかためた商人風の男である。（図16）

門屋で応接した接客係の老尼僧が、大儀そうに腰を伸ばし伸ばし、果樹園にもどってくる。摘果の手を休めて、物問いたげに老尼をみるエロイーズに「ご院主さま、はい、お手紙」と、老尼は心得顔である。一瞬面にのぼった血の色を、尼僧たちに気付かれまいと、顔をそむけたエロイーズの目に、丘の下の道をゆく旅人の後姿。これはトロワの塩商人で、ナントに塩を買付けにいった折、サン・ジルダスの修道院長から手紙を預ったものと推量される。

六時課のあとの食事（夏冬問わず日の出から入りまでを十二刻にわける。六時はすなわち正午であり、正午の礼拝のあとの食事は一日の主餐である）の席上、エロイーズは、聖歌係の尼僧の詩篇頌読を、「もう十分です」と、早々に止めさせた。食事が終っても、みずからは食物に手をつけず、放心のまなざしの院主の様子をみて、聖器具係を兼ねる副院主は、全員に立ち去るよう、身振りで合図する。助修女に手伝わせて食器の後片付けをした食事係の尼僧が、食堂の扉を閉めて立ち去る物音に、エロイーズは、忘我の状態から覚め、あわただしくあたりをみまわす。こめかみを拳で打ち、頭を振る。トーガの隠から、封書をとり出す。

一刻ののち、聖器具係の尼僧が様子をみに扉をあけたとき、尼僧院長は、羊皮紙の紙束を左手に握りしめたまま、両腕をだらりと椅子の両脇に下げ、血の気のひいた白い面ざしに、北窓から入る冬の午後の薄く冷たい光をうけて、静かにすすり泣いていた。額に深いしわを刻んだ中年の尼僧は、だまってエロイーズの手から紙束をとりあげ、ていねいにたたんで机上におき、椅子の女の前にひざまずいて、その両の手を、肉厚のごつごつした掌に包みこむように、さすりはじめた。

「だって、こんなのってある、マルタ、ひどい……」

マルタ尼は、指を唇にあてて、エロイーズに沈黙を指示した。

冬から春にかけて、エロイーズは病の床に臥った。ピエールの手紙がかの女に与えた衝撃は大きく、病は明らかに神経からのものであった。副長のマルタに怒られながら、甘えの床はずいぶんと長びいて、その間に、エロイーズの内なる野性は、しだいに回復しつつあったのである。尼僧たちがぶどう樹の手入れに忙殺されるころ、エロイーズは、ふたたびペンをとった。エロイーズ第二書簡。書簡集では、ピエールの最初の手紙への返書、第四書簡である。

はぐらかされるということは、エロイーズのような気質の女にとっては、耐えがたい悲しみであった。それを承知してかのように、ピエールの返書は、エロイーズのねがい、詮じつめれば、それは昔の愛をいまに生き直したいというものであったのだが、これを徹底して無視したものであったのだ。

ピエールは、エロイーズが信仰のことで悩んでいる、そのための助力と助言をなぜ惜しむのかと問いただしていると思いこんで、いや、思いこんだふりをして、あんたにはその必要はなかろう、十分ひとりでやっていけるはずだ、それに、いまはそれどころではないのだ、わたしは生命をねらわれている、いつ死ぬかわからない、わたしのために祈ってくれ、わたしが死んだら、遺体は引取って、パラクレーに埋めてくれ、じっさい、主イエスの聖墓の墓守りは女たちだったではないか。

以上のことを、テッサロニケ前書、出エジプト記、エレミア書、詩篇、ハバク書、ヤコブ書、サムエル前書、マタイの福音書、法王グレゴリウス一世、ヘブライ書、列王紀略上・下、ルカ、ヨハネ、マルコの福音書、箴言、集会の書、コリント書の諸書からとった言葉を散りばめて、くだくだと書き綴っているのである。

あなたがたに申し上げたい。わたしはなにもエロイーズびいきでものをいっているのではない。どうぞ、ペトルス・アバエラルドゥスの文章そのものをお読みいただきたい。すでにご紹介したように、手近なところに畠中尚志氏の訳本がある。

野性の女

ピエールは逃げた。これがことの真相である。それにしても、不器用な逃げ方ではあった。これで、むかしの女を黙らせることができると信じていたとしたら、いったいペトルス・アバエラルドゥスとは何者か。わたしがかれの祐筆であったなら、もっと器用な手紙をものしてみせたであろう。

ピエールとしては、エロイーズの手紙の留め、さようなら、わたしの唯一者といういいまわしに注視して、これを咎めだてるべきであった。この呼びかけは、父なる神にのみ差し向けるよう、注意深く指導すべきであった。それはそのまま、むかしの女との訣別の宣言ともなったはずである。あんたは愛の再演を望んでいるらしいが、わたしは望まない。そう、決然と宣告すべきであった。それが男のセリフというものである。

パラクレーの野性の女は、いま春の気配にようやく目覚め、夫ピエールの鼻面をつかんでひきずりまわす。死ぬの生きるの殺されるのと、いったいあなたはなにを騒いでいるのか。そんなことが、どんなにわたしたちを傷つけることになるか、あなたにはおわかりではないのか。

「わたしたちをいたわって下さい。おねがいです。せめて、あなたのものでしかないこの女だけでも、いたわって下さい。なんでもない、そんなことをごたごたお書きになりさえなさらなければよいのです。」

アベラールはみすかされていたというべきであろう。

　ああ、けれども、と、女エロイーズは、痛烈な言葉の裏を返して、ふたたびみたび、愛のくりごとを奏でる。もしもあなたを失うことがあったら、どうしてわたしは生きていけよう。いまの喪失の悲しみは、むかしの取得の喜びのつけなのだろうか。そう、わたしは罪深い女。あなたに禍をもたらした原罪の女。いいえ、そうではないのです。だから、わたしは悔いている。そういうことではないのです。いいですか、あなた、わたしは悔いていない。いいえ、主なる神のお怒りに打ち滅ぼされようとも、わたしはいまだ罪への意志を抱き、贖罪の道に対してみずからを拒みます。そういうことなのです。

　おお、どうして悔いる気になれましょう。あなたとともに味わった、あの恋人たちの快楽は、たいそう甘美なものでした。いまも消えずに残っている、記憶から立ち去ってくれないのです。どちらを向いても、眼前にあの快楽の記憶はちらつき、わたしの欲望をもりたてます。眠っているときでさえ、快楽の幻がわたしにせまるのです。おミサをあげているときでさえ、いっそう清浄な心でいなければならないときですのに、快楽のおどろおどろしい幻影が、あわれなわたしの魂をすっかりとりこにしてしまい、もうお祈りどころか、汚濁にまみれゆくわたしなのです。してしまったことの罪を嘆かねばならないときですのに、せずにすまさねばならなかったことを想って溜息をつくわたしなのです。わたしたちがしたこと、いいえ、それだけではない、どこでしたか、いつしたか、みんなわたしの心のなかにしっかりと刻みこまれていて、そのときのこと、その場所のことを、あなたとともに演じ直すわたしなのです。眠っているときでさえ、その記憶はわたしに憩いを与えてくれません。このわたしの胸の想いは、時にわれにもあらぬ肢体の動作となって明かされ、不意の言葉となって口をついて出るのを止めようにもない。

そうでした、とエロイーズは言葉を継ぐ、あなたのばあいは、肉欲のうずきは消えているのでしたね、と。これは、もう、痛烈なあてこすりというほかはない。エロイーズの手紙文は、嘆訴の波のうねりが、皮肉、諧謔、あてこすり、非難の言葉の岩頭にぶつかってしぶきをあげる光景をみせて、この書き手、ただに聡明なだけではなく、ただに野性の女でもないことを証明している。去勢が、そのまま性衝動の消去を結果すると、エロイーズは、そう考えていたのか。とすればなおのこと、大いなる力は、エロイーズの無邪気さに力を与えたもうたというべきか。

そうじゃないですか。わたしのばあいはどうでしょう。わたしは女。まだ若いのよ。甘美な快楽の経験を、どうすれば消せるの！　教えて！　わたしは偽善者。それを知らない方々は、貞節だとほめて下さる。いいえ、わたしは貞節よ。なぜって、当節、世の中ぜんぶが偽善者なのですから。それに、世間信仰の道にもとるとも思わない。わたしは、こうして修道院を預かって、きちんとやっている。世間の譏《そし》りをうけるようなことは、なにひとつしていない。たとえ心のなかがどうであれ、教会のつまずきになるようなことはせず、悪い行ないをして主の御名を汚すようなことをしなければ、それでよいのです。霊の御心にかなうとわたしは思います。そういう形の主の恩寵の御業もあろうではありませんか、そうじゃなくて、と、エロイーズは、スコラ学者ペトルス・アバエラルドゥスを試そうとする気配である。

信仰は形か心か

読者諸氏よ、すでにあなたがたも鋭くお気付きのように、エロイーズは、ここで、およそキリスト教会存立の根本にもかかわる大問題を提起しているのである。この論題こそは、まさしくアベラールの時代のものであって、しかも大教父アウグスティヌス以降、教会理論家たちを悩ませつづけてきたものであって、要約すれば、信仰は形か心かということである。エロイーズは形だといっているのであって、かの女の信仰告白は、だから、正統のものであるといえる。かの女は、みずからいうように、恩寵の光に浴しているのである。

かのシュジェーが、マグローヌの法王庁に滞在中、耳にし、みずからも発言したであろう議論の渦も、けっきょくはこの一点に収斂する。およそ地上の組織たる、ということは生身の人間の組織たる教会が存立するにあたって、個々の人間の内面を問題にしたら、どういうことになるか。これは異端の立場なのである。ついに形でしか判定できないのであって、これが正統の立場なのである。望みうべくんば形が心を定めんことを。これがカトリックの立場である。

問題は、だから、エロイーズの発言のこのくだりにあるのではない。このかの女の正統の信仰告白が、いったいだれにあてられているかということが問題なのであって、明らかであろう、あてさきは、かの女の唯一者、ピエール・アベラールその人なのである。第四書簡の最後のくだりに、かの女はなおもむなしくかきくどき、かの女の手紙文の一般的トーンを明かす。

「わたしは、これまで、どんなときでも、神はご存知です、神の怒りにふれることよりも、あなたをお怒らせすることを怖れてまいりました。神ではなく、あなたのお気に召すようつとめてまいりました。法衣をつけたのは、あなたのご命令があったればこそ、神への愛からではございませんでした。将来になんら報酬のあてもなく、ここパラクレーの生活にひたすら耐えねばならぬとしたら、おお、なんと不幸な生活を、だれにもましてみじめな生活を送らねばならぬことになるか、まあ、お考えになってもみて下さい。長いあいだ、あなたは、ほかの人たち同様、わたしの擬態にだまされ、偽善を信心とおとりちがえなさっていらっしゃいました。だから、あなたは、わたしどもの祈りにご自身を托され、わたしがあなたに期待するものを、逆にわたしに要求なさっていらっしゃる。どうぞ、おねがいです、わたしをそんなに買いかぶらないで下さい。わたしのために祈って、わたしを助けて下さい。あれはなおっているとお思いにならないで、あなたのお薬の恩恵にあずからせて下さい……」

興味ぶかいのは、このエロイーズの立場に対するピエールの対応ぶりである。数か月後、エロイーズのもとにとどいたピエールの手紙、書簡集では第五書簡を、どうぞ畠中氏の訳でなりとお読みいただきたいのだが、ピエールは、その形と心の問題に立ち入ることを注意ぶかく避けている。大方のアベラール論の説くごとく、アベラールの倫理学の基本は、徳は行為にではなく心にかかわるというのであって、エロイーズのがむしゃらな発言は、ピエールのまゆをひそめさせるに十分であったはずである。

じつのところ、そのエロイーズ自身、重ねてのピエールへの返書、書簡集では第六書簡において、第四書簡での提案とはまったく逆の立場に立って、神意にかなうか否かは、行為ではなく心で判定されると書き記しているのであって、いったいこれはいかなるわけか。

もつれた糸玉を解きほぐすように、わたしは書簡集を読み、考えあぐねては読み返し、導きの糸をたどって、迷宮の外に出ようとする。

パラクレーの秋

いままたパラクレーの地に秋色深く、窓外の景色は季節の暦絵を描く。新造の僧院を押しつつむ原生の叢林の山ぶどうの葉群れ、木蔦《きづた》の茂みの原色の黄紅色を背景に、わずかに囲った牧草地で立ち働く尼僧たちの暗褐色の形姿を視界のすみにとめながら、エロイーズは鵞ペンを宙に迷わせている。

すでに心は決めている。書くべき言葉も、すでに選んである。あとは、ただ書くだけである。ちょっとのあいだ、時を遅らせてみているだけである。この一刻の未練を味わい識っておこうと、自分自身に甘えてみているだけのことである。

「わが主へ、別してただひとり、あなたのものであるもの。

なにごとにつけても、あなたから不従順の譏りを受けることのないように、口をついて出ればもう押えることの困難な、いいえ、とてもできそうにもないわが苦悩の訴えも、こうして手紙を書くときには、せめて表現を柔らげるようにいたしましょう、限りないわたしの苦悩の言葉に、あなたの禁止命令が下されたのですから。ほんとうに、心ほど扱いかねるものはございません。

心に対して命令するなんて、とてもだめ。ただ服従することを強いられます。ですから、ひとたび心が動いて、わたしどもを刺戟いたしますと、もうその突然の衝動を押しとどめることのできる人はおりません。それは即座に心を破り言葉となって奔出します。心の情動は言語をもっているのです。聖書にいう、心から溢れ出ることを口は言う、と。ですから、口で話せば、押えることはできそうにありません。せめては、書くことを控えるよう、手に命じましょう。ああ、わが苦悩の心も、書く手と同様、わたしの命令をきいてくれますならば！」

ここまでであった。そのあとに続く文章は、信仰のこと、修道規則のこと以外は語らないのである。さらば、わたしのすべての御方、そう、エロイーズはつぶやいたことであったろう。いまは、ただ口惜しい。心から出た言葉に、心からではない、どこか上の空から出た言葉を返されて、悲しい。アベラールからの手紙は机上にある。どういうものか、端正な筆跡に、飾り文字なども適当にあしらって、上質の羊皮紙を使っている。そのまま公表されても恥ずかしくはないほどだ。そのことさえも、いまはただうとましい。

かの女は、いま、ようやくふっきれたと思う。離別の機会がいま熟したと悟っている。口から出る言葉は押えようにもないが、せめて手紙では心を押えましょう。そう書いたとき、すでにかの女は心を押えていたのである。いや、むしろ、そのとき、かの女の心はもはや動いていなかったのである。

かの女は、はじめて、そう、正確にものをいって、第二書簡、第四書簡と書き綴ってきたかの女は、いまここに、第六書簡において、はじめてレトリックを使ったのであった、ふつうにいうレトリック、すなわち上の空の言葉使いを。

「あなたの心中も、お書きになったとおりであってくれればよいが！」

三十路の坂にかかったばかりの尼僧院長の、まだ若さの残るふっくらした頬からおとがいにかけて涙が一筋、走る。切れ長の目をいっぱいに見開いて、折れよとばかりに筆をにぎりしめ、首をまっすぐに立てて背筋を伸ばした姿形は、あふれ出ようとする涙を押えようとしてのものとご了解ねがいたい。

汚いぞ、ピエール。わざと乱暴にものをいってみる。わたしはあなたの賞讃に値しない。それどころか、心は情念に燃えさかっている。血を吐く想いのこの告白に、エロイーズの「すべての御方」アベラールは、こう懐疑の言葉を投げつけてきたのである。謙譲はしばしばみせかけのものだと、アベラールは、聖ヒエロニムスやヴェルギリウスの詩句などをひいて、しきりにあげつらっている。

もちろん、こうわたしがいうのは、それが世間にざらにみられるからで、なにもあなたがそうだというのではない。あなたの謙譲が偽りのものでないことをわたしは疑わぬ。ただ、人に誤解を与えぬよう、いたずらに賞讃をしりぞけるような言説は避けたがよかろう。もっともわたしの賞讃は、あなたの信仰の深さの証明にはならないのだから、慢心しないように。敵の非難があまりあてにならないと同様、味方の賞讃も……。

もう、やめて！　エロイーズは蒼白の顔をはげしく振る。アベラールの手紙の文章を、記憶の外に振り捨てようとするかのように。わたしはなんのためにあのお方に手紙を書いたのだろう。そういう言葉が、いまかの女の口をついて出てもよかったはずである。だれが敵なものか、味方なものか。あのお方は、わたしの手紙を読んで下さってはいない。そう悟ったとき、尼僧院長は、荒野にひとり立っていた。

V　時代の典型

彼等は深い不在《アブサンス》のなかに溶暗し、
赭《あか》い粘土は白い亡霊を吸ひ取り、
生の恵みは花々のなかに移つてゐる！
いまは亡き人々の、親しい云ひまはし、
特異な伎倆《わざ》、非凡な魂はどこにあるのか、
かつて涙の作られてゐた処に、いま蠐螬《ぢむし》が這ひ摺りまはつてゐる。

擽《くすぐ》られた娘等の癇《かん》高い笑ひ声、
その眼、その歯、濡れた瞼、
情炎に燃えて戯れる婀娜《あだ》な乳房、
受け返す口唇に光る血潮、
世にこの上もない美点、これを覆ひ守る指、すべては地下に埋つて、再びはかない賭けごとを始める！
（ポオル・ヴァレリイ『海辺の墓地』から。菱山修三訳『魅惑』所収、昭和十六年刊、青磁社）

パラクレーに還る

築地が道に沿ってのび、道なりに曲がって視界から消えるあたり、ゆるやかな丘状の斜面に、けしの紅花の群落で縁取りされた小麦畑。かつては茨野を割って押し流していたはずのアルデュゾンの流れも、いまは優しいプラタナスの木立に抱かれて、初夏の緑野に柔らかく歌う。切妻屋根に四角い鐘塔。村の教会堂の後背に、はろばろと田野、そして森の島。

もとよりパラクレー尼僧院は、その跡だにもない。だが束ねられた時の襞《ひだ》が、風景を近しいものと錯覚させる。そこで、かの女らは風景のなかに静かに立ち上がり、いまはたしかな賭けごとをはじめる。わたしとしては、このばあい、かの女ら尼僧院長と尼僧団とに祝福の手技を贈与するクリュニー修道院長尊者ピエールを、この永遠の風景のなかに登場せしめるべきであろう。

「袖は人差指の半分を隠す長さの」、裾は踵までとどく黒褐色の修道衣（フロクス）の一団が、案内を乞うて、クリュニー修道院長ピエールの名を告げたのは、一一四三年十一月十六日のことであった。出迎えたエロイーズに対して、ピエールが親しく語るには、御要請に応じて、御夫君ピエール修道士の御遺骸をお運びいたしました、主の御影に、ここパラクレーの地に永遠に憩われんことを、と。

尊師ピエールよ、たしかにお受け取りいたします、御配慮のこと、厚く御礼申上げますと、四十の坂を越したエロイーズの応答の声音は静かに低く、暗褐色の僧衣の胸に、五本の指の腹と腹とをくっつけて、玉を抱く形を作った両の掌は、いささかの震えもみせてはいなかった。
そう、あなたはやっと帰っていらっした。尊者ピエールの唱詠する鎮魂のミサをききながら、尼僧院長は想いを夫ピエールに向ける。たいそう暴れなさったそうですけれど、いったい今度はなんのまね？　小さな箱に納まって、おとなしいこと。あえかな微笑が尼僧院長の面を走る。切れ長の目尻のしわは刻み深く、頬の血の色は沈んで、張りを失った肌は灰色にくすむ。
荒野の堂守りの暮らしは、小娘エロイーズにかなりの仕打ちをしたようだ。この手の荒れようはどうだろう。世にこの上もない美点、これを覆い守る指はどこへいったか。尊者ピエールは、助祭の役を勤める尼僧院長に好奇の視線を走らせる。

「おわかりいただきたい、イエス・キリストにおいて、わたしがあなたに抱きつづけてきた愛情が、わたしの心のなかにどのような位置を占めているかを。この愛情は、いまにはじまるものではないのです。はるか遠くわが記憶の果てにまでさかのぼるのです。」

ピエール・アベラールの死後、尊者ピエール自身筆をとってエロイーズに書き送った慰安の手紙の一節である。尊者ピエールは、エロイーズそのひとのことについて、むしろ紙数を多く割いている。この文章を、文字通りレトリックとしか読めない人は心貧しい。おそらく尊者ピエールがこの文書を書き綴っていたころ、トルバドゥール、ジョフレ・リュデルが「遠い恋」の詩作法を開発したという、事態のこの照応を、どうぞご想起ねがいたい。時代のメンタリティこそ、さまざまなエクリチュール（書きもの）の同族性の保証なのである。

もうひとりのピエール——クリューニー修道院長

クリューニー修道院長ピエール、俗名ピエール・モーリス・ド・モンボワシエは、オーヴェルニュのモンボワシエの領主の家系に生まれた。クリューニー修道院第八代院長の職についた一一二二年、二十八歳と証言されていて、一〇九四年ごろの生まれと推定される。モンボワシエの家系はクリューニーの大先代院長ユーグとつながっていて、ピエールからみればユーグは大おじにあたる。ピエールは、十六歳にして、クリューニー会派修道院ソーシランジュに、身分は俗人のまま学生として入り、のち、大おじの前で修道誓願を立てて、長兄のポンティウス（ポンス）のいるヴェズレー修道院の修道士となった。長兄はまもなくヴェズレーの院長となり、ピエールはそこの副長、次いでドメーヌ修道院副長の要職を歴任して、一一二二年、クリューニー修道院長ポンスが、修道院経営の乱脈ぶりを糾弾されて職を解かれたのち、第八代院長に選挙されたのである。

ピエールの兄弟は七人いたが、長兄とピエールにつづいて、ヨルダーヌス、アルマヌスのふたりもまた修道士になり、ヘラクリウスは教区付聖職者の道を選び、のち、リヨン大司教となった。残る三人のうち、オットーは若くして死んだが、ディスートゥスと末弟のエウスタキウスが、やっと家職を継いで、騎士身分を保持した。ピエール・アベラールの家族のばあいを想起させるではないか。じっさい、この時代、聖職身分と騎士身分は、いまだ融けあっていたのである。アベラール、尊者ピエールと並び立つ当代の知性、聖ベルナールの家系のばあいは、もっとラディカルであった。かれの家系もまた、これはブルゴーニュのクレールヴォーの領主の家系だが、かれを含む兄弟三人が三人とも、教会人となる道を選んでしまったのである。

「はるか遠く、わが記憶の果て」とは、クリューニーに入る直前、二十五、六歳の若者であったころのことか。パリの大教師ペトルス・アバエラルドゥスと少女エロイーズの「情事」の噂がブルゴーニュの修道院にすなどられ、若者の情感をくすぐる。それとも、十年ほども前のこと、クリューニー修道院教会堂の改築工事が完了して、ひとつの課題に答えを出したピエールが、次の大仕事にとりかかろうと力を溜めつつあったころ、サン・ドニのシュジェーからの回文でもあったか、図らずもエロイーズの手紙文を読む機会があった。その折の印象が「遠い恋」へと結晶したか。

修道院教会堂の修復工事は、ピエールの最初の仕事であり、ピエールにクリューニーⅢの完工者という栄誉を与える機会となった。クリューニーⅢ、すなわち第三代目のクリューニー修道院教会堂という意味である。というのは、十世紀はじめ、ここグローヌ渓谷の盆地に、アキテーヌ侯ギレム、その実体はオーヴェルニュの伯が寄進建立した修道院、これをクリューニーⅠというが、これは木造のつつましいものであった。

やがて第三代修道院長マユールの代、教会堂は石造りに変わり、これをクリューニーⅡと呼ぶ。九八一年に献堂され、全長五五メートル、身廊の幅七メートル、高さ四・六メートル。次代オディロン・ド・メルクールは、修道士たちの居住する建物がまだ木造だったのを石造りに変え、とりわけ回廊に大理石の装飾列柱を配した。「わたしがここにきたとき、僧堂はまだ木造だった。わたしは大理石造りの僧堂を残す」と、オディロンはいばっている。

やがて、オディロンを継いだ聖ユーグの代、クリュニーⅡの北側に敷地を求めて、クリュニーⅢの造営工事が、この山間の地をふたたび賑わせることになった。一〇八八年のことである。アメリカ人の建築史学者キニース・ジョン・コナントが描いた「在りし日のクリュニー修道院全景の想像復元模型図」（図17）に完成時のクリュニーⅢの偉容をご覧いただこう。

フランシュ・コンテのジュラ山中、ロンス・ル・ソーニエの東にボーム修道院跡がある。十世紀のはじめ、そこから巣離れした数人の修道士が、シャロン・シュル・ソーヌのすこし下流で西から合流するグローヌ川を詰めたところにクリュニー修道院を建てた。ボームはクリュニーの母であるといわれたが、十一世紀以降、娘が母を追い越した。それでも母であるという自覚は消えず、娘の面倒を見たがるわけで、やがてクリュニー修道院長ユーグの代、ボームから来た修道士グンゾがもっともっと大きな教会堂を建てましょうとユーグに提案したのがクリュニーⅢの計画が持ち上がったきっかけだったと、尊者ピエールの著述『奇蹟について』が伝えているのはおもしろい。グンゾは元ボーム修道院長だったとする本もあるが、別の本に掲載されている「歴代ボーム修道院長表」にその名はない。

その「グンゾの奇蹟」を描いた尊者ピエールの著述の写本の挿図を「挿図集」の「図18−a、b」に載せた。クリュニーⅢの唯一の遺構である「南袖廊の塔」をさまざまな視角からとらえた写真を「図19、20、21」に載せた。また、コナントが描いた、想像の内にクリュニーⅢの身廊内部を後陣に向かって見通すスケッチ画を「図22」に載せた。どうぞご覧ください。

一〇九五年、まず内陣部が姿を現わし、法王ウルバヌスが献堂式を執行した。一一〇九年、聖ユーグ死去の時点で、身廊部の柱間（トラヴェ）十一のうち、西正面入口寄りの六個を残すのみであった。身廊部の工事は、次代院長ポンス・ド・メルギュイユの手で続けられ、一一一三年に一応完成したとみられる。ところが、一一二五年、身廊が崩壊した。穹窿《きゅうりゅう》架構に問題があったのである。この時点で、すでにポンスに代わって修道院長に就任していた少壮のピエールの差配の下に、新たに建築現場《シャンチェ》が設営された。

石工集団――自由石の親方

自由石の親方たちがふたたび召集され、モルヴァン山地がボーヌのあたりでソーヌ渓谷に崩れ落ちる斜面、コート・ドールから切り出した石材を積んで、艀《はしけ》の船団がソーヌを下り、シャロンをすぎて、グローヌの流れをさかのぼった。

コート・ドール、すなわち黄金丘陵、ブルゴーニュのぶどう酒の母なる土地のボーヌとニュイ・サンジョルジュのあいだのコンブランシャンは、古来、石材の産出地として知られ、このあたりに産する大理石まがいの良質の石を、コンブランシャンの石と呼んで珍重する。クリューニーⅢに多用された石材がこれだが、クリューニーから西にシャロレー山地を越せば、そこはもうロワールの上流で、少し下流に下ればヌヴェールに出る。

このあたり、モルヴァン山地がロワールの渓谷に向かって崩れ落ちる山の斜面、ニーヴェルネ、ここもまた良質の石材を産する。さらにロワールを下って、オルレアンのすこし手前、サン・ブノワ修道院、古名フルーリ修道院の院長ゴーズランが「ガリア全土にわたって手本となる作品」たる教会堂を建てようと建築現場を構えたとき、遠くロワールに艀を浮かべて運ばせたのが、ここの切石であった。

ゴーズランは十一世紀初頭の修道院長だが、かれの事業は途中で潰《つい》え、やがて一〇六七年から八〇年にかけて修道院長であったギヨームの手で再興されることになる。建築現場設営はクリューニーⅢよりも早かったのである。ここで注目すべきは正面玄関の結構であって、その中央アーチ左側の柱の柱頭には、ローマン・ガリア時代の装飾文様の復活をおもわせて、アーカンサス葉文が重厚に肉付けされているのだが、そこに「ウンベルトゥス、これを作る」と刻文が読みとれる。

ウンベルトゥスは自由石の親方である。ロマネスクの自由石の親方が署名を残した、これは数少ない証例のひとつなのである。証例の少なさが、むしろわたしたちの想像力を刺戟する。なるほど、たとえばブルゴーニュのオータン聖堂の西正面玄関アーチ上部の半円型壁面（タンパン）や、堂内の柱頭の梯形のスペースに浮彫りを刻んだ、これはアベラールとほとんど同世代の石工は、ギスベルトゥスと署名を残した。葉脈の様式美もみごとな植物紋様が、裸身のエヴァの豊かな肉付の、なんともこれは写実的な女体にからむ、正面玄関上部楣石《まぐさいし》浮彫りも、おそらくギスベルトゥス親方の仕事であったろう。なるほどギスベルトゥスとかウンベルトゥスとか、そういった名前も残されてはいる。けれども、クリューニーⅢの現場の主役たちは名を残さなかった。伽藍の結構そのものが、柱頭装飾の浮彫りの、たがねの跡の一筋一筋が、かれらの署名であった。

町の石工（メートル・マソン）と区別されて、自由石の親方（メートル・マソン・ド・フランシュ・

ペール）と呼ばれる渡り職人の石工集団が、当時ヨーロッパ各地の教会堂や城の建築現場を渡り歩いていた。この「自由石」といういいまわしについては、従来定説はない。わたしは、これは石材に対する権利関係を示すいいまわしではないかと考える。寺社王侯の差配する石材は、町の石工たちの扱う石材とはちがう、自由な石なのである。自由なという形容は賦課税免除の意味で使われることがあった。

かれら自由石の親方は、だから町の石工とは身分がちがう。このばあい、ものがひとの身分を規定したのである。ところが、ひとたび身分集団が定立するや、自由なという形容がひとに対してのものと観念されるにいたる。かれらはやがてフリーメースン（フランス語でフラン・マソン）、すなわち自由石工と呼ばれるようになったのである。この語法は十五世紀に固まったと推定される。

ちなみに、それではメースンあるいはマソンという語はといえば、ドイツ語のメッツの訛音《かおん》だという。ドイツ語でもシュタインメッツ、すなわち石切りという複合語にしか残っていない。ついでだが、フランス北東の町メスは、ドイツ語ふうに読めばメッツ、すなわち石工の町ということになる。

建築の思想と技術の持主がヨーロッパに遍在したといおうか、クリューニーⅢの尖頭アーチの工夫はかれらの創意に出るものであった。クリューニーⅢは、身廊柱間のアーケードを高くとり、その上に小アーチ列（トリフォリウム）と高窓を重ねている。高窓、トリフォリウム、大アーチと、身廊の側壁は大きく切りぬかれて、屋根組みの重量を支える力はそれだけ減じられることになる。石の穹窿の重量が横向きに働く力（横圧力）を支えるための新たな工夫が必要であった。屋根組みの穹窿を尖頭型にしたのはそのためであったと考えられる。

この尖頭アーチの工夫は、これまたクリューニーⅢの側廊の屋根組みにはじめて試みられた交叉穹窿の工夫とあわせて、ゴシック建築のいわゆる尖頭交叉穹窿として完成されるのだが、それはともかく、この工夫は、実際のところ、期待どおりには働かなかったらしい。だから一一二五年、その一部が崩壊したのである、そこで、尊者ピエールの自由石の親方たちは、身廊構造を外側から支えることを考えた。いわゆる扶壁《ふへき》であって、これまたゴシック建築の飛梁《ひりょう》（フライング・バットレス）の原型である。

いってみればつっかい棒だが、仕上がってみると、これが意外な効果を発揮した。単調なバシリカ会堂形式の教会堂に、あたかも艦船にも似た外観を添えたのである。満艦飾の船に似たといおうか。やがてゴシック教会堂の展開する外観を、クリューニーⅢはすでに予告している。クリューニーⅢは偉大な実験であった。

修復工事のほぼ完了した一一三〇年、尊者ピエールは、教会堂を聖パウロと聖ペテロの名において聖別する儀式を執行した。サン・ドニ修道院長シュジェーもこれに列席したが、このことは、やがてシュジェーがサン・ドニ修道院教会堂の後陣部と西正面玄関寄りの身廊部の建て直し工事をはじめたことを考えあわせるとき、たいへん示唆に富んでいる。シュジェーの工事は、いわゆるゴシック建築の作例の最初とされるのである。

黒と白の対立

クリューニーⅢのロマネスクな実験、これはもちろん言葉の遊びで、まじめにいえばロマネスク建築における実験ということだが、これが進行しつつあった時期に、ちょうどピエール・アベラールのスコラ学が形成されたという事の次第は、たいへん印象ぶかいものがある。建築と思想は、同時代性という極印を帯びる。アベラールはロマネスクな人であり（またしても言葉の遊び！）、ロマネスクの最後の輝きに映えて、その孤独な遊戯を披露する。

アベラールは自分の現場をどこに求めたのだろうか。鎮魂のミサに唱和するエロイーズの声を耳朶に遠くとらえながら、尊者ピエールは想う。サン・ドニ、サン・ジルダス、サント・ジュヌヴィエーヴ。かれの赴く先々に争いと不和があった。けっきょくかれは騎士の出なのだ。戦士の伎倆を誇って名乗りをあげる。この騎士の作法は、かれのばあい生得のものだった。知識と知力においてだれにも負けない。この自負こそが、かれの傲慢の根であり、かれの不幸の核心であった。

サン・ドニの修道士たち、パリの教師たちは、はじめからかれの戦い相手以外のものではなかった。ともに現場を構え、協働の作法をふまえて教会堂を構築する。あえて無名の名を誇りとして身に帯する。この喜びをかれは知らなかった。

「あなたも知ってのとおり」と、尊者ピエールは言葉を継ぐ。ここは尼僧院長エロイーズの居室。トロワの織布職人組合から贈られた壁掛けが、春の森の気配をただよわす。壁のくぼみ（壁龕《へきがん》）に聖母マリアの小像。窓ぎわの小机に桔梗が一輪。壁ぎわの質素な造りの寝台。ピエール・アベラールの遺骸を礼拝堂に安置したのち、みずから希望してエロイーズの居室に案内させた尊者ピエールであった。

「あなたも知ってのとおり、メートル・ピエールは、サン・ジルダスの院長職を辞してパリにもどり、サント・ジュヌヴィエーヴ修道院構内の学校に立ちかえられた。修道誓願を立てたもののかくも身勝手な振舞いと非難の声も高かったが、だからといって、このたびの騒動は、そのことが原因ではなかった。アルデンヌのシニイ修道院のギヨームどのが、メートル・ピエールの学説に疑義ありと、クレールヴォーのベルナールどの、シャルトルの司教ジョフロワ・ド・レーヴ御両所にあてた手紙が事の発端であった。シニイのギヨームどののことは、わたしもよく知っている。もとサン・ティエリーの修道士で、十年ほど前、シトー会派に共鳴して、白衣をつけ、シニイに移られた。立派な御方だ。」

意志的に張られたピエールの眉毛のあたりに、心なしか生じた曇りは、寝台の端に腰をかけ、両手を膝の上に、うつむきかげんに賓客の発言に傾聴しているエロイーズの気付くところではなかった。一一一九年、法王庁の設立認可のおりたシトー派修道会の事実上の指導者、クレールヴォーの修道院長ベルナールとピエール自身との激しい対立抗争、いうところの黒と白の対決の渦中にあるだけに、ピエールの心中にはいささか穏やかならざるものがある。

黒と白とは修道服の色のことである。黒はクリュニー会派、ということはベネディクト修道会伝統の色。これに対して、あえて白を採用したのがシトー会派であった。黒といっても黒色に染めたものではない。亜麻地の生の色そのままでなければならず、黒に近い褐色ということだ。白についてもそれは同様で、十四世紀のヴィエンヌ公会議は、その意味において黒、褐色、白の三色をもって修道衣の色と定めたのである。

だから、尊者ピエールが「おお、腐敗せる聖職者のただなかに沈み、ひとりよしとする修道士らよ、汝らは傲慢にも、不遜なる色の衣服を身につけている。ひとり際立《きわだ》つことを望んで、黒の修道服《フロック》のただなかに白の修道服《クール》をつけている」と、クレールヴォーのベルナールを非難しているのは、これはいささか不当な非難というべきか。

衣服の奢りに対する批判においては、むしろベルナールの方こそ特筆すべきであって、かれはいう。「修道服を求めて町に出、市を訪ね、店という店を渡り歩き、あれでもないこれでもないと布地の山をひっかきまわし、指で感触をたしかめ、陽光にすかして調べようと目でなでまわし、いくらしようがかまわず、上質の織物、明るい色調の布地を買い求める。おききしますが、いったいそんな振舞いは、好みの繊細さからですか、それとも、それほどあなたがたは単純だってことですか?」

修道衣の白に同調させて、シトー会派の修道院は、一切の装飾を排し、純白の壁の簡素を尊んだ。クリュニーⅢの身廊柱の柱頭に壮麗な彫刻を刻ませたピエールとしては、なにか神経をさかなでされる感が深かったにちがいない。教会堂は美しく飾られなければならない。これがクリュニー会派の思想であって、ほとんど言葉はいらない、ガロンヌ河畔のモワサック修道院が、いまなおこの思想の絵を残している。

教会の分裂

対立法王アナクレトゥス二世の問題も、また、ピエールの心にわだかまりを残すものであった。ホノリウス二世が一一三〇年二月に死去するや、枢機卿団の一部は、その夜のうちにローマの有力な一門パパレスキ家のグレゴリオを法王に選挙し、これがイノケンティウス二世を称した。その背後には、ホノリウス二世を出した権門フランジパーニ一族がひかえていたのである。ところが、これは少数派の勇み足であって、枢機卿団の多数派は、ローマ市民多数の支持を得て、当時フランジパーニと並び立つ豪族ピエルレオーニのピエトロを法王に選出したのである。アナクレトゥス二世である。イノケンティウス二世の立場は失われ、かれはフランスに亡命した。

イノケンティウスの立場の回復を図ったのが、クレールヴォーのベルナールであった。九月、エタンプで開かれたフランスの教会会議において、かれはイノケンティウスの立場を擁護し、翌年早々、イノケンティウスとイングランド王ヘンリ一世とのシャルトルにおける会見を斡旋した。ドイツにおいてベルナールの役割を演じたのが、ベルナールの盟友マグデブルク大司教ノルベルトであった。かれは大司教座につく以前、一一二〇年、シトー会派に範を仰いだプレモントレ教団を設立している。一一三〇年十月、ヴュルツブルクで開かれたドイツの教会会議において、ノルベルトは、イノケンティウスの立場の正当性を説いた。

翌三一年初頭、イノケンティウスは、ノルベルトの仲介によって、リエージュにおいて、ドイツ国王ロタールと会同し、アナクレトゥス追討の軍をおこすよう要請し、ロタールはこれを容れて、一一三二年夏以降イタリアに兵をいれ、三三年初夏、ローマを制圧して、ラテラン宮において、イノケンティウスの手からローマ皇帝の冠をうけたのである。イノケンティウスは、ロタールの尽力に対する礼として、トスカナ女伯マティルダの旧領をかれに与えた。ところが、アナクレトゥスは、両シチリア王ロジェ二世と結んで、ローマのヴァチカン宮に健在で、イノケンティウスは、ふたたびピサに逃げた。

こうして、紛争は、一一三八年初頭、アナクレトゥスが死去するまで解決をみず、そのあとを継いだヴィクトール四世がわずか二か月後に身をひいたあと、翌三九年四月、ラテラン宮に開かれた第二回ラテラン公会議で、この問題の決着が図られることになった。

公会議はイノケンティウスの主催によるものであったが、その席上においても、また後代の教会法学者の議論においても、いったいこのふたりの法王候補者のうち、どちらが適法かの結論は出なかったし、現在でも出てはいない。ベルナール・ド・クレールヴォーの選択は、徳性論の土俵に立つものでしかなく、いまやローマ皇帝であるドイツ王ロタール三世の支持も、つまりは立場のひとつの選択でしかなかったのである。公会議には西方キリスト教会の司教五百人が参集し、会議は総会とみずから称した。西方キリスト教会の総意によるイノケンティウスの立場の合法化。ここにアナクレトゥスは対立法王の卑称を冠せられることになったのである。

アナクレトゥスは、以前クリューニーの修道士であった。アナクレトゥスの立場の喪失は、クリューニー修道院長ピエールに心の痛みを覚えさせずにはおかなかった。くわえて、ピエールの先代院長ポンス（厳密にいえば先々代。というのは、ポンスのあと、わずか三か月間ではあったが、もうひとり修道院長が立っていたから）の不祥事があった。この人物は、クリューニー修道院を規律の乱脈と財政の危機に陥れた責任を問われて職を退き、聖地巡礼の旅へのぼったのだったが、いつのまにやら舞いもどっていて、一一二四年、ピエールがアキテーヌのクリューニー会派修道院歴訪の旅に出ているすきをねらって、傭兵を使ってクリューニーを占拠し、数か月のあいだ、テロリズムを展開したのであった。ピエールは、これに対して、なんら手を打たなかった。

後代はこれを、尊者ピエールの平和思想のあらわれと評するが、さて、どんなものか。やりきれなかった。ピエールの心中を察すればそういうことであったのではないか。クリューニー修道会の名誉が音を立てて崩れ落ちてゆく光景を、ピエールはみていたのかも知れない。教会紀律の刷新と典礼遵守の回復を旗印にかかげて創始された修道会が、いま、逆にそれを問われている。半世紀前の聖職叙任権闘争に、あるべき秩序をとりもどした教会は、いまやむしろクリューニーを糾弾する立場を固めている。この年法王に就任したホノリウス二世は、この情報に接するや、ためらうことなく、ポンスとその一党を破門に処した。ピエールは、むしろ破門の刃をわれとわが胸に受ける痛みを感じたことであったろう。

ユーグ聖人の科木

「聖三位一体に位階を想定し、主の尊厳の量を測り、主の永遠に数をあてる、そうベルナールどのはアベラールどのを非難された。聖三位一体を理性で釈明しようとするアベラールどのの目論見は不遜であり、冒瀆であるとシニイのギヨームどのは判断され、ベルナールどのもその判断を支持されたのです。」

エロイーズは、頭をゆらりともたげ、歌うようにいう。

「ベルナールさまは、わたしどものところへおいでになられました。ただただ聖母の御生涯のことをのみ、それはそれは楽しげにお話しになられました。」

「信仰のことは心で知れ。それがあの人の思想のすべてだ。あの御仁は信仰を愛している。」

「それがいけませんこと?」

「わたしはそれを理解しようと思う。いや、ベルナールどのの立場を、です。」

「そして、わたしのピエールは理解できなかった。」

「そうです、エロイーズどの。たぶん、あなたを理解できなかったと同様に。」

「おやまあ、クリュニーの修道院長さま、なんとお気軽なもののおっしゃりよう!」

「いや、わたしは言葉をもてあそんでいるのではない。愛の知識は、ついに理知力では推し量れないのです。そこまですると、理知力は方途を見失い、知識の荒野にあてどもなくさまよいます。」

エロイーズは、ひっそりと顔を伏せ、身じろぎもしない。晩秋の宵闇がしだいに室内を浸し、壁龕の聖母子像は、溶暗の気配のなかに、かすかに黄金のきらめきを増す。

「そう、行き暮れた旅人という印象でした。三年前の夏六月、アベラールどのはクリュニーに参られた。どこから参られ、どこへ赴こうとか。型通りの問いかけに、かれはこれこれこうと答えたと、客人係のものが気ぜわしげに報告するのをきき流して、わたしは、アベラールどのを中庭に案内するよう、申しつけたことでした。ユーグ聖人の植えられた科木《しなのき》の下葉の蔭に涼風が吹きとおって、わたしはよくそこに椅子をもち出して、読書に時をすごすのです。

旅装のままのアベラールどののものいいたげなまなざしにはかまわず、わたしはその科木の由来を語り、ちょうどその場所から教会堂の身廊がみわたせる、その身廊の修復工事のことなど、おきかせした。楽しげに、とアベラールどのは印象をもったことでしょう。そう、楽しく、わたしは語りました。アベラールどののことはなにもたずねなかった。なぜにまた、アベラールどのは討論会を提案なさったのか。どうしてまた、アベラールどのは、折角の機会を与えられながら、サントの教会会議で答弁を拒否されたか。答弁を拒み、法王への上訴を宣言されたのか。なぜにまた、アベラールどのは、ベルナールどのとの対決を忌避されたか。わたしはなにもたずねませんでした。ただひたすらにわたし自身の仕事のことをおきかせ申した。

なぜにまた、不肖ピエールは、クリューニーの伽藍のことに、かくも執念を抱くのか。なぜにまた、シトー会派にもあえて学び、その修道戒律の一部を容れて、クリューニー会派の紀律刷新に役立たせようとするのか。なぜにまた、東方教会の典礼に学んで、キリスト変容の祝日（八月六日）の礼式を定めるにおよんだか。なぜにまた、いま、イスラム教徒の律法コラーンのラテン訳をすすめようと考えるにいたったか。」

年若の修道女が手燭を手に入室し、机上の油壷に点火する。言葉を途切らせて、その様子を見守るピエールの顔は、燈火に下から照らされて陰影深く、小肥りの頬に生気をみなぎらせている。院主の耳になにごとかささやいて尼僧の立ち去ったあと、ものいいたげなエロイーズを、手の合図で押えて、ピエールはなお言葉を継ぐ。

「いいや、もうすこしきいていただこう。これはアベラールどのに対するわが贖罪なのだ。わたしはあえてアベラールどのを無視した。アベラールどのの言い分をきき、アベラールどのの苦悩を身をもってわかちあおうとはせず、わたしはただひたすらに自分のことのみをいいつのった。なぜアベラールどのがクリューニーにそのまま腰を落ちつける気におなりになったか、わたしは知らぬ。わたしは、ただ、ユーグ聖人の科木の下で、しゃべりたいだけしゃべって、そのまま立ち去った。アベラールどのは、なにか呆然とした面持ちであった。その後、わたしはとりたてて会おうとはせず、さりとてあえて避けようともしなかった。会えば世間噺をした。アベラールどのが客身分ということでクリュニーに滞在する決意を固められたときいて、わたしは、そのむね、イノケンティウス法王に手紙を書いて報告しておいた。バール・シュール・セーヌのシトー会派修道院長ルイどのがみえられて、クレールヴォーのベルナールどのとの和解の可能性を示唆された。アベラールどのは、そのすすめに従われた。わたしは、そのむね、ふたたび法王に報告しておいた。アベラールどのは、月を追って日増しに寡黙になられた。好んで科木の根方に座り、黙想にふけっておいでのようであった。二年ののち、昨年の初頭、わたしはスペインへ旅立った。それ以前、わたしは、アベラールどのの健康のことを配慮して、ソーヌ河畔シャロンのサン・マルセルの僧院に移っていただいていた。四月の二十一日、アベラールどのが心穏やかに魂を主に召された折、わたしはアベラールどのから遠く離れていた。」

早口の述懐が不意に途切れた。両の掌を、玉を抱く印象的な形に作って、エロイーズは、ゆるやかにピエールにまなざしをおくり、「ペトルス・ヴェネラビリス」尊者ピエールと呼びかける。

「ペトルス・ヴェネラビリス、どうしてこう呼ばれていらっしゃるのか、わかりました。御院主さまは、たぐいまれな親和力をおもちです。さすがのピエールも心和みました。ありがとうございました。」

エロイーズの両の眼は一杯に涙をたたえ、燈火に映えて、いまにもこぼれんばかり。そのくせ深くしわの刻まれた切長の目尻は笑っている。なおもものいいたげなピエールを制して、かの女は、わざ

と乱暴に立ちあがってみせ、

「尊者ピエール、お腹がおすきでしょ。食堂へどうぞ。さっきの修道女は、そういいたかったのです、ごはんですよって。」

醒めた精神

尊者ピエールのスペイン旅行は、一一四二年初頭から翌四三年夏にかかったと推定される。したがって、パラクレー訪問が、通説にいう四二年秋ということはありえない。そのころ、かれは、おそらくまだスペイン北部にいた。ピエール自身、この旅行の目的は、スペインのクリューニー系修道院訪問としているが、最近の研究は、主目的はカスティーリャ王アルフォンソ七世との会見にあったとする。その祖父アルフォンソ六世によって設定された、クリューニー修道院に対する毎年の定額寄進が滞って、修道会の財政に支障をきたすにいたっていた。この件の調整が目的であったというのである。

リヨンからル・ピュイをぬけてモワサックに出、ガロンヌの支流に入ってピレネーを越え、ロンスヴォー、パンプローナとぬけて、ガリシアのコンポステラの聖ヨハネ寺院（サン・ジャック・デ・コンポステラ）に向かう。七月のはじめには、カスティーリャ王との会合の場を求めてサラマンカに向かい、カリオン・デ・ロス・コンデスのサン・ゾイル修道院、これは北スペインのクリューニー会派の拠点のひとつだが、そこにしばらく滞在した。

カスティーリャ王との会見の次第は不明だが、首尾は上々で、ブルゴス近くの大修道院サン・ペドロ・デ・カルデーニャがクリューニー会派に属することになった。これは、例の案件の解決として十分な成果であり、クリューニー修道院長はそのまま帰国してもよかったのだが、九月、いぜんかれはブルゴスにあり、その後、パンプローナにも滞在し、おそらくそのあたりで冬を越したのではないか。翌年五月、かれはオーヴェルニュのル・ピュイにあり、けっきょくクリューニー帰着は、その後になったのである。

尊者ピエールのスペイン旅行は、かれのいわゆる「コラーン翻訳」事業とからんでいる。ピエールの名を冠する、イスラム関係文書のラテン訳文献『トレド文集』というのがあり、これはほぼピエールのこの旅行の前後に成った仕事とみられる。ピエール自身はアラブ語を解さなかったので、これはピエール自身による仕事ではなく、かれの委嘱した複数の翻訳者による仕事であったが、ピエールは、パンプローナあるいはナヘラ滞在中、かれらとともにいたらしく、これはかれみずから証言しているところである。

「それ以外にも、わたしはアラブ語からラテン語へ、かの邪悪なる男の伝記と、かれがコラーンと呼んだ律法、これは天使ガブリエルによって天からかれのもとへもたらされたものと、あわれな民衆をして信ぜしめたしろものですが、これを訳出しました。翻訳者は、双方の言語に通じている、現在パンプローナの副司教であるイングランド人ロバート・オブ・ケットンと、文才鋭悧《えいり》な学者、ダルマティア出身のヘルマンです。わたしは、天文学の勉強をしているかれらに、スペインのエブロ川のほとりで会いました。そうして、多大の報酬を約束して、この仕事にひきいれたのです。」

この文章は、スペイン旅行から帰ってのち、「まだそれほどたたないうちに」、ベルナール・ド・クレールヴォーにあてた手紙の一節であって、「尊者ピエールの翻訳についての手紙」と呼ばれている。この書簡は、しかし、翻訳事業の自慢をしているわけのものではない。ピエールは、ベルナールに対して、イスラム教に対する批判を展開せよと暗に要求しているのである。異教徒駁論を書いてみろとけしかけているのである。

ピエールの心に去来しなかったであろうか、異教徒駁論を書ける力量のあった男、ピエール・アベラールはすでにいないという想いが。異教徒駁論はいずれわたしも書くつもりだと書きしるすとき、かれはアベラールを断罪したベルナールに対して批判の一矢をむくいていたのである。

愛の知識を説くベルナールが、やがて十字軍を唱道するとき（第二回パレスチナ十字軍）、キリストの剣は血にまみれるであろう。ピエールはイスラム理解の可能性を信じ、十字軍に参加しようと勇み立つカペ家のルイ七世に対し、「冷血の殺戮は神の望まぬところである」と警告を発する。

尊者ピエールの精神は醒めている。かれには聖ベルナールの狂熱も、アベラールの孤独もよくみえる。シュジェーのマキアヴェリズムも、かれにはお見通しだ。かれら時代の主役たちの作る舞台にあって、かれは脇役でしかない。脇役であって、観客であるとまでポーズを作ることは許されていない。かれは確信犯になりきれず、確信犯たちの振舞いのめりはりのきいた形態《アーティキュリト》に対して、いつもひけめを感ぜずにはいられない。

エロイーズは、このかれの心の悲しみに共感したのである。夫ピエールの人格がみえたとき、かの女にはシュジェーの立場も、ベルナールの狂信も、みえたにちがいない。夫ピエールへの愛から醒めたとき、かの女は尊者ピエールの来訪をすでにして予知しえたのである。

Ⅵ　パリの青春

無頼の詩人

そして時は茫々と流れて、十五世紀のなかごろ、ここはパリの町を貫流するセーヌ川の左岸である。フランソワ・ヴィヨンという無頼の詩人が住んでいた。かれは学生である。そう、かれ自身証言している。『形見分けの歌』と題する詩集の冒頭に、

　この年、四百と五拾六年、
おれはフランソワ・ヴィヨン、学生である

と自己紹介している。

たしかなところ、一四五六年に、かれはパリ大学人文学部の最終試験に合格している。なにを学んだか。ドナトゥスの文法書、アリストテレスの論理学、ボエティウスの哲学概論といった、これを総称して人文の学。これを前期に修めて、後期には自然学を学んだ。物理、数学、天文、心理・感覚・

記憶に関する諸学科である。かれはいずれ、大学で学んだ知識を、詩作に披露するであろう。

フランソワ・ヴィヨン、本名をモンコルビエという。ヴィヨンは、養い親ギヨーム・ド・ヴィヨンの姓である。フランソワはパリの生まれで、では、両親ともそうかというと、それがよくわかっていない。父親の家系は、ブールジュの南のムーランを中心とするロワール上流の地方をブルボネというが、そこに出たらしい。モンコルビエという家系がそこに根を張っていたが、この家門につながるのではないか。もうひとつの詩集『遺言の歌』二三節に詩人はこう歌う。

青春は行ってしまって、おれは残る、
分別に欠け、なんとまあ、知識まずしく、
悲しく、みじめで、桑の実より黒く、
地代家賃をとるでもなく、資産なく、
おれの一族でいっち端くれのやつさえが、
嘘なもんか、おれを知らんとやっきになる、
人間自然のつとめなんぞ、知ったことか、
なんせおれがすっかんぴんだというんで

「おれの一族でいっち端くれのやつ」とは、当時モンコルビエ本家の当主であったジラールという、身分は従騎士《エキュイエ》の男のことを暗示しているという説がある。それが当たっているとしても、しかし、フ

ランソワの父親が、はたして本家とのつきあいをもっていたかどうか。ブルボネを領したブルボン家は、もうずいぶんと以前、十四世紀後半に、ヴァロワ王家の当主シャルル五世の妻を出している。ジャンヌ・ド・ブルボンだが、そのジャンヌがパリに嫁入るとき、土地の人が大勢、ジャンヌについてパリに住みついたであろう。フランソワの家系の根は、その辺にさぐれそうである。

母に捧げるバラッド

フランソワの母親は？　詩人は母を愛することこの上なく、『遺言の歌』に、この上なく美しいバラッドを母に捧げていて、それはぜひともお読みいただきたい。まずは遺贈の詩行、八九節。

ひとーつ、おれのあわれな母親に遺す、
われらが女主人に捧げる祈りを、
母はおれのことでむごい苦しみを味わい、
神はご存じだ、多くの悲しみを知った、
あなたのほかに城はない、砦はない、
わが肉体と魂の逃れ隠れようにも、
不幸がわが身を襲うとき、聖母よ、
わが母はあなたを求める、あわれな女

そして、その遺贈するバラッドの第三連をお読みいただきたい。

わたくしまずしい女でございます、わたくし年老いた女でございます、
なにもわたくし存じませぬ、わたくし文字ひとつ読めませぬ、
お御堂《みどう》で絵を見ます、わたくしおまいりのたびごとに絵を見ます、
天国がえがかれております、竪琴が見えます琵琶が見えます、
こちら地獄の絵には、地獄に堕ちた人たちが煮られております、
これはわたくしをこわがらせ、あれは喜ばせます楽しませます、
喜びをわたくしにお与え、くださいませ見上げれば女神さま、
罪人はみなあなたさまに、おすがり申し上げねばなりませぬ、
罪人はみな信心にあつく、いつわることなくおこたることなく、
この信心にわたくしは生き、そうして死にとうございます

詩人の母の教区の教会堂は、セレスタン修道院の教会堂だったという。この修道院教会堂は、いまはない。いま、その跡は、セレスタン兵営となっている。バスチーユ広場からアンリ四世通りに入った左側の一角だが、そのままいけば、セレスタン河岸に出る。(図24-2)

このベネディクト会派修道院は、十四世紀中葉、ローマ法王ケレスティヌス五世の認可をうけて創建されたものだが、ヴァロワ王家のシャルル五世とその妻、さきほども話題に出たジャンヌ・ド・ブ

ルボンの勧進厚く、ジャンヌは、死後の姿をアラバスターの像に変えて、この僧堂の片すみの黒大理石の台座の上に、永遠の眠りについたという。

セレスタン修道院といえば、むしろまず想起されるのは、イングランド・ランカスター王家のフランス摂政ベドフォード侯の妻アンヌ・ド・ブルゴーニュの話である。かの女は、ブルゴーニュ侯家の当主フィリップ、あだなをお人よしの妹であって、侯家の対イングランド王家協調政策に、重要な役割を演じた女性であったが、一四三二年われらが学生詩人の生まれた年の翌年、二十八歳の若さでみまかった。かの女のことは、ホイジンガが『中世の秋』の「信仰生活のさまざま」の章に大変印象ぶかく紹介している。

「毎日毎日が虚飾と享楽の生活であった身分の高い人びとの信仰心は、まさにそのような生活の重圧をはねかえしてあらわれたのであったから」と、一例をこのアンヌにとって、アンヌは、時には泥道に馬を駆って御聖体を捧持する行列の入たちに泥をはねかけ、ひんしゅくを買うようなことはあったが、そんなかの女が「またある時には、セレスタン修道院での早朝のおつとめに参列しようと、宮廷の宴の歓楽のさなかをぬけだした。」

じっさい、この当時、パリに住んでいて覚書を書きのこした『パリ一市民の日記』は、かの女の死を報じて「当時フランス随一のいい女《プレザン》、心根よく、美しく、パリの民衆にたいそう愛されていた」とほめあげているのである。かの女はしばしば施療院に病人を見舞った。かの女はそこで病気をうつされたとうわさされた。

アンヌは、遺言に従って、セレスタン修道院に葬られた。かの女の白大理石の寝棺彫像は、修道院が破壊されたのち、ルーヴル美術館に保管されている。
そういう次第で、セレスタン修道院といえば、これは十五世紀のパリの数ある僧堂のうち、もっとも華やかな雰囲気の場所だったのだ。ヴァロワ王家の宮廷サークルの愛好するこの僧堂は、しかし、ヴィヨンの母のような貧しく卑小な女の心の寄せ所でもあったのだ。王宮の宴が民衆の好奇心に広く開放されていたと同様、『中世の秋』の世界は、聖と俗、貴と賎が、ふしぎな光景をみせて混淆していたのである。

おれはアンジェーへゆく

そういう次第で、フランソワの母親がセレスタン修道院の預かる教区（本来、教区は、教区教会の預かるところだが、修道院のうちには教区教会の権能をそなえているものもあったのである）の一信徒であったらしいのだが、推測できるのも、それだけのこと。かの女の素姓については皆目わかっていない。なんでもアンジェーにかの女の兄弟がいたはずだと推理する研究者もいて、これはたしかに魅力的な推論で、かりにそれがたしかだとすれば、『形見分けの歌』の六節、

これはやばいぞ、なんとか逃げるには、
一番いいのは、そうだ、旅に出ることだ、
さらば！　おれはアンジェーへゆく、
なにしろ女に思し召しがないのだから、

おおよ、これっぽっちもないのだから、
女のせいでおれは死ぬ、五体生きながら、
そうよ、ついにこのおれは恋の殉教者、
恋愛聖者の黄金伝説に名をつらねる

の「アンジェーへゆく」の解釈も楽なものだ。つまり叔父のところへ逃げだすということになるのだが、さて、これはほんとうに女に振られての逃避行だったのか。それがそうではないらしい。

ここで話をもとにもどすが、『形見分けの歌』はこう歌いはじめる。

この年は、四百と五十六年、おれは、
フランスェ・ヴィオン、学生である、
心を静め気をおちつけて考察するに、
ハミをかみ、首輪にかかる綱を引き、
まずは、おのれの所業をかえりみろ、
むかしヴェジェスもそういっている、
賢明なるローマ人、偉大なる助言者、
おこたれば自分自身を測りそこなう

そこでだ、上述の時に、と、こういくか、
頃は降誕祭に臨み、満目蕭条《まんもくしょうじょう》、枯れ季節、
狼は風を食らって、いのちをつなぎ、
霜雪霰《しもゆきあられ》降るなかを、人は家に閉じこもる、
炉の熾《お》きを掻きたて掻きたてて暖をとる、
ぶちこわしたい、今ふいに腹にうずいた、
ぶちこわしたい、この終《つい》の柵《しがらみ》の恋の獄舎を、
このとらわれに、おれのこころは割れた

というわけで、一四五六年十二月二十四日の晩、フランソワ・ヴィヨンは、恋のもつれを清算しようと決意したと、こう本人は証言していることになるのだが、ところが現実はといえば、ちょうどその晩、かれは、なかまと語らって、パリ大学神学部ナヴァール学寮に盗みに入り、エキュ金貨五百枚という大金を、まんまとせしめていたのである。

してみれば、本人の証言はどうもあてにならない。アンジェーに行ったのは、つまりは泥棒行脚であったのではなかったかと勘ぐられたとしても、これは自業自得というべきか。じつは、後日、なかまのひとりが捕えられて拷問にかけられたあげく、そう自供しているのである。

養父の家――ソルボンヌ界隈

それにしても、養い親ギヨーム・ド・ヴィヨンの悲哀を想ってもみるべきであろう。セレスタン教区の信心女は、おそらく早くに夫と死にわかれ、まだ幼いフランソワを連れて、ある日、セーヌ川の小橋《プチポン》を渡り、サン・ジャック大通りを登っていって、サン・ブノワ教会堂境内の、サン・ジャック大通りに面したつづき長屋の一軒に住んでいたギヨーム・ド・ヴィヨンのところに出かけた。もっとも、ギヨームは、一四四三年以降は、同じ境内だが、こちらはソルボンヌ街に通じる露路の角に建っていた「赤門の家」に住んでいた。あるいは、その家の方だったかも知れない。どういういきさつだったのかはわからない。母親は、ギヨームにこどもを預けて、ひとり帰っていった。

ギヨームはブルゴーニュ人である。そうかれは自覚していて、かれはトンネールの近郊ヴィヨン村の出であったが、同じくブルゴーニュはサンスの出で、ギヨームと同様サン・ブノワの礼拝堂付司祭の職にあったジャン・マルティノー、これはすこし離れたサン・ヴィクトール街に住んでいたが、こういった同郷人とのつきあいにおいて、かれは懇切だったのである。

ギヨームは、世間的な意味でも出世していて、サン・ジャック街の雄鶏看板の家、サン・トノレ街のおうむ看板の家といった家作を数軒もっていた。また、サン・ミッシェル門を出はずれたところに、ぶどう畑を一面もっていた。それどころか、かれはついには「領主」にさえもなったのである。これは、ずうっとあとのことで、われらが詩人が養い親の家から出奔したのちのことらしいが、ヨンヌ川上流、サンス近くの領主領マレ・ル・ロワを購入しているのである。町人が領主領を買収して領主になる。いわゆる町人貴族は、このころすでにめずらしくもなかった。

幼いフランソワを預かったころのかれは、すでに大学の上級の課程である法律学部の前期修業資格試験（デテルミナンス）に合格していた。さらに後期の試験（リケンティア・ドケンディ、すなわち教授資格試験）に備えて勉強中であった。けれども、かれがこの最終試験に合格したかどうかは定かではなく、しかし、かれは、すでに三十歳台の後半、かれ自身が学んだ学校である、ル・クロ・ブリュノー街の法律学校《エコール》で教会法（カノン法）を教えている。

「ル・クロ・ブリュノー街の学校」についてだが、サン・ブノワ教会堂境内のサン・ジャック大通りをはさんで向こう側には、これもサン・ブノワ教会参事会の持ち地所だったのだが、これを賃貸しして、聖ヨハネ騎士団の建物が建っていて、そのさらに裏手にサン・ジャン・ド・ボーヴェ通りが走り、同名の街区が形成されていて、そこを別称して、ル・クロ・ブリュノー街といったのである。

このあたりの街区の家主たちは家作を教師たちに貸していた。いちばん有名なのが、ちょうどサン・ブノワの境内と境を接して南隣のソルボンヌ街だが、つまり、このサン・ブノワの界隈こそは、パリ大学という教師・学校連合の心臓部だったのである。ギヨーム・ド・ヴィヨンが時折出かけていっては講義したル・クロ・ブリュノー街の法律学校というのは、つまりは、そういう雰囲気の、そういう位格の学校だったわけである。

「ソルボンヌ」についてだが、『形見分けの歌』にヴィヨンは歌う。

こうして、筆を走らせているうちに、
今宵、ひとりで、まことに気分よく、

形見分けをば、思案しているうちに、
おれは、スルボーンの鐘をば聞いた、
夜ごと、かかすことなく九時に鳴る、
天使が告げたという祝いの鐘の音だ、
そこで書くのはやめにして筆を置き、
心のいうがままに、ただただ祈った

ギヨーム・ド・ヴィヨンの「赤門の家」は、露路をはさんでソルボンヌ街区に接している。この街区は、サン・ブノワ境内の門とならんでサン・マテュラン通りに面する北門と、反対側の、ド・ポワレ通りの南門によって区画された、通称ソルボンヌ通りの両側に立ちならぶ長屋状建物群の総称であって、これを教師たちが借りうけて学校を開いていた。

大講堂のある一角の南側に、カルヴィ学寮と呼ばれる、内庭の四囲をぐるりとめぐる建物があって、そこもまた、教師や学生の宿泊施設であったが、その内庭には独立した建物があって、これは図書館であった。二八台の書見台が窓ぎわにおかれていて、鎖でとめられた本が一千冊以上も並べられていたという。「書物の果樹園」、当時の人たちはそう呼んでいた。

カルヴィ学寮に隣接して聖女ウルスラの礼拝堂があって、問題の鐘は、この礼拝堂のものだったのである。十四世紀の半ばに鋳られたものだったが、音色美しく、マリアと呼ばれていた。このころ、この鐘は一日一回、夜の消燈の時刻の九時に鳴らしたのである。（図24－1）

放浪の放蕩息子

さて、そういうわけで、ギヨーム・ド・ヴィヨンの家にひきとられたフランソワ・モンコルビエの生活環境がどんなふうであったか、ご納得いただけたであろうか。ギヨームは少年を愛し、読み書きを教え、学芸学部に登録してやり、デテルミナンス受験の手数料二スーを支払ってやった。学費はもちろんばかにならず、学校の教師たちのうちには、一科目について、より正確にいえば、デテルミナンス受験に必須とされる書物一冊の学習について、これは一四五〇年の記録だが、エキュ金貨一枚を要求したのがいたという。

それなのに、どうだろう、この学生、

ひとーつ、おれはお救い所にのこす、
おれのシャッシ、クモの巣張りのだ、

という放蕩無頼。これは『形見分けの歌』三〇節の書き出しの二行。

「シャッシ」は枠のことで、ここは三行以下のこの節の中身からいっても、前節からのわたりからいっても、「寝台の枠木」と読みたい。わたしのプライヴァシーで恐れ入るが、むかしむかし、わが愛車トヨペット・クラウン・デラックス「陽気なもぐら号」はシャーシにひびが入っているのを見つかって、それでおシャカになった。いまの車は知らないが、むかしの車は頑丈なシャーシの上に構造部が載せられていたのです。だからベッドのシャーシという読みもあるかなとは思うのだが、なにしろ用例が見つからない。たいていは窓枠と読めという。

じつは窓枠の読みでよいと思うわたしもいるのだが、その議論はさておいて、いずれにせよ、われらが学生が養父から与えられた部屋にはクモの巣がかかっていたということで、寝台ならば、いささかエロティックなニュアンスもくわわる。この学生、夜ごと徘徊してまわっていたらしいのであって、なにをしていたかといえば、酒、女、さもなければ悪事……であったらしいのだ。

いってみればパリの青春を満喫していたわけであって、養父ギヨームの心配はなみたいていのものではなかったと想像してもよいはずである。人文学部を卒業したのち、いったいヴィヨンはどう生活していたのか。神学部なり法学部なりに登録したのかどうか、その辺の事情はさっぱりわからない。

それはたしかにかれは、『形見分けの歌』一一七節で、

ひとおーつ、おれの指名状をくれてやる、
大学からもらったもんだ、おれの意志で、
放棄する、不遇だと思ってんだろうから、
ここはひとつ、助けてやろうってことさ、
だれをねって、御当地の貧乏僧どもをさ、
この遺言状で名指した坊主どもってこと、
いやねシャリテがおれをけしかけたんだ、

ナトゥールもだ、裸なの見たもんだから

と他人事の心配をしている。

そんな「指名状」なんていったって、それはたしかにローマ法王庁とフランス王政府との談合によって、一定数の聖職禄が大学の卒業生に対して留保されるということが、最近決まりはしたものの、それは教会法学部の卒業生ということで、フランソワのように人文学部を出ただけというのでは、指名状なんていうものがあてられるはずもない。なんということはない、かれは失業の身であった。放浪学生というわけで、ねぐらは養父の家においたまま、カルチエ・ラタンの暗黒街を泳いでいたわけで、ついには泥棒にまでなり下がった。

これについては先ほどもふれた。一四五六年の降誕祭前夜にナヴァール学寮にしのびこんだ一件で、『形見分けの歌』は、いわばそのアリバイ証明みたいなもの。ところが、ヴィヨンの苦心も水の泡、なかまのギイ・タバリーというのが、酒場で知りあったシャルトル近くのパレーの修道院長ピエール・マルシャンというのに、ぺらぺらしゃべってしまった。おまけに、あろうことかあるまいことか、なかまのひとりにフランソワ・ヴィヨンというのがいるが、こいつの叔父貴がアンジェーで修道士になっている。そこで、それに会いにいくかたがた、小金をためているという噂のある、ある老人の様子をさぐりにいったと、次の予定をしゃべってしまった。

もちろん、ピエール・マルシャンは奉行所《シャトレ》にかけこんだ。もちろん探索の手が伸びて、翌年六月の末、タバリーはつかまった。タバリーの母親は、息子の盗んだ金を弁償することを約束して、息子を返してもらった。

　あのおしゃべりめ、と、ヴィヨンはどこかの空の下で嘆息したことであろう。というのは、ヴィヨンは、おそらく犯行の直後、取り分の金貨の袋をふところに、アンジェーに向けて出立し、その後、どこをどうまわったのやら、けっきょく次に消息が知られたのは、一四六一年の夏、なんとマン・シュール・ロワールにあったオルレアン司教の司教館に付属する塔の地下牢においてであったのだ。オルレアン司教チボー・ドーシニーの裁量によって、かれは投獄されていたのである。事情はまったく不明である。

　ある教会堂の聖餐杯を盗んだことをとがめられたという伝えがあり、じつはその前年の夏にもかれはオルレアンで牢獄につながれていたとする説もあって、つまりはかれは、性悪の浮浪人として名を売っていたのであろうか。

　たまたま九月、この年、ヴァロワ王家の新しい当主となったばかりのルイ十一世がトゥールへ出かけた折、マンを通過した。新王通過の際には、すべての囚人が釈放されるという慣行によって、ヴィヨンもまた出獄し、正規の赦免状も首尾よく手に入れたのか、その年の暮れには、かれはパリにいた。

あやうく首を吊るされかかる

　じつのところ、この前後のヴィヨンの行動については、「なにもわかっちゃいない」のである。『遺言の歌』の一〇節に、マン・シュール・ロワールの獄舎から、王の恩赦令によって釈放された一四六一年、わたしはこの遺言を書いたと、かれ自身証言している。釈放されたのは、これはヴィヨンだけのことではなかったのだから、わかっている、十月二日である。ところで、一四六一年というのは、これはかれの時代のかぞえかたで、近代の暦法に直せば、一四六二年四月十七日までが一四六一年である。だから、十月から三月までの半年間に、ヴィヨンは『遺言の歌』を書いたことになる。

他方、一四六二年十一月三日、ヴィヨンは、今度はパリの奉行所の牢獄に収監されている。これはちょっとした窃盗事件に関係してのことがあったらしいのだが、その折、旧悪が露顕してしまった。ナヴァール学寮押し込みの一件である。犯人ヴィヨンの帰来を待ち構えていた神学部は、直ちに奉行所に代理人を差し向けて、ヴィヨンに対し、一二〇エキュの弁債を三年間に分割して果たすという誓約書に署名させている。その上で、ヴィヨンは、十一月七日に釈放されている。

ということは、ヴィヨンがそれまでパリあるいはパリ近郊に隠れひそんでいたということにナヴァール学寮関係者が気付かなかったということであって、逆にヴィヨンが、一四六一年の冬、すでにパリに帰って隠れひそんでいたということを暗示するという見方が一般にあるのであって、これを積極的に否定する根拠はなく、わたしもこれに同調するが、その間のフランソワ・ヴィヨンの優雅なる日々については、なお後章にふれるとして、さて、その後、かれはどうなったか。

十一月七日以後、ヴィヨンは堂々とパリに住むことになったのだが、そのわずか一か月後、またもや不幸が詩人を見舞った。そう、不幸というべきであろう。じっさい、今度ばかりは相手が悪かった。この事件については、ふしぎなことに日付がはっきりしないのだが、だから、ある晩としておくが、ヴィヨンは、なかま三人とともにサン・ジャック通りを歩いていた。どうやら「赤門の家」のねぐらになかまを連れ帰る途中だったのだろう。

その道筋に、公証人フランソワ・フェルブーの事務所があった。ふつうはもう消燈の時刻だったのだが、特別許可をとってまだ仕事中の店の連中を、なかまのひとりがからかったのがいけなかった。店の若い連中が外に出てきて、けんかになった。公証人自身も出てきて、これはたしかなところ、ロバン・ドヂというのをつきとばした。ドヂは腹を立てて短刀をふりまわし、公証人に軽いけがを負わせた。ヴィヨンはといえば、かれは思慮ぶかく、その場を脱け出して、騒ぎを見物していたのである。

ところが、どうだろう、翌日、ヴィヨンはもうひとりのなかまとともに、奉行所の役人に捕えられたのである。ほかのふたりは逐電してしまった。じっさい、相手が悪すぎた。フェルブーは、ローマ法王お墨付の公証人で、シャトレに顔が利いていた。なんと詩人は水責めにかけられたあげく（これはヴィヨン自身の証言）、パリの獄門にて絞首という判決をうけた。名高い「四行詩」をものしたのは、この獄中においてであったという。

おれはフランソワ、この名はおれに重くのしかかる、
ポントワーズのそばのパリの生まれ、
一トワーズの綱に吊るされて、
おれの首はおれの尻の重さを知るだろう

悲しき養父に捧げる詩

われらが詩人は、まだのんきに考えていたのである。まさか本気で吊りはすまい。なんにもしていないではないか。ナヴァール学寮窃盗事件だけは、いまなおヴィヨンの心に重くのしかかっている。あれは悪事だ。正真正銘の悪事だ。みずから立てた看板だ。けれども、ほかはみんなトバッチリだ。なるほど。だが、トバッチリがかかるような場所にいつもいるおまえが悪いと世間はいう。けれど、おれはそういう場所が好きなんだ。わかってくれよ。

奉行所の親分、パリ検察長官は当時、リラダンの領主ジャック・ド・ヴィリエであった。十九世紀の文学者リラダンの遠い先祖である。リラダン領主領は、パリの北、オワーズ川沿いのポントワーズ（オワーズの橋という意味だ）の北十数キロのところ、やはりオワーズ川沿いに位置していた。「ポントワーズのそばのパリ」という最大級に傑作ないいまわしには、くわえて、この奉行所の親分に対するからかいの気分もまじっていたのである。

前職のロベール・デストゥートヴィルは、一四六一年に職を解かれていた。新任の検察長官としては、フランソワ・モンコルビエなるならずものに情けをかけるべき義理も筋合いももたぬ。危険を察知したフランソワは、パリ国王裁判所に上訴した。一四六三年一月五日、国王裁判所は、検察長官の決定を破棄した。生命は救われた。けれども、その邪悪なる生きかたのゆえにというわけで、フランソワ・モンコルビエは、十年間の所払いを宣告された。以後、フランソワ・モンコルビエ、またの名ヴィヨンは消息を絶った。

国王裁判所刑事部の裁判官アンリ・ティブーはサン・ブノワ教会参事会員であった。ヴィヨン研究者ピエール・シャンピオンは、この人物がヴィヨンの減刑のために尽力したのではないかと示唆している。ギヨーム・ド・ヴィヨンの影がここにみえかくれしているわけであって、この悲しい養い親に放蕩息子の捧げた詩行を最後にご紹介して、いささか脱線気味のこの章に幕を引くとしよう。

はじめに『形見分けの歌』九節、形見分け冒頭の詩行である。

はじめにあたって、父と子と聖霊の、
御名において、また彼が栄光の母の、
御名において、御母のお執り成しで、
聖寵は人すべてを滅ぼすことがない、
ここに謹んで、わが名声を遺すのは、
メートル・ヴィオーム・ヴィオンへ、
わが名の鳴るは彼が名誉のためにぞ、
あわせてわが天幕とわが幕舎一棟を

わが天幕とわが幕舎一棟を遺す、と、フランソワ・ヴィヨンは自分を騎士に擬しているのである。『遺言の歌』八七節と八八節をお読みいただきたい。八五節に詩人は「わが哀れなる魂」を「栄光の三位一体」に遺贈し、八六節に「わが肉体」を「われらが祖母なる大地」に遺している。魂と肉体をこうして片づけておいて、さて、詩人は八七節と八八節にこう歌う。

ひとーつ、おれにとって父以上の人、
メートル・ヴィオーム・ヴィオンに、
母親よりおれにやさしくしてくれた、
襁褓《むつき》のころからおれを育ててくれた、
何度もおれを難儀から救ってくれた、
楽しんでやってくれたわけではない、
だからおれは膝まずいてお願いする、
どうぞ楽しくやらせておいて下さい

おれはこのお方に、わが蔵書を遺す、
悪魔の屁物語ってえのも入っている、
これは、メートル・グィ・タバリが、
書き写した、いいや、実直な男だよ、
紙束のまま机の抽斗にしまってある、
仕上がりがいまひとつといったって、
なんせ事件が、ほれ、超有名だから、
デキが悪いのも材料が補ってくれる

ひどいものである、フランソワは、『悪魔の屁物語』なる幻の自著に仮託して、青春の黄金時代を回想し、父親への挨拶としているのである。これだけ父親に甘えられれば、悔いなしというところか。

Ⅶ　そのかみの貴女のバラッド

上述の日付に、これの作成せらるは、
その名、宇内に高きヴィオンによる、
イチジクもナツメヤシの実も喰わぬ、
乾いて黒くて、カマドの箒のような、
天幕も幕舎も、かれは、もう持たぬ、
なにもかもかれはともだちに遺した、
手元に残ったのは、そこばくのカネ、
それだってじきに人にくれちまうさ

去りし青春への悼み――『遺言の歌』

『形見分けの歌』最終節である。フランソワ・ヴィヨンは、じつは天幕も陣幕ももってはいなかった。かまうものか。かれが父親に遺贈したのは、『形見分けの歌』そのものであり、『遺言の歌』そのものであった。言葉にはらませ、言葉の連鎖にふくらませた詩人の時代の生活の香気である。時間が押しつづまって、詩人の時代に堆積されたフランスという土地の生の歴史である。

ヴィヨンの詩文は、わたしたちの情感をかきたてる。飢えがどういうものか、色欲のうずきがどういうものか、沈黙する女たちの心の景色がどんなか、死ぬということがどういう現実か、深き淵より呼ばわる声がどう聞こえるか、それがよくわかる。くりかえしていうが、わたしたち自身の情念を通して、よくわかるのだ。

ヴィヨンの詩文は、中世という時代に垂れ下げられた簾《すだれ》である。簾のむこうにたしかな手応えのある風景がひろがり、わたしたちとしては、簾の目を通してしか、その風景のみようを知らない。それはよいことで、というのは簾が垂れ下がっていなければ、風景に気付かないこともあるわけで、簾は、つまりは風景をみることを強いる仕掛けなわけである。簾のみごとな仕立てにひかれて風景に気付くこともあるわけで、だから、いったん、その簾が気に入ってしまうと、わたしたちは風景にのめりこむ。簾は、世界をみる作法である。

『遺言の歌』七二節に，詩人は青春の死を思う。

おれの渇きが近づいてくるのがわかる、
痰を吐く、もめんのように白いやつだ、
ボールのように大玉のジャクーピンだ、
なにをいいたいのかって、女の子がね、

おれを若いと見てはくれないってこと、
くたびれきった老いぼれ、そう見てる、
声も物腰も年とってる、そう見ている、
なんとねえまだ年若の雄鶏なのにねえ

こんな身体になったのも、夏中おれをつかまえておいて、パンと水だけで生かしておいたしみったれのチボー・ドーシニーのせいだと、呪いの言葉で幕をあけ、詩人は、青春の悔いを、人への愛を、やりばのない怒りを、暗い憎しみを、詩行に薫きこめていく。

なにしろ、流浪の旅は辛かった。四二節に、かれは「レンヌの行商人」を自称する。手甲脚絆に、足元は足袋ごしらえの大荷物。「挨まみれの足」の異名をとる行商人の絵姿は、はたして現実の姿を写したものか。アンジェーをいい、レンヌをいう。あるいは、一〇四節に、ポワトゥー方言を教えてくれた女たちのことを歌って、

おふたりはとってもきれいで、おしとやかだ、
サンジュヌルー村に住んでいる、どこだって、
サンジュリアン・ド・ヴーヴァントのそばだ、
ほら、ブルターンとプェトゥーのさかいのさ、

サン・ジュリアンは、ブルターニュとアンジューの境界、シャトーブリアンの南東十数キロに位置する町で、サン・ジュヌルーは、そこからとんでもなく離れていて、ガティヌ山地の東麓、トゥアール の南、トゥエ川沿いの小村である。ポワトゥーの北辺、アンジューとの境界であって、だから、詩人は、これは意図的にか、でたらめを歌っているわけで、それはそれでよいとして、問題は、人にきいたのか、みずから「行商」したのか、こんな小さな村や町の名前を知っていたということ自体であって、だから「レンヌの行商人」の立回り先はポワトゥー、アンジュー、ブルターニュ、どうやらこの方面であったらしい。

そして、詩人は歌う。『遺言の歌』一二節である。(図23)

ところで、これは真実だ、嘆き、涙し、
もがきくるしんで、ううううっとうめく、
悲しみと、悩みと、労働の日々だった、
辛い流浪の旅路だった、そうしていま、
人生試練が、なんとも鈍なおれの心を、
まるで、糸毬みたいに尖っているのを、
ひらいたこと、それがアヴェロイスの、
アリストート注解のすべてにまさって

これを文字面そのままに認めてやろうではないか。たしかにかれはかれなりに苦労したのである。大学を出たあと、おれは苦労したと、かれは歌っているのである。『遺言の歌』二二節である。

青春の時代が、おれにはなごり惜しい、
たれよりもかれよりも青春を楽しんだ、
老いの門口に立った、それその日まで、
青春は立ち去る日をおれに隠していた、
青春は、歩いて立ち去りはしなかった、
馬で行ったか、ああ、どんなふうにか、
とつぜん飛び立って、行ってしまった、
なにひとつ、このおれに遺すことなく

青春は終わった。この想いが、しみじみと詩人の胸にせまる。三十歳のヴィヨンは、不意に若さの喪失を知る。

ちくしょう、ちゃんと勉強していたら、
愚かな青春の日々をあそび暮らさずに、
まっとうに過ごしていたら、家ももてたし、

やわらかい寝台に寝ることもできただろう、
なんということだ、おれは学校から逃げだした、
まったくこれは悪いこどものすることだ、
ああ、こうした言葉を書きつづっていると、
おれの心は、いまにも張り裂けんばかりだ

家もあり、柔らかい寝床ももてただろう。どうもこれは凡俗の嘆きで、詩人の悲しみはよくわかる。それだけに、わたしたちの情感をゆるがす。

死のリアリズム

そう、たしかに繰り言なのだ。だれを恨むべき筋合いのものでもない。老いと貧とがヴィヨンを襲うとき、かれは歯を食いしばる。食いしばった歯の隙間から、きらめきこぼれる珠玉の詩語。三四節の後半である。

貧乏、こいつは悲しくて、愚痴っぽい、
のべつ傲慢で、反抗的で、なにかというと、
なんか刺のある言葉を口にしたがる、
口では押さえても、心中ひそかに思うものだ

そうなのだ、なるほど詩人ヴィヨンの生の体験は、いってみればふてくされ、粋がった青春の甘えのようなもので、本当の生活の忍苦を知らぬ若者の気取りにすぎぬと人は批評するかも知れない。わたしとしても、それを否定しようとは思わぬ。けれども、若者ヴィヨンが、ほんの十数年間生きたにすぎぬ生の体験から汲みあげて、詩的世界に再構築した、だからその意味で観念的な貧と苦と情の生活空間に懸けた、こういったたぐいの鋭いアフォリズムは、じっさい詩人の資質ということについての思案に、わたしたちを導くものだとはいえまいか。

よくいわれるように、時代が詩人に表現を委託したということなのであろう。ということであるならば、この時代、死の想念が柔らかく、ということはぎごちなくではないという意味だが、人びとの生活意識にとけこんでいたこの時代、肉体の腐敗のリアリズムが、死を畏怖しながら死になれ親しんでいた人びとの心に想像の型を供給していたこの時代、詩人ヴィヨンとしては、どうして死を歌わずにおれようか。『遺言の歌』四〇と四一節をお読みいただこう。

パリスさえも死ぬ、エレーンさえも死ぬ、
だれだろうと死ぬ、もがき苦しんで死ぬ、
息ができない、息の根がいまにもとまる、
胆汁が、心の臓の上ではじけてこぼれる、
汗をかく、ちくしょう、なんという汗だ、

この苦しみを和らげてくれるのはだれだ、
いるもんか、こども、兄弟姉妹、だれも、
身代わりに立とうかとはいってくれない

死は、身体を震わさせ、肌の色を蒼ざまさせ、
鼻を押し曲げらさせ、血管をふくらまさせる、
首を腫れらせ、胴体四肢の肉をたるまさせる、
女体よ、かくもやわらかな、なめらかに甘く、
かくもたっとい、おまえでさえもこの禍事に、
耐えねばならぬか、そうだ、そうでなければ、
生きたまま天国へいく羽目になるではないか

反魂のバラッド

こうして詩人は、反魂の詩「そのかみの貴女のバラッド」を歌いだす。以下ご紹介する八行詩三連反歌四行詩のバラッド形式の詩文に、こう詠題をつけたのは、十六世紀の詩人クレマン・マロである。

いってくれ、いまどこのくににいるか、
フローラは、あの美女のローマの女は、

あのアルシピアデッスは、タイッスは、
いとこだったか、いとこの子だったか、
音を投げれば、木魂《こだま》をかえすエクォは、
川のながれにあそんで、池に住まって、
きれいだった、人間の女はかなわない、
さてさて、去年の雪がいまどこにある

どこだ、とってもかしこいエロイッス、
女のせいで去勢され、修道士になった、
ペール・エベラーは、サンドゥニッス、
女に惚れられて、つらい立場に立った、
おなじく、また、王妃はどこへいった、
かの女の指図で、ブリダンはセーンに、
ふくろに詰めこまれて、放りこまれた、
さてさて、去年の雪がいまどこにある

ブランシュ王妃は、白いユリ花のよう、
かの女の歌うはサイレンの歌声のよう、

大足のベルト、ベトリッス、アリッス、
ル・メーンを領したアランブルジッス、
またジャーン、ラ・ボーン・ロレーン、
イギリス人がルーアンで火炙りにした、
かれらは、どこに、どこに、聖処女よ、
さてさて、去年の雪がいまどこにある

王、アンケートに一週間かけてもムダ、
女たちはどこだ、一年かけたってダメ、
結果、おれがこのルフランへ連れ戻す、
さてさて、去年の雪がいまどこにある

バラッド一篇に封じこめられた、この世界の広大さはどうだろう。わたしが驚嘆するのはそのことであって、これはぜひあなたがたにお話しせねばなるまいとかねて思案していた。以下数章の主題をこれにとることを、ぜひお許しねがいたいのである。

第一連の女たちはこれは古代の女性たちであって、中世的世界には属さない……。そう聞き流す耳には、かの女らは、神気縹渺《ひょうびょう》たる趣きの古典神話の絵姿であって、肉の腐れを待つ身とは、とうてい想われない。ところが、大体がわれらが詩人は、十三世紀のアレゴリー韻文詩篇『ばら物語』を愛読書としていたらしく、各所にその記憶が立ち現われているのだが、アルキビアデス、エコーについてもそうで、アルキビアデスを『ばら物語』の詩人ジャン・ド・マンは、こう歌っている。

というのは、アルキビアデスの肢体は
これは非常な美しさをみせていて、
その肌といい、その造作といい、
自然が形よく作ったものなのだが、
もしもその内側をみることができるとしたら、
みた人は、これはあまりだといいたくもなろう、
そうボエティウスは語っていて、
かれは賢く勇敢な人だったが、
証人にアリストテレスを立てた、
なにしろ大山猫は大変鋭く、
刺すような眼をもっていて、
眼前にあるものは、なんでもみてしまう、
外側も内側もぜんぶ見通し（八九一三―一二六）

ホイジンガが『中世の秋』に、クリュニー修道院長オドの文章をひいて紹介している「落胆の

気配濃い俗世蔑視」のテーマだが、ジャン・ド・マンのばあいは、これに女性蔑視の気分もからんでいる。かくしてアルキビアデスは、ボエティウス以来、腐肉をもつ身として中世的世界に立ち現われていたのであって、アルキビアデスなどという女性はかつて存在しなかったと詮索してみてもはじまらない。これは中世ヨーロッパ人の心理的実在なのであった。

ジャン・ド・マンの自然主義

ジャンは、その名の示すとおり、ロワール中流マン・シュール・ロワールの出であって、十三世紀末から十四世紀初頭にかけて、パリのサン・ジャック通りがフィリップ・オーギュストの建造になる城壁にぶつかって門をあけるあたりに住んでいたことが知られている。マン・シュール・ロワール？　ヴィヨンの宿怨の地ではないか！　サン・ジャック通り？　ヴィヨンの隣組ではないか！

一二三〇年代の終わりごろ生まれたと推定されていて、だから『ばら物語』、これはもともと同じロワール中流のロリス出身のギヨームというのがものしはじめていた詩文だが、そのギヨームが四〇二八行まで書いて死んでしまった、そのあとを継いで書きも書いたり一万八千行。執筆は一二六八年から八二年までのあいだと推量され、だから四十歳前後の仕事である。

なにしろ「ジャン・ド・マンの自然主義」、このばあいの自然主義は、十九世紀フランス文学の、たとえばエミール・ゾラの作品をそう批評するたぐいの言葉づかいと思っていただいて結構だが、このレッテルが天下御免のものとなっていて、だからシニカルな四十男の絵姿がもうろうと浮かびあがるのだが、これに比べれば、二世紀後輩の三十男のシニシズムは、こと女性に関しては、なまぬるいものだと一見みえる。

われらが詩人は女性を蔑視したりなどはしていない。かれは女性を愛し、いつくしむ。いま「深い不在のなかに、その眼、その歯、濡れた瞼、情炎に燃えて戯れる婀娜な乳房、受け返す口脣に光る血潮」(「V 時代の典型」の頭に紹介したポール・ヴァレリーの『海辺の墓地』の菱山修三訳から)を披露する白拍子フローラ、タイス、アルキビアデスに拍手をおくり、男に言葉を投げかけて、投げかけて、もどらぬ言葉にいらだつ木霊エコーに、「人の女のものならぬ美をそなえる」と、賞讃の言葉を投げる。

エコーもまた『ばら物語』に立ち現われていて、大体が『ばら物語』という詩篇の筋立てそのものが、エコーの恋人たるナルキッソスを記念する泉のほとりにつぼみをつけるばらに魅せられた詩人の冒険譚ということで構成されているのであって、エコーについてはギヨーム・ド・ロリスが、こう歌っている。

というのは、エコー、この高貴な女性は、
だれにもまして、かれを愛したが、
かれにそっけなく扱われたので、
愛をください、いただけなければ
いっそ死にますといったのだった、
ところが、かれは大変な美男子で、

ひとを見下し、おごりたかぶって、
かの女の心をいれようとしなかった、
たのんでも、ねがっても、
かの女は、はねつけられたと知って、
悲しみ、怒り、
かれを大変恨みにおもって、
あいだをおかず死んだのだった（一四四二―五四）

ヴィヨンの詩文は、このギヨームの詩文に完全に同調するのであって、そしてかれは、つづく第二連を「どこだ、とってもかしこいエロイッス」と歌いだすのだが、明らかであろう、第一連から第二連への移行は、木魂エコーとエロイーズ（エロイッスのいまではふつうの発音。エロイーとかエロイースという表記もあった）とを付け合わせる、その呼吸にラティオを見いだす。

ラティオとは、およそ中世的世界のメンタリティを考えるばあいの鍵の概念のひとつであって、もののとものとの関係比とでもいおうか。正しいラティオにおいて、ものともものとは照応するのである。詩人の作る詩文は、言葉と言葉の関係に、もののとものとのラティオを測る。エロイーズはエコーに照応し、エコーはエロイーズから逆照射をうけて、正しい意味をはらむのである。

わたしがいいたいのは、エロイーズは、男に言葉を投げかけて投げかけて、もどらぬ言葉をパラクレーの地に葬った、白拍子エコーのともがらであると詩人ヴィヨンは理解していたということである。

ヴィヨンのエロイーズ像

じつはジャン・ド・マンは、アベラールとエロイーズのことも歌いこんでいて、それは友愛（アミ）が長広舌をふるうくだりのなかでだが、これはじつに長く、七三行もあるので、そのままご紹介はしないが、大筋をいえば、エロイーズは学問のある聡明な女で、アバイラール（アベラールのジャン・ド・マン流儀の発音表記。ヴィヨンは、ア音がエ音になるパリっ子なまりからか、「エベラール」と発音するが、最後の「ル」の音はほとんど音にならず、舌と上顎のふれあいに消える。だから表記も「エベラー」）を愛したが、結婚生活という枷《かせ》に学者たるアバイラールを縛りつけることをきらい、学問と愛を両立させることを提案した。

ところがアバイラールは、かの女の心配を無視して、強引に結婚したので、そのことのために、アバイラールは去勢される羽目になった。そこでかれはサン・ドニの修道衣を身につけ、エロイーズは、やがてパラクリットの尼僧院長となった。のち、かの女はおどろくべき手紙を書いていて、アバイラールに対し、あなたの娼婦と呼ばれたかった、帝妃の冠をいただくにもまして、とまで愛を告白している。

誓っていうが、わたしは信じない、
かかる女性がまたといようとは、
思うにかの女の教養の深さが、

かの女の内なる女の性《さが》を、
征服し、馴らすことができたのだ

これがジャン・ド・マンの意見のまとめである。

じつはジャンは、「アベラールとエロイーズの往復書簡」の最初のフランス語訳者という栄誉を担っているのであって、これは大部分、写本の形のまま、パリの国立図書館の地下倉庫に眠っているのだが、だから、かれはたしかにエロイーズの手紙文を読んだのである。それなのに、かれはぜんぜん読んではいない。これがわたしの感想であって、というのは、たとえばエロイーズが結婚を拒否したという一件だが、じつはジャンは、アベラールが「わが災禍の歴史」のなかで、エロイーズはこれこれこういうことを主張したとしきりにあげつらっているのをそのまま無批判に紹介しているのであって、そのアベラールの証言は、その当のエロイーズによって、反駁されているのであって、それはエロイーズの最初の手紙、いわゆる第二書簡においてだが、それにこう読める。

「ご文章のなかで、あなたは、結婚へ、不吉な星の下の新床へとはやるあなたをおとどめしようと、わたしの弁じました様々の反対の理由をお書きとめになられる労をおいといになられてはおりません。けれども、なぜわたしが結婚よりも愛を選んだか、枷よりも自由を選んだか、そのわけについては黙してておいでです。」

女の内なる性を教養が陶冶《とうや》したというジャン・ド・マンのエロイーズ理解の単純素朴さには、じっさい恐れ入る。女について、こんなていどの理解しかもてないようで、いったいどうして「ジャン・

ド・マンの自然主義」などという看板をかかげていられるのか。むしろ若僧ヴィヨンの方こそ、片々たる人生体験のなかからよく女性的存在についての理解を掘りおこし、なるほど冒頭に「どこだ、とってもかしこいエロイッス」と歌ってはいるものの、詩文のラティオにおいて、その「とってもかしこい」という言葉の読みについての思念へとわたしたちを誘うのであって、わたしがいいたいのは、エロイーズが無名の王妃との照応において第二連の世界を作っているという、その詩文のありようについてである。

おなじく、また、王妃はどこへいった、
かの女の指図で、ブリダンはセーンに、
ふくろに詰めこまれて、放りこまれた、

アリエノールの孫娘

そこでこの無名の王妃の件だが、じつはこの女についてお話しする前に、第二連を第三連につなぐ照応の関係について、まずお話ししなければならない。

ブランシュ王妃は、白いユリ花のよう、
かの女の歌うはサイレンの歌声のよう、

ブランシュ王妃、この王妃は血にまみれている。

この女性については、これだけ書いて、あとは突き離したいところなのだが、それではあまりといえばあまりだと、たぶんあなたがたは反論されよう。第一、詩人の彫琢《ちょうたく》したイメージとまるでちがうではないか、と。

なるほどフランス人とその歴史家は、なにしろ王党派が多いのだから、フランス王家、このばあいはカペ家のやったことはみんな正しい、賞讃に値すると、それは無邪気なものだ。けれどもわたしの指摘したいのは、この女がルイ八世の妻であり、ルイ九世の母だということであり、ということはかの女が王妃であった時代に、北のカペ王権による南のオック語地帯の武力制圧が開始され、かの女が幼王ルイの摂政として立った時代に、その武断政策が完了したという事実である。

ブランシュは、スペインのカスティーリャ王家の娘であった。かの女の母はアリエノールといい、同名の母アリエノール・ダキテーヌの娘である。ということは、父はアンジュー伯アンリ、プランタジネット王家の王、ヘンリ二世である。

一二〇〇年の冬、ブランシュ十二歳のことである。カスティーリャのバレンシア城に、祖母アリエノール・ダキテーヌ、当時八十歳がみずから現われた。噂では、ブランシュの姉ウラルカを、フランス王フィリップ・オーギュストの息子、当時十三歳のルイの嫁に迎えるためであったとか。ところがアリエノールはブランシュを選んだ。口実が案出された。ウラルカの名はフランス語になじまない。ブランカはいい。ブランシュ、すなわち「純白」を意味する、と。ウラルカはポルトガル王家に嫁入りすることが、大急ぎで決められた。

してみれば、ヴィヨンは百合の花の白をブランシュにかけたのか。なんとも陳腐な言葉のあそびではないか。わたしは、このいいまわしの出てくる必然性を求めてずいぶん調べてみたが、けっきょくわからなかった。フランス王家の紋章は「青地に黄金の百合花三個」だが、そう決めたのは、十四世紀のシャルル五世であって、たとえば一二一四年、フランス王がイングランド王ジョン・ヴェルフ家のオットー連合と事を構えたブーヴィーヌの戦いに押し立てられた王旗には、百合花がたくさん散らしてあったのである。

百合花型標章がフランス王家の紋章になったのは、それが百合の花であったからだという説明は循環論法である。たしかに、五世紀のメロヴィング朝フランク王の王笏には百合紋の飾りがみられ、カロリング朝の装飾芸術もこれを多用している。けれども、もともとこの百合紋は、フランク族の投槍のふたつ首の鎌首《かまくび》の形の模写だとする、あるいは蜂の形だとする説もあるくらいで、さらにはまた、そもそも百合紋を意味するフランス語フルール・ド・リ fleur de lis は「ルイの花 fleur de Loys」の訛だとする説もあるくらいであって、百合紋の起源はなかなかに定まらないのである。なお、このルイは、十二世紀のルイ七世、すなわちアリエノール・ダキテーヌの前夫を指している。

王妃ブランシュについては、なお後述する機会があろう。とりわけ第二行「その歌声は人魚さながらに」というのが案外の情報をかくしていて、これが第三連の構造全体を理解する上での鍵になるという事情について、お話しすることになろうが、さて、その前に、ここでお伝えしたい情報があって、というのは、第二連の無名の王妃、これまた、もしかしたらブランシュという名前だったのかもしれないのである。そのことを、ヴィヨンが知らなかったわけはない。

ネール館の女主人

ちょっと話がずれるようだが、ヴィヨンは、この「そのかみの貴女のバラッド」につづけて、これと対になる「そのかみの貴人のバラッド」を歌っているが、これは正直つまらない出来なのだが、そのなかに、こういう一節がある。

　　それに、あのボンなスペイン王は、いまはさて、
　　なんて名だか、おれは知らんけど、どこいった、

だれだか知らないけれど、そういえばかの高名なスペイン王はどうなったかと、これが詩人の意図したエノンセであって、この若者のひねくれた気分というヴェールをすかして垣間みる「そのかみの貴人たち」のイメージ、かくのごとしという次第。

　そういうわけで、ビュリダンを袋詰めにしてセーヌ川に投げ込めと命令した王妃の名前なんかおれは知らないが、そういえば、かのブランシュ王妃はと、ここのところの懸け合いはこうなるのではあるまいか。それで、そのもうひとりのブランシュ王妃のことだが、ヴィヨンとそのなかまは、夜な夜な酒場に集まって、飲めや歌えの喧騒のなかで、心静かに人の世の虚実を討議するのをなりわいとしていたのだが、合間合間の合の手に乾盃の音頭が入る。それはそれは厳粛な発声《エノンセ》でこういうのである。

これこれこういうことをした王妃ブランシュだかナヴァール王妃だかのために、乾盃！

すなわち、かれらは、ナヴァール王妃だか王妃ブランシュだかに青春の盃を捧げるのであった。

さてさて、去年の雪がいまどこにある？

ヴィヨンのなかまに、ドイツはライプツィヒからパリに留学していたニコラス・ジェンツというのがいた。ジェンツは、一四六〇年ごろ、パリの一古老からこんな話をきいたとのちに書いている。どんな話かというと……

百歳になる一古老からきいたところによれば、その古老がまだこどものころ、ナヴァール王妃の館に招かれて、そのまま帰ってこない学生が続出した。当時、パリ大学の学生で、ビュリダンというのがいたが、その謎をつきとめようと、館に乗り込んだ。ナヴァール王妃は、三日三晩、この若者に愛撫を与えたのち、いつものように若者を袋に押し込んで、セーヌ川に投げこませた。ところがどっこい、あいては知恵者ビュリダンである。手抜かりのあろうはずはない。かれは、王妃から黄金をたんまりせしめ、王妃の冠をもらいうけた上で、従容《しょうよう》として死に臨んだのであったが、それはそのふりをしてみせただけのこと。館の下を流れるセーヌの河面には、なかまが小舟を浮べて待ちうけていた。小舟につみこんだ枯れ草の山の上に、ドサリと落ちたかれは、そのまま酒場にくりこんで、なかまと祝盃をあげた。

この話は、なにやら「千夜一夜物語」めいていて（じっさい、その関連をいう人もいるのだ）おもしろい。ビュリダンは、いってみれば十四世紀のアベラールだが、逸話の多い人で、なかでも秀逸なのが、女性のことで、ある修道士となぐりあいの喧嘩をし、そいつの頭をしたたかになぐった。そのショックで、血が脳味噌を洗ったせいか、そいつはがぜん頭がよくなり、ピエール・ロジェという男だったが、のちにローマ法王クレメンス四世になったという。

逸話というのは、あいてを傷つけない態のものであって欲しい。ピエール・ロジェは、ビュリダンのことを、一生、あんちくしょうとなつかしんでいたにちがいないのだ。

ビュリダンは、一三〇〇年ごろの生まれ。パリ大学のナヴァール学寮の寮生として学び、のち、そこで教鞭をとった。一三七三年に没するまで、主としてアリストテレスの倫理学と自然学を教え、パリ大学総長の職に就いたこともある。「ビュリダンのろば」という論題で有名だが、これは、ろばの左右に、からす麦の桶と水桶をおけば、ろばは、右せんか左せんか迷って、ついには餓死するという論立てであって、等量等質の選択肢の前に人間の判断はむなしいとする一大詭弁である。これは、しかし、ビュリダンの著述にはみられず、出典については疑問があり、どうせ、ヴィヨンの徒らが、知恵を誇って案出した酒場の論題のたぐいであったろうとされている。

つまり、それくらいビュリダンは酒の肴にされたということであるが、そこでナヴァール王妃の件だが、ふつうビュリダンの時代に「ナヴァール王妃」といえば、それはまさしくビュリダンの学んだナヴァール学寮の創建者であり、フランス王フィリップ四世の妻であったジャンヌのことである。けれども、ジャンヌ・ド・ナヴァールは一三〇五年に死んでいる。してみれば、そもそも両人のランデヴーが成立しないのである。しかも、このナヴァール王妃、ブランシュという名前だとされている。

ナヴァール王妃の謎

ビュリダンが、いまでいえば中学三年のころ、一三一四年、フランスのカペ王家に一大スキャンダルが発生した。フィリップ四世とジャンヌ・ド・ナヴアールとのあいだには、ルイ、フィリップ、シャルルの三子が生まれたが、そのうち王太子ルイの妻マルグリット・ド・ブルゴーニュ、次子フィリップの妻ジャンヌ・ド・フランシュ・コンテ、そして第三子シャルルの妻ブランシュ・ド・フランシュ・コンテ。フランシュ・コンテとは神聖ローマ帝国のブルグント自由伯領のことである。ジャンヌとブランシュはブルグント伯オットー四世とアルトワ女伯マオーとのあいだに生まれた姉妹であった。

王太子ルイはナヴァール王位を継承していたので、その妻マルグリットもナヴァール王妃と呼ばれることがあった。一三一四年五月、このフィリップ四世の三人の嫁が、姦淫の咎をもって、三人が三人とも拘引されるという事態がフランス王家を震憾させた時点でのナヴァール王妃といえば、それはかの女のことになる。かの女たちは、ノルマンディーのガイヤール城に護送され、「ナヴァール王妃」マルグリットは、翌年、そこで絞殺された。享年二十五歳。ブランシュ・ド・フランシュ・コンテは、一三二二年までガイヤール城に拘禁されたのち、修道女にされたが、四年後、一三二六年、オワーズ川沿い、ポントワーズ南東数キロのところに、ブランシュ・ド・カスチーユが創立したシトー派のモービュイッソン尼僧院で死去している。三十歳。

「ナヴァール王妃」と「ブランシュ」とは、たしかに「これこれこういうことをした」らしい。若者の騎士と「腹と腹を合わせて」楽しんだというのだが……。けれども、ジャンヌ・ド・フランシュ・コンテは、かの女はどうやら、事情を知りながら黙っていたことを咎め立てられただけのことで、その証拠に、かの女は同年中に拘束を解かれ、夫のフィリップはかの女を受け入れている。

かの女は、一三二二年に、夫フィリップ、その時点ではフランス王フィリップ五世を称していたが、これが死去したのち「ネール館」に住み、一三二九年に、三十七歳で死去したらしいが、夫とのあいだに一女ジャンヌを残し、このジャンヌは、ブルゴーニュ侯ユードに嫁している。ついでにいえば、マルグリットも一女ジャンヌを残していて、こちらの方のジャンヌは、母がくびられたのちも順調に成長し、一三二八年、十七歳の年以降、ナヴァール女王を称することになる。その息子が「悪人シャルル」とあだなされたナヴァール王シャルル二世である。

ところが、この「ネール館」こそは、この一大スキャンダルの舞台であったと一般に信じられていたのである。より正確にいえば、これに隣接する「ネールの塔」こそが、伝説の「ナヴァール王妃だか王妃ブランシュだか」の棲家だといわれていたのである。ヴィヨンとそのなかまも、そう信じていた。

ところが、その「ネール館」に実際に住んだのは、「ナヴァール王妃」でも「ブランシュ」でもなく、前のフランス王妃ジャンヌであったのだから、話はますますややこしいことになる。かの女が寡婦の身を「ネール館」に隠したのは、三十代の女盛りであった。これはなにかありそうだぞと、ヴィヨンの先達の徒が想像をたくましゅうしたのは、これは無理からぬところであった。

「ネールの塔」と呼ばれた、高さ二五メートルほどの円塔は、現在のフランス学士院の建物の左翼にあたる場所に位置していた。ポン・デ・ザール橋のたもと、河岸にルーヴル宮を臨む。これは、フィリップ・オーギュストがセーヌ左岸に建造した城壁がセーヌ河岸にいたる、その要の位置に構築された建物の一部であったが、「ネール館」に隣接していたものだから、「ネールの塔」と呼ばれるようになったのである。「アムランの塔」という呼称の方がほんとうである。（図24-3、図25）

「ネール」とは、北西フランスのソンム川流域にあった一領主領であって、ヴィヨンの時代には伯領に昇格している。その領主領の領主がパリに構えた邸館が「ネール館」であって、これが十四世紀初頭、フィリップ四世に譲り渡され、嫁のジャンヌのものになったのである。

そういう次第で「これこれこういうことをした王妃ブランシュだかナヴァール王妃だか」がいったいどこのだれのことなのか、この詮索は、どうもむだ足に終わりそうなのだ。一三二二年から二九年まで「ネール館」に住んだ前の王妃ジャンヌが、情況証拠に照らしていちばん臭いのだが、しかもビュリダンは二〇歳代の若者ということで、話が合うのだが、この人については「ナヴァール王妃」「ブランシュ」という名付けは出てこようにもないのである。

だから、これは、およそ塔というものに備わる神秘性に、一三一四年のスキャンダルが反響し、ブランシュという名前の響きがこれに同調して、ナヴァール学寮に寄宿する学生どものあいだに、いつしか形成された伝説であったと解するのほかはない。そして、その核心に、およそ女性の残忍な性情という自然主義的認識があり、女が内に秘める蠍《さそり》の毒針に魅入られる男の被虐趣味という、これはロマン・クルトワ的メンタリティがあった。

「つれなき美女」への讃歌

してみれば、エロイーズをネール館の女主人につなぐラティオは、これはなんとも口ににがみを感じさせるていのものではなかろうか。男に愛の言葉を投げかけ投げかけ、もどらぬ言葉をパラクレーの地に葬った女エロイーズと蠍の女王という取り合わせは、これはなんともいただけない。ましてや、肉の愛を友愛《アミティエ》に昇華せしめえた聡明な女などという存在を蠍に取り合わせてみたところで、なにがいったいおもしろいのか。

エコーがエロイーズを照射し、エロイーズがエコーを逆照射して、そこに愛のラティオが成ったように、パラクレーの女とネール館の女主人とのあいだに照応の関係が成っていると読んでこそ、ラティオは成立しよう。パラクレーの女は、ゆるやかに古典の形姿に向かい、エコーの振舞いをまねてみせる。転じて、ロマン・クルトワの時代を過ぎて、中世の秋の世界に身を振り向けて、ナヴァール王妃の振舞いに身をあわせるのである。

エロイーズとナヴァール王妃とは斜めに交差して往き交い、照応の糸を吐いて巣を懸け、男たちふたりを捕らえる。かくして、第二連の真の主題は「つれなき美女」である。

アベラールを宮したのはエロイーズである。ナヴァール王妃がビュリダンに与えた三日三晩の愛撫は、エロイーズの愛の再演であった。いってみれば、ネール館の女主人流儀の宮刑である。愛によって男を滅ぼす女の仕事を、若者ヴィヨンは理解した。神話の世界の白拍子のともがら、また現実の世界のパリの街の女たちに惜しみない讃歌を捧げる詩人ヴィヨンは、また、女たちの存在の奥底に燃えさかる滅びへの意志を冷然とみすえる希有なる若者であった。
すでに若者は、その詩人としての門出にあたり『形見分けの歌』第一節に歌っている。

そこでだ、上述の時に、と、こういくか、
頃は降誕祭に臨み、満目蕭条《まんもくしょうじょう》、枯れ季節、
狼は風を食らって、いのちをつなぎ、
霜雪霰《しもゆきあられ》降るなかを、人は家に閉じこもる、
炉の熾《お》きを掻きたて掻きたてて暖をとる、
ぶちこわしたい、今ふいに腹にうずいた、
ぶちこわしたい、この終《つい》の 柵《しがらみ》 の恋の獄舎を、
このとらわれに、おれのこころは割れた

なんで、おれがそんな気になったのかって、
おれは見たんだ、あの女、おれの目の前で、
おれを捨てるってねえ、男に同意したんだ、
男を替えたって、いい事なかったんになあ、
おれは、天を仰いで、おお神さまと訴えた、
あの女を罰してくれ、あだをうってくれと、

恋愛の神がみ御一統を向こうにまわして、
請求した、あわせて恋の苦しみの緩和を

エロイーズがちょろちょろと赤い舌を出して、あたりをうかがっている景色が、わたしにはみえる。エロイーズの愛の深さを疑うものではない。エロイーズの自己犠牲を演技とみるものではない。愛と自己犠牲が滅びへの意志と共棲するふしぎな生の構造に、われらが若者は平然として踏みこんでいった。その大胆な旅立ちに、わたしは拍手を贈る。

Ⅷ　無名の旗

大足のベルト

第三連の解題を急ごう。

もしもアベラールとエロイーズの故事をジャン・ド・マンの『ばら物語』から汲んだという見方が正しいならば、ヴィヨン家の蔵書にその原本が含まれていたであろうと推測してわるかろうはずはない。それとも「書物の果樹園」で読んだのであろうか。若者ヴィヨンが、気むずかしそうな顔をして、カルヴィの図書館の机の前に座りこみ、鎖をじゃらじゃらさせながら『ばら物語』をひもといている光景、これは絵になる。

けれども『ばら物語』は、これはなにしろ知識の百科全書なのだから、図書館にあってふしぎはないにしても、こちらの方はどうか。十三世紀後半、ジャン・ド・マンがせっせと詩文をものしていたころ、ブラバント侯家やフランドル伯家に寄宿していた詩人アドネ・ル・ロワの韻文物語『大足のベルト』のことである。アドネは、オイル・ロマンス語抒情詩人の王とうたわれた桂冠詩人である。これは、まあ、ヴィヨン家の、というよりは若者フランソワが養父に無断で買い求めたか、借りてきた青表紙本であったろう。青表紙本というのは、十六世紀に流布した安価な印刷本の呼称であって、だからフランソワの生活圏についてこの呼称を使わせてもらうのは、これはもちろん、あくまでも比喩的な意味あいにおいてである。

「大足のベルト、ビエトリス、アリス」の詩行の大足のベルトの絵姿は、ヴィヨンはこれをこの物語から借りたというのが、ほぼ定説になっている。足が人並みはずれて大きかったことが本人証明の決め手となったという。だから話としては灰かぶり姫《サンドリオン》民話とちょうど逆の趣向だが、主題としては同じ貴人遊離・探訪譚の変奏である。

ベルトはシャルルマーニュの母と想定されていて、史実のベルトあるいはベルトラードはランス伯の娘だったが、物語ではハンガリー王女、その母はブランシュフルールということになっている。フランク王ピピンに嫁すべく、いとこのティベルトと、マルジストとその娘アリストないしアレルトという隷属身分の侍女の母娘にエスコートされてフランスへ向かうが、ティベルトの策謀によって、ピピン王の寝所に入ったのは、ベルトとうりふたつの侍女アリストであって、ベルトは逆に王妃ベルト、実はアリストの殺害を謀ったと追及される。にせアリスト処刑の命をうけたティベルトは、かの女をル・マンの森に連行するが、ベルトは危いところで逃れた。

王女は森を彷徨し、「ヴォワイエ」シモンに救われ、その家の「かかりびと」の九年間をすごす。母ブランシュフルールが娘の嫁ぎ先を訪ね、にせものを摘発する。やがて、王ピピンがル・マンの森を狩猟中、偶然、ベルトを発見する。大団円！

という次第だが、ここでいささか情報を提供したいのは、「ル・マンの森のヴォワイエ」という、ベルトの救済者の身分についてである。ヴォワイエ、すなわちラテン語でウィカリウスは、一定領域において「ウィカリア」を行使する役人のことであって、ウィカリアの内容は、裁判権を中軸とする、要すればウィカリアを委任する王侯伯権力の代理権限を指した。しかもこれは、すでに第一章にご紹介したように、十一、二世紀、ヨーロッパ社会成立期にあっては、メーヌ、アンジュー、ポワトゥー、アングーモア、オーニス、サントンジュにほぼ限定され、ノルマンディーには設定されなかった。

おまけに、ウィカリウスは、しだいに別の職制であるプラエポシトゥス、フランス語でプレヴォーにとってかわられる傾向をみせ、これら諸地方がフランスのカペ王権の統制に服した十三世紀初頭以降、姿を消すのである。職務内容もしだいに縮小され、裁判権をもたず、狭い範囲での警察権限を執行するだけのものになってしまった。しかも、王侯伯権力による任命という性格もとっくに消滅し、地方領主ないし修道院長に奉仕する下級官僚という身分になり下ってしまっていた……。

アドネ・ル・ロワの時代、十三世紀後半の「ル・マンの森」に「ヴォワイエ」がいたはずはない。ピピン王の時代の「ウィカリウス」だったら「ル・マンの森の」などと限定辞のつくはずがない。王命に背いて、森に王女を隠匿するといったような振舞いのなじむ氏素姓であろうはずはない。詩人の虚構であって、「むかしの話」の風情を作る作法であった。

そして、このばあい重要なことは、その詩人の作為が、「ル・マンの森とそのヴォワイエ」というぐあいに、「古き世のメーヌ」をベルト漂泊の舞台に設定しているということ、そのことである。ル・マンはメーヌの都であり、メーヌは、アンジューとともに、アンジュー王国の心臓部であったと、ここであらためて情報を提供しておこうか。

あなた方のお欠伸を誘ってしまったろうか。「大足のベルト」が「メーヌを領したアランビュルジス」につながる、これがラティオである。

古き世のメーヌ

ノルマンディーから入るとすれば、たとえばカーンから出発してオルヌ川を遡行なさるがよい。源頭も真近いころ、アランソンへ一〇キロという標識がお目にとまるはずだ。アランソンは、サルト川上流の町である。今度はサルト川を南に下れば、ル・マンは近い。メーヌは、このサルト川や、その西のマイエンヌ川の上流の地方であって、北にノルマンディーとの分水嶺を作る山地をもつ。東はペルシュ丘陵が、シャルトル平野への壁になっている。

古く、ケルト人のケノマーニ族の土地であって、やがてローマ人がウィンディヌムとノウィオドゥヌムの町を建設した。後者は時の浪間に消えたが、前者がのちのル・マンである。フランク王国の時代、この地はパグス・ケノマネンシスとして、「伯」の一行政区画を作ったが、九世紀から十世紀にかけての王国の解体と外民族侵寇の渦の中で、ブルターニュやノルマンディー方面から侵寇の動きが絶えず、古代的社会秩序は瓦解した。

この混乱と無秩序のなかから、やがて「土地の強者」が台頭する。地方的王朝権力の成立であり、これはなにもメーヌだけに限られはしなかった。お隣のアンジューでもそうだった。すでにご紹介したように南のポワトゥーや北のノルマンディー、西のブルターニュでもそうだった。

はじめて資料に出た「メーヌの伯」は、九五四年の日付をもつシャルトルの一修道院の記録に出たユーグであって、これはダヴィドの息子ということになっていて、すでに世襲の家系が成立していたことがわかる。このユーグには三人の息子がいて、九九二年の日付をもつ記録に、そのうちのひとり、ユーグが、伯として出ている。その息子が「犬起こしの」エルベールであって、これは一〇一五年ごろ、父を継いだらしい。

そのころ、すでに南のアンジュー伯家は強大であって、黒伯とあだなされたフルク、フルク・ネルラとエルベールとの出入りは、けっきょく、後者の敗北に終わり、エルベールはアンジュー伯に対して主従誓約《オマージュ》を立てている。

一〇三六年、ユーグ三世がエルベールを継ぎ、他方、アンジュー家の方でも代が変わってジョフロワ・マルテルの代に入り、後者は一〇三六年、ル・マンに入城して、メーヌを抑えたが、その後ノルマンディー侯家、カペ王家、ブロワ伯家といった周辺諸勢力が対アンジュー家大同盟を結成する形となった。ローマ法王もこの問題に介入して、ジョフロワを破門する始末。これに勢いを得てか、メーヌ伯家はメーヌの領主層の支持をとりつけ、ジョフロワ・マルテルに対して反攻に出る。ところが、一〇五一年、ユーグ三世は急死して、ジョフロワ・マルテルは、ふたたびル・マンの城門を入り、反対側の城門から、ユーグの寡婦ベルトが、泣きぬれながら、退去するという情景がみられた。

それからあとは大混迷であった。一〇六七年、ジョフロワ・マルテルのあと、アンジュー伯位についたフルク・ル・レシンと、その弟の「ひげの」ジョフロワ、ノルマンディー侯ギヨーム（ウィリアム征服王のこと）、こういった諸勢力が、それぞれメーヌの伯の候補者を擁立して争ううちに時は流れて、やがて、ラ・フレシュの領主エリが、メーヌ伯位を獲得するにいたった。ラ・フレシュは支流の方のロワール中流に位置する。かれがメーヌの領主たちから伯に立てられたのは一一〇〇年のことである。

これは、ある候補者の権利を買収したものであったが、しかし、エリ自身、かつてのメーヌ伯「犬起こしの」エルベールの曾孫にあたる。エルベールの娘パウルの息子ジャン・ド・ラ・フレシュを父とする。だから、もともと伯位請求権があったのである。かれは、アンジュー家の支持をとりつけていて、ノルマンディー家としては、この事態はおもしろくなかった。だから、ノルマンディー侯ロベールと、フルク・ル・レシンおよびその息子ジョフロワ・マルテルとのあいだに、いわばメーヌ代理戦争が展開され、ついにロベールの死（一一〇〇年八月）を迎えて、アンジュー家のメーヌ統制、ひいてはエリ・ド・ラ・フレシュの権利が確定することになったのである。

当然、エリはアンジュー家に対し臣従誓約を立てていた。けれども、この時代、じつは臣従誓約はいわば車輪の片方であって、血のつながりがあってこそ、はじめて両者は、ひとつ盃で酒をくむことができたのである。フルク・ル・レシンは、長子ジョフロワ・マルテルと、エリの一人娘とを結婚せしめた。これは一〇九八年の記録にすでに出ている事実である。ところが、一一〇六年、ジョフロワ・マルテルは死去した。

弟が身代わりに立った。「若い」フルク、同名のアンジュー伯としては五代目、だからフルク五世だが、かれがメーヌ伯位継承権者をめとった。一一〇九年四月に父フルク・ル・レシンは死んだが、その前後のことである。「メーヌを領したアランビュルジス」、これがその嫁の名前である。

陽気なベルトラード

ところで、フルク・ル・レシンは、「渋面の人《ル・レシン》」とあだなされたわりには、ななかか人情味あふれた御仁で、生涯に妻を五人とりかえた。二番目の妻の腹にジョフロワ・マルテルが生まれ、最後の妻ベルトラードが「若い」フルクを生んだ。そのこと自体はさしてめずらしくはなかったのだが、問題はこのベルトラードなる女性である。

ベルトラードは、モンフォールの領主シモンの娘である。モンフォールとは「頑丈な砦」というほどの意味で、各地にこの地名が残っているが、このばあいのモンフォール家は、ランブイエの森の北辺の領主領の家系で、アモーリという名の当主が継いだので、モンフォール・ラモーリと呼ばれる。

十一世紀はじめごろ領主領が形成され、カペ家の当主フィリップ一世の発行した文書などには、七通にわたって、アモーリ、次いでその子シモン、その孫アモーリ二世の副署がみえる。副署とは、当該文書発行の際の証人のしるしであって、カペ家を主君と立てる諸伯、諸領主の広がりと分布を、そこに推し測ることができる。

そのシモン、これは一〇六〇年ごろから一〇八七年まで、モンフォール家の当主であったが、これがベルトラードの父であったらしい。この娘、「美わしの」とあだなされていたらしく、ともかく美女だったのであろう。それに、「渋面の」フルクが惚れた。そこで、どうしてものにしたくなって、ノルマンディー侯ロベールの力を借りることにした。というのは、モンフォール家は、カペ家の勢力圏とノルマンディー侯のそれとの競合するところに位置していて、なにもシモンは、カペ家べったりというお人柄ではなかったのであったから。

時あたかも一〇八七年、ノルマンディー侯ギヨームが死去し、メーヌの領主層は、新ノルマンディー侯ロベールに対して、いっせいに反攻に出ようとしていたときであった。ところが、と、オルデリク・ヴィタリスは確信ありげに語る、フルクは美わしのベルトラードへの燃ゆる想いを満たすべく、ロベールとの同盟を策して、メーヌの領主たちを裏切った、と。

メーヌ継承問題が紛糾したわけは、ひとつにはこれにあったのである。しかし、こうして「美わしの」をせっかく手に入れながら、「渋面の」のしあわせはわずか数年しか続かなかった。結婚したのは一〇八九年と一〇九一年の二説あるが、前者ならば「渋面の」は四十六、後者ならば四十八、「美わしの」は二十かそこらであったろう。そのどちらにせよ、その翌年に息子が生れている。その直後、オルデリク・ヴィタリスにいわせれば、フルクに捨てられるのではないかとおそれて、カペ家の当主フィリップ一世に、愛していますと手紙を書き送り、一〇九二年の、これは日付もはっきりしている、ペンテコステ、すなわち聖霊降臨の祝日の前夜、と『トゥール大年代記』は証言している。すなわち五月十五日（これは移動祝日であって、その年はたまたまこの日だったのだが）、そのとき夫妻はトゥールにいたらしいのだが、その夜、トゥールを脱走して、オルレアンで待つフィリップのもとに奔ったのであった。

オルデリク・ヴィタリスは、苦々しげに書いている。

「この好色な君主はこの浮気な女の意向を聞き識って、夫を捨てるというこの破廉恥な振舞いに、みずから同意を与えたのであった。」

一〇九二年十月二十七日、フィリップとベルトラードは結婚式をあげた。ちなみに、この「好色な」は一〇五二年の生まれ。ちょうど四十歳である。ベルトラードと一緒になったために妻ベルトを離婚し、そのために、一〇九五年、法王ウルバヌス二世から破門されている。

じっさい、この「浮気な」という形容、あるいは多情な、移り気な、淫蕩な……、こういった形容を、この時代の著述者がひとつの紋切り型として使っていることは、これは、時代の言葉づかいとして、そのまま受けいれようではないか。わたしたちとしては、そう一応ききおいた上で、さて、そう批評の皮膜をかぶせられた男女の生のありようはどうであったのか。それをたしかめたい。そういう構えでありたい。

ベルトラードに冠されるこの「浮気な」という形容、これはもちろんひとつの訳語で、原語はlasciusだが、これはふつうには「陽気な」とか「ふざけることの好きな」といった意味で使われたが、とくに女性に適用される用例では淫蕩な、とか、みだらな、といった意味をはらんだ。けれどもベルトラードのばあいには、そうときめつけてすますわけにはいかない。むしろ、男たちの政治ごっこに対してlasciusであったという印象が強く、つまり元来「陽気な」性質の女だったらしい。

じつはアンジュー伯位は、「若い」フルクの異母兄ジョフロワ・マルテル、つまり「槌の」ジョフロワがとりそうな形勢にあった。「槌の」は、父「渋面の」とあまり仲がよくなく、一一〇三年には「槌の」は槌をふりあげ、「渋面の」はその渋面を怒顔に変えるにいたった。エリ・ド・ラ・フレシュは、当時「槌の」に味方し、アランビュルジスとの結婚は、その時点で成ったらしいのである。「渋面の」はポワトゥー伯ギレム七世に助力を求める。なにしろ、ポワトゥー伯に対して、「渋面の」は、ルーダンの所領について臣従礼を立てていたので、その限りでは封主にあたる。封主は、家臣に助力する義務があるのだ。

けっきょく、この出入りはうやむやのうちに終わり、一一〇五年のある令状は、「渋面の」と「槌の」の双方をともにアンジュー伯と呼んでいる。いわゆる伯権の共有である。仲直りしたふたりは、この度の出入りにおいて、けしからぬ振舞いのあった連中を懲罰しようというわけで、アンジェーとシャトーブリアンの中間にカンデという城市があった。そこを攻めた際、「槌の」は謀殺されてしまった。どこからとなく矢が飛んできて、やられたという。一一〇六年五月十九日のことである。

毛皮を替える女

「若い」フルクとその母「陽気な」ベルトラードが、この一件に関係していたのではなかったかと、当時噂が流れたものであった。「若い」は、一〇九〇年生まれとして十六歳、一〇九二年生まれとしても十四歳である。

「母さん、やっちまおうよ」と少年はいった。

「そうね、ちょっと、乱暴だけど、いいか」と、母は思案顔。

「若い」は、この時点では、パリの王館にいた。まだ、というべきか、この時たまたまというべきか。というのは「陽気な」が「好色な」のもとに奔ったとき、赤子はどうしたのか、少年時代をどうすごしたのか、資料は知らん顔をしているのである。

けれども、「槌の」が死去したとき「陽気な」と「若い」がパリにいたことはたしかであって、「好色の」はすぐさま「若い」をアンジュー伯に立ててしまった。なにしろアンジュー伯領は、カペ家の封土だとカペ家の方ではみなしていたのである。そして「好色の」と「陽気な」とは、ポワトゥー伯「トルバドゥール」に命じて、「若い」をアンジェーに送らせた。「トルバドゥール」は、「若い」をアンジェーには送りとどけず、どこだかわからないのだが、ポワチエかどこかに監禁してしまった。ねらいは、「渋面の」から、どこかの所領をせしめようということだったというのだが、詳細は不明である。なにしろ、オルデリクだけがいい調子でその辺のところを報じているのだが、舌足らずでわからないのだ。ともかく、一年あまりつかまっていたと、かれは報告していて、ついには母親と義父がアンジェーに出かけてきて、「渋面の」と談合することになった。

なにしろ、この三人の関係が関係なだけに、このアンジェーの合同についての世間の評判は、ほぼ一致して、「陽気な」のリーダーシップを強調していたようだ。オルデリク・ヴィタリスも、わけ知り顔に述べている。

「この毛皮を替える女は、競合者たちの嫉妬心を巧みに御して平和のうちにかれらを結合せしめ、豪勢な宴席を用意して、それぞれの好むところに応じて、これをとりもった。」

「毛皮を替える」versipellis という形容は、それがあまりにすてきなので、この時代の用例としては「狡猾な」とか「偽善の」とかの意味を作るのだが、たとえばイヴを誘惑した蛇を形容している例もある。このばあい、「毛皮を替える」というのは、イメージとしていいではないか。それで、あえて、原意をそのまま紹介した。

あるいは、すでに第Ⅴ章にご紹介したサン・ドニ修道院長シュジェーは、その著述『ルイ・ル・グ口伝』で、「渋面の」にかわって渋面を作っている。

「母のベルトラードは、かの女は典雅な女性であり、およそかの驚嘆すべき、女の手練手管に通じていて……最初の夫であるアンジューを骨抜きにしてしまい、かれはかの女をあたかも主君であるかのように崇敬し、かの女の足許の腰掛けにすわって、山師にいいくるめられると同じといおうか、かの女の意志に、唯々諾々として従ったのであった。」

ともかく、この時代は、ラテン語でもって現実事態が記録されているわけであって、フランスの歴史家マルク・ブロックの適切な指摘にもあるように、わたしたちは、ラテン語の皮膜をはいで、生のイメージを暴かなければならないのである。ラテン語をもう一度俗語に翻訳し直せ。これがブロックの教えであったが、わたしたち日本人には、それを日本語にするという重ねての課題が課せられている。

「典雅な」としたのは faceta である。この語は、この時代、courtois の訳語（つまり俗語としてのフランス語からラテン語への）であった。宮廷風礼節に通じた、というほどの意である。「女の手練手管」artificium muliebris。なるほどこれは適訳だとあなたがたはお考えか。しかし、わたしは満足していないのである。むしろ、この時代のメンタリティに即せば、「女のアルス」と読むべきかと思う。女のアルス、すなわち女の仕事である。

「骨抜き」これは mollis。この時代、この語を名詞に使えば、「男色者」「去勢者」を意味したことをお知らせしておきたい。「主君」これは domina。あいてが女性だから女性形である。まさしく、トルバドゥールの想いをかける高貴な女性「想わせびと」に対する呼びかけがこれであった。

「陽気な」は「山師さながらに」いいくるめて、「トルバドゥール」に対する譲歩を前夫「渋面の」に強い、息子「若い」をとりもどした。一一〇七年初頭、フルクはアンジェーに入り、「渋面の」と伯権を共有した。

ところで、ここにもうひとつ情報がある。「陽気な」は、同じ手をカペ家でも使おうとした。自分の腹に生まれたフィリップを、先妻の子ルイを押しのけて、カペ家の当主に据えようとしたのである。これは失敗した。「陽気な」ベルトラードは、一一〇八年、夫「好色の」の死後、フォンテヴロー修道院に入った。一一一七年ごろ死去したと推定される。

最愛のアランビュルジス

もうひとりのベルト、ベルトラード・ド・モンフォールの話がつい長くなったが、このあたりで、その嫁のアランビュルジスのことに話をもどそう。

とはいっても、この嫁の人生については、ほとんど証言が残っていない。「陽気な」に対して瞋恚《しんい》の炎を燃やすオルデリク・ヴィタリスも、かの女については、じつにそっけない。ただの一行「ケノマネンシスの伯へリアスの娘エレンブルギス」をアンジュー伯がめとったと、なんとも無表情に記しているのみである。

それでも、かの女は、二、三の寄進状に、夫につづいて、つつましく名乗りをあげてはいる。すでに紹介した（序章「ドン・キホーテの風車」）、フォンテヴロー修道院系列の聖母マリア尼僧院あて寄進状もそのひとつである。これは一一一八年のものと推定されるが、もうひとつ、その前年、ということは「陽気な」しうとめが死去した一一一七年の十一月十一日付の、ル・マンで発行されたフォンテーヌ・サン・マルタン修道院建立寄進状がある。この修道院は、レンヌのサン・シュルピス修道院系列の修道院で、ラ・フレシュ、すなわちアランビュルジスの父親の旧領に建てられた。

「予、フルク、アンジュー・メーヌ・トゥーレーヌの伯は、主の命にいささかなりとも従わんと欲して、サン・シュルピス尼僧院長ならびに尼僧たちに対して、未来永劫にわたって、清浄なる施物として、わが魂の贖いのために、わが父母の魂の救いのために、サン・マルタンの泉の地に、区分されたるが通りの土地もろとも、聖堂を建立寄進するものである。同じく、わが妻、伯妃アランビュルジスもまた、かの女の魂の購いとかの女の父親エリの魂、また母の魂、また祖先一同の魂の救いのために、これを寄進するものである。かの女の先祖の、この土地は世襲の財産であった。くわえて、くだんの尼僧院長の懇請に応えて、予ならびに予が妻、伯妃は、神に仕えるくだんの尼僧たちに対して、ロンゴネーの森におけるヘルバギウム、ヘルバ、ショファギウムを、未来永劫にわたって贈与するものである。よって、くだんの贈与はなされり。ル・マンのわれらが館において、主の御托身の時よりかぞえて一一一七年目の十一月のイドゥスの三日前、週の第四日、使徒の座の御堂には法王パスカリス、メーヌの司教座には司教アルベール、フランスにはルイが玉座にある。」

まったくごていねいな書記ではないか。だいたいが、この時代、こういった文書の作成には、寄進のあてられる、その当の修道院側で行なわれたものが、まだまだ多く、ということは、伯家の家政がまだ整っていなくて、後代、英語でチャンセラー、フランス語でシャンスリエ、ラテン語でカンケラリウス、日本語に訳して「文書係の長」、あるいは、そのものが、その主君の印璽を預かるところから「玉璽尚書」が、土地によっては存在していなかったとはいえないのだが、少なくともあるべき姿で機能していたとはいえなかったのだ。

ところで、文中「ロンゴネーの森におけるヘルバギウム、ヘルバ、ショファギウム」とはなにか。森で採取される草葉や薪に対する権利の総称である。フランス語でエルバージュというが、これはつまりは、もともとは領主に対して領民の負うた馬の給養義務、さらには領主の猟犬飼育の義務であったのではないか。初源の形態では、農民たちが草を刈り、領主の館にかついでいって、牛馬の世話をするという光景がみられたのであろう。やがて、穀物等の現物あるいは貨幣による代納という形が一般化した。フォンテーヌ・サン・マルタン尼僧院の尼僧たちは、ロンゴネーの森に関するエルバージュ賦課を免除され、森の自由用益権を得たのである。

そういうぐあいに、アランビュルジスは、夫フルクの影にかくれるようにして、尼僧たちの着るもの、食べるもののために心を配り、喜捨の善行のうちに、かの女自身とその一族の魂の平安を祈る生活を送った。わたしたちの手許に残されている証拠に照らして、かの女の生涯をみれば、そういうことになる。これといって逸話もない。あだなも、わたしたちは知らない。夫フルクはやさしかったといってよいであろう。ヴァントームの修道院長ジョフロワとその修道士たちにあてた書簡のなかで、フルクは、アランビュルジスを「わが最愛の妻」と呼んでいる。一一二四年、アランビュルジス死去の二年前のことである。

あなたがたはお気付きになられたであろうか。「陽気な」ベルトラードが、フォンテヴロー修道院で魂を主に召され「最愛の」アランビュルジスが、修道女たちにせっせと施物を貢いでやりながら、心やすらかに息をひきとっていったころ、エロイーズの心を愛の嵐が吹きぬけたという、この事態の照応に。これは詩人の感慨ではない。わたし自身のふとした気分の囚われである。時の流れのひとつの澱みに、エロイーズとアランビュルジスと、ふたつの渦が、たがいに離れて、くるくるまわっている。アランビュルジスの内面を、ほとんどわたしは知らない。かの女は、詩人ヴィヨンの押し立てる沈黙の旗であって、いっそ歌うにいちばんふさわしい。

ロレーヌの女たち

ならばいっそビエトリスもアリスも、色も貧しく、無名の旗に仕立てようではないか。

十三世紀末の物語『エルヴィ・ド・メッス』の主人公エルヴィの妻がビエトリスで、そのしゅうとめがアリスである。ビエトリスの姪が「大足のベルト」にあたる。だからといって、しかし、ここにラティオが成立するといってしまっては、なにか語るに落ちたという感じがするではないか。長牀几《しょうぎ》にだらしなく寝そべり、安物の赤かなんぞをひっかけひっかけ、『大足のベルト物語』とか『メッスのエルヴィ伝』とか、なにしろそういった青表紙に読みふけっている若者といったイメージがホウハイとしてわきあがるではないか。どういうのだろうか。

それならそれでもいい。むしろこれはおもしろい。というのは「エルヴィ・ド・メッス」なる領主は、もともと十二世紀の騎士物語『ガラン・ル・ロレン』すなわちロレーヌ人ガランの物語に登場していたのであって、そのガランとベゴンの双生児の兄弟の父親で、メッスの侯を称したのがエルヴィなのである。エルヴィは、ベルトをめとった王ピピンの父であったカロリング家の当主カール・マルテルの同時代人であって、メッス方面の軍指揮権を、メロヴィング王家から預かっていた。ちなみに、この時代、「侯」というのは「伯」のうち軍隊指揮権を預かったものを指した。

ところが、物語では、とお断りしておくが、このエルヴィの死後、兄弟は、「ケルンの王アンセイス」の策謀にあって、領地をとられてしまった。そして、ピピン王の宮廷に身を寄せたというところから、『ガラン・ル・ロレン』物語ははじまっていたのである。そのエルヴィの話が独立して、十三世紀末に『エルヴィ・ド・メッス』物語が成立したのであって、ここであなたがたのご注意をうながしたいのは、これがロレーヌ人一族にまつわる話であり、『ガラン・ル・ロレン』の方は、そのロレーヌの一族と、ボルドレ（ボルドー地方）の一族とのヴェンデッタをテーマとした壮大な物語であったということである。

なにしろ壮大なのだ。ロレーヌの一族の方は、北東フランスの一族でありながら、南西フランスのガスコーニュ、ベランといったところにも所領をもっていたし、ボルドレの一族の方は、アルトワ、ヴェルマンドワ、ピカルディーといった北フランスにも所領をひろげていたのである。しかも、南東フランスのブルゴーニュにも、両家は枝葉を広げていて、けっきょくフランク王国全域にわたって、宿怨の争いがくりひろげられるという仕儀にはあいなった。

ビエトリス、アリスの二名辞は、じつに広大な歴史をはらんでいたと、生まじめな思案顔をここにさらそうというのではない。ただ、詩人の詩行のつながりぐあいのラティオをたずねているいまの手続き上、見逃せないのが、どうやらロレーヌの一族と思われる女たちの名前を、詩人がここにポンと投げだしている、そのポーズたっぷりのさりげなさで、なぜかといえば、一行おいて次の詩行に、

また、ジャーン、ラ・ボーン・ロレーン、

と、これまたさりげなさそうな顔をして、詩人は歌っているではないか。

これだけではわかってもらえないのではないかと、

イギリス人がルーアンで火炙りにした、

と、詩人は心配性である。なお、しつっこく、そのイギリス人はどこにいった、と、

かれらは、どこに、どこに、聖処女よ、

と、聖母マリアを困らせている。

IX　また、ジャンヌ、気立てのよいロレーヌ女

またジャーン、ラ・ボーン・ロレーン、
イギリス人がルーアンで火炙りにした、
かれらは、どこに、どこに、聖処女よ、

画家と詩人と異端女

ジャンヌ・ダルクは、一四三一年二月から五月にかけて、ルーアンで宗教裁判にかけられ、五月三十日、もどり異端として、ルーアンの広場で焚刑《ふんけい》に処せられた。

一四三一年四月から一四三二年四月までのあいだに、フランソワ・ヴィヨンはパリで生まれた（かれは旧暦一四三一年生まれであって、それを新暦に直せばこの期間となるのである）。

現在東ドイツのドレスデンの美術館に、ヤン・ファン・アイクの三つ折祭壇画「聖堂内の聖母」があって、その扉内絵には、左に大天使ミカエルと寄進者ミケーレ・ジュスティニアーニ、右に聖女カトリーヌの画像がみえる。この絵は一四三〇年か三一年の作とみられていて、そのころジャンヌ・ダ

ルクは、ヴァロワ家の跡取りシャルルが少女ジャンヌの人物調査のために組織した諮問委員会での審問において、またルーアンの宗教裁判官の尋問に答えて、わたしは大天使ミカエルさま、聖女カトリーヌ、マルグリットさまにお会いしました、その御声をききましたと、かたくなにいいはっていた。

以上の三つの出来事の同時発生は、これは歴史のたくらみであったといいはるつもりはない。ただ、おもしろいなあと思うだけの話である。

ヤン・ファン・アイクは、当時フランドルのブリュージュに住んでいて、ブルゴーニュ侯フィリップの「お小姓にして画師」であった。その同じブリュージュに、ミケーレ・ジュスティニアーニと同族のパンクラチオ・ジュスティニアーニという若者が、同郷人を顧客とする法律関係の仕事をしていて、王太子（と、じっさい、かれはそう呼んでいる）シャルルを援けに現われたとしきりに噂の流れているふしぎな女についての情報を、ヴェネチアの父親マルコあてに、前後九通にわたって書き送っている。

事件発生の直後、かなりの早さで、ジャンヌの噂はフランドル方面に拡散したのであったが、このふしぎな女が守護聖人にいただいている大天使、聖女のともがらの名前も、その噂はふくんでいたのか。それはわからず、ミケーレ・ジュスティニアーニの注文による聖母子画に天使ミカエル、聖女カトリーヌを描きそえたのは、これははたしてジュスティニアーニ一族の指定であったのか、画家の思いつきであったのか。また、そのどちらであったにせよ、画像の選定は、このふしぎな女の噂に触発されてのことであったのか。（図26）

論を立てようにも根拠なく、ただかなり臭い気配があるとだけ、いわせていただこうか。その臭気の正体が、かりにはっきりしたとしても、いずれにせよ、その臭気ただようころ、詩人が生まれたということは、これはその臭気とはなんの関係もない。三題噺《ばなし》はけっきょく成立しないのである。

ただわたしがいうのは、「そのかみの貴女のバラッド」第三連は、これは詩人がその場にいなかったと主張するのを否定する証言であって、詩人はこの三題噺の成立を望んでいるということである。画家ヤンと異端女ジャンヌと詩人フランソワと、この三人の作る世界の豊饒にわたしは打たれていると、ひとつ私的な感想を述べさせていただいて、さてジャンヌのことに話を移そうか。

ジャンヌ・ダルクはロレーヌのドンレミ村の生まれである。正確にいえば、バール侯領の一村ドンレミの生まれであった。古くからドイツ神聖ローマ帝国皇帝を宗主（封建関係における最上級領主）とする一侯領、バール侯領というのがあった。十四世紀初頭、フランス王を称するカペ家のフィリップ四世の代に、ムーズ川（マース川）より西の部分がカペ家の支配に服することになって、ここにバール・ル・デュックを首府とするフランス側バール侯領が成立したのである。ドンレミ村はこれに属していた。

その東北に境を接してロートリンゲン侯領というのがあったが、十五世紀に入って、一四一九年ロートリンゲン侯シャルル二世は、その一人娘をルネ・ダンジューに嫁がせた。これは、アンジュー侯ルイ二世を父とし、アラゴン王女ヨランドを母とする。（ちなみに、この「アンジュー家」は、いままでお話してきたアンジュー家とはちがう。）そのルネは、バール侯家最後の男系相続人であったバール枢機卿の養子になっていた。この結婚の直後、バール枢機卿は、ルネに侯領を贈与した。かくして、ロートリンゲン侯家は娘むこを通じて、バール侯領に対する権利を握ったのである。

しかし、フランス側バール侯領に対してロートリンゲン侯家があらためて権利を確保したといっても、その権利にはあまり実効性はなかった。もともとフランス側バール侯領が成立したということは、バール侯領の当該地域にフランス王家の行政権が及ぶことを意味した。フランス側バール侯領の西と北はシャンパーニュである。ここも前後してフランス王家の直轄領になっていて、フランス側バール侯領は、行政管区の区分けでは、そのシャンパーニュに組み込まれて、ショーモンに政庁を置くプレヴォ（王の代官）の行政権に服することになっていたのである。ドン・レミ村の村人はなにか裁判事が起こるとムーズ川のすこし下流のヴォークールールの町まで出掛けていって、その町の守備隊長であるロベール・ド・ボードリクールの裁定に頼ったのである。ロベールはショーモンのプレヴォの代理であった。

ところが、村の日常生活には、フランス王の代官の裁判権よりも、もっともっと歴史のある「村の領主」の権力が影を落としていた。

ジャンヌ自身が法廷で証言していうには、

「ドンレミ村のすぐ近くに貴婦人たちの木と呼ばれる木がある。妖精たちの木とも呼ばれています。そのそばに泉があります。熱病にかかった人がこの泉の水をのむ。健康をとりもどすために水を求めてやってくると聞いたことがあります。わたしものんでみました。ほんとうになおるかどうか知りません。自分で立てる病人は、木のまわりを歩きまわります。大きな木で、橅《ぶな》の木です。その木から、五月が来ます。ル・ボー・メと、フランス語でいいます。その木は、わたしどもの領主の騎士ピエール・ド・ブールレモンのものだといわれていました。」

一五八〇年、モンテーニュが、その『旅日記』に、ドンレミ村の「ぶどう畑のわきに、むすめの木《ラ・ピュセル》をみた」と書いている、その木である。枝葉を大きく広げて大地に垂らし、木蔭の空間を作るこの「ねじれぶな」の大木は優に三百年は経っていると証言された。「柏の森《ボウ・シェニュ》」と呼ばれた森のはずれに位置していて、少女ジャンヌの生家の戸口に立つと、これがみえたという。

ドンレミ村の領主

このぶなの木は領主ブールレモンの所有であった。のち「インクェスタ」でも、そう村人によって証言されている。

一四五〇年代に、ジャンヌの生前を見知っていた者たちに対して聞き取り調査が行なわれた。「アンケートをとる」という意味のラテン語の動詞から「聞き取り調査」という意味の名詞が作られて、それが「インクェスタ」である。

ちょっと古いが、一三九八年に行なわれたこの領主の領主領の実勢調査の記録によれば、領主ピエール・ド・ブールレモンは、問題の森の一部分、「ほぼ百アルパン分」と「ぶどう畑の荒地、ほぼ四日耕分」を所有していた。アルパンというのは面積単位で、耕地については、地方差はあるとしても、ほぼ四〇アール程度と換算できるが、林野については、五〇アール程度の面積であって、一〇〇アルパンで五〇ヘクタールほどとなる。四日耕分、すなわち鋤一台の一日当たり鋤き返し可能面積の四倍である。これだけの土地が領主のものであった。逆にいえば、ドンレミ村の領主がブールレモン家であるといっても、この総戸数三十弱の村全体が、人間をふくめてブールレモン家のものであったというわけではないのである。

領主ブールレモンとドンレミ村とは、慣習法にのっとる双務的協定を結んでいた。森についての協定は、いわゆる入会権の問題になるし、また、たとえば、村はムーズ川の西岸にあるわけだが、村からみて対岸、本流と細い支流の作る中州状の土地のことをイール・ド・ドンレミ（村の島）と呼んでいた、そこは隣村のグルー村と共有する村の土地であったが、領主ブールレモンは、そこに城館を建てた。その城館とそれに付属する草地の保有権が領主の側に設定されたわけである。ドンレミ村とグルー村は、それを領主から賃借し、家畜の飼育場に、あるいは村が「無法の軍勢」に襲われた際の避難所に使ったのである。

領主ブールレモンの家系は十二世紀まで追跡することができるが、ドンレミ村からムーズ川をすこし下ったあたりのコンメルシー近くのブリクセイという土地の領主の家系に出たらしい。一家の拠点となった城は、逆にドンレミ村から川を上流にさかのぼってヌフシャトーの町をすぎたあたりの、左岸（西）にせまる丘の上にあった。これを根城に、バール侯領、シャンパーニュの王領、そして北のロートリンゲン侯領の各地に「所領」を構えていたわけで、ドンレミ村やグルー村は、そのうちでバール侯領に属する所領として、一族によって保有されていたという理屈になる。

城はシャンパーニュの王領に立地していて、そのかぎりではシャンパーニュの一領主である。しかし、ブールレモン家の当主は、代々、ロートリンゲン侯に臣従し、ロートリンゲン侯の騎士であった。

侯家とのあいだに封建契約が設定され、侯家が召集《オスト》をかければそれに応ずる。

ブールレモン家の家系は、一四一二年、これはジャンヌが生まれたか、生まれて一年ほど経ったかの年と推定されているのだが、当主ピエールが死んで、男系が絶えた。ブールレモン家の領主権は解体した。ピエールの妹で、ジョアンヴィルの領主アンドレと結婚して、一四一〇年に死んだジャンヌの娘に同名の娘がいた。ドンレミ村の領主権は、ピエールの姪にあたるこのジャンヌが継承した。かの女は、ロートリンゲン侯領の一領主であったオジェヴィレーないしオジェヴィエの領主アンリと結婚したが、夫を失い、次いでザルム伯ヨハンと結婚して、一四三一年に死去している。

オジェヴィエは、ナンシー東南のリュネヴィルからさらに東へ二〇キロほどいったあたりに、いまもその名の町がある。そこを領した領主であって、これはそれだけの話ですむが、ザルム伯家の方は、そうはいかない。

ザルム伯家は、十世紀にアルデンヌ高地に形成された伯家であって、ロートリンゲン侯家と同様ローマ帝国皇帝を宗主とし、ルクセンブルク侯家との家系連合がみられた。十一世紀後半の伯ヘルマン・フォン・ルクセンブルクは、皇帝ハインリヒ四世に対する対抗馬として、諸侯にかつぎ出されている。現在でもベルギーの東端、ルクセンブルク大公国の北境近くの小さな町ザルムシャトーにその名を残しているが、そこの城を拠点とした一伯家である。

その後、この一族は、南のヴォージュ山地のザール川源頭の地に所領を獲得し、十五世紀に入って、そこに「上ザルム伯家」を立てた。現在は城地《じょうち》は消えてしまっているが、オジェヴィエの東三、四〇キロばかりのヴォージュ山中に城があった。ここでいうザルム伯家というのは、これをいう。ロートリンゲン侯に臣従する一伯家である。

そういうわけで、ジャンヌが少女時代のドンレミ村は、ナンシーのさらに東のロートリンゲンの領主を村の領主にいただいていたわけであって、そういう領主が、いったいどれほどの実効性のある保護を村に与えることができたであろうか。とにかく治安は極度に悪化していて、とりわけ村を脅かしたのは「ザールの橋」ザールブリュッケンを拠点とするナッサウ・ザールブリュッケン伯家一族の動きであった。神聖ローマ帝国皇帝を宗主とするこの一族は、モーゼル川の支流ザール川中流からムーズ流域にかけて、各地に進出し、ロートリンゲン侯やシャンパーニュのフランス王の代官と事を構えていたのである。

ジャンヌが七つか八つのころ、ドンレミの村人は下流のマクセイ村の方角に、麦畑を焼く煙を目にしたはずである。マクセイ村からさらに下流のコンメルシーに根城を構えたザールブリュッケン一族のロベルト某がマクセイ村に襲撃をかけた折のことである。四年後、一四二三年には、このロベルト・フォン・ザールブリュッケンは、ドンレミ村を一時、その「保護下においた」。ということは、村人から貢租をとりたてたということだ。

ザールの源頭に位置するザルム伯家である。どうして、この後添いの婚資である、ムーズ河畔の、たかだか一小村の運命を気にかけてやる余裕をもったろう。一四二五年にはアンリ・ドルリなる騎士が、手勢をひきいてドンレミ村に来襲し、村人たちは不意をつかれて、こういうばあいには前述の「イール」に家畜などを移す手はずになっていたのが、そうする余裕さえもたなかったという事件が起きたが、このアンリ・ドルリなるものは、ブルゴーニュ侯に忠誠を誓う、この地方の一匹狼的存在であったのだ。

その三年後、ジャンヌは、両親や村人とともに、ヌフシャトーに滞在している。避難したのである。今度は、フランス王軍の乱暴狼藉を逃れてのことであった。さて、いったい事態はどうなっていたのか。

一匹狼の守備隊長

ジャンヌの父親はジャコブ・ダルクとも、ジャック・ダルクとも、あるいはジャコ・ダルクとも資料に出る。一四二〇年の記録に「イール・ド・ドンレミの城館」の賃借人として、もうひとりの村人の名前とともに出ている。一四二三年の記録には、「村の世話役《ドワイヤン》」として、また二七年には、ヴォークールール守備隊長ロベール・ド・ボードリクールの法廷で、ドンレミの住民の「代訴人」として出る。総じて、村の有力者のひとりというところか。

ところで、「ヴォークールールの守備隊長ロベール・ド・ボードリクールの法廷」なるものは、これはいったいいかなる性質の法廷であったか。一口にいえば、それは、ショーモンの王の代官の代理としての権限の行使であった。ロベール・ド・ボードリクールは、ブールレモン家と同様、ムーズ河谷土着の領主の家系に出る騎士で、一四二〇年以降、ヴォークールールの守備隊長職についた。

ヴォークールールは、これはもともと、例のブールレモン家の女子の嫁したジョワンヴィル一門のものであった。十二世紀の建造になる石壁と十七の塔にかためられた城砦と、その東に形成された街区とからなる町で、一個の城主支配圏の拠点であった。ジョワンヴィル一門は、これを十四世紀の前半、フランス王フィリップ六世に譲渡し、かわりにセーヌ川流域に所領をもらった。シャルル五世の代に、最終的に王領に編入され、ショーモンの代官区に所属することになった。ロベールは、ショーモンの代官に下属する形で、この城を預かったのである。

そのショーモンの代官とは、じつはこの時期、ロベールの叔父のジャン・ドーノワであった。ロベールは、この叔父の代官の仕事を代行することがあったのである。「ロベールの法廷」とは、つまりはそういう意味であり、ドンレミの村人がジャコ・ダルクを代訴人としてヴォークールールに派遣したというのは、つまりはフランス王の裁判を求めてのことであったということになる。

ところが、これはあくまで筋としての話でしかない。いったいこのばあい、フランス王とはだれか。ロベールの叔父、ひいてはその代行たるロベールは、どんな権力を代理していたというのか。

当時、パリの王政府といえば、それはイギリスの占領軍であった。「フランスとイギリスの王」を名乗るイングランド・ランカスター王家の幼少のヘンリ六世の叔父ベドフォード侯が、フランス摂政として政府を構えていたのである。ところが、このロベールという男は、パリの政府を認めていなかった。かれは、当時、ロワール河畔に臨時政府を立てていたヴァロワ王家の跡取りシャルルの線につながっていたのである。

けっきょく、このロベールのところに、やがてジャンヌは出かけていって、助力を要請することになるのだが、その時点で、シャルルの手のものがロベールの周辺にいたと思われる節がある。「王太子の厩舎係」というポストにあったジャン・コレというものだが、そのかれは、ジャンヌの供回りに入って、シャルルのいるシノンに向かっている。

それはともかく、パリの政府がなにをいってきても、ロベールは聞く耳をもたなかった。だから、一四二四年の夏には、ベドフォード侯は、ロベールがシャンパーニュに保有する領主領ブレーズほかいくつかの所領を没収して、ロベールに脅しをかけている。ロベールはロベールで、ますます図に乗って、一四二五年には、アラルド・ド・シャンブレイなる女性を後添いにめとったが、これはバール侯家の「侍大将《マレシャル》」を父とする女であった。ロベールと同様やはりムーズ上流の領主の家系に出る。ロベールが、バール枢機卿や、その養子のバール侯ルネ・ダンジューと連絡をとっていた証拠もある。

ベドフォードもさすがに「頭にきた」か、一四二八年七月、シャンパーニュを預かるフランス王軍総司令官アントワーヌ・ド・ヴェルジの軍勢をヴォークールールに差し向けた。市民は城砦に避難したが、付近の村々は見捨てられた。ドンレミの村人がヌフシャトーに避難したのは、この時のことだったのである。九月、ロベールは王軍総司令官と協定を結び、近々にヴォークールールを明け渡すと約束したが、もちろん約束は守らなかった。

そういう次第であってみれば、ドンレミ村の住民としては、なんとも心細い想いであったにちがいないではないか。領主の保護を期待しようにも、領主は影も形もみせない。王の正義に頼ろうにも、王の存在証明がなんともあいまいだ。そういうことを、村人は、日ごろ、ぶつぶついいあっていたにちがいない。

ヴォークールールの殿さまは、あれはひとかどの男だ。頼れる。そうきっぱりといい切る声がきかれたでもあろう。もう何年前になるだか、なんてったけな、ほら、一匹狼のよ、騎士がいたべさ。アンリ・ドルリ。ぽつんとだれかが応じる。そのアンリよ。この前、ヴォークールールでみかけたがや。

ロベールの殿さんの手の者だと。知らいでか、と、これはだれがいったかはっきりしている。ジェラール・デピナルという男である。ブルゴーニュの殿の筋のもんよ。ヴォークールールの城主はブルゴーニュ与党よ。

のち、「インクェスタ」で、この男、ジェラール・デピナルは、六〇歳を称し、とぼけた証言を残している。

「わしはなにも知らん。ただ、ジャネットは、出発しようと肚を決めたとき、わしにいったものだ、おともだち、もしあんたがブルゴーニュ党の人でなかったら、話したいことがあったのに、とな。わしはまた、てっきり嫁にいきたい男のことかと思ったものだて。」

ディジョン、サラン、ドールの殿

「ブルゴーニュ党の人」は敵だと少女は考えていたのであろうか。

バール侯領の南がブルゴーニュ侯領である。そういうとなにか、地続きの隣国という印象をうけるが、とんでもない、このあいだに介在するのがヴォージュ山地であり、ラングル台地であり、ブルゴーニュ山地である。セーヌやムーズやザールの源流がここに発して、北に、西に流れる。それら諸河川の源頭を越せば、ソーヌ川がここに発して南に流れ、ジュラ山脈とブルゴーニュ山地のあいだに川筋を刻んで、やがてローヌ川に合流し、地中海に入る。

ブルゴーニュ侯領は、このソーヌ川西岸に、古くからカペ家系の一侯領として歴史を刻んできた。

その東、ということはソーヌ東岸からジュラ山脈の山腹にかけて、神聖ローマ帝国のブルグント伯領というのがあった。フランス側のブルゴーニュ侯家は、十四世紀のなかごろ血統が絶え、フランス王家ヴァロワ家は、これを一時王領に吸収したのち、シャルル五世の代に、末弟のフィリップをここに封じて、いわゆるヴァロワ家系ブルゴーニュ侯家を立てた。これがここにいうブルゴーニュ侯家である。

ところが、このフィリップ、あだなを「大胆な」は、フランドル伯女を妻とし、その妻の相続財産ということで、このあたりよくお読みいただきたいのだが、フランドルとその南のアルトワ、そしてブルグントの三伯領を領することになったのである。

だからヴィヨンは「古いフランス語で歌う同じテーマのバラッド」にこう歌っているのである。

ヴィエンヌとグルノーブルの、
王太子たるも、猛くして賢く、
ディジョン、サラン、ドールの
一番年が上の男子の殿たるも、
またその家来どもも同じこと、
伝令使、喇叭手、また供回り、
いかに美食を楽しんではみても、
風、過ぐれば、失せて跡なし

ソーヌ川はリヨンでローヌ川に合流するが、リヨンのすぐ南にヴィエンヌという町がある。南東の方向に一〇〇キロメートルほども行くとグルノーブルの町がある。ヴィエンヌのずっと下流でローヌ川に入るイゼール川中流の町である。このふたつの町を主だった町として、ドーフィネという領地があった。もとはヴィエンヌの伯の領地だったが、十四世紀に入ってフランス王家のものになった。王家はこの領地を「一番年が上の男子」の領地にすると決めていた。そこから王太子を「ドーファン」と呼ぶようになった。「ドーフィネ」は「ドーファン領」という意味で、「ドーファン」はヴィエンヌの伯が自家の紋章図案に取り込んでいた「いるか紋」をいう。

ヴィヨン遺言詩集の時代のドーファンといえば、それはシャルル七世の息子のルイである。それがルイはまだ「猛くして賢し」と評判されるほどのことはやっていない。これはむしろシャルル七世の王太子時代を諷喩している気配がある。同じように三行目と四行目も、ブルゴーニュ侯の息子のシャルルのことをいっていると読むのは無理がある。「王太子シャルル」に対抗したブルゴーニュ侯家の統領「おひとよしのフィリップ」を指していると読んでこそ筋が通るというものだ。

それにしても、おひとよしのフィリップの代のブルゴーニュ家といえば、もはや隠国《こもりく》のブルゴーニュ領に自足している玉ではない。フランドルからネーデルラントへ覇権の翼をひろげ、ロンドン商人やハンザの商人と渡り合い、国際的環境において侯家家政を経営している。ロンバール人たちも大勢ブリュージュにやってくる。してみると、われらが詩人は、ブルゴーニュ侯権をなんとも古風に歌っているということになろうではないか。まこと「古いフランス語で歌う同じテーマのバラッド」

にふさわしい目つきというべきか。
ところで、ヴィヨンは、サランという町の名を『遺言の歌』一一七節にも歌いこんでいる。

ひとーつ、こんど旅してわかったんだが、
おれの貧しいみなしごの三人ねえ、あいつら、
年端もいかなかったのが、けっこう育ってねえ、
頭は牡羊ってわけでもなさそうだし、ここから
サリンまでのどんなこどもたちだって、学校で
習った芸をこんなにちゃんと覚えてるのはいない、
だからさ、阿呆のマトリン僧院かけていうんだが、
これほどの若者ならば、そうよ、バカじゃあない

なんの変哲もない詩行ではないかと、あなたがたはお腹立ちであろうか。ところが、この詩行、意外と根が深い。ここにしみじみと詩人の歌いあげる「みなしご三人」とは、すでに『形見分けの歌』第二五節にその名前が列挙されていて、「すっぱだかのこどもたち」すなわちコラン・ローラン、ジラール・ゴスーアン、ジャン・マルソーの三人であって、これは当代パリの町人番付筆頭に位するご老体の面々なのであった。

ジャン・マルソーとはだれか

ジャン・マルソーだが、『パリ一市民の日記』にこう見える。一四一五年四月十七日の日付のある記事である。

「四月十七日、ギュイエンヌの殿が市庁舎にやってきて、新しい助役三名を任命した。すなわちピエール・ド・グランリュ、アンドリエ・デパルノン、ジャン・ド・ルーヴィエである。そしてピエール・オジェ、ジャン・マルソー、ギヨーム・シラスの三名を解任した。」

これだけの記事だが、含蓄は深い。ギュイエンヌの殿というのは、当時ヴァロワ王家の跡取りに指命されていたルイ。この年の暮れに死去する。このすぐあとの記事をみると、

「九月一日、日曜の夜、王の長子ギュイエンヌの殿は、イギリス勢を迎え討つべく、鳴物入りで出発した。その父のフランス王は、続く九日、息子のあとを追い、まずはサンドニに夜営した。」

ほとんど半世紀ぶりにノルマンディーに上陸したイギリス王軍を迎え討つためである。

とはいうものの、この年十月、アルトワのエダンに近い丘陵での大会戦に、父子は参加しなかった。父はマントに、息子はそのすこし先のヴェルノンにあって形勢を展望していた。王軍の一翼を預かるブシコー将軍も、ルーアンにあって二の足を踏んでいた。王国の重臣であるブルゴーニュ、ブルター

ニュの両侯は、王軍への参加を拒否されて、立ち往生していた。烏合の衆のフランス王軍は、かくてアザンクールの戦いを失った。

ところでジャン・マルソーだが、マルソー家はパリの有力な商家で、主に毛織物のラシャ地を扱っていた。たぶんジャンは、この時点では、まだ二十歳代の前半のはずである。二年前、一四一三年の八月に、他のふたりとともに助役に任命された。オジェのことは不明だが、シラスは指物師であって、なにしろベリー侯の館の仕事をしているのだから、当時有数の職人である。

一四一三年八月といえば、それまでパリの統制権を握っていたブルゴーニュ侯おそれ知らずのジャンが、民衆の親ブルゴーニュ熱を計り損ね、制御するのに失敗し、「サン・ジャック屠殺場の牛の皮剥ぎ職」カボシュをリーダーとする民衆蜂起を容認してしまって、反対党派の反攻を招き、パリを退去した、その政変劇の直後のことである。クーデタによる役人の首のすげかえというわけで、新たにパリを制圧した党派をアルマニャックという。おそれ知らずのジャンのいとこにあたるオルレアン侯シャルルの義父、ピレネー山中のアルマニャック伯ベルナールを親方として結成された党派だから、そう呼ぶ。

なにか、そうみると、パリ市の新任の助役たちは、こちこちのアルマニャック与党みたいだが、たしかに指物師シラクのばあいはそうだったようだが、というのは、かれは、二年後には「市長」に就任して、その直後、一四一八年五月、おそれ知らずのジャンがパリを奪回した、そのクーデタのあおりで馘《くび》になり、その後は消息を絶っている。

けれども、ラシャ商家の御曹子ジャンは、一四一五年の四月に解任されたあと、商売の修業に精を出していたのか、政商リストには名を連ねず、やがて一四一八年のクーデタのあと、さっそうと再登場してくるのである。一四一九年一月二日付の市庁舎の記録をみると、ジャンは、もうひとりアンベール・デシャンというのと一緒に、市政の監視役として、毎日市庁舎につめるべく委任された、とある。

ところがである、一九年九月十日、おそれ知らずのジャンは、セーヌ川をさかのぼってゆくと、モントローでヨンヌ川との合流点に出る、そこにかかる橋の上に設けられたアルマニャック党派との談合の席上、謀殺された。当時十六歳のヴァロワ王家の跡取りシャルルは、アルマニャック党派に操り人形のように動かされ、イギリス軍がノルマンディーに拠点を据えて、じわじわとパリにせまっている、きわどい状況だというのに、事態解決の鍵を握る実権派を目の前で殺させておいて、ぼく知らないよ、と泣きべそをかきながら、ロワール河畔に逃げだした。

薪の値段も上がりっぱなし……

すでに七月以降、ノルマンディーから進出してポントワーズに本陣をおいたイギリス勢がパリを攻囲している。モントローの惨劇の情報の入った直後『パリ一市民の日記』の筆者であるパリの無名氏は書いている。

「なにしろ、かれらイギリス勢は、善良なる侯をよこしまな欲望の血祭りにあげるや、あちらこちら荒らしまわり、奪い、身代金稼ぎをし、火を放ち、そんなこんなで、ものの値段があがりっぱなしで、なにしろ麦はパリ貨四〇スーもしなかったのが、いまでは六から七フランだ。えんどうもそらまめも、一スチエについて一〇から一二フランだ。チーズ、卵、バター、にんにく、たまねぎ、薪、肉、要するに人と動物とこどもが生きてゆくのに必要なものすべてが値上がりしたので、なにしろ、ちっぽけな薪束百束で三フランもするのだ。ついには、ヴァンセンヌの森の木を伐れという触れが出た。モルで量るのはパリ貨一六から一八スーする。炭一荷が三フランだが、これは以前には五ないし六スーで買えたのだ。」

モルは薪をつめて量る計量具。一立方メートルほどの大きさで、市庁舎に保管されている原器の複製が作られて、薪市場に置かれている。束物にできない原木状の細かな薪を量った。

売り惜しみか？　そうなのです。昔も今も変わりなし。ポントワーズがイギリス軍の手におちたのち、セーヌの水運が杜絶したので、商人たちのうちには、と、パリ市政府の記録は報じている。一四一九年初頭の、冬まだ深いころである。われらがジャン・マルソーの監視するパリ市役所の証言である。「薪の値段を不当につりあげる」ものが出た。そこで役人を薪の荷揚げ場に派遣して取り締まらせたところ、「あるものは百束で、じつに三二スー、あるものは三六スーといいたてていた。けっきょく四〇スーということに決めた。」ところが、こうして最高価格が設定されたというのに、六〇スーで売った商人が摘発されたという。

無名氏は、もっとすごいケースを知っていたことになる。フランは、つまり貨幣の換算単位ではリーヴルのことで、パリ貨リーヴルは二五スー。掛ける三は七五スーである。

ジャン・マルソーは決断を下した。市政府は、国王裁判所《パルルマン》に請願書を送付し、王有林の伐採の許可を求めたのである。二月九日付で、国王裁判所林野水利部は命令書を伝送し、ジャンは王の寛大に涙した。

「急ぎサンクルーあたりなる王林とヴァンセンヌ森の一角の木を伐採し、板と薪を調達せよ。」

というのは、その当の国王裁判所の審議官たちでさえも、パリ収納役から、ほんのちょっと薪をわけてもらうのにも苦労していたということなのであったから。

じつは、「板と薪」といいささかあいまいに訳したのにはわけがあって、「板」と訳した語は「建築資材」と訳した方がよい。「建築資材と暖房用の薪」と言い回しているのである。薪不足をなんとかしようと王家の森までも提供したと読むのは深読みにすぎる。あるいは史料を読みたいように読むということになる。

けっきょく節約ということになった。これぞ十五世紀の「省エネ」である。ノートルダム聖堂では境内の不寝番用に二五フラン分の薪を用意してあったのだが、これではふんだんに燃やすというわけにはいかない。そこで、夜番につく聖堂参事会員一人について、太薪二束と並もの二束を割り当てたという。

Ⅹ　王の塩倉庫

パリ一市民の日記

すでに一、二度ご紹介したように、ジャンヌ・ダルクの出現した前後、半世紀にわたる「日記」を書き残した人がパリにいた。書いていることの内容から推して、ほとんどパリの外へ出たことがなかったらしい。数か月にわたる出来事を覚書ふうにまとめている文章もあり、「日記」といっても、字義通り日録に終始しているわけではない。

素姓は皆目わからず、自分の家のことなど書いてはいるが、さて、その家がどこにあったか。まさか「日記」に自分の家のことを書くときに、二階堂のわたしの家などと書く人もいるまい。ラテン語の語句をさしはさんだり、大学のことを報じている文章に、「われわれは」などといっているので、どうやら大学関係者であったのではないか。文章の調子などから推して、やはり聖職禄を喰《は》んでいた人とみてよかろう。もっとも、わたしなどは、これは学のある門番かなにかではなかったかと想像して楽しんでいるのだが。

十五世紀前半のパリの町の生活を、まるで写真機かなんぞのように写しとっているという印象がある。目にふれたもの、耳にきいたことをことごとく記録せずには気がすまない、この時代の人たちの精神構造がうかがわれる。わたしはこれを弥次馬根性と呼びたい。じっさい世相は荒れていて、弥次馬の好奇心が、からくも厭世感情のへどろから、人びとの心を吊りあげていた。ファン・アイクのよく体現した個物一切描写、雑物細密描写の表現衝動とあい通じる。

だから、前章冒頭にお話しした三題噺を、一四二九年九月八日、ジャンヌをともなった王太子勢がパリのサン・トノレ門に襲撃をかけた折、「かれらのむすめ」の振舞いを書きとめたかれの文章をここに紹介して、四題噺にふくらませたいと思うのである。あるいは、こういおうか、異端女ジャンヌをめぐる画家と詩人と記録者のまなざしは、好奇心に光り輝いて、かれらはこの時代に生きる偉大なる弥次馬どもである、と。

「ここにかれらのむすめは濠割の土手の上にあって、その旗を守り、パリの人たちに呼びかけた。イエスにかけて、ただちにわれらに降伏せよ。夜にいたるまでに降伏せざるときは、われらは、なんじらの意向にかまわず、やむなく力をもって城内に入り、なんじらは容赦なく死へと追われることになろう。なにを！　とあるものはいった。この助平女め、淫売め！　そして、その男の放つ弩《いしゆみ》の矢は、まっすぐにかの女に向かい、かの女の脚をつらぬきとおしたので、かの女は逃れ去る。もう一筋の矢は、かの女の旗を持っていたものの足をつらぬきとおす。そのものは、傷ついたと知るや、その瞼甲《けんこう》をあげて、足にささった旋転矢をひきぬこうとする。そのとき、さらに一筋の矢がかれにいたり、両眼のあいだをつらぬき、顔を血に染める。かれを傷つけ、死に追いやる。」

わたしが訳に凝って現在形にしたのではない。無名氏の文章自体がこうなのである。かれは、このとき、たしかにこの場面をみている。出来事がみられて記録され、わたしたちにその出来事をみようとうながす。（図27）

かねとものの値段

ところで、前章に紹介しかけた無名氏の嘆きだが、これはまだまだ続くのであって、お読みいただこう。一四一九年九月の記事である。

「同じく、幼児は乳がのめなかった。なにしろ、一パント当たり一〇から一二ドニエもしたのだ。貧乏人は肉も脂身も口にできなかった。小さな子どもでさえ、三ブラン分はゆうに食べてしまうのだから。上質のラード一パント当たりパリ貨四から五スー、羊の脚一本四ドニエ、牛の脚が七ブラン、塩入りバター四スー、卵一個八ドニエ、チーズ一片がパリ貨七スー、男物サンダル一足パリ貨八スー、パタン一足八ブラン。なんでもかんでも値上がりで、それというのも善良な侯が死んだせいだ。」

パタンというのは、踵の高い女性の履き物だ。いうなればハイヒールのサンダル。「ブラン」という単位については、続けてすぐの記事に無名氏自身が解説している。

「かくしてブラン貨は価値を失ってしまった。なにしろ一六ドニエのブラン貨が三ドニエにしか当たらなくなったのである。往時のエキュ金貨はパリ貨三八スーする。銀一マールは一四フランだ。そういうわけで、かねが弱くなったので、ものがパリにこなくなったのだ。かくしてイギリス勢は、ほしいがままに、パリの市門近くにまで出没する。一方にはアルマニャック勢だ。あいつらも性悪だ。だれもが週に二度か三度、監視に狩り出される。一度は市中の見回り、一度は市壁の見張り小屋詰だ。いまは真冬。毎日雨で、とても寒い。」

毎日雨で、とても寒い。簡潔ないいまわしだけに実感がこもる。こういう文章に接すると、わたしは記録の力ということを想う。

なにしろ、コルベイユ近郊の農夫で、輸送中の豚を盗んだのがいた。国王裁判所の記録によれば、かれはけっきょく免訴されたのだが、赦免状は「雪と氷のあまりのひどさ」を免赦の理由にあげているくらいだったのである。

ブラン貨とはラ・モネ・ブランシュ、すなわち銀貨のことで、当時の通貨のひとつである。グロ貨とも呼ばれていた。ドニエというのは貨幣の換算単位のひとつで、そのドニエ換算で一六ドニエ分の価値のあるはずのが、三ドニエ分の購買力しかもたなくなったというのだから、この通貨、ずいぶん信用をおとしたものである。だから、無名氏がこの記事を書いた直後、一四二〇年一月、王政府はトゥール貨五ドニエ相当の小ブラン貨を発行した。

パリ貨に対してトゥール貨は、もともとアンジュー・プランタジネット王国領内の貨幣制度の名残りで、イギリス貨のスターリングとトゥール貨リーヴルとが大体対応する。この小ブラン貨は、パリ貨二ドニエの通貨二枚分にも相当するとされているので、パリ貨二ドニエ分のコインも、この時期、出回っていたことがわかる。

エキュ金貨は、百合紋を配した楯《エキュ》型極印の丸型金貨の総称で、聖王ルイの代に鋳造されたのを祖型とする。フィリップ六世の「玉座のエキュ」、シャルル六世の「王冠のエキュ」、ルイ十一世の「太陽のエキュ」が知られているが、最後のは、無名氏の時代にも、われらが詩人の生活圏にも、まだ出回ってはいなかったわけで、無名氏のいう「往時の」は、さて、玉座のか、王冠のか。

シャルル六世の「王冠のエキュ」も、なにしろ初版は一三八五年だから、もう十分「往時」だ。それに日記の十九世紀の校訂者の注記によると、国王裁判所の記録に、「エキュ金貨で、あるいはそれに相応する、エキュ一枚について四二スーの金額で」債権の回収を主張する者がいたと見える。このケースでは、一三三七年にさかのぼる古銭金貨の話をしているとは思えない。無名氏のいう「往時のエキュ」も、そこまではさかのぼらないと思う。シャルル六世の「王冠のエキュ」であったろう。

「王冠のエキュ」は一三八五年の初刷の時パリ貨一八スーの額面価格が設定されて、その価格は一四一一年の第五刷まで維持された。その後、内乱の時代に入って通貨も大混乱の状況を見せるが、ともかくもエキュ金貨はパリ貨一八スーの額面価格を維持したらしい。だから、一四一七年十月の日付をもつ記事に、「塩一スチエ当たり、パリ貨一八スー相当のエキュ金貨四枚」と見えても、まあそういうものかと読み過ごすことができる。じっさいは「王冠のエキュ」はひどいことになっていて、一四一九年三月の第六版は従来の二四金が二三金に、価格もトゥール貨三〇スー、パリ貨で二四スーに下がったのである。

「往時の」という言い回しが持つ意味がここにかかっている。最近のエキュはダメだが、往時のエキュならば、逆に値上がりして、パリ貨三八スーすると無名氏は、一四一九年九月の時点で証言している。それだけ金の価格が上がったということで、無名氏はこの記事では銀の値段しか書いていない。「往時のエキュ貨」の価格を金そのものの値段とみなしているかのようで、おもしろい。

そうすると微妙な問題が出てくるのであって、最近の古銭学が明らかにしたところによれば、「シャルル六世の王冠のエキュ金貨」は、たしかに一四一一年にもなお二四金でパリ貨一八スーを維持してはいるが、じつは重量の点で、一三九四年の第四版以前のものとくらべると、わずかに劣る。マール当たり六二個、重量三グラム九四から、六四個、三グラム八二へと変化しているのである。

一枚あたりの量目の差はわずかだが、これが一〇枚、二〇枚となれば、おのずから軽重は明らかで、両替商やベテランの商人の目を欺くことはできない。ましてや金の価格が上がっているということになれば、なおのこと問題で、往時のがいつをいうか、それが問われることになる。無名氏が銀はマール、すなわち八オンス当たり一四フランと記録したその数か月後、一四二〇年一月、王政府は、マール当たり一六リーヴル一〇スーと金価格を決定している。さらに四月、パリの通貨鋳造所の金買取値段は、これにプラスプレミアム三〇スーとなっている。さらに翌二一年二月には、金価格トゥール貨二六リーヴルと設定されていて、プレミアムは四〇スーにひきあげられている。

塩の値段の怪

「王冠のエキュ」が一四一七年にはまだ「往時の」の価格を維持していたことを証言する記事を先ほどご紹介したが、それは塩の値段がらみの記事で、なかなか厄介な文章なのだが、大意をとればこう読める。

「また、この十月、塩に重い税金がかけられた。なにしろ世間ふつうの人の家にも二スチエ、三スチエの塩が送りつけられ、金持ちともなると一ミュイ、半ミュイの塩を買わされたのだ。配達人にすぐ支払うか、督促人を家に住まわせるか、さもなければ王宮の牢獄につながれたのだ。塩はスチエあたりパリ貨一八スーのエキュ金貨四枚した。」

「塩」については、もうひとつ、無名氏はゆかいな記事を残している。一四四〇年のもので、

「同じく、この年、一月と二月、豚の大群がやってきた。その数のあまりの多さをみたよこしまなる投人どもは、塩の値段をつりあげたので、ボワソー当たりパリ貨二二スーにもなった。それどころか、かねを出しても手に入らなくなった。

かくしてパリでは、屠殺された豚多数が、塩がないために、だめになってしまった。なにしろ、役人どもは、自分たちに都合のよいように売ろうとして、荷駄扱いでしか塩を運びこませ

なかったのだ。噂ではすべてこういったお上のやり口は、サン・モール・デ・フォッセ修道院長のよこしまな悪意に出るものにほかならなかった、と。」

庶民の邪推もここに極まれりというところか。スチエ、ミュイ、ボワソーと容量単位がうるさいが、いずれもこれはものによって、地方によって容量の異なる単位であって、塩のばあいについて、パリでのばあいについていえば、スチエは一六ボワソーで二〇八リットルだから、一ボワソーは一三リットルとなる。ミュイは、これは大樽で、二四ヘクトリットル、すなわち二、四〇〇リットルだ。ということは、一スチエ当たりパリ貨三五二スー、すなわち一四リーヴル・一二スー、これは高い。

無名氏の記述のくせからすれば、だからハムが高くなって、と文句が続いてもおかしくはないのだが、このばあい、かれの関心は、ハムのことよりも人のことに向かっている。サン・モール・デ・フォッセ修道院長が陰で操作しているとにらんでいるのだが、これはつまりは修道院長ジャン・ル・モーニエというのが、御用金部屋《エード》詰三奉行のひとりであって、これは、一四三六年にヴァロワ家の跡取り、いまや当主のフランス王シャルルがパリを奪回して行なった人事の一環であったが、その御用金部屋で、ガベル、すなわち塩の専売収益が管理されていたということなのであった。

そこで、やっとジャン・マルソーの話にもどるが、一四四〇年のころ、ジャンはパリにいなかった。一四二二年以降、かれはルーアンに居を移し、ルーアンの市民権を取得している。公式の職業としては、ルーアンおよびカーンの両替商ということであって、一四二〇年のトロワ協定以来、イイギリスとフランスの王を称する幼王ヘンリ六世の、ということは、ノルマンディーとパリを支配するイギリス王家のフランス摂政ベドフォード侯の御墨付《おすみつき》公職である。

かたわら多方面にわたって商売にも精を出していたし、金融の方面にももちろん大活躍。ルーアンの商人が何十人もかれの毒牙にかかったという。そういった話もさることながら、ここでお伝えしたい情報は、かれがパリとルーアンのちょうど中間地点のセーヌ河岸の町ヴェルノンに「塩倉庫」を所有していたという事実である。塩、この生活最必需品の取引は、一般の物資とはちがった趣きがあり、これには別の物語が必要である。

塩の道

パリ盆地を中心とする北の王領、すなわちイール・ド・フランス、シャンパーニュ、ピカルディー、ノルマンディー（ただし、下ノルマンディーは除く）といったところ、あるいはアンジュー、メーヌ、オルレアネ、ベリーといったいわゆる親王領（王家親族の所領、ただしブルゴーニュ侯領は除く）の住民たちにとって、塩は特殊な商品であった。

話を限定して、パリを例にとろうか。パリに運び込まれる塩の大半は、ポワトゥー、サントンジュの海岸一帯、要するにブルターニュ半島の付け根からボルドーにかけての大西洋岸に産する海塩であった。

われらが無名氏がひがんで「荷駄でしか運び込ませなかった」といっている、そのかんぐりの裏を返せば、塩は、海路ルーアンに運ばれ、そこでルーアンの水運商人組合、次いでパリの水運商人組合の手にゆだねられたのである。

この塩の動脈に沿う町々に塩倉庫があって、それはつまりは塩の動脈の結節であり、また見方をかえれば腫物であった。こぶであった。異常増殖をみせ、癌化するおそれのある腫物であった。というのは、塩倉庫は塩の脈管の流れを整え、塩の小売商を介してその地方地方に塩気を与える機能を果したのだったが、それに海塩は最低三年間は倉庫にねかせて乾燥させる必要があったのであって、そういう意味でも塩供給の調整装置であったわけだったが、しかし、同時にまた、塩の販売量、価格を統制し、しかも強権をもってこれを行ない、なんのためかといえば、塩の特権商人の、ということは当のその塩倉庫の持主のもうけになるように。なぜなら、塩は王の商品であったからである。

ガベル（塩税）というのはそういう形態のものであって、そういう意味をはらんだ概念であった。話を単純化してしまえば、塩倉庫は本来王のものであり、それを商人が「買いとっていた」。町々には王の代官の差配の下に塩番役がいて、これが塩倉庫の持主と談合の機会をもっていたことは当然で、代官の令状が塩一ボワソー当たりパリ貨二二スーと触れをまわすということは、塩倉庫の持主の商人が、一六スーではご指定の上納金が払えませんと居直っての結果だったという次第。

王の塩倉庫は、先ほど紹介した北の王領と親王領、それに南の王領であるラングドック、プロヴァンス、ドーフィネの、しかも海岸地帯を除く一部地域にしか建ってはいなかった。そういった海岸地帯では、これは大西洋岸のサントンジュ、オーニス、ポワトゥーについても同様、「黒い塩」と称される土産の塩、つまり王の塩倉庫で精錬され、白く磨かれたものとはちがう塩が自由に取引されていたし、ちょっと変わった例では、ノルマンディーの海岸地帯、いわゆる下ノルマンディー。もっともここは一四五〇年ごろまではイギリス領だったが、ともかくそこでは塩の製法がちがっていた。ふつう海塩は海水を蒸溜して作るが、ここでは海岸の砂を煮つめて塩分を抽出する。これは「王の塩」ではないとされ、そういう特権が設定されて、ガベルは徴収されなかったのである。

ブルターニュはブルターニュ侯の領国であって、王の塩専売権がそもそも及ばなかった。けっきょく、旧制度（アンシャン・レジーム）を通じて、ブルターニュは「塩税区」に組み込まれなかったのである。絶対王政下の宰相や財務総監は、これをなんとかしようとかなりがんばったのだったが、塩の特権に拒まれた。

すてきな殿様

ブルターニュのお隣りのアンジュー、アランソン、メーヌの諸侯伯領だが、たとえばアランソン侯領。ここはすでに話に出たメーヌ伯領とノルマンディーとの境界に位置するアランソンとベレーム、このふたつの町を核に、十三世紀後半、ルイ九世によって、その第五子ピエールに下賜された、だからカペ家の親王領であった。これがヴァロワ王家の手に移り、十五世紀に入って、侯領の位格を与えられたのである。

アザンクールの戦いに敗死したアランソン侯ジャンの息子がジャン二世で、まだ八歳かそこらの少年。これが、のち、一四二九年、シノンに現われたロレーヌの一少女ジャネット、すなわちジャンヌに魅せられたというか、これを愛したというか。少女の方でも、「モン・ボー・デュック（すてきな殿さま）」と呼んで親しんだという若者である。

少女が若者のことをそう呼んでいたと証言しているのは、ペルスヴァル・ド・キャニイだが、かれの伝えでは、ジャンヌは、オルレアンの戦いの前だったか後だったか、当時ソーミュール近くのサン・フローラン修道院を宿場としていた若者アランソン侯とその家族を訪ねたことがある。若者の母親マリ・ド・ブルターニュ、妻の侯妃ジャンヌ、これはオルレアン侯シャルルの娘だが、三日だか四日だか、少女を歓待したという。

アランソン侯自身、のちジャンヌ復権訴訟で証言して、この折、ジャネット（と、それから二〇年以上も経っているというのに、かれはいぜんとしてそう呼んでいる）に向かって侯妃ジャンヌのいうには、夫のことを大変心配している。なにしろ前の戦いでは捕虜になって五年間も家をあけていた。できることならもう戦いに出ないで欲しいのです、と。ジャネットが答えていうには、ダーム、ご心配なさらないで。必ず無事で元気でお返しします。いまよりもっと元気になってお帰りになるわ、と。

オルレアンの戦いののち、王太子勢は、ロワール流域の敵勢掃討作戦を展開する。その総指揮官に任命されたのが、この弱冠二二歳かそこらのアランソン侯であった。この作戦の要、パテーの大会戦に勝利したのち、いよいよ、ランスの大聖堂へ向けての北征であり、シャンパーニュからヴァロワ、パリ盆地一帯の巡行「王のパレード」であり、しめくくりが、九月のパリ攻囲であった。

この間、少女はつねに若者のかたわらにあった。九月八日、聖母御誕生の祝日、午後二時、サン・トノレ門外の濠割の土手の上、少女を囲んで立つ数人の武者のうちに、これを市中から望見したわれらが無名氏は、アランソン侯ジャン二世をみとめたにちがいないのである。

アランソン侯叛逆

一四五六年五月三日、ジャンヌ「インクェスタ」で、少女ジャネットの想い出を、心をつくして証言した直後、五月三十一日、アランソン侯は、大逆罪の咎をもって逮捕された。しかも、かつての北征の僚友、オルレアンの私生児ことデュノワ伯ジャン・ドルレアンの手で。

「大砲、臼砲、長砲、蛇砲、全部で九百門ある。全部使える状態にある。一千門になるまで製造を続けるつもりだ。臼砲を二台作らせているが、これはフランス随一の砲になるだろう。これをヨーク侯に進呈しようと思う。」

一四五五年の夏、アランソン侯はイギリスのハンティングドン伯の伝令使に向かって、こういったと証言されている。場所はラ・フレシュの侯家の城。あなたがたはご記憶であろうか、「メーヌを領したアランビュルジス」の生まれた城である。

これは、つまり、アランソン侯がイギリスとの同盟を図ったという大逆罪の罪状にかかわる証言なのだが、これを報じているのは年代記家シャトランなのだが、この嫌疑、たしかに濃厚なのであった。

時はまさしくイギリス軍がノルマンディーを失った直後であって、アランソン侯としては、ノルマンディー、メーヌ、あるいはブルターニュに保有する、というよりは自分のものであったはずのが、たとえばメーヌ伯シャルル・ダンジューに横領されたと信ずべき根拠のある所領について不満があり、王太子、いまやフランス王シャルル七世に苦情を申し立てても、シャルル・ダンジューは、いまや、デュノワ伯とともに、シャルル王の腹臣である。ブルターニュ侯家は、アンジュー伯家と手を組んで、王太子シャルルを擁立してきた大所である。シャルルとしては、アランソン侯の利害を先に立てなければならない理由はまったくなく、アランソン侯は大いに不満であって、イギリス側に同盟策をもちかけた。ノルマンディー回復のお手伝いいな、いたしましよう、そのかわり……という次第。

この時期、イギリス王家ランカスター家はヨーク侯家とのあいだに抗争があり、「ばら戦争」は事実上はじまっていたのであって、アランソン侯はヨーク家側につく形となった。じっさい、アランソン侯は娘をヨーク家に嫁にやろうと画策したと年代記家シャトランは伝えているのだが、それというのも、すでに一四四五年、一時の休戦の成った折、ランカスター家は、アンジュー家の娘マルグリットをヘンリ六世の嫁に迎えているのであって、マルグリットは、つまりはシャルル七世の妻マリ・ダンジューの姪にあたる。だから、ヴァロワ・アンジュー・ランカスター連合に対してアランソン・ヨーク同盟を、アランソン侯としては考えていたのではなかったか。

こうまでしてアランソン侯が保守しようとした既得の特権は、そのひとつひとつをとってみれば、いずれもそれほどのことはない。たとえばそのひとつ、王家とのあいだに生じていた紛争のひとつに王政府から与えられる年金一万二千リーヴルの問題があった。年金というのは、なにものし袋にいれて、それだけのお金をくれるという性質のものではない。王の収入となるさまざまな権益の一部をまわしてそれにあてるという仕組みになっていて、アランソン侯家に対するばあい、アランソン、エクスム、ヴェルヌイユ、ベレームの塩倉庫からあがるガベル収入を一部これに充当するということになっていた。

王家のやり口はじつにいやらしく、一四五三年八月、王家財政顧問官ジャン・ブリソネと、同じく法律顧問官ジャン・ドーヴェの両名は、アランソン侯家官房長ジャン・ランファンに対して、古い貸金の返済をせまっている。

王家財務府側の言分では、かつて王家財政顧問ジャック・クールが「アルジャンティエ」であったとき、アランソン侯家は「絹その他の物品」を王の倉庫から持出している。その代価四二六一リーヴル・九スー・七ドニエが、当時ジャック・クールの代理人であったギヨーム・ド・ヴァリなるものの貸方についている。ついては、これを返済せよ、と。

ジャン・ランファンはもちろんこれに抗議した。すると財務顧問官の示唆していうには、侯家に委譲されている塩倉庫を王家の管理下にもどせばよろしかろう。それで帳消しになる、と。ねらいは読めた、とアランソン侯は激怒する。メーヌ伯シャルル・ダンジューが裏に控えているにちがいない、と。

九月、ジャン・ドーヴェはルーアンにおもむいて行動を起こした。上記四箇所の塩倉庫について、ノルマンディーのエード収納官と塩番役がアランソン侯に対する支払いを停止することを指令したのである。一四五四年度の会計において、アランソン侯家が収受した年金の額は七七四〇リーヴルにすぎなかった。

王家とアランソン侯家の確執の原因のひとつとなったアランソン、エクスム、ヴェルヌイユ、ベレーム四市の塩倉庫を「買いとっていた」商人の名は、寡聞にして承知していないが、もともとこの四市はノルマンディー侯領に属していた。エクスムは、現在は田舎町に還っているが、アルジャンタンの近く、オルヌ川沿いの町であった。だから、四市とも、ルーアンに役所をおくノルマンディーのエード収納官の管轄に入るわけであって、してみれば、ルーアンに店を張ったジャン・マルソー商家がこの一件に関係していたとしてもすこしもおかしくはないわけで、ましてや、われらが詩人の紹介する「おれの貧しいみなしごの三人」のひとり、ジラール・ゴスーアンのばあい、これは一四三一年以降、ルーアンに居住して、各所に塩倉庫を保有する一方、塩番役をつとめてもいたというのだから、その可能性はもっとある。ジラールはまた、イギリス軍の物資調達係もつとめたし、一四五四年以降は、パリの奉行所《シャトレ》所属の公証人としても名前が出るというのだから、これぞまさしく政商の名に価するといえようか。

「おれの貧しいみなしごの三人」のうちもうひとり、コラン・ローランは、パリの食料品雑貨商で、これは塩倉庫を保有していたとは資料には出ないが、塩の販売に大いに関係していて、もちろん金貸しもやっていた。

こうしてみると、われらが詩人の紹介する「おれの貧しいみなしごの三人」は、みんな塩にたかって、甘い水ならぬしょっぱい汁を吸う商人たちであったということになる。

ヴィヨンは、そこのところを押えているのであって、だから、

「ここからサリンまでのどんなこどもたちだって、」

と、一行おいているのである。旧ブルグント伯領、ジュラ山中のサラン（サリン）こそは、当時、

ヨーロッパ有数の塩の生産地であった。

サランの塩井戸

ジュラ山中のふところ深く「荒くれ女《ラ・フュリューズ》」の呼称のとおり荒々しい流れの渓谷沿いに細長くのびる、いまは人口五千ほどの田舎町サラン。鉱泉場でもあるので、サラン・レ・バンというのが正式の呼称だ。このあたり地下二五〇メートルほどに塩の鉱床があって、ジュラ山塊の圧力で噴き出る泉水が高濃度の塩分を含む。東のソーヌ川沿いの町シャロン・シュール・ソーヌの住人ジャンというのが、十三世紀のはじめ、これを開発し、塩を売ってもうけた金で近隣の領主領を買いこんで、自分は領主におさまり、サランに住みついた人たちに自治の特権を与えた。サランの市民団による塩産業がここにはじまった。

十五世紀、サランの製塩は、年産七〇〇〇から八〇〇〇トンに達し、これは文句なくヨーロッパ最大級の規模であったという。

井戸、すなわち製塩所は、そのほとんどが市民の経営するところであったが、侯家もまたひとつ所有していて、その工場には、毎日、五〇台の荷車が、往きには薪を積み、帰りには塩の大樽を積んで、ガタゴトガタゴト往来していたという。

一四一九年に殺されたおそれ知らずのジャン侯の代、このサランの侯家所有の製塩所を預かっていた侯家役人（パールデシュ）はジャン・シュウザ・ド・ポリニイといったが、これはじつに侯家財務官中最大の実権者であって、その生地である旧ブルグント伯領（ポリニイはサランの南西二〇キロほどのところに位置している）の「ルスヴール・ジェネラル」、訳せば収納長官、ディジョンおよびリールの会計院の会計官首席等要職を兼ね、くわえてフランス王家の財政にかかわるエード会計の相談役として、シャルル六世から委嘱をうけていた財政のエキスパートであった。なんとも大仰なことではあったが、それほどにサランの産業は、侯家財政にとって重要であったのである。

くわえてジャン・シュウザは、サランの製塩産業をより一般的な立場から統制する権限を行使していた。すなわち、侯家は塩の専売特権を握っていたのである。南の領国、すなわちブルゴーニュ、ブルグント、マーコン、その他における各地の塩倉庫には、侯の任命する塩番役がおかれ、収納長官の命令に服し、これをディジョンの会計院会計官首席ジャン・シュウザが統轄していたのである。

という次第で、ブルゴーニュ侯国に対しては、王の塩番役の権限など及ぶべくもなかった。ブルゴーニュ侯国がフランス王国から独立した政治団体であったことの、これははなはだ表現的な事例である。アランソン侯領のケースはその比ではなかった。このばあいには、あくまでも王の塩倉庫が、恩恵的贈与である年金知行の現物支給として指定されていたということであって、塩番役と、それと連帯した塩商人とは、ルーアンの王のエード収納官の統制に服していたのである。

終章　去年の雪

奇妙な三角関係

「ジャネットは、出発しようと肚を決めたとき、わしにいったものだ、おともだち、もしあんたがブルゴーニュ党の人でなかったら、話したいことがあったのに、とな。わしは、また、てっきり嫁にいきたい男の話かと思ったものだて。」

こう一老人が村娘ジャンヌを偲んで証言したという話から、ブルゴーニュ侯権のことへとペンが滑り、サラン、ドールを領する殿様、「おれの貧しいみなしごの三人」、塩の道、サランの塩井戸と話題は流れ、はてさて「そのかみの貴女のバラッド」第三連の解題はどうなったのかと、ご疑念をおもちのことと思う。こうした話を書き継いで、ジャンヌ・ダルクという絵姿の背景を、あなたがたのまなざしの前に提示しようというのが、わたしの目論見であった。じつのところ、さらに書き継いで、背景の地を厚くし、その盛りあがった絵の具のなかに、ジャンヌの絵姿そのものを塗りこめたいとわたしは考えているのである。人物をその時代に浮彫りにするとよくいうが、逆にその時代に溶けこませることが、むしろジャンヌ・ダルクのばあい、必要なのではないか。そう考えているのである。

けれども、詩人の詩行に即していえば、「気立てのよいロレーヌ女」が「ルーアンで火焙りにされた」までの道程の、なんとこれは長いことか。もはや歩き通すひまはなく、ここはひとつ、われらが詩人の詩行第八八節をもじって、あなたがたにわが本箱を贈ります。あわせてわが著『ジャンヌ・ダルク』を。これは実直な清水書院が出版したもので、きちんと装丁して、本屋に積んである。

なんともひどい仕上がりだといったって、
なんせ事件が、ほれ、チョウ有名だから、
デキが悪いのも材料がおぎなってくれる（図28）

ただ「旅立ち」の事情について、ここにいささかの「補遺」をつけくわえさせていただく。というのは、「そのかみの貴女のバラッド」第三連の構造を考えるとき、大いに参考になる情報を、少女ジャンヌの旅立ちの状況ははらんでいるのではないかと最近考えるようになったのである。

一四一九年に当主おそれ知らずのジャンを謀殺されたブルゴーニュ侯家の新しい当主お人よしのフィリップは、一四二〇年代の大半を、北方ネーデルランド方面の領土取得にかまけていて、フランスの政情にそっぽを向いていた。しかし、南の領国ブルゴーニュは、ヴァロワ家の跡取りシャルル・ド・ヴァロワがロワール河畔に設営する政権に柔腹を曝している。だからお人よしとしても放ってはおけなかった。一方、シャルルの方としても、実権派ブルゴーニュ侯の動向がヴァロワ王家の将来を決めると承知していただけに、なんとかして侯家との和解を図ろうと腐心していたのである。

こうして、一四二〇年代には、ノルマンディーとパリにイングランド王家の軍政、フランドルのブリュージュに拠点をすえたブルゴーニュ侯権、そしてロワール河畔をすこし南に下ったブールジュにこもるシャルル・ド・ヴァロワと、この奇妙な三角関係が、いわば三すくみの状態にあった。そういった状況下に、シャルルとお人よしの関係改善に努力したふたつの人間集団を、わたしたちは観察することができる。

しゅうとめと娘むこ

ひとつはヴァロワ王家の高級官僚集団であって、これはかつてシャルル五世（いま話題のシャルル・ド・ヴァロワの祖父にあたる）が下級身分から登用した人材に発する家系集団であって、かれらはブルゴーニュ党、アルマニャック党の双方に分属しているが、どちらに属していようがその立場にかまわず、そういった王家親族集団の党派対立の渦中にあって、いわば第三の道を志向する。王家による王国の経営がかれらの理念であり、職掌のかかわるところであって、官僚政治の機構が、いまようやくフランスに根を下ろそうとしつつある。

もうひとつの集団は、これは端的にいって閨閥《けいばつ》であり、シャルル・ド・ヴァロワの妻マリ・ダンジューの母親、「シチリア王妃」と呼ばれたアンジュー侯妃ヨランド・ダラゴンの周辺に形成された家系集団である。スペインのアラゴン王家からアンジュー侯家に嫁入ったかの女は、夫ルイ二世とのあいだに生まれた娘マリの夫、かわいい娘むこのために、いま、一肌も二肌もぬごうとする。

夫ルイ二世は、一四一七年に死去していて、長子ルイがアンジュー家の当主となっている。だから正確には、かの女は前《さきの》侯妃だ。次男ルネは、前述のように、バール枢機卿の養子になっていて、一四一九年、ロレーヌ侯シャルル二世の娘を妻とした。だからロレーヌ侯の娘むこである。第三子シャルルは、アンジュー侯領に組み込まれていたメーヌをもらった。メーヌ伯シャルルであって、前述のアランソン侯の宿敵である。

これを中核部分として、くわえてサヴォワ侯アメデー八世、ブルターニュ侯ジャン三世、ならびにその弟のリッシュモン伯アルチュールがなかまにくわわっている。前者はブルゴーニュ侯フィリップの叔母のマリの夫であり、後二者は、シャルル・ド・ヴァロワの姉ジャンヌの夫とその弟ということになる。

一四二三年ごろから、この家系集団による和解工作がはじまっていた。一四二四年八月、ブールジュ側は、シャルトルの北西ヴェルヌイユにおいて、ベドフォード侯自身の指揮するイギリス勢一万と対決し、敗北した。これをきっかけに、ブルゴーニュ侯に対する和平工作が一段と促進された。そして、翌年九月、シャンベリーにおいて、ブルゴーニュ侯の使節団とシャルルの使節団とは、協定を締結しているのである。

この協定において、ブルゴーニュ侯は、フランスにおける軍事行動の停止と、パリ対ブールジュ、すなわちイギリス王家対シャルル・ド・ヴァロワの対立における中立の意志表明を行ない、シャルルの側は、ブルゴーニュ侯の領土不可侵を約束した。注目すべきことに、この協定において、ブルゴーニュ侯は、シャルルを「王」と呼ぶことを許容しているのである。

翌二五年三月、軍司令官に就任したリッシュモン伯アルチュールは、ヨランド・ダラゴンと組んで、シャルルの決断を促し、アルマニャック党派の粛正にのりだした。流れは変わったのである。「リッシュモンが勝った。かれの背後にはブルゴーニュ侯がいた」。これはイギリスのある歴史家の評言だが、警句めいているところがすこし気になるだけで、なかなか含蓄のある評言ではある。

一四二七年に入ると、リッシュモン伯は失権し、かわって登場するのが、官僚集団の実権派ジョルジュ・ド・ラ・トレモイユである。いってみれば、王太子の親族グループによる大掃除が終わったあとに、官僚政治のレールが敷かれたという恰好であって、以後、シャルルの政府は、ブルゴーニュ侯家とのあいだに辛抱強く交渉を煮つめていくのである。

ジャンヌの旅立ち

一四二八年に入り、ネーデルランド継承問題の帰趨はほぼ定まり、ブルゴーニュ侯権がその方面に伸びた。潮刻《しおどき》を測っていたベドフォードは、お人よしをフランス戦争（イングランド王家はフランスに対する政策展開のことをこう呼んでいた）にひきもどそうと、さかんに手を打つ。そのひとつが「オルレアン作戦」であった。三すくみの構図が崩れたのである。

オルレアン攻めを決意したベドフォードの真意はどこにあったか。ノルマンディーを南のギュイエンヌ（このボルドーを中心とする旧アキテーヌ侯家の領土は、十三世紀中葉、パリ協定によって、わずかに残されたアンジュー・プランタジネット家の大陸領土と確定していた）に結合しようとする、いいかえれば、かつてのアンジュー・プランタジネット王家の大陸領土を回復しようとする壮大な戦略の一環としてであったかどうか。その点、歴史は沈黙しているが、かりにそうであったとすれば、話はおもしろいことになる。

というのは、まさしく、かつてのアンジュー・プランタジネット王家の本領であったメーヌ・アンジューは、いまやヴァロワ家の跡取りを支援する新アンジュー家の押えるところとなっている。かつてアキテーヌ侯領とアンジュー伯領を接合したミルボー、ルーダン、シノンの城砦連珠は、いまやシャルル・ド・ヴァロワのものであって、ノルマンディーをギュイエンヌに結ぼうとするベドフォードの野望を挫く。

シャルルはシノン城に参謀本部を設営し、みずから城の大広間に陣どって、若手の将官を集め、春に予定された反攻の作戦を練るのに余念がない。大煖炉に火は赤々と燃え、そのかたわらにマリ・ダンジューとヨランド・ダラゴン、その取り巻きの女たちの一団が、なにやら話に打ち興じている。そこへジャンヌが立ち現われた。一四二九年二月二十三日のことである。

ジャンヌがヴォークールールを旅立ったのは、その十日前と推定される。ヴォークールールの守備隊長ロベールは、最初、少女をそっけなく追い返した。おそらく少女は、しつっこくロベールにせまったのであろう。神に憑かれた少女と一匹狼の武将との対決は、これは絵になる。そうこうするうちに、北のナンシーの館で老残の身を養っていたロレーヌ侯シャルルが、ジャンヌをナンシーによこせといってきた。ジャンヌがナンシーにいっているあいだに、ロベールはドンレミ村へ人をやって、ジャンヌのことを調べさせている。

シャルルはジャンヌを軽くあしらい、ジャンヌが、あなたのむこのルネ・ダンジューにわたしをシノンまでおくらせてくれとたのんでも、これにとりあわなかった。けれども、ジャンヌが気落ちしてヴォークールールに帰ってみると、空気が一変していた。ロベールは、自分の家来をジャンヌの供につけて、ジャンヌをシノンまで送りとどけさせたのである。

この経緯をどう読むか。

ヴォークールールの市民たちは、ジャンヌの旅の仕度「男装一式」を提供した。黒地の股引《ホーズ》と、これに留金二〇個でとめる黒地の胴衣、灰色毛織地の「男用の上衣」、フード付きの黒い帽子。拍車のついた褐色の皮のブーツ。ジャンヌがヴォークールールに滞在中、世話になっていたル・ロワイエ家のお内儀が、ジャンヌの髪を「鉢型に」、つまり耳たぶを出して丸く刈りそろえた。いま、世にいうジャンヌ・ダルク刈りである。ロベールは、ジャンヌに、馬一頭と剣一振を与えた。（図29）

十三日の夕刻、ヴォークールール城内の内庭。旅の仕度をととのえた一行七名が姿を現わす。ロベール配下の従騎士ふたり、それぞれの従者。「王太子の使者」と証言されている「王太子の厩舎係」ジャン・コレとその従者。それにジャンヌの七名である。ジャンヌの叔父のラサールや、ル・ロワイエ夫妻、そのほか町の人たちが見送りに出ている。

このときジャンヌの乗馬がつながれていたという科木《しなのき》（菩提樹）は、根元の周囲七メートルの大樹に育ち、いまも青々と葉を茂らせている。

やがて馬に打ちまたがったジャンヌに、ロベールがはなむけの言葉をおくる。

「ゆけ、ゆけ、なるようになれ！」

こうして一行は、夕闇せまるなかを、フランス門、すなわちヴォークールールの西の城門をぬけて、旅立ったのであった。
臭い匂いがする、というだけのことではないかと、あなたがたはご反論か。なるほど、そうかもしれない。これこそが真相だと、わたしとしてもいいはるつもりはない。シノンに現われたジャンヌの身柄はヨランド・ダラゴンに預けられた。そのことも含めて、ただ臭いなと、わたしの五官がうずくだけのはなしである。

祈るうちに、頭がおかしくなった、
いいや、酒を飲んだせいではないぞ、
どうも精神が縛られているようだ、
そこにダーム・メムェールがあらわれた、
かの女が戸棚に出し入れするのは、
かの女の保存する表象物の一群、
真と偽とを述べる能力もあらわれた、
その他もろもろの知的能力もだ
なんと、表象像結合の能力もあらわれた、
その力で、おれたちはモノが見えるようになる、

似ているモノを見分ける能力、モノの形を、
しっかりと知る能力、これら能力が、いったん、
変調をきたしたとなると、これは大変だ、人は、
月に一度はバカになり、月に気分を支配される、
そう、おれは読んだことがある、思い出した、
いつだったか、アリストートの本で

そこに感官がねむりから立ち上がって、
力をふるって、ファンタジーをけしかけた、
かの女は五官をしっかりとめざめさせ、
最高至上の部分を支配した、理性をってことだ、
これはなにしろ宙ぶらりんで、死んだも同然だった、
自己喪失感があって、押さえ込まれているふうで、
おれの体内にそんな感じがびっしり広がっていて、
それもなにも感覚の縛りを誇示しようということで

『形見分けの歌』三五節から三七節までである。「ダーム・メムェール」は「記憶」の擬人化（アレゴリー）で、「記憶夫人」と日本語に置き換えてもよい。「アリストテレスの本で」とあっさり書いて

いるが、「心理について」という著述（ふつうラテン語訳のタイトル名から「霊魂論」と呼ばれる）とか、「睡眠と覚醒について」という文章などを拾い読みすると、それなりにおもしろい。

月に一度はばかになり、気が変になる、その時なのだろうか、いまが。わが五官はざわめき立ち、想像夫人（三つの八行詩に続く三八節に「ファンタジー」というアレゴリーが登場する。これを日本語に置きかえたもの）に誘われて、幻のうちにみる、ロレーヌ侯シャルルのナンシーの館から使者がヴォークールールに走り、ルネ・ダンジューが、シノンなる母親のもとに早飛脚をとばす。たかが卑小な一少女のことで？　おそらくシャルルとルネ、このしゅうとむこもまた、そのとき、月に一度はばかになり、気が変になる、その日を迎えていたのであろう。

「そのかみの」フランスの歴史を歌う

旧アンジュー家の領土を横領したカペ家は、ルイ九世の代に、その弟のシャルルにアンジュー・メーヌを与えて、第二家系アンジュー家を立てた。シャルル・ダンジューであるが、かれはすでにその前年、神聖ローマ帝国皇帝の宗主権下にあったアルル・ブルグント王国の一伯領プロヴァンスの相続権者、当時のプロヴァンス伯の四女ベアトリスを妻としていて、やがてプロヴァンス伯をも名乗った。このとき、はじめて、ローヌ川以東がフランスという領土概念のうちに入ったのである。

プロヴァンスといい、ローヌ流域といえばトルバドゥールの歌の土地である。そういう経緯もあって、シャルルはトルバドゥールの歌を収集し、曲譜とともに六〇あまりの歌を後世に紹介している。かれはやがて、プロヴァンスを根拠地に、シチリア王国の経営をねらい、一時はシチリア王位につくが、これはほどなくアラゴン王家に奪われた。アンジュー家の当主が、シャルル以後、「シチリア王」を称するのは、だからヨランド・ダラゴンが「シチリア王妃」を称したのは、この記憶をとどめるものであって、名義上の呼称にすぎない。

このシャルルの孫の代、アンジューは、メーヌとともに、一時、ヴァロワ伯シャルルに移譲され、そのシャルルの息フィリップがヴァロワ家初代のフランス王位につくにおよんで、アンジュー・メーヌは、一時、王領に組み込まれたのである。これを、フィリップ六世の息ジャン二世が次男のルイに与えて、アンジュー侯領を立てた。これが第三家系アンジュー家である。

五月の朝、ポワチエの城門にさしかかる馬上のアンジュー若伯アンリの絵姿は、遠い記憶のうちに色あせた。ましてや、その父ジョフロワ、えにしだの枝の伯の絵姿は、もはや定かではない。ジョフロワのあだな「プランタジュネ」は、じつは「えにしだの枝」という意味ではなく「えにしだを生い茂らせるもの」という意味だとする読みがある。アンジュー・メーヌの山地には針えにしだ、ヒース、茨《いばら》が生い茂り、これをアンジュー家とその家臣団が狩猟場に囲いこんで、村人の開墾意欲に水をさす。このことに対する苦情に、このあだなは由来しているというのである。

ヨーロッパ内陸の農業社会成立期の、ふつふつ煮えたぎるような、創成の気運がうかがい知れるエピソードではないか。

第二家系、第三家系と時が移るうちに、村は展開しきって、もはや開墾すべき土地を失った。内陸開発は一応の飽和点に達し、そこにカペ・ヴァロワ王権が介入して、村と領主との関係の編成替えを図る。ロンゴネーの森、ル・マンの森は、王林として、森林水利管理官の管理下に入る。ル・マンの森には、幻のフランク王の森の代官が住み、伯妃アランビュルジスの旗は倒された。

「そのかみの貴女のバラッド」のラティオを失われた時の感覚に見出すのは、これはこのバラッドの性質上当然のことの指摘ではないかと、あなたがたはご反論であろうか。けれども、詩人は失われた時を嘆いているのではない。このバラッドの読みを詠嘆調に流してはならない。わたしがいいたいのはこのことであって、詩人は、失われた時への嘆きの偽装をとって、フランスという土地の歴史を歌っているのだというのが、わたしの意見である。

「フランス」旅案内——詩の構造

エロイーズからジャンヌまで、詩人はじつに注意ぶかく、細やかな配慮をみせて、人物を選定している。アランビュルジスにジャンヌを歌い継ぐ詩人のまなざしにあるのは、折りたたまれた歴史のひだである。アランビュルジスがヴィヨンの時代に、それほど知名度が高かったとは思われない。大足のベルトのように物語があったわけでもない。かの女には、そういう意味での特異性はなんらなかった。かの女がメーヌの女伯であったこと、ただそれだけをラティオに、詩人はかの女を歌いこんだ。してみれば、詩人はメーヌを歌っているといってもよいではないか。ここに、がぜん、バラッド全編を浸すもうひとつのラティオがあかされる。時を遡行する詩人の旅は、また空間の旅でもあった。バラッド一編は、じつにフランスという土地の旅案内なのである。パリに生まれ、パリに住み、パリを想念の根城とした詩人ヴィヨンがフランスと呼ばれる土地について作る絵図《ヴィジョン》、これが「そのかみの貴女のバラッド」である。

あなたがたは、詩文をお読みになって、なぜか快い律動をお感じでないか。単純な構造の反復運動に身をゆだねる感覚であって、というのは、お気づきのように、この詩文はパリを通る南北の軸線を左右に揺れる振子運動の構図を描いているのである。

はじめ軸線は定まらず、まなざしは古典神話の世界を漂泊する。エコーの木魂の還るところ、ここはパリである。エバイラールが、ビュリダンが、学問の城を築いた町である。エバイラールとエロイーズの恋の都である。ビュリダンとナヴァール王妃の恋の機略の戦場である。そして、すでにあなたがたは、微妙な振動をお感じではないか。右に左に、かすかな揺れをお感じではないか。エロイーズの名は、プロヴァンのパラクレーの地を想起せしめ、ネール館の女主人の絵姿は、ポントワーズのモービュイッソンの土地の名を甦らせる。

この微妙な律動に誘われて、あなたがたは指揮棒をとる。指揮棒一旋して、カスティーリャからパリへ。そこで力を溜めて、軽く東に流し、「大足のベルト」と、西に振り、メーヌのル・マンの森を指す。東にもどって、「ビエトリス、アリス」とロレーヌを指示する。再度西に振って、「メーヌを領したアランビュルジス」と歌いあげ、大きく方向を返して、「ジャンヌ、気立てのよいロレーヌ女」。あなたがたの指揮棒は、ロレーヌからどこへ向かうのであろうか。詩人はノルマンディーのルーアンを指示し、「かれらはどこに、どこに、聖処女よ」、と聖母マリアを困らせる。いわずと知れたイングランドである。この詩文作製の時点において、すでにイギリス勢は、ノルマンディーから撤退していた。指揮棒は、ルーアンでしばしたゆたい、やがて西方に最後の軌跡を残す。

お気づきになられた方がおられようか。そこで力を溜めて、軽く東に流し、とわたしはいいまわし

た。これは第三連第二行、

かの女の歌うはサイレンの歌声のよう、

の読みである。このサイレンはシャンパーニュにいたというのが、わたしの読みである。というのは、王妃ブランシュが歌人であった、たくみな歌い手であった、美声の持主であったとする証言を、わたしは残念ながら見いだせず、むしろ王妃ブランシュの身辺にサイレンがいたという情報ばかり目につくのであって、そのサイレンとは、かの高名なる「歌人」チボー・ド・シャンパーニュのことである。

セーヌ・マルヌ水系のトロワとモーをそれぞれ拠点の城市とするトロワ伯領とモー伯領の伯を兼ねる家系が、ふつうにいうシャンパーニュ家であった。カペ家の勢力圏をはさんで西に、ブロワ伯領とシャルトル伯領があり、これまた同一の家系ブロワ家が押えるところとなっていたが、このふたつの家系は同族であった。このシャンパーニュ・ブロワ一族は、アンジュー、カペ、ノルマンディーといった諸侯と同様、古豪の家柄のひとつであって、くわえて、チボーのばあい、かれは、その母方の血筋から、ピレネー山中ナヴァール王国を相続し、ナヴァール王と呼ばれる。母の名は、くしくもブランシュという。

「歌人」とは、かれのあだな「シャンソニエ」の訳語のつもりだが、オイル・ロマンス語詩人(トゥルヴェール)の詩作法を、カペ家との交際の作法に写して、チボーは、ブランシュ・ド・カスティーユを「わが主君《ドミナ》」と仰ぎ、讃美の詩文を多く残している。そのわりには、カペ家との現実のつきあいは、ブランシュの夫ルイ八世が「アルビジョワ十字軍」に出かけた折、ローヌ下流のアヴィニヨン城市を包囲して無策に時をすごすルイをあっさりと見捨てて、領国へ引きあげるなど、鋭い実利主義的振舞いをみせていて、ゆかいなのだが、もはやこの人物について、長々とご講釈する余裕はもたない。

百合花のブランシュの歌声とは歌人チボーの暗喩であるということさえご了解ねがえれば、それでよい。あなたがたの指揮棒は百合花のブランシュの上で力を溜め、次いでその歌声の出どころを指示するのである。

あとがき

十二世紀ヨーロッパが妙なぐあいに十五世紀に接ぎ木された。そうあなたがたはご感想をおもちのことと思う。

じつのところ、わたし自身、途惑っているのである。お気づきになられたと思うが、ピエール・アベラールを批評する修道士アボ、バイエルンはベネディクトボイエルン修道院のケラリウスを登場させた。叙述空間はあのあたりでゆがみ、当初の構想が崩れたのである。わたしがいいたいのは、ロワールの道を東に向かい、ブルゴーニュの土地に入ったその足を、どうしてそのままのばして、ラインとドナウの上流の土地を訪ねることをためらったかということである。いいかえれば、ブルゴーニュに発した修道士アボの道程を、なぜ最後までたどらなかったのかということである。

寒気にかたくちぢまった北のドイツ平原の荒涼たる土地柄と対照的に、そう、だからちょうどアキテーヌとパリ盆地の対照を想わせて、ここアルプス北麓のバイエルンもまた、水の土地、歌の土地であった。わたしがいいたいのは、ここがどうやら詩歌集『カルミナ・ブラーナ』の郷土であったらしいということである。『カルミナ・ブラーナ』を現代に再生せしめた西ドイツの作曲家カール・オルフはこの土地の出であり、オルフの歌曲はこの土地の大気に旋回するという事態についてである。そのことは、あなたがたもよくご存知のはずである。

つまりはカルミナ・ブラーナの歌声が詩人フランソワ・ヴィヨンの詩歌の響きに気負《きお》わされたということになるのであろうか。エロイーズ反魂の歌が、もうひとつの豊饒な歌の空間へとわたしをひきつけた。事態はこうであって、けっきょくわたしはフランスという土地から逃れられなかった。

土地の名の観念がわたしを縛る。正直、「ヨーロッパ中世」という歴史空間の区割は、わたしの回想の容量に余るのである。わが回想のヨーロッパ中世は、十二世紀のロワールの道プラスα（アルファ）であって、プラスαの拡がりがここで問題なわけで、あるいはブルゴーニュであり、シャンパーニュである。ロレーヌであり、アキテーヌである。そういうプラスαの拡がりが、ついにフランスと総称される大枠の概念を越えなかったということで、越えさせまいとわたしの視線を縛ったのが、詩人ヴィヨンの一篇のバラッドであったという次第。

してみれば、わたしの回想は詩人ヴィヨンの回想にのせられていたわけで、そのことに思いあたるとき、わたしは詩歌と文明ということを想う。詩は文明の性質を明かし、文明は詩人を養う。ヨーロッパ内陸社会は、いまこの稀有なる若者を生みおとしはぐくみ育てて、みずからひとつの段階に達したことを証する。ここに回想の立点を与えられたわたしとしては、ひそかに喝采をおくらずにはいられないのである。

さらにつけくわえていわなければならないことがあるとすれば、それはかたちということについてである。それとも、一瞬の情景といおうか。いっそ絵といってしまった方がすっきりする。

わたしのばあい、歴史は絵の集合なのである。時間の内側に凍りついたかたちの展示なのである。たとえば尊者ピエールと対座して、尼僧院長エロイーズの作る両の掌のかたちである。五本の指の腹と腹とをつけて、両の掌で小空間を作るこのかたちを、わたしは、十五世紀フランドルの画家フーホ・ファン・デル・フースの、いまはフィレンツェのウフィツィ美術館にある「ポルティナリの祭壇画」の聖母にみる。

このいいかたはじつは逆で、わたしはファン・デル・フースの聖母の掌のかたちにおいて、エロイーズの存在をみるのであって、かたちが生のありようを明かすとみるのであって、だから歴史はかたちのにぎわいとわたしにはみえる。そういうにぎわいのうちに、人と人のたがいの生が共振し、反撥し、同調する。その辺の事情に、わたしはひかれる。

著者

一九八〇年十二月

第Ⅱ部　青春のヨーロッパ中世

序章　放蕩息子の帰宅

1　中世的世界に若者を探す

中世的世界に若者の姿を見ようには、書かれたもの、描かれたものに丹念に探すにしくはない。たとえばここに「死の舞踏」の絵図に、若者の悲しげな顔が見える。悲しげなといったが、むしろ無表情なといおうか。絵には詞書《ことばがき》が添えてあって、これは死者と生者との応唱である。ごらんの若者は「エキュイエ」と案内されていて、かれに指定された台詞《セリフ》はこうである。

死がわたしを、そのわなにとらえたからには、
もう、たったの一言しか、いういとまはない、
享楽よ、さようなら、遊興よ、さようなら、
さようなら、ダーム、ぼくは笑いを忘れた、
あんたがた、魂は休息を求めている、肉体は、

今日明日と腐っていく、魂のことを思いなさい、
だれしもが死ぬ、いつ死ぬか、だれも知らない

一四八五年、パリの出版業者ギュヨ・マルシャンが売り出した木版画集『死の舞踏』に添えられている詩の一節である。当時パリの町の第一等の墓所レジノッサンに回廊状の納骨堂が付置されていて(図31)、そのぐるりの漆喰壁に「死の舞踏」の図柄の壁絵が見られた。一四二四年に制作されたもので、そのころパリに住んでいて日記を書き残した男がいた。その日記にそう証言されている。

その壁絵をギュヨ・マルシャンは写したのではないか? 壁絵にはやはり詩が添えられてあった。お読みいただいた一節からもおわかりのように、壁絵を見て、「死の日常」の脅迫に気が重くなった見物衆に、さらにもましてお説教を垂れようという、これは教訓詩である。ギュヨ・マルシャンの木版画集の詩が、図柄同様、これを書き写したものであったことは明らかだ。

壁絵を見て気が重くなった見物衆などと書いたが、じっさいはどうだったのだろう。かなり自虐的な心理状態で当時はあったはずで、民衆は怖いもの見たさで、むしろ楽しんでいたともいえる。死に慣れ親しんでいた。そう『中世の秋』の著者ホイジンガは感想を述べている。死はこの絵を見る見物人自身の近未来である。絵図に生者の腕をとる死者は、その生者の死の姿である。死者であることを強調して、断ち割られた腹腔にうごめくうじを描いている。

死神ではない。時代が下がって十六世紀のホルバインやブリューゲルは、骸骨のかたちに死神を描いた。それではない。「中世の秋」の時代、死はもっとなまなましく、腐敗臭を放っている。戦禍に

疫病に大量死が日常の風景であった時代である。時代は死の調子を帯びていた。そういいまわすばあい、「死の」は「マカーブル」と書く。そう書くしか、適切な言葉遣いを知らないとホイジンガは述べている。

「マカーブル」とは、もともと「マカブレ」と呼ばれた「おどり」があった。前世紀なかば、未曽有のペスト禍がヨーロッパを襲った。三人に一人が死んだという。大量死の古典的事例である。この災禍ののち、フランスに「マカブレ」が流行したらしい。村の広場で、町の辻々で、木組みの舞台の薄板を踏み鳴らして、みんな踊り狂う。諸身分の仮装に、その裏返しの死者の演技者。この集団の所作を、やがて絵師が絵に写した。芝居の台本書きが台詞をつけた。そういうことであったのではないか？　とすれば、まあ、ごらんねがいたい、画面左の「司教」も、右の「エキュイエ」も、死者に導かれて「踊って」いる！（図30）

「エキュイエ」の画像は、別のある木版画をわたしに想起させる。「エキュイエ」の木版画集が刊行された一四八五年と前後する一四八九年、同じくパリの出版業者ピエール・ルヴェが出版した『ル・グラン・テスタメント・ヴィオン（ヴィヨンの大遺言）』という本に添えられた木版画の一葉で、下方に印刷された四行の詩はこう読める。

おれはフランセ、こいつのことが気がかりだ、
ポンテーズのそばのパリの生まれ、

いちテーズの綱で、おれのくびは、
てめえのケツの重さを知るだろう

じつのところ「パリの生まれ」というのは、異本では「オーソワールの生まれ」というふうに読め、「ポンテーズ（ポントワーズ）のそばのパリの生まれ」だって？　なんともこれは最大級に傑作ないいまわしではないかと、喜んでばかりもいられないのだが、それはよい。わたしがいうのは、この詩の作者と目されているフランソワ・ヴィヨンという男だが、これはじつは後章であれこれその正体について詮索を試みようという、その当の主人公なのだが、この男、いってみれば「若者印」の極上品と古来みなされてきた。なにしろ『遺言の歌』なる詩集の制作年代を一四六一年、年齢は三十歳と、作者みずから作中に証言していて、どうしてこれを疑うことができようか？

この名高い「四行詩」が制作されたのは、と「無頼の詩人フランソワ・ヴィヨン」の伝記者たちはこもごも語る。『遺言の歌』制作ののち、一四六二年の暮れ、われらが詩聖はまたもや傷害事件にまきこまれなすった。今度は相手が悪かった。なにしろローマ法王御墨付《おすみつき》の公証人で、奉行所の顔だった。その奉行所の奉行も、ちょうどその前年に代がかわっていて、リラダン領主ジャック・ド・ヴィリエといった。十九世紀の耽美派《たんびは》の文学者リラダンの遠い先祖である。リラダンだって？　ポントワーズの北十数キロの土地ではないか！　「ポントワーズのそばのパリ」という最大級に傑作ないいまわしには、新奉行に対するからかいの気分がこめられている！

新奉行には、前任者とちがって、このフランソワというならずものに情けなどかけてやる気はまったくなかった。詩聖はパリの刑場にて絞首という判決を受けた。「四行詩」は、その獄中で制作されたと推定される……と、まあ、こんなぐあいに従来解説されてきた。それにしては、しかし、呑気すぎはしないか、ですって？　後章をお読みいただければ、その辺のことなどについても、どうこれを考えたらよいのか、おわかりいただけることと思います。

結末はどうなったか。かいつまんでお話すれば、判決を受けて、警吏にひったてられながら、若者は、「おれは上訴する」とどなったということになっています。王家裁判所に上告したのである。年が明けて一四六三年の年頭（なにしろ一月五日ということになっている）、王家裁判所はこの若者の罪一等を減じて、十年間の所払いの刑を宣告した。以後、フランソワ・ヴィヨンは消息を絶ったということになっている。

閑話休題。「詩聖フランソワ・ヴィヨン」のことについては、あらためて後章に述べるとして、ここでは問題のピエール・ルヴェ本の木版画飾り絵のことであって、わたしがいうのは、まず第一に、「四行詩」の挿絵としては、なんともこれは調子が狂っている。どう考えても、ここはひとつ首縄に吊られた若者のイメージを悲痛に歌いあげてもらいたいところではないか。それなのに、この若者、みるからにいばっている。（図32－a、b）

第二に、もしやこの絵はギュヨ・マルシャンの店の版画師が彫ったものではなかったか。そうかんぐりたくなるほど、画趣が相通じている。草花のかきかたとか、スリッパみたいな履き物をつっかけた足元のようすとか、そっくりではないか。なによりも、「エキュイエ」との姿態の近似はどうだろう。わたしは、以前出したある本にこう書いた（『いま、中世の秋』小沢書店、一九八二年）。

「……随想の主題はここに定まった。時を渡る風に運ばれて、わが回想の若者は、羽毛の若者たちのあいだに立ちまざる。わたしは記憶を解き放して、広大な時空の下に、若者たちを狩る。そこにヴィヨンがいてもよいわけで、腰丈のコット（外衣）をベルトで締めて、左腰に短剣を吊るし、マントー（袖なしの外套）を羽織る。左手をあげて掌をかえしたなんとも粋な絵姿で、名乗りをあげる。この年、四百と五拾六年、おれはフランソワ・ヴィヨン、学生である……」

いま、これを読み返して、妙にわたしは物狂おしい。どうやら、わたしもまた、ご多分にもれず、読みたいように読んでいたようだ。第一、問題の絵に添えられた詩は、「この年、四百と五拾六年、おれはフランソワ・ヴィヨン、学生である」と、こうではなかった。さきにご案内したように、例の「四行詩」であった。刑場での恥辱の横死のイメージをたたえた「四行詩」であった。

たしかにピエール・ルヴェは、詩人の諧謔に触発されて、いばり屋の若者のイメージを挿絵に採ったともいえる。けれども、また、あるいは彫版師が「四行詩」にすえた死臭をかぎとったということであったかもしれないではないか。わたしがいうのは、この若者もまた、「死の舞踏」を踊っている。

そうして、たとえばここに若い男女が相対していて、ふたりは「死の舞踏」を踊っているとは見えない。男の軽やかな足さばきは、女にすり寄る心の張りを映している。

絵は『カルミナ・ブラーナ』の写本飾り絵である。「カルミナ・ブラーナ」、すなわち「ボイエルン

修道院の詩歌集」である。（図33—a）

西ドイツはバイエルン州の首府ミュンヘンから南へアルプスの壁を登る道が、ミッテンヴァルトで国境を越えてスイス領に入り、インスブルックにいたる。このアルプス越えの道をゆく旅人を威圧して、ベネディクテンヴァント、すなわち「ベネディクトの壁」と呼ばれる海抜一八〇〇メートルの岩山がそびえ立つ。その壁に抱かれて、現在はサレジオ会派に属する大修道院がひっそりとうずくまる。このあたりで群を抜く古刹《こさつ》で、もとはベネディクトボイエルン修道院である。

前世紀はじめ、この修道院の図書室から一冊の写本が発見された。一八〇三年、バイエルンに、いわゆる「修道院の世俗化」の嵐が吹き荒れた。皇帝ナポレオンに迎合した処置であったが、蔵書の貧困をひたかくしに隠してきたミュンヘンのバイエルン王家の図書室にとっては、蔵書を増やす、これはまたとない機会であった。バイエルン中の修道院から図書をかきあつめてミュンヘンに移すよう指令を受けた王家の図書係りが、ここベネディクトの壁の麓にもやってきた。図書係りの名誉のためにも、その名を紹介しておこうか、クリストフ・フォン・アレティンという。かれはここでおもしろい本をみつけた。「韻文および散文の諷刺詩集、そのほとんどが法王座に対し反抗的なもの」、そうフォン・アレティンはメモしている。

ベネディクトボイエルンの詩歌集、『カルミナ・ブラーナ』の世に出た、これが最初の機会であった。フォン・アレティンはこれがすっかり気にいって、その後の修道院めぐりの旅の途上、これを手元から放さなかったという。

「写本は、よくなめした茶色の皮で装丁され、締め金具がついている小フォリオ版であって、十五世紀の仕事と思われる。」半世紀後、『カルミナ・ブラーナ』の最初の活字本を作った、ミュンヘン国立図書館のヨーハン・アンドレアス・シュメラーはこう述べている。十五世紀のもの？　この点、後代は懐疑的であって、真鍮の締め金具は、これはたしかに十五世紀の様式のものだが、皮に刻印された紋様などから見て、せいぜいルネサンス、おそらくは十七世紀のものではないか？

表紙をめくれば、一一二枚の羊皮紙の束である。二五×一七センチほどの大きさで（中世の写本についていうばあい、この程度の大きさのものを「小フォリオ版」と呼んでいる）、枚数はもとはもっと多かったらしい。そのことは綴じ方からもわかる。八枚仕立てのカイユー（小冊子）を綴じ合わせたもので、八枚仕立てというのは、倍の大きさの紙葉（二五×三五センチほどということになる）四枚を重ねて二つ折りにして仮綴じしたもので、紙葉の数は八枚、ページ数は一六ページということになります。これを十いくつか合わせて本綴じにしたもので、なぜ「十いくつ」などとあいまいなことをいうのかといえば、それが問題で、カイユー十冊まではきちんとしているのだが、あとの分はカイユーの形が崩れているのです。だから、これはもとのものが綴じ直された。そうして、その時になくなった紙葉があったのではないか？

各ページに二二行の罫線がはいっていて、一センチ足らずの幅のところに文字がならべられている。装飾頭文字あり、朱点ありと華麗な仕立てであって、さて、筆生の仕事はいつごろのことであったか。また、仕事場はどこにあったか。

ところで、わたしは問題の写本を手に取ったことはない。わたしの知識は一重《ひとえ》に、いわゆる「ヒルカーシューマン本」に拠っている。これは一九三〇年からハイデルベルクのカール・ウィンター書店が刊行しはじめた刊本であって、いままでのところ、本文三冊の刊行は終わったが、補注篇は本文第一冊についてのものが一九六一年に出ただけである。一九七〇年に本文第三分冊が刊行された時点でオットー・シューマンすでに亡く、ベルナール・ビショッフの名が出ている。この批判的校訂本の最初の企画者ウィルヘルム・マイヤー以来四人の学者による仕事である。

補注篇第一分冊によせたオットー・シューマンの懇切な解説によれば、結論として、写本の年代は十三世紀の終わりごろ、制作地はバイエルンのどこかの修道院ということである。この結論をまず念頭に置いて、どうぞ十三世紀も末のころのバイエルンという土地をご想像ねがいたい。わたしがいうのは、問題の若い男女の図、これもまた、その時期に、その土地で描かれた。すなわち十三世紀も末のころの、ドナウ川上流の盆地に遊ぶ若者たちの、これは絵姿である。ひとまず、そうごらんねがいたい。

ひとまず、そうごらんねがいたいというのは、じつはこれには含みがある。というのはこの飾り絵は、写本の七二葉目の裏ページに、なんと横倒しに、頭を左に、足を右に、描かれているのである。七二葉裏ページの第八行目に、

受けよ、若者よ、花を、花は恋するものの名なるがゆえに！

と一行書かれて、その下にこの絵が「寝そべって」いる！　そういう景色になっていて、第九行目

以下がこの絵の下にくる。ちなみに、ヒルカーシューマン本では、本文第二分冊の一番最後、歌番号で一八六番の歌がこれに当たる。

この花ゆえに、われは恋の虜囚ぞ。
この花を（受けよ）。優しき極みの女《ひと》よ、いとかぐわしき！
曙光の、汝が肢体を飾るにも似て。
優しき女よ、花にまなざしを、われに微笑《えまい》を！
花を讃えよ！　夜鶯の汝が歌声をもって。
花に口づけを！　紅唇、花に相似し。

わたしがいうのは、いったい写本に飾り絵を添えるのに、画像を「横倒し」に描くだろうか？　とても信じられない。ということは……筆生と絵師とのあいだに緊密な連携が欠けている！　もしかしたら、ベネディクトボイエルンの詩歌集を制作した修道士たちは、模写すべき原本を持っていたのではなかったか？

『カルミナ・ブラーナ』はなお数葉の絵図を蔵していて、まず冒頭の第一葉表ページの「運命女神の車輪」の図、これは第一歌「運命女神の歌」と対応して印象深く、だいたいがあなたがたもご存じと思うが、ベネディクトボイエルンの詩歌集はドイツの作曲家カール・オルフの関心をいたく引き付けた。オルフは一九三七年、いわゆる「劇場カンタータ」、すなわち「器楽伴奏を伴う、舞台において上演される独唱と合唱の世俗歌集」ということで「カルミナ・ブラーナ」を発表した。これは三部にわかれていて、序曲と終曲が添えられている。その序曲と終曲に、オルフはこの第一歌「運命女神の歌」を採ったのである。あなたがたにご紹介したいのは山々だが、なにしろ本に音楽を添えるわけにはいかない。これはひとつオイゲン・ヨッフム指揮のバイエルン放送オーケストラのレコードでも聞いていただくとしよう。

ついでに申し添えると『カルミナ・ブラーナ』には、一部、曲譜がついている。歌われた歌なのである。それを忠実によみがえらせたレコードも、テレフンケン・デッカから出ています。さらについでに申し添えると、歌の翻訳は、これもやはり三省堂から先年わたしが出した『回想のヨーロッパ中世』に絵も一緒に載せてあります（本書第Ⅰ部七三～七五ページ）。（図33－b）

あるいはまた、第一五八歌は、

甘美な森のなかに、
五月ではなく、そのすこし前、
太陽は明るく照らし、
みやびな顔立ちの娘が、
木の葉の茂みの下に立っている、
　　葦笛を吹いて

と、そのページを飾っている幻想的な森の風景の絵に、素直にキャプションを付けている。女人は描かれていないが、いかにも春の息吹の感じられる絵である。巨大化した羊歯類植物を思わせて繁茂する春の樹々が、十二世紀という時代の青春を証言する。

そうしてまた、「酒と遊戯の歌」ということで、シュメラー版以来まとめられている第三部の紙葉を飾る数点の挿絵が、なかまが集まって酒を飲み、集団で采《さいころ》遊びに興じる様子を見せてくれる。また、これは双六《すごろく》の一種であろうか、一対一の対決を、絵師は興味深げに描いている。もう一枚は、これはチェスである。詩の方では第二〇九歌がチェスを歌っているが、この詩は読み取りにくいところが多くて、だからか、英語訳で一番入手しやすい「ペンギン・クラシックス版カルミナ・ブラーナ撰」は、この詩を選択していない。ドイツ語訳などを見ても、よく分からない。それでも、

王妃、塔、歩兵、騎士、大僧正、王、
ラマの町に歓声がひびく、そーれ、行け！　わおーっ！　まけたあ！

と歌っているところあたりはようやく読み取れて、十三世紀にしてすでにチェスのコマの六種類は決まっていたのだと教えてくれる。（図33－c、d、e）

ラマはエルサレムの北方八キロメートルほどのところに位置するエッラームのことだと推定されている。「マタイによる福音書」に「ラマに一つの声が聞かれた、嘆きと涙と喪の声である」と見える（第二章一八節）。それがここでは采に興じ、チェスを遊ぶ若者たちの立てる騒音という設定になっ

ている。なおチェスのコマは日本ではふつう英語で呼ぶ。「王妃」以下「クィーン、ルーク、ポーン、ナイト、ビショップ、キング」である。

そうしてまた、たとえばここに十五世紀のネーデルラントの一群の絵師たちの絵があって、とりわけわたしがあなたがたにぜひともごらんいただきたいと思っているのが絵師イェローン・ボッスの「放蕩息子の帰宅」という絵である。(図34)ちなみにいまはオランダに属する、むかしの北ブラバントの町セルトーヘンボッスのこの絵描きは、ヒエロニムスとラテン名で署名していて、だからふつうヒエロニムス・ボッスあるいはボッシュと呼ばれている。

2　白鳥の家

この絵を「放蕩息子の帰宅」と呼ばなければならない根拠はない。なんとなくそう呼ばれているというのが真相で、「行商」と、そっけなく呼ぶ人もいる。いっそ、「旅の人」と、あっさり呼んでもよいではないか。

「巡礼」と名付けていけないわけもない。なにしろ、この絵師には、もうひとつ同じ画題の絵があって、「枯れ草の筏車」と呼ばれる三つ折り障壁画を折り畳んだ、その扉外絵だが、こちらのほうは昔から、「人生の旅人」と呼ばれていて、人生の旅人？　キリスト教の理念とイメージの体系では、巡礼の絵姿ではないか。(図35)

なるほど帆立貝の標章は見当たらない。つば広の帽子に帆立貝の殻で巡礼と分かる。そういうことになっていて、それなのに、この男が左手につかむ帽子の飾りは、これは錘《つむ》だろうか。それとも浮子《うき》か？　ということならば、この浮子かなんぞでそこに留められている糸状のものは、これは釣り糸か？

帆立貝の標章は、この同じ絵師の、「最後の審判」と呼ばれる三つ折り障壁画の、これもやはり扉外絵に描かれた「使徒ヤコブ」の絵姿に見てとれる。まあ、ごらんいただきたい。背中に担いだ帽子に帆立貝の殻が飾りつけてある。使徒の足下の水辺にも、帆立貝が二枚描かれている。ということは、ここはガリシアの海岸という思い入れか。（図36）

イエス十二使徒の一人、大ヤコブは、当時ローマ人の支配地のスペインにキリストの教えを伝えた聖者である。スペイン北西の一角、ガリシアのコンポステラは、ヤコブの宣教の基地であり、ヤコブの遺骸の埋葬された土地と伝承された。やがて数世紀後、星が使徒の埋葬の地を指示し、そこに聖堂が建てられた。六世紀のことである。コンポステラはラテン語のカンプス・ステラエ、すなわち星の野を意味する。

星々が帆立貝になった。やがて数世紀ののち、モール人と戦うこの土地の領主が、たまたま内海を泳ぎ渡らねばならない羽目になり、やっとの思いで対岸に泳ぎついてみて驚いた。全身びっしり帆立貝で、帆立貝に助けられたと領主は知った。帆立貝は聖者の分身だったということか。ガリシアのコンポステラの聖ヤコブ聖堂へ詣でる巡礼が、帽子の飾りに帆立貝の殻をつける慣習の起源説話である。

ガリシアのコンポステラの聖ヤコブ聖堂、すなわちサンティアゴ・デ・コンポステラと並び立つ巡礼聖地、ノルマンディー南部のモン・サンミッシェルを目指す巡礼もまた、帆立貝の殻を目印につけた。

唐突なことで恐れいる。ここで『ハムレット』第四幕五場の狂乱のオフェリアの歌をお聞きねがいたい。ハルモニア・ムンディ盤の「シェイクスピア・ソングズ」に、アルフレッド・デラーがオートコントル（男性のアルト）で歌っている。

どう見分ければよいの、あなたの愛が
ほんものか、にせものか、
帆立貝の帽子と杖、
足のサンダルを手掛かりに

王妃さま、かれは死んでしまいました、
かれは死んでしまいました、
草の緑の芝土を頭に、
かかとには石

経かたびらは山の雪のように白く、
きれいな花々に埋もれて、

花はお墓にはいかなかった、本当の愛の
かれの涙に濡れそぼって

杖だが、オフェリアが死んだ恋人に持たせた杖は、りんご玉のような握りのついた長い杖だったはずで、すなわち巡礼杖である。

使徒ヤコブは杖を肩に担いでいる。これはどういうのか、毛布のようなものを杖にひっかけて、肩に担いでいる。杖というが、りんご玉の握りは見えず、これはもしや漁師の使う刺し棒みたいなものであろうか。とすれば、腰に下げている箱状のものは、これはびくのようなものか？

もちろん、画面から隠されている先端に握りが付いていると推理してもよいわけで、さて、肝心の放蕩息子の絵のほうはどうか。男は杖をひきずっている。りんご玉状の握りを地面にひきずっている。「枯れ草の筏車」の扉外絵の男も、同じ形状の杖を、これもやはり地面にひきずっている。巡礼杖をさかさまに持っているということか？　そのことになにか意味があるのか？

サンダルだが、使徒ヤコブは靴もなんにも履いていない。「枯れ草の筏車」の男は短靴をきちんと履いている。ところが、放蕩息子は、なんと右足はちゃんとブーツふうの靴を履いているが、左足はスリッパをつっかけている。このことになにか意味があるのか？　左足はふくらはぎのあたりを包帯で巻いている。怪我をしたのか？　スリッパと関係があるのか？

なにしろ意味ありげなイメージのいっぱいつまった画面で、スリッパとふくらはぎの包帯の件もさることながら、背中の背負籠の、背負籠自体のもつ意味もさることながら、その側面の留め輪に差し込んであるおたまじゃくし、これはいったいいかなる意味の表示か？

おたまじゃくしもさることながら、と、さることながらが続いて恐縮だが、その留め輪の下に、なにやらへばりついているように見える奇怪なる形象は、これはなにか？　ムササビとかモモンガーとか、なにしろそういった飛行小動物のイメージだろうか。いずれ、この絵師の画業の、どの画面にも棲息する怪異の生物群のひとつである。

それとも、あっさりと、これは干物かなんかか？

同じ絵師の「聖アントニウスの誘惑」と呼ばれる、これもやはり三折り障壁画の中央主画面の下辺中央に、大きな魚を船にみたてて、魔物が漕ぐオールがおたまじゃくしというイメージが見られる。そのそばにエイのような怪異の形象。

背負籠だが、この形象は「最後の審判」の中央主画面の下辺に見える。なんと、烏口の全身緑色の怪物が背負っている籠には、人間が魔物といっしょに押し込まれている。やはり側面に留め輪がついていて、地獄の刑具のひとつか、刺股みたいな棒が差し込んである。ここで注目すべきは怪物がついている杖で、りんご玉状の握りのついた、もしやこれは巡礼杖をさかさに持ったイメージではあるまいか。とすれば、この地獄の形象は、これは問題の放蕩息子の絵のパロディーということになる。

ということは！　もうお気付きであろう、放蕩息子の背負う籠の中には人間と魔物が隠れている！

怪異のモモンガーは、魔物の気配にひかれて飛来する！

背後の魔の気配に、男は首をめぐらす。

そこで、あなたがたにお願いするが、どうぞ男のまなざしをご自身のものになさっていただきたい。

わたしがいうのは、男は背景の家屋を見てはいないということで、なるほど背景の家屋は白鳥の看板をかかげている。これは酒と女の商売をしてますよの印で、破風の突端に棒を立て、水差しを伏せて、これにひっかけている。これも酒場の案内である。

軒下に葡萄酒の大樽が据えてあって、戸口を見れば、いましも女が水差しを手に、外に出ようとするところを、兵士とおぼしいのが、かまちに寄りかかって、脚を投げ出し、女を出させまいとする。女にからむ風情である。屋根に立て掛けられた長槍は、この男のものだろうか。

大樽だが、土手っ腹に穴があいている。おかしいではないかとお思いか。穴あき大樽の絵は、この絵師の仕事のいたるところに出現する。穴の効用について適切な指示を与えてくれるのは、「最後の審判」主画面左辺下方部であって、鉄格子のはまった窓の内側に、裸の尻がこちらを向いている。その尻から排泄される、なにやら液体を、その窓の下で赤鬼に担がれている大樽の土手っ腹の穴に差し込まれたじょうごがうける。一方、樽の蓋板に穿たれた小穴から液体がほとばしり、腹をばんばんに膨らませた男の口に注ぎ込まれる。

大樽から視線をあげれば、そこに窓があき、女が顔をのぞかせている。視線を凝らせば、窓中央の枠柱の陰に、もうひとつの顔が浮かび出る。女たちの部屋と見えた。さらに上方、三階の小窓には、白い下着が干されている。下穿きであろうか。そこから右下に視線をずらせば、白鳥印の看板が軒下に突き出ている。そのまま視線を下げれば、家屋の角で、男が立小便をしている。このイメージは、これはいったいなんなのか。

白鳥の家のイメージは、同じ絵師の「東方三博士の礼拝」と呼ばれる、これも三つ折り障壁画の中央主画面にも見える。べつにそれが根拠というわけではないのだが、現在はウィーンにある、この絵師の画業のうち最大規模のこの障壁画は、問題の放蕩息子の絵と同時期、一五一〇年ごろの仕事と推定される。絵師最晩年の仕事である。（図37－a）

まあ、ごらんになるがよい。主題画の庇の光景の上方はろばろと、絵師は風景を描いている。なかば崩れかけた庇の屋根越し左手に視線を遊ばせれば、家の屋根が見え、この場合は軒下なんぞではない。長大な丸太を押し立て、横柄をいっぱいに張り出して、赤の地に白の白鳥印の看板が自己主張する。看板の下方に例の大樽。

家の手前に土塀がながながと横たわる。後ろ向きの男女が土塀の向こう側を覗き込んでいる。男は腕を女の腰にまわしている。男の左手を見れば、長柄の斧が塀にたてかけられている。視線を右手の方にずらせば、帽子の男がこの男女の動静を盗み見しているのが目に入る。（図37－b）

さて、この情景の物語はどんなふうか。なにしろ絵師の描写は細かくて、問題のピーピング・トムが土塀の曲がり角に身を隠し、左手を土塀の角にかけて身体を支え、塀の陰からそっと顔を覗かせている様子まで、はっきりわかる。それだけに、なにかよほどはっきりした物語があるのだろうか、それを知りたいとわたしたちはあせるのだが、絵師は知らん顔である。絵は見せた。物語は作れと、絵師は冷ややかにわたしたちを突き放す。

そこで問題の放蕩息子の絵だが、放蕩息子は魔の気配を察知して、背後を振り返り見た。背景の白鳥の家はかれのまなざしに入っていない。かれの足をとめたのは白鳥の家ではない。道端の犬でもない。かれはすでに脚をかまれている。犬なんぞ、もう気にすることもないのである。かれの足をとめたのは、かれ自身の背負籠のはらむ魔の気配である。

この構図のもっとプリミティヴなのが「使徒ヤコブ」の画面である。なにしろ背景は、これはもう山水画といいたい。墨絵ふうの効果も見事に、中景に身体障害者たちの互いに助けあって道を行く光景。殺すものと殺されるものの作る光景。遠景に、断崖の松に首くくられる人。それを指差すふたつの人影。そうして、はろばろと遠山のつらなり。

なんとも見事な風景画ではないか。これに較べれば、同時期のイタリアの絵かきたちの仕事なんか……と、つい、いいつのりたくなる。それほどの腕の冴えとわたしは見るのだが、ところがどうだろう、使徒ヤコブは、背後の風景にまったく関心を払わない。Sの字体に折ったかれの肢体は、その物腰は、ただただ、かれがおのれの内面を注視していることを明かす。絵師の時代に流行した当世ふうの信心、「デヴォーティオ・モデルナ」の絵画的表現が、じつはこれであった。

つづめていえば、「東方三博士の礼拝」の背景のひろびろとした風景は、「放蕩息子」の背後の白鳥の家のある風景は、「使徒ヤコブ」の背後にひろがる象徴に満ちた風景は、いずれもこれはつまりは日常なのである。

天眼鏡片手に眺めれば、なんとまあ静謐の日常風景か。この絵師の一種独特の不思議な味わいは、全体を眺めれば、どう見ても修羅の巷の一角に、日常風景をはめこむところにある。「聖アントニウスの誘惑」と呼ばれる、これもまた三つ折り障壁画の中央主画面左上辺を焦がす地獄の業火の光景、これぞ圧巻というべきか。(図38)

まさに地獄の業火というネーミングは、場面を修羅の巷と観念していることを示す。それを隣村の火事とでもいいまわせば、そこに村の日常のしずかなたたずまいが現象する。じっさい静かなたたずまいなのであって、これはけっして構えたもののいいようではない、まあ、ごらんいただきたいわけで、家の戸口に立つ女。戸口の脇のベンチに腰掛ける人影。犬がほっつき歩いている。川岸では女が洗濯している。河原に干し広げられた衣類。いましも騎馬の一行が橋にさしかかる……これはもうきりがない。そうして、村の背後の木立を焼き、空を焦がす天の業火。

わたしがいうのは、「聖アントニウスの誘惑」の絵のドラマはアントニウスという男の心理にある。これが絵の開示する思想である。同様に、「放蕩息子」の絵のドラマは放蕩息子だか、行商だか、巡礼だかの男の絵姿に表現されていて、背景は背景でしかない。要すれば日常風景であって、男は風景の無関心に曝されている。

白鳥の家は、道行く襤褸《らんる》の男なんぞに、これっぽっちも関心を払わないのである。

3 白鳥の宴

白鳥の家？　これはいささか薄気味わるい。

というのは、たぶんあなたがたもよくご存じと思うが、この絵師の属していた信心講、聖母御同行の会の紋章は白鳥であった。白鳥看板の家は聖母御同行のクラブハウスというわけだ。

聖母子讃仰図の上方に白鳥看板が誇示されている「東方三博士の礼拝」、この三つ折り祭壇画は、一時期、この絵師の住んでいた町の教会堂にかけられていた。聖堂内にもうけられた聖母御同行専用の礼拝堂の祭壇を飾っていたのである。その白鳥看板の家があいまい屋？　なんとも面妖なはなしではないか。

それどころか！　聖母御同行の例会の宴席を白鳥の宴と呼んでいた。メインディッシュにかならず白鳥のローストが供されたからである。この絵師自身、その宴席の情景を描いている。

ごらんいただきたい、画題は「カナの婚礼」、ヨハネによる福音書が伝える、イエスがおこした最初の奇蹟の挿話である。（図39）

正面のティアラをかぶった白衣の女性はマグダラのマリアではないか。これが花嫁か。とすれば、その向かって左側のピンク地の衣裳の若い男性が花婿か。どうも位置取りからしてもそうではないようで、ヨハネによる福音書の述べている思想からして花婿はイエス・キリストである。この絵では、ニコデモとアリマタヤのヨセフにはさまれて、右手のテーブルについて、印象的なかたちに指を組んだ右手をあげて、奇蹟を執行する。奇蹟は画面下方に表示されていて、すなわち水差しから酒壺につがれる水のぶどう酒への変容である。

イエスの母マリアがニコデモの向かって左側、マグダラのマリアの向かって右側に伏し目がちな憂い顔を見せている。黒色に近い濃紺のマントーを羽織り、親指だけを開いて四本の指はぴったり合わせているその手の形が印象的で、見渡せば、イエス以外の宴席の人物は全員同じ手の形をしている。

そうしてテーブル左端に「イエスの母の姉妹である、クレオパの妻マリア」が、おそらく夫のクレオパと、もうひとり、紅色の頭巾の男にはさまれて、端然と面を立てている。

この絵をモノクロームでご紹介するのはまことに残念で、なにしろボッスのこの絵は、というかこの絵も、色彩の配置がグラフィックな効果をかきたてていて、なんと使徒ヨハネのピンク地が、画面の奥、悪魔の祭壇の前で黒ミサを執行する人物の、こちらもピンク地の衣裳に映えて、これはいったいどうしたことだと従来物議をかもしてきたのだが、クレオパの妻の衣服も同じピンク地ではないか。使徒ヨハネを介して、クレオパの妻と黒ミサの執行者を結ぶピンクの構造線が走る。色彩は形態の中身に左右されないのである。

画面左手の一郭は妙に騒々しいところで、わたしがいうのは色も形もということで、なにしろクレオパの妻に発するピンクの構造線を横断して、例のクレオパの妻をはさんでクレオパとなにごとか話し合っている風情の紅色の頭巾の男の頭巾の紅色と、画面手前、背中をこちら、ということは絵の鑑賞者の方に向けて、こちらも顔を寄せ合ってひそひそ話をしている風情の男性ふたりのうちのひとりの、背中の方から見て右側の男性の衣服の紅色とが照応し合って、画面、左上隅の、なにやら大皿を捧げ持った男性の衣服の紅色につなぐ。

そうしてこの紅色の構造線は危険な関係だと、識者は異口同音にいう、なにしろ、見るがよい、大皿の上に盛りつけられた狼だか猪だかの頭部の料理は口から炎を吹いている！

その手前の、これは薄いブルー地の衣服を着けた男性が捧げ持つ大皿に、白鳥が瘴気《しょうき》を吐いている！

絵師イェローン・ボッスは、北ブラバントの町セルトーヘンボッスの住人であった。一四五〇年ごろの生まれと推定されている。一四八六年、聖母御同行の正会員になった。その二年後、一四八八年一月、これは日付けもはっきりしている、一月の最初の月曜日、会の例会の白鳥の宴に出席した。同年七月、こんどはかれ自身の肝煎りで、自宅で宴会を催した。その時にも瘴気を吐く白鳥のローストが出たかどうか、その点、記録はあいまいである。

この絵の制作年代については、はっきりしたことは分からない。第一、この九〇センチに七〇センチほどの板絵が、これは単独のタブロー画だったのか、それともなにかの祭壇画の一部だったのか。それさえもわからない。左下に犬が描かれている。これはあきらかに後代の加筆で、もとは寄進者が描かれていたらしい。そのことは、この絵を模写したのがあって、それからわかる。だから、いずれどこかの教会か礼拝堂に懸けられたものと思われる。

絵の描き方の調子からみて、若いころのものではないか。イェローンが、これまた絵師の父アントニウスの跡を襲って、工房の主人になった前後の頃と思われる。一四七五年から八〇年までのあいだと指定する研究者もいる。

いずれ三十歳になるかならぬかの年頃のイェローンの画業ということで、そう、たしかにこの絵は若い。わたしのいうのは画面に感じられる気合いのようなもので、瘴気を吐く白鳥というイメージを作る、そのこと自体がもつ若さの傲慢である。

白鳥の宴は悪魔の秘儀であると、若い絵師は、ほんとうにそう考えていたのであろうか。聖盃の秘儀そっちのけで、なにごとかささやきあっているふたりの男がいる。この町の市民代表といった役柄であろう。かれらには悪魔の秘儀が見えている。そういう構図に、絵師は描いている。見えているものがいると、絵師はいっている。わたしには見えると、この若者はいうのであろうか。

じつのところピンク地の衣裳はもうひとつ、というか、もうひとりいるのであって、画面右下隅、タマネギ天頂の帽子を頭にのっけた、黒地の頭巾の裾を背中にまわし、腰掛けに浅く腰掛けた男性である。これが使徒ヨハネのピンク地の衣料と照応して一本の構造線を作る。この構造線はエルの字形に折れまがったテーブルの、イエスが座している側の線に沿っていて、だから、もし画面を四五度、時計のまわる向きにずらすならば、この構造線が画面の中線を作る。そういう構造になっていて、だからその想像の画面では、ピンク地の衣裳の使徒ヨハネはめでたく花婿である。ごらんになるがいい、使徒ヨハネは斜めまっすぐに視線を定めていて、ゆるぐことがない。その視線が想像裡に立つのである。

まあ、ごらんになるがよい、火を噴く猪の頭、瘴気を吐く白鳥。その真上の奇妙な張り出し床の上の男は、風笛を抱えている。風笛は肉欲の象徴である。この怪異の一角を背中に、使徒は端然と座す。瞳を上げて、視線を遠くに届かせている。イエスをさえ超えて、遠くを見ている。肩越しに小肥りの男がなにごとかささやく。後ろを見なよとけしかけているのか。というのは、もしもこの絵が一四七五年から八〇年のあいだに制作されたというのであれば、花婿はすなわちイェローン自身である。あるいはおのれ自身を使徒ヨハネに擬し、ひそかにおのれ自身の婚礼を寿いだ若者の傲慢がとがめだてられよう。

わたしがいうのはイェローンは、一四七八年頃、妻をめとった。妻の名はアレイト・ファン・デ・メールフェネ。一四五三年の生まれ。すでに両親を亡くしていたという。ファン・デ・メールフェネ家はかなりの資産家であったらしく、セルトーヘンボッスの南三〇キロほどのところにオールスホトという村が、これはいまもある。同家の所領のひとつであった。アレイトはそれを相続していた。若い夫婦はそこに住んだことがあったのだろうか。画面の風景にいまのその村のたたずまいが見えると主張する研究者もいる。なにしろ西欧の生活環境は、むかしもいまもあまり変わっていないのだ。若い夫はなにをしていたか？「七つの大罪」と呼ばれる、これはいささか変形のタブロー画がある。中央の小円に神を描き、これがいわば神の目で、その周囲にぐるっと同心円状に扇型の絵七枚を配置したもので、卓子の上に置いて眺めたものらしく、卓子絵と呼ばれる。オールスホト村の風景だと研究者が騒いでいるのは、この絵の背景画のことで、まあ、ほんとうにその村に住んだかどうかはともかく、どこからかの注文で、そういう絵を描いていた。（図40）

楯の紋章絵なども描いていたらしい。これはキリスト受難のだし物に使う銅製の王冠を作ったこともあった。聖母御同行の会計帳簿にそう記録されている。

一四八〇年から八一年にかけての帳簿には、絵師イェローンがある祭壇画の左右パネルの絵を描いて同会に納めたが、これはその父親アントニウス・ファン・アーケンの仕残した仕事であったむね、記載されている。

イェローンの家系は、これを四代さかのぼることができる。十四世紀末、ヤン・ファン・アーケンという名の毛皮商人が、セルトーヘンボッスの司教座教会シント・ヤンス聖堂の前に住んでいた。なんでもアーケン、すなわちドイツ語読みでアーヘンの出らしかった。セルトーヘンボッスはマース川下流の南岸に位置するが、そこから遡ってマース川中流、現在の領土関係でいえば、オランダ領から西ドイツ領に入ったすぐのところ、あるいはこういおうか、オランダ、ベルギー、西ドイツと、三つのくにの交合点ドリーランデンプントのすぐ東側の町である。

一四三〇年代のなかば、ヤン・ファン・アーケンなる絵師が、シント・ヤンス聖堂に絵を納めている。これは毛皮商人の息子ないし甥であったろう。絵師のヤンに五人の息子がいて、四人までが絵師になったという。そのひとりアントニウスがイェローンの父親である。

絵師の家系と批評してよいであろう。聖母御同行と呼ばれる信心講との関係は、すでに父親の代にかなり密なものがあったと思われる。これはシント・ヤンス聖堂の外郭団体として、かなり古くからあった信徒会であった。土地の領主、商人、とりわけ毛織物商、刃物や針類の手工業者、職人など、各種社会層を横につないで御同行を作る。シント・ヤンス聖堂に専用の礼拝堂をもっていた。

現在セルトーヘンボッスの町にみられる華麗なフランボワイアン様式の聖堂は、まだこの時期、その全容をあらわしてはいなかった。十字架型の教会堂の頭の部分だけしかできていなかった。ちょうどイェローンが結婚したころ、一四七八年からアラールト・デュ・ハメルという当時著名な建築家がセルトーヘンボッスの司教と契約を結んで監督を引き受け、南袖廊の工事を始めている。アラールトはこれを完成し、つづいて左右二側廊、計五廊からなる身廊部の工事に入ったところで、一四九四年、町を去って、ルーヴァンへ赴いた。

現在シント・ヤンス聖堂を訪れて、内陣から右手の南袖廊に入ると、銅製の洗礼盤が注視を誘う。アラールト監督中、一四九二年に鋳造されたもので、上部飾り彫刻に、聖母、使徒ヨハネ、聖ランベルト、そうして父なる神が刻まれ、これを一羽のペリカンが統御するかの構図が見てとれる。

神のペリカン、主イエスよ、
不浄のわれを、その血できよめたまえ。
その一滴は救うことができる、
全世界を、およそあらゆる邪悪から

十三世紀の大神学者トマス・アクィナスの作った聖体讃歌である。ペリカンの図像のもつ意味をいいつくしている。

なぜこんな話題を持ち出したのかといえば、イェローンがペリカンを絵に描いているからで、わたしがいうのは、これはもう名前だけはすでに紹介した「パトモス島の聖ヨハネ」という板絵の裏側の「受難」と呼ばれる絵のことである。(図41—a、b)

絵は二重円で、キリスト受難を物語る八つの情景が描かれている。中央の小円には、岩山の上に、いましもおのが胸を喰い破ろうとするかのペリカン。岩山の麓に赤々と火が燃えている。火は光であり、ペリカンの血の赤さである。イェローンは大画面に、天を焦がす業火を好んで描いている。岩山の麓の火は、それにくらべれば焚き火みたいなものだが、なにしろ全体にセピア単彩のグリザイユ(濃淡画法)であって、しかも二重円は悪魔的形象がおどろにうごめく暗黒の地に浮き漂っているというふうに工夫された構図なのだから、焚き火といえども、これは目立つ。

わたしがいうのは、これが神秘主義的世界観を表現する絵師の美であったということで、当時流行の当世ふうの信心、「デヴォーティオ・モデルナ」の、これは見事な絵画表現であった。

わたしはなにもイェローンが、このペリカンの彫刻を見て絵を描いたなどといいたいのではない。あなたがたにお知らせしたいと思うのは、この絵は「パトモス島の聖ヨハネ」の裏絵である。これもやはり、三つ折り祭壇画の左右どちらかの扉パネルだったのであろうか。ということであるならば、当然、ペリカンの絵の方が扉外絵ということになろう。そうして、セルトーヘンボッスの司教座教会堂はシント・ヤンス、すなわち聖ヨハネに献堂された聖堂であった。つじつまは合っている。

そこでわたしが知りたいと思うのは、このペリカン洗礼盤の制作に、聖母御同行正会員ヒエロニムス・ファン・アーケンが参画したかどうか。実相は不明だが、可能性としてはありえた話だ。

これと前後する時期に、イェローンは、ガラス細工職人ヘンリッケン・ブッケン、ウィレム・ロンバルト両名に対し、聖母御同行礼拝堂のステンドグラスのデザインを提供している。これは、一四九三年から九四年にかけての年度の同会会計帳簿に記載されている。

内輪には聖母御同行礼拝堂の装飾。これが会員イェローンの仕事だったようである。祭壇画の作成が当然もっとも重要な課題となるわけで、これはすでにご紹介したように、絵師イェローン畢生の仕事、三つ折り祭壇画「東方三博士の礼拝」は、もともと同礼拝堂に懸けられていたのである。

越えて一五六六年、プロテスタントによるいわゆる偶像破壊、すなわちカトリック教会堂の装飾品破壊運動の嵐が、ここブラバントの北のはずれにまで及んだ。シント・ヤンス聖堂も襲われたが、この祭壇画だけは被害を免れた。文化財をまもれ！　というわけで、絵は町役場に移され、ついでブラバントの首府ブリュッセルに運ばれたが、翌年四月、スペインとネーデルラントの支配者フェリペ二世の手のものに収奪され、マドリッド近郊の修道院エル・エスコリアルに移管されたのである。

「東方三博士の礼拝」は現在マドリッドのプラド美術館にある。

絵の運命については以上である。話をもとにもどせば、そういう次第で、聖母御同行礼拝堂のセッティングが絵師イェローンのまず第一の仕事であった。

シント・ヤンス聖堂の運営全体について、いったいどの程度、聖母御同行が、またイェローン・ファン・アーケンがかかわっていたのか。その点、かならずしも明らかではない。ボッス研究者が一様にあげつらうところでは、聖堂聖歌隊のトレーニングに関係していたという。また、貧困救済がまだ教会の仕事であったこの時代、貧者への施しにおいて、かなり実質的に寄与していたという。

節季の祝祭に、さまざまな種類のだし物を企画、演出したという。神秘劇、悪魔劇、ダンス・マカーブル、すなわち死者と生者の舞踏劇、狂言等々。これにともない、さまざまな種類の大道具小道具の制作に当たったという。皮製の疑似鼻、布と皮をはぎあわせて作る仮面、銅製の王冠、天使の翼。大天使ミカエルもこれがないと格好がつかないではないか。

くわいい型のフェルト帽、鉄のヘルメット、風笛やマンドリン、かぶと虫の羽のような翼。ねずみ怪獣がこれを背中につけている。大きな魚のハリボテ。蛇の尻尾のぬいぐるみ。なにしろイヴをだますのに必要だ。

かぞえあげればきりがない、そういった小道具を揃え、枯れ草を積み上げた台車を用意する。いま、ずらずらとかぞえあげた小道具の数々は、これもすでにご紹介した祭壇画「枯れ草の筏車」の絵を見ながら、拾い集めたイメージなのです。

そうなのです。「枯れ草の筏車」をはじめ、「聖アントニウスの誘惑」、「悦楽の園」、「最後の審判」

など、この絵師の絵は、いずれもつまりは祭日の町の通りを引き回される山車《だし》の写生だったのではないか。聖堂前の広場の一隅にしつらえられた板舞台で演じられる受難劇に、絵師は構図を借りたのではなかったか。（図42・43）

写生といってしまっては、いささか過激な発言のそしりを免れないでしょう。その山車、その受難劇自体、絵師イェローンが銅製の王冠を作り、三色のとんがり帽をおもしろがって作る。そういうふうにして準備し、興行したものであって、この場合、絵画は町の祭りのなかに成ったというべきであろう。

聖母御同行がそういう仕事をもっぱらとする、いわば祭り方《かた》専門家集団であったと考えなければならないいわれはない。会員の社会的立場はかなり多様であって、基本はあくまで信心講である。シント・ヤンス聖堂の七つの礼拝堂の一つを占有する信者団体である。教会の節季の祭りに、それ相応の奉仕を行なう。

おそらく、この種の団体が他にいくつかあったのであろう。十五、六世紀の西欧の町という町に、この種の団体が存立した。隣保団体の性格のものもあれば、同職ギルドごとに組織される場合もあった。そのどれもが信心講の形をとり、教会の外郭団体として奉仕した。都市の祝祭の装置であった。

聖母御同行幹事名簿の記載に「会員の死亡、一五一六年、ボッスことヒエロニムス・アーケン、著名なる絵師」と読める。聖母御同行の記録は、イェローンへの言及に「絵師」の肩書きを忘れない。

イェローン・ファン・アーケンは絵師であり、聖母御同行の会員であった。会の社会的活動のうち、絵師的なる職掌のかかわる部分に、イェローンの名が残った。平凡ながらこれが真相かと思われる。

I　ヴィヨンの歌祭文《うたざいもん》

1　白鳥の歌

「放蕩息子の帰宅」の絵に詞書《ことばがき》をつけるとすれば、フランソワ・ヴィヨンの『遺言の歌』巻末のバラッドをおいて他にない。

わたしがいうのは、むしろまず詩があって、それに挿絵をつけたということで、というのは、北ブラバントの絵師が生まれたころ、若者フランソワはパリ大学の学生であった、だから学生のあなたに甥が生まれたようなもので、一世代ずれる。

こう書いて、じつはわたし自身驚いているのだが、印象としては、この両人の年齢の開きは一世代などというものではない。なにしろ「東方三博士の礼拝」の絵師は老人で、『遺言の歌』の詩人は若者という印象が強いのだ。

若々しい花婿イェローンのことを語りながら、いったいなにをいうかですって？　まあ、それほどまでに「東方三博士の礼拝」の絵師は大人である。そういうことで、他方詩人は、一四六三年、三十歳を過ぎたばかりのころ、世間から姿を消した。こうして若さが白鳥の歌に刻印されたのである。白鳥の歌というのは、この場合、まさしく歌のことで、白鳥は去りぎわに叫びを遺すというではないか。すなわち『遺言の歌』巻末のバラッドである。ちなみに、バラッドとは、八行詩三連に反歌四行詩を添えた形式の詩である。

さてさて、ここに遺言は閉じられます、
あわれなヴィオンはこれで終わりです、
どうぞ葬式に立ち会ってやってください、
四連鐘の鳴るのを耳になさったならば、
みなさん、朱色の着物でお願いします、
かれは恋の殉教者として死んだのです、
睾丸に誓って、かれはそういいました、
この世からおさらばしようと思ったとき

わたし、かれが嘘をついたとは思いません、
着物を汚したこどものように追い出された、
追い出したのは女たち、さも憎々しげにねえ、
当地から、果てはルシオンにいたるまで、
藪も小藪もありはしない、嘘ではないと、

かれはいったものです、おれの上着の布地の
切れ端の引っかかっていない藪なんかとねえ、
この世からおさらばしようと思ったとき

かれはなにしろそんなふうでして、死んだ
ときには、ボロ着一枚しか持っていなかった、
おまけに、死んでいくとき、無惨なことだ、
アムールの針がギリギリとかれを刺した、
そのなんともするどいこと、革の綬帯の、
そうですよ、尾錠金の留め金の比ではなく、
これにはわたしたちもびっくりするほど、
この世からおさらばしようと思ったとき

座主よ、小長元坊《コチョウゲンボウ》さながらにシャンとした、
お知りあれ、旅立ちにかれがなにをしたか、
モリオン酒を、グイッと一杯、ひっかけた、
この世からおさらばしようと思ったとき

遺言人の遺言が終わって、証人が遺言を確認する。そういう書式をふまえたバラッドで、詩人は、この遺言詩二千行の大要を記述してみせる。なにしろ印象深いのは、なにがなんでもみんな女のせいだと言い張っているところで、とりわけご注目ねがいたいのが第二節で、むかしの放浪の旅の、これは回想である。

フランソワにはもうひとつ、これもまた遺言に形式を借りた詩集があって、こちらのほうは全部で四〇節の小さなものだが、これを『形見分けの歌』と呼ぶことにしようか。その冒頭に、

この年、四百と五拾六年、
おれはフランソワ・ヴィヨン、学生である

と年記を入れ、名乗りを挙げている。
フランンワ・ヴィヨン、この年、二十五歳。
形見分けの歌をしたため終わった直後、パリを逐電し、放浪の旅に出た。かれがふたたびパリの城門を臨み見るのは、それから五年後、一四六一年の暮れのことである。

遺言人の不安な旅立ちは女からの逃亡だったと遺言人は証言したと証人は証言していることになる。かれは、実正、そういった、といい、また、かれは、自分の睾丸にかけて誓った、という。それほどまでに、遺言人の証言の実正なることを証人は確認しているのだから、これはまあ、信じてやらずばなるまい。まあ、ひとつ、遺言人の証言を『形見分けの歌』にお聞きいただこうか。

この年は四百と五十六年　おれは
フランスェ・ヴィオン、学生である、
心をしずめ、気をおちつけて、考察するに、
ハミをかみ、首輪にかかる綱を引き、
まずはおのれの所業をかえりみろ、
そう、ヴェジェスもいっている、
賢明なるローマ人、偉大なる助言者、
おこたれば、自分自身を測りそこなう

そこでだ、上述の時に、と、こういくか、
ころはヌーエにのぞんで、枯れ季節、
狼は風を食らって、いのちをつなぎ、
人は家に閉じこもって、霜をさける、
炉のおきをかきたてて、暖をとる、
ぶちこわしたい、いま腹にうずいた、
このついのしがらみの恋の獄舎を、
このとらわれに、おれのこころは割れた

なんでおれがそんな気になったのかって、
おれは見たんだよ、あの女、おれの目の前で、
おれを捨てるってねえ、男に同意したんだ、
男をかえたって、いいことなかったんになあ、
おれは、天を仰ぎ、おお、神さま、と訴えた、
あの女を罰してくれ、おれの仇をうってくれと、
恋愛の神がみ御一統を向こうにまわしてねえ、
請求した、あわせて恋の苦しみの緩和をねえ

そうなんだ、てっきりおれに気があるって、
思いこんだ、甘いまなざし、きれいなそとみ、
なんかだましのあじがしたんだが、なんせ、
腹の底までしみとおる、女の手練手管は、
おれを向こうにとって、白い四本脚、
いまだぞってときに、するりと抜ける、
おれとしてはだ、よそに植えなきゃならん、
ほかの寝型を、おれの束で叩かなきゃならん

そうよなあ、女の視線におれはつかまった、
あれは悪女の目つきだったんだなあ、
いいつけにそむいたことなんてなかった、
なのに、やれ、死んでみせなとおのぞみだ、
それそれ、生きてなんぞいるなとご命令だ、
逃げだすほかに助かる道はなさそうだ、
どうやら女は生きた継ぎ目を切りたがる、
おおよ、おれの嘆きを哀れと聞こうともせず

これはやばいぞ、なんとか逃げるには、
一番いいのは、そうだ、旅に出ることだ、
さらば！　おれはアンジェーへゆく、
なにしろ女に思し召しがないのだから、
おおよ、これっぽっちもないのだから、
女のせいでおれは死ぬ、五体生きながら、
そうよ、ついにこのおれは恋の殉教者、
恋愛聖者の黄金伝説に名をつらねる

どんなにかおれに旅立ちがつらかろうが、
だんこ、女と別れなければならない、
なけなしの脳味噌しぼってかんがえるに、
おれをおいて、ほかの男をケルーンにからめている、
ブールーンの燻製ニシンそこのけに、
女は、なにしろ、その男にかわいている、
おれにとっては、なんともかなしい事件だ、
神さま、わが哀願をおききとどけください！

一四五六年、『形見分けの歌』執筆の根本動機は女であった。女に邪険にされ、他の男に乗り換えられた若者の悲哀感であった。

はたしてこれは文学であろうか、現実であったのか。そうしてかれは、女のいうなりにはなりたくないと、解決の方向を放浪に求め、おれはアンジェーにゆくと、ここでは放浪の宛先をアンジェーに指定している。

わたしが興味深く思うのは、そうしてやがて五年ののち、一四六一年に制作されたと覚しい『遺言の歌』に、遺言状の証人は、遺言人が、ルシオンまでと、はっきりと、その折の放浪の宛先を証言していたと証言しているという事態についてである。フランソワは、いったいどこを放浪してまわっていた

のか?

その足跡をしめす公的資料はなにもない。五年後の夏、ふたたび姿を現わしたとき、なんとかれはロワール河畔のマンという町のオルレアン司教の司教館に付属する塔の地下牢にいたというが、べつにそんな記録があるわけではない。フランソワがそう自分で請け合っているというだけのことです。なんとそれは、『遺言の歌』冒頭の詩行で、なにかできすぎている感じがないではない。おまけにフランソワは、ごていねいにも、自分の年齢まで証言している。もっともこれは、中世の著述にはよくある書き出しの書式なのだが……

年齢をかぞえてみれば三十歳のこの年に、
ありとあらゆる恥辱をなめさせられたが、
それですっかり阿呆になったり、がぜん利口に
なったりはしなかった、えらい目にあったが、
仕置きにあってさんざ痛めつけられた、それが
全部が全部、チボー・ドーシニーの裁量による、
あいつめ司教面して群衆に投げ十字を振舞おうが、
おれの身内だろうが、おれはだんぜん否認する

このチボー・ドーシニイというのが、当時、オルレアンの司教だったのである。

しかし、よく考えてみれば、作中の「おれ」がそういう目にあったと書かれているからといって、作者がそういう目にあったと考えていいかどうか、これは問題だ。作中の作者探し、いままでのヴィヨン研究は、もうこれに熱中しているといってよく、そういう態度だと、作中の片言隻語がかんぐりの対象となる。

そういった片言隻語あさりの獲物のひとつに「レーヌの行商」というのがある。問題の放浪生活の謎を解く手掛かりとして珍重されているもので、この語句をふくむ八行詩はこう読める。

なにしろ法王も、王も、王の息子も、
王妃の腹に生まれたのも、そうじゃないのも、
死んで、冷たくなって、葬られる、
かれらの王国は他人の手にわたる、
なのに、このおれ、しがないレーヌの行商は、
死なないか？　死ぬさ、神の御意のまま、
したが、その前に贈り物をしたいんで、
それができれば、いつ死んでもいい

レーヌの行商？　なんと「レンヌの行商」と読めるではないか！
アンジェーをいい、レンヌをいう。あまつさえ、身分を明かして、「埃だらけの足」、行商人だった

と告白している！　これではっきりしたではないか。フランソワはアンジェーからレンヌのあたりを行商してまわっていた。ルシオンにまで足を伸ばすこともあった……

ところが作中のフランソワは、そういう私小説ふう読解に水を差す。そうして、象徴詩派ふうに構えて、あなたがたを煙にまく。わたしがいうのは、「レーヌの行商」という言表、これは「言葉の行商」とも読めるという事態についてである。

ことは『遺言の歌』のストックホルムの王家図書館にある写本と、パリにあるふたつの写本との闘争という情況を呈していて、すなわち前者の写本では、まあ、レンヌと読める。ところが、パリの写本は、口を揃えて、断固、言葉と読むことを主張する。

この闘いに、わたしはなにもパリの陣営に肩入れしたいわけではないが、「言葉の行商」、この読みはおもしろい。なるほど王をいい、王国をいう。そのながれでレンヌをいう。王国の一地方というわけだ。もっとも、この時代、レンヌはあくまでもブルターニュ侯国の町であって、「善良なる王の都市」というわけではないが。

この文脈では、ストックホルムの詞華集のほうに軍配があがりそうである。けれども、また、王に対して言葉の行商人をいう。この対照の妙もまた捨てがたい。

「言葉の行商」は十二世紀に還る。

わたしがいうのは、サントジュヌヴィエーヴ修道院の修道院長であったトゥールネ出身のエチエンヌが、パリの教師たちを言葉の商人どもと罵ったというはなしである。ヴェンディトーレス・ヴェルボールム、言葉を売るものたち……

修道院長はいう。

「神意の秘蹟について、御言葉の化肉について、人は公然と議論する。聖教会の諸制度を侵害する。不可分の三位一体が四辻でばらばらに切り刻まれる。博士の数だけ誤謬がかぞえられ、聴衆の数だけ醜聞がきこえ、広場の数だけ瀆神がはやる。」

そのとき以来、サントジュヌヴィエーヴの丘は、言葉の商人たちの巣窟であった。すなわちパリ大学である。フランソワとしては、おのが身分を誇りかに宣明したにすぎなかったのである。

「レンヌの行商」の仮装はフランソワにはなじまない。

いずれ文学的修辞であって、これを実生活の点描とみたがる見方はどこかうさん臭い。さらば、おれはアンジェーにゆくと、アンジェー高飛びを示唆しているかに読める詩行についてもそういえる。だいたいがアンジェーに出掛けたのは、そう、まさしく『形見分けの歌』に刻印された日付け、一四五六年の降誕祭《ノエル》の前夜、ナヴァール学寮に盗みに入って、大枚五百エキュをせしめた。そういう場合、ふつうは高飛びするというではないか。それだ。アンジェーにはフランソワの叔父というのが修道士をしていた。土地勘はあった。

押し込みの仲間にギイ・タバリーというのがいて、そいつが後日、司直の手に捕らえられて、白状してしまった。じっさいのはなし、このギイというのは、もともと仲間ではなかった。その晩、往来でフランソワたちに逢ったのが運のつきで、仲間にひきずりこまれ、見張り役を押し付けられただけのことだったらしいが、もっとやっておけばよかったものを、たったの十エキュしかやらなかったせいか、結局こいつから足がついた。

あのおしゃべりめ、と、ヴィヨンはどこかの空の下で嘆息したことであろうと、わたしは以前書いた本でいいまわした。『回想のヨーロッパ中世』の第六章「パリの青春」でで、旧版一八三ページ、本書では一五九ページである。それはそれでよい。ただわたしがいまいいたいのは、そのどこかの空の下がパリの屋根の下であってもよかったのではないか。そのことである。

ギイはフランソワにそう聞いただけのことだったかもしれないではないか。おれはアンジェーにゆく。あそこに叔父がいる。小金を溜めてるって噂の年寄りが狙いだ。だれかに聞かれたらよ、アンジェーにいったっていってくんな。あばよ、てなぐあいで、フランソワはギイにでまかせいって、遁走した。あるいは、ここが大事なポイントなのだが、遁走するふりをした。

さらば、おれはアンジェーにゆく、だって？　もちろんこれは語呂合わせだ。アンジェーはアンジェ、すなわち女をやるという意味の俗語に地口を合わせている！

そういう意見もじつはあるわけで、第一、この八行詩の文脈、またその前後の詩行との連絡においても、おれは「アンジェーにゆく」は、いかにも唐突なのだ。ええい、おれは女をやりにゆく。なにしろ、あいつはさせてくれないから。そういう含みをもたせた、これは表現で、読みとして、「アンジェーにゆく」は、それはそれでよい。ただ、アンジェーにはフランソワはいかなかったのである。

アンジェーはフランソワのアリバイであった。

わたしがいうのは作者のフランソワの、ということである。

作中のフランソワは、なにしろアンジェーにゆくと宣言しているのだから、アンジェーに出掛けたと読んで一向に構わない。問題はその先で、すでにレンヌの線は消えている。かれはどこへ向かったか？

わたしはかれはまっすぐ南にルシオンへ向かったと思うのだが、古来、かれはロワール河畔を東に向かったという説がある。

メーヌの山中から流れでるサルト川、マイエンヌ川、そうしてル・ロワール川（ロワール川の支流で、本流の方は女性名詞形だが、支流の方は男性名詞形なので、ル・ロワールと書く。本書六九、一九九ページを参照）が合流してメーヌ川という、これはほんの短い川を作る。そのほとりにアンジェーの城砦がうずくまる。その下流、ほんの数キロ下が、もうロワールの本流で、フランソワはロワールのほとりの道をゆく。

そういう推理が横行しているということで、すなわちフランソワは、おそくとも一四五七年十二月以降、ロワール中流のブロワに滞在したというのである。

一四五七年十二月十九日以後と細かな数字をあげつらって紙数を稼いでいる伝記者もいる。すなわちブロワの邸館の主であったオルレアン侯シャルルの妻マリ・ド・クレーヴが娘を生んだ。その日付けである。この赤子マリ・ドルレアン誕生の奉祝歌をフランソワはものしたということになっているのだ。

じつは日付けはもうひとつ指定できる。すなわち一四六〇年七月十七日である。これは幼児マリが、オルレアン家の都オルレアンに初見参した日付けである。入城の儀式華やかに、フランソワの詩文はその奉祝歌だったのではないか?

『遺言の歌』や『形見分けの歌』に含まれない、雑詩として一括されるフランソワのいくつかの詩もまた、作者の行動の軌跡を記録しているものとして狙われる。オルレアン侯家絡みのものがもうひとつあって、すなわち「ブロワ御歌合わせのバラッド」などと呼ばれることのある一篇である。

泉のそばで、わたしは渇いて死ぬ、
火のように暑いのに、歯の根が合わない、
自分の故郷なのに、遠い土地にいる、
真っ赤におこった炭火のそばで、がたがたふるえる、
むしけらのように裸で、裁判官のように着飾る、
泣きながら笑い……

とまあ、こんな調子の理屈っぽい詩行だが、最後の反歌五行詩はそれなりにおもしろい。

寛仁の殿よ、どうぞ分かってください、わたくしめは
理解はするが、分別も知識ももちませぬ、
群れから離れているが、慣習は重んじます。
なにが得意かだって?　なんと、質物を請け出すこと、

歓待されながら、だれからも排斥される

ごらんのとおり、反歌にまで主題を貫徹させていて、すなわちこれは矛盾主題のバラッドである。シャルル・ドルレアン自身好んだ詩作の主題であって、この一篇がシャルル・ドルレアンの詩集原本に、ほか十名ほどの詩人の作品とともに収録されているところからみると、これはいってみれば今年の御題。なんらかのかたちでシャルル・ドルレアンの宮廷文芸サークルに関係した文芸者たちが、それにいわば応募した。フランソワもそのひとりであったろう。

マリ・ドルレアン誕生奉祝歌もまた、シャルル・ドルレアンの詩集の原写本に記載されている。同様の経緯で制作されたものであったろう。つまらない詩だ。

反歌五行詩の第四行は、「この上、なにができるか？ なんと、俸給をふたたび得て」、とも読めるふうである。むしろそう読みたいと伝記者たちがとびついたという格好で、フランソワがシャルル・ドルレアンの禄を食んだことがあると推論したいがための、これは勇み足であった。

読みたいように読む。どうもそういうことのようで、もうひとつ問題の詩があって、これは「ブルボン侯に嘆願の歌」と以前はよく呼ばれたが、最近はどの校訂者も、括弧付きで、「ある君侯への嘆願の歌」と控えめに構えている。括弧付きというのは、もともと題などついていなかったという表示であり、ブルボンという文字をはずしたのは、もともとそういう指定自体、後代の思い付きに過ぎなかったからである。

結論ふうにいえば、この嘆願の歌の宛先は、やはりシャルル・ドルレアンであったと考えられる。

ということは、じつは大変なことなのである。じつはこの詩がほとんど唯一の根拠になって、フランソワがブルボン侯家の寄人であった時期があるという説が横行していたのであって、それどころではない。

ブルボン党派は解説する……

フランソワ・ヴィヨンは、オルレアン司教チボー・ドーシニィの牢獄で呻吟のあげく、国王陛下の特赦の恩沢に浴して釈放されたのち、それは一四六一年十月初旬のことだったが、南に下って、ブルボン侯家の領国を訪ね、首府ムーランに赴いている。これはたしかなことだ。ならば当然、かれは、ルシーヨンにも足を運んだにちがいない。ルシーヨンは、ムーランの南東、ロワールの上流を越えて、ローヌ渓谷に入り、リヨンの南四〇キロほどのローヌ河畔の一城主領であって、ブルボン侯家の飛び領地のひとつであった。

なぜかって？　なぜルシーヨンを問題にするのかって？　なぜって、ヴィヨンは、『遺言の歌』巻末のバラッドに歌っているではないか。

当地から、果てはルシオンにいたるまで、
藪も小藪もありはしない、嘘ではないと、
かれはいったものです、おれの上着の布地の
切れ端の引っかかっていない藪なんか、とねえ、
この世からおさらばしようと思ったとき

あきらかだ。イゼール県のルシーヨンこそがフランソワ・ヴィヨンの放浪の旅の終着地であった！
以上がブルボン党派の主張である。

「ルシオン」を「ルシーヨン」と書いたのは、ここではかれらブルボン党派の発音表記に従ったまでで、「ヴィヨン遺言詩」の詩人の時代の慣用ではルシオンはルシオンである。ルシオンがルシオンであることは「藪も小藪も」の語句が示唆しているようで、なにしろこれは原語では「ブルス・ヌ・ブルシオン」といって、藪とか小藪とかいうが、森陰の潅木の茂みをいって、とりわけアキテーヌに特有のサンザシの茂みをいう。また、ブルスの語頭の「ブ」の音が落ちて「ルス」に聞こえるという発音上の特異性が、別の写本では、ここのところ「ルス・ヌ・ルシオン」と書かれているというところにあらわれている。詩人がサンザシの茂みをいう「ブルシオン」を地名の「ルシオン」にひっかけていることは明らかで、「ルス」は、また、「馬」をいう。だから、その写本では、ここのところ、

当地から、果てはルシオンにいたるまで、
馬も子馬もいはしない、ウソではないと、
かれはいったものです、おれの上着の布地の
切れ端の引っかかっていない馬なんか、とねえ

という具合になる。アキテーヌの大野を馬で行ったかな。おもむく先はルシオンである。

わたしがいうのは、ピレネー山脈の東、ペルピニャンを首府とする地中海沿岸の古い土地のことである。現在、ピレネー・オリアンタール県の大部分を占める。北をコルビエール山地、南をカニグー山塊で限定され、東は広く地中海に開く。

ルシオンがルシオンである手掛かりは「アキテーヌのブルス」だけではない。手掛かりは反歌四行詩にもある。すなわち、モリオン酒を、グイッと一杯、ひっかけた、の一行で、なるほどモリオン（ムーリオン）と呼ばれる品種のぶどうは、北フランスのソンム水系のピカルディーとかボーヴェジスといった土地で当時すでに栽培されていた。モリオン酒はどこか特定の土地のぶどう酒の銘柄を指すものではなかった。黒ずんで見えるまでに濃厚な赤ぶどう酒で、まこと、旅の首途にあげる酒杯にふさわしい。

けれども、モリオンは、本来ピレネー山脈東南の山腹で育てられたのを原種とするぶどうであって、その呼称も、スペイン・イベリア半島のイスラム教徒の総称であるモロ（ムーア人）から出た。モロはもともと北アフリカの原住民マウリを指す。モリオン酒は黒葡萄酒だとしみじみ分からせてくれる、これは呼び名だとはお思いになりませんか。

わたしはなにも、これを盾にとってものをいおうというのではない。さて、フランソワが、いったいどのていど、ルシオンとモリオンと、この語呂合わせに意味を託したか。それは推し量りようにもない。

ルシオンとモリオンと、このふたつの言葉を投げ出して、勝手に解釈しなとソッポを向いている気配である。わたしとしては、そんなフランソワの不意をつきたいわけで、すなわちフランソワの同時代人がルシオンと聞いたとき、かれらはどの土地を連想したか。それが知りたい。

そこで、ここに証人を喚問したい。証人はフィリップ・ド・コミーヌといい、フランス王ルイ十一世の側近にあって『覚書』を残した男である。

「幼年期を過ぎ、馬に乗れる年ごろになって、わたしはリールに連れて行かれ、当時シャロレー伯と呼ばれていたシャルル・ド・ブルゴーニュ侯のもとに出仕することになった。一四六四年のことである。」

コミーヌはこう『覚書』を書き出していて、かれは一四四七年の生まれだから、そのとき十七歳ということになる。もっとも、この書き出しの文章の調子からも分かるのだが、どうやらかれがブルゴーニュ侯家に奉公したのは、もうすこし前からであったらしく、一四六四年十一月からは、リールのシャロレー伯シャルルの宮廷に出仕することになったということだったのではないか。シャロレー伯とは、その時点でのブルゴーニュ家の当主おひとよしのフィリップの息子、のちのブルゴーニュ侯むこうみずのシャルルのことである。

フランドルはコミーヌの領主の家系である。フランソワがルシオンと文字を綴っていたころ、コミーヌはすでにブルゴーニュ家に奉公していたのであろうか。つまり作中のフランソワの年代記で一四六二年と推定されるころだが、一方コミーヌは『覚書』を一四六四年の出来事から書きはじめていて、そのころフランソワは、つまり作中のという意味だが、どのあたりを放浪していたのであろうか。

そういうふうに空間を共有して人影が交錯する。この感覚がたまらなくよく、そこでもうひとつ人影をそこに忍びこませれば、その一四六四年の日付けの記事に、タヌギイ・デュ・シャテルという男の名が出て、「その後、ルシオンの総督になった」と紹介がついている。

もうすこしあと、一四六八年の日付けをもつ記事に、「タヌギイ・デュ・シャテル卿、ルシオン総督」と読める。

「その後」というのは微妙な表現で、なにしろ一四六四年の時点では、このタヌギイなる男はブルターニュ侯家の家臣で、侯家大番頭役を勤めていた。そうして、この年、そのブルターニュ侯も一枚嚙んで、ルイ王に対して諸侯が反逆した。公益同盟戦争といいます。結局、翌年夏、パリの南のモンレリー砦のあたりで会戦があってのち、和議が結ばれた。コンフランの和です。「その後」なのです。タヌギイが「ルシオン総督」になったのは。

ピレネー東麓のルシオンである。ここはつい先頃までアラゴン王家の支配地であった。十四世紀なかばまでは、地中海上のバレアレス諸島と組まされてマヨルカ王国を作り、ペルピニャンが首都と観念されていた！

そうしてルイ十一世が登場する。もともとルシオンはフランス王の封土だ。フランス王の宗主権が及んでいたのを、十三世紀の「聖王ルイ」がアラゴン王家に譲渡したものであると、王家の法律顧問たちが要求の筋書を練り上げた。ルイがフランス王家の当主になったのは一四六一年の夏。早々にアラゴン家と折衝を開始し、当時アラゴン家はカタロニアの反逆傾向に悩んでいた。鎮撫に金と力を貸しましょうと餌をまき、貸付の担保としてペルピニャンほか二城を預かろう。これが一四六二年のバイヨンヌ条約だが、実際は、翌年にかけて、ルシオン全土がフランス王軍の軍政下に置かれた……
そういうことで、わたしがいうのは、これはいってみれば時事問題であったということである。パリの住人のあいだにルシオンという言葉がとびかうとき、かれらはいったいどの方角をのぞみ見たかということである。

2　この旅の里程

この旅、と、作者のフランソワ・ヴィヨンは、作中のフランソワ・ヴィヨンに放浪の旅の経験を割り当てる。

ひとーつ、こんど旅してわかったんだが、
おれの貧しいみなしごの三人ねえ、あいつら、
年端もいかなかったのが、けっこう育ってねえ、
頭は牡羊ってわけでもなさそうだし、ここから
サリンまでのどんなこどもたちだって、学校で
習った芸をこんなにちゃんと覚えてるのはいない、

だからさ、阿呆のマトリン僧院かけていうんだが、
これほどの若者ならば、そうよ、バカじゃあない

『遺言の歌』一二七節である。

この詩行のはらんでいる広大な時空については、ここではよい。わたしが前に書いた本（本書第I部）をぜひともごらんいただきたいわけで、ここにあらためて引き合いに出したのは、第一行に、この旅、といっている。そこにご注目いただきたいわけで、これは七五節を受けている。

おおよ、はっきり思い出すぞ、おお、神さま、
旅立ちにあたって、おれは作ったものだった、
形見分けをいくつかね、レというんだ、時は五〇と六年、
ところがだ、おれに断りもなしに、そいつをだ、
テスタマンって呼ぼうっていう手合いがあらわれた、
遺言って意味で、そいつらの好みで、おれのじゃあない、
だのに、なんと、みんながみんな平気でいう、
だれしもが自分のものの主人ではないってねえ

この七五節のあたりは、『遺言の歌』が始まって、もうかなり経つ。それなのに、まだ遺言人はく

だくだと心象風景を述べたてている。それがようやく終わりそうな気配を見せているところで、もうすこし我慢して読めば、八四節に、

前にそういったように、神の名において、
また、栄光の無原罪の御母の名において、
どうぞ遺言状を書き終えさせていただきたい、
キマイラよりも痩せたこのおれの手で、
それまで一日熱にかからなかったとしたら、
神の仁慈の御賜物ということで、それは
ほかにもいろいろと心配な病気があるが、
もうおれはいわない、そこで遺言をはじめよう

というわけで、八五節以下、ようやく始まる「遺言」は、原則として、各八行詩の最初の行の冒頭に、遺言書の書式を写して、イテムと文字が置かれる。わたしの訳詩では「おなじく」と訳したり、「ひとーつ」とのんびりかまえたりしている。

そういうわけで、八五節以下は箇条書きである。あくまで原則で、これにバラッドが挿入されたりするが。だから、ずうっときて、一二七節に、

　ひとーつ、こんど旅してわかったんだが、

と、いきなり「こんど旅して」と出ても、なにもおどろくことはない。七五節に指示された、

　旅立ちにあたって、おれは作ったものだった、
　形見分けをいくつかね、レというんだ、時は五〇と六年、

を受けて、「こんど旅して」と、これが遺言人の言葉の真意なのである。

だから、それはよい。むしろ、わたしがいうのは、この旅で、という言表自体の含意で、これを敷衍すれば、この旅の途上で、と読むべきだというのがわたしの意見である。というのは、ここのところもまた、従来読みについて論争のあったところで、なんでまた論争になったのか、どうしてなるのか、じつのところ、わたしには理解しかねるところがある。

つまるところ根は同じで、作者フランソワの幻の伝記とか、ここに引き合いにだされている三人のみなしごの素姓洗いとか、そっちのほうに心を奪われ、文章群全体のなかで言葉を読むという、文学であれ歴史であれ、およそテキストを読むということの基本を、みなさん、忘れてしまっているからだと批評させていただこう。

こんどの旅の途上で、三人のみなしごが、その後どうなったかを知ったと、そう素直に読めばよい。また、そうとしか読めない。

わたしがいうのは、その三人のみなしごなる連中は、これは研究者たちの熱心な探索の結果明らかになったように、当代パリの大商人を指している。それはそれでよいのだが、肝心要《かんじんかなめ》はこうである。かれら大商人は、ノルマンディーやメーヌの方面に商権を拡張していて、ルーアンやヴェルノンといった町まちに、間口の広い大店や広壮な塩倉庫をもっていた。そうして、ノルマンディーの王の塩役人と結託して、大いに稼いでいた。

そういうかれら政商の行状を、今度の旅の途上でおれは知ったと、そう遺言人は証言しているわけで、なんとフランソワはお庭番かなんかだったのか？　そう勘ぐれば、

頭は牡羊ってわけでもなさそうだし、ここから
サランまでのどんなこどもたちだって、学校で
習った芸をこんなにちゃんと覚えてるのはいない、

この三行にもどこか不穏な気配がある。

これは、まあ、冗談で、このあたりの事情については、わたしが前に書いた本（本書第Ⅰ部）をぜひごらんいただきたいと、ここはひとつ逃げておくとしよう。

ここでわたしがいうのは、もしやフランソワは、放蕩息子の格好かなんぞして、ルーアンの目抜き通りに面する、間口が十間もあろうかというジャン・マルソー商会の大店の前を、杖を引きずって通り過ぎたことがあったのではないか。アルジャンタンやアランソンの町の人たちは、帆立貝の帽子に

合財袋、サンダルに杖の巡礼姿にしては、どこか不審な、眼光鋭い、瘦頬《そうきょう》の若者を見掛けなかったろうか。

ルーアンからアンジェーへの道筋のアルジャンタンやエクスムの町々には、王の塩番役を勤めるジラール・ゴスーアンの管理する塩倉庫が、高棟を屹立させていた。わたしがいうのは、ジャン・マルセルもジラール・ゴスーアンも、遺言人の指定する「おれの貧しいみなしご三人」に数えられる大商人であったということである。

「この旅」の里程がだんだんと明らかになる。

そう考えてよいであろうか？　遺言人の証言は、なお二、三、地名を特定する。たとえばサンジュヌルーという町だか村だか。そこに住んでいる女性ふたりから、かれはポワトゥー方言を教わったという。『遺言の歌』一〇三、一〇四節である。

ひとーつ、ロベール・トゥルジめ、おれんとこへ
これたらねえ、酒の代金、払ってやろうじゃん、
なんとも、しかし、おれのねぐらをさがせたらねえ、
そいつは占い師ハダシってことになろうよ、
助役になれる権利をヤツに遺す、いやねえ、
おれの権利よ、パリっ子としてねえ、トーゼン、
ほんのちっとプェトゥーなまりがあるったって、

そいつあ女性おふたりがおれに教えこんだのよ
おふたりはとってもきれいで、おしとやかだ、
サンジュヌルー村に住んでいる、どこだって、
サンジュリアン・ド・ヴーヴァントのそばだ、
ほら、ブルターンとプェトゥーの境のさ、
でもよ、おい、はっきりはいわん、女衆、どこで、
まいんち、物思いにふけっていなさっとか、
おおよ、おい、そげんアホやない、そうよ、
なんせ、おい、色恋は内緒にしたかとよ

お庭番フランソワの証言は、どこか含みがある。

この一節もまた、古来、物議をかもしているところで、サンジュヌルーは、ポワトゥー北辺、トゥアールの南のトゥエ川沿いの村である。それがサンジュリアン・ド・ヴォヴァントの近くだと？ サンジュヌルーから北西へ、飛ぶ鳥の距離にして百キロ以上も離れている！ アンジューの西境である。ブルターニュの東境といってもよいわけで、お庭番もブルターニュとポワトゥーの境界といっているのだから、まあ、いいではないか。だからそれはよいとして、わたしがいうのは、いったいフランソワは、そのどっちかにでも出掛けたことがあるのか？

なにやら機密文書の匂いのするこの一節は、このままそっとおくとして、ここで耳寄りの情報をあなたがたにお分かちしようか。すなわち、フランソワ・ヴィヨンがポワトゥー方面に出没したという別筋の証言である。

サンジュヌルーの村からトゥエ川を遡ると、やがてパルトネーに着く。ここはなにしろ十一、二世紀の面影をいまだに残している古城市である。そこから、トゥエ川を離れて、まっすぐ南へ間道をゆく。三〇キロもゆけばサンメクサンの町に着く。セーヴル・ニオルトワーズ河畔、このあたりはポワトゥーの南辺である。

そのサンメクサンの町です、フランソワ・ヴィヨン大先生が隠棲なすったのは、と伝えるのは、フランソワののち一世紀、十六世紀の大文豪、たまたま同名のフランソワ・ラブレーである。『パンタグリュエル物語第四の書』をごらんなさい。

大先達は、と大文豪はまことしやかにいう、ポワトゥーのサンメクサンに隠棲なすった。どうやらその土地の大修道院の食客となられたらしい。たまたま町の連中が、近在のニオールの定期市で上演する宗教劇の面倒をみた。われらが主の御受難が筋書だったらしいよ。ところが、それに必要な衣装のことで、近くの修道院の坊主ともめごとを起こした。もののはずみというのは恐ろしいものだ。ついには、町の連中をけしかけて、その坊さんをなぶり殺しにしてしまった……

大文豪は、ヴィヨン先生がパリを所払いの憂き目にあわれてのちの隠棲の地をポワトゥーに指定しているわけで、「この旅」の里程のひとつということではない。パリの城門でモリオン酒の杯を挙げたのち、まっすぐサンメクサンへ向かったという想定で、いや、やはりまずサンジュヌルー村に女衆を訪ねたろうか。それはどうでもよい。好きなようにしなさい。

わたしがいうのは、若者には土地勘があったということで、以前の旅で目を付けておいたサンメクサンを隠棲の地に選んだ。そういうことだったのではないか?

わたしがいうのは、十六世紀の大文豪が、その尊敬おくあたわざる大先達フランソワ・ヴィヨン先生の晩年をそう読んだということで、この読みは正しい。わたしはそう思っているわけで、それというのも、さらにもう一箇所、『遺言の歌』のなかに、「こんどの旅」の里程を指示していると思われる文言をわたしは見いだすからである。九八節である。

ひとーつ、ドニ・エスリンどのに遺す、
インスリンだったかな、パリの御用金役人だ、
オーニスの酒が一四樽だ、中くらいの樽だが、
トゥルジの店からとったんだ、おれがかぶる、
ドニのやつ、分別なしだってそしりをかぶる
ほどに酒をガブ飲みしちまうっていうんなら、
樽んなかに水入れるといいよ、まったくねえ、
酒はずいぶんと立派な家もダメにする

このオーニスのぶどう酒というのが問題なのである。

さて、どうご紹介したものか。サンメクサンからセーヴル・ニオルトワーズ川を下れば、川の名の由来するニオールの町を過ぎて、ラ・ロシェルという港町に入る。ラ・ロシェルで大西洋に開く土地の名、それがオーニスである。ポワトゥーの南隣で、セーヴル・ニオルトワーズ川がほぼ両地方の境界を作る。

だからどうしたと、あなたがたのご渋面が目にうかぶようである。たかがぶどう酒の銘柄ではないか。たまたまオーニスを引き合いに出しているからといって、ことさら言挙げすることもない。そう、あなたがたは、わたしを非難なさる。

さて、そこで、いささかぶどう酒を話題にさせていただこう。

ぶどう酒をめぐる人文の風景は、なにしろ語り手が多すぎて、わい雑な文章の集合に閉口する。なにか酒について語るのは免責行為であるかのように、野放図に酒礼讃の合唱を奏でる。フランソワ・ヴィヨンの研究者、伝記者諸氏もその風潮に踊らされ、なにしろ酒飲みのヴィヨンというイメージ作りに大わらわで、じつはあらぬ妄想を口走っている場合があることに気付かない。

わたしがいうのは、若者の詩文をとっくりお読みなさるがよろしかろうということで、たしかにかれは、随所に酒、酒、と叫んだり、つぶやいたりしているが、それがどういう酒か、どんな銘柄か、それを明記しているケースはわずか一例しかない。すなわち、「オーニスのぶどう酒」である。

まさか、とあなたがたはたぶんお疑いであろう。ないものをないと証明するのはむずかしい。信じていただくには、フランソワの詩文を全部読んでいただくほかに道はない。モリオンがあるではないか、ですって？　あれは銘柄ではない。品種である。注意深いあなたがたは、たぶんイポクラスという飲み物を発見なさるであろう。しかし、これもまた銘柄ではない。酒のメニューである。ほどよく燗をして、砂糖で甘みをつけた白ぶどう酒に、肉桂を主体に、丁子《ちょうじ》、生姜《しょうが》などの香料の粉末を溶かし込み、好みで麝香《じゃこう》だの、竜涎香《りゅうぜんこう》だので風味をつけるという恐ろしい飲料である。強精酒というわけで、まあ、うっかり試みるようなことはなさらぬほうが賢明でしょう。

ビュッフェという酒のこともいっている。遺言人は、これで狼の頭を煮て、弓射手隊長ジャン・リウールに贈っている。このビュッフェというのは、よくわからない。ビュッフェというのは、もともとテーブルの意である。ビュフチエといえば酒ないし酢の小売人を指す。屋台酒といったところか。腰が抜ける安酒である。

こんなことをあげつらっているのは、ほかでもない。ヴィヨン研究者諸氏は、たとえばこんなことをすらすらと書く、「もちろんヴィヨンの好みはブルゴーニュとか、サンプールサンとか、サンジャンとか、とりわけボーヌとか、当時王国随一の銘酒と考えられていた腰の強い酒であった。」ところがフランソワ本人は、どこにもブルゴーニュだの、サンプールサンだの、サンジャンだの、とりわけボーヌだのと書いてはいないのである。かれが指示している土地の酒はオーニスだけ。

さて、そのオーニスのぶどう酒だが、正直、その正体がよくわからない。現在のフランスのぶどう酒地図でいえば、オーニスは、例のコニャックの産地、シャラント川流域の外縁に位置する。だから、コニャックの並のものがオーニスということになる。しかし、若者フランソワの時代のぶどう酒地図が、そのままいまのそれであるわけはなく、わたしはオーニスの当時の評判を聞きたいのだが、それがなかなか聞き取れない。

ところが、ここでもまた、若者フランソワを大先達と仰ぐ大文豪フランソワ・ラブレーが絶妙の示唆を与えてくれる。例の『ガルガンチュワとパンタグリュエル物語』だが、だいたいがこの物語の骨組みは、巨人パンタグリュエルの従者パニュルジュの嫁捜し噺で、その件について神託を受けようと、島々を渡り、「徳利明神」の社をたずねるという、オデュッセイア仕立てになっていて、いよいよ目指す社のある島に着く直前、「提燈国」の港に入った。その港には「ラ・ロシェールの燈明が光っていた」とラブレーは書いていて、なんと、してみれば「提燈国」こそはオーニスだったのである。

パンタグリュエル一行は、そこの女王から、徳利明神杜への道案内に、提燈をひとつ拝領した。そうして、女王の饗応にあずかったのだったが、「飲料は、どんと飲め壺という美しく由緒のある器に入れてあり、私には、甚だ味わいのよくない飲料であった。しかし、この提燈国では天来の美酒とされていた」と大文豪は書いていて、なんと提燈国、すなわちオーニスのぶどう酒は、ラブレーにいわせれば、だめな酒だったらしい。

けれども、速断は禁物。この話は『パンタグリュエル物語第五の書』に出るが、第一の書『ガルガンチュワ物語』をひもとかれるがよい。第三四章にこう読める。

「ジムナストは、将軍に酒筒を差し出して、こう言った。さあ、隊長、景気よくお飲み下さいな。お毒味はいたしましたよ。これはラ・フォワ・モンジョーの名酒でございます。何じゃ、と酒杯（トリペ）隊長は言った、この土百姓め、我々を嘲弄いたす気だな！　何者じゃ、貴様は？」

なにも、隊長は、ラ・フォワ・モンジョーの酒についてからんだわけではない。それは前後の文脈から明らかで、この酒がまこと名酒かどうか、その点は不問に付されている。ところで、このラ・フォワ・モンジョーこそは、オーニスの北辺、モーゼという町の東一〇キロの、いまは寒村で、モーゼというのは、ラ・ロシェルから国道一一号線をニオールに向かう途中にあります。ポワトゥーの南辺というべきか、オーニスの北辺といってよいか、つまりはその境界だが、現在のぶどう酒地図を見れば、コニャック圏の北のはずれに入っている。

以上、大文豪フランソワ・ラブレーからの引用は渡辺一夫氏の翻訳を利用させていただいた。渡辺氏も、根拠はお示しでないが、ラ・フォワ・モンジョーは、十八世紀までは名酒であったと注記されていて、まあ、大文豪の証言は信用してよいのでしょう。オーニスの酒といっても、なかには銘酒もあったというおはなし。

フランソワはオーニスを飲んだのであろうか。

テュルジというのは、これは前にご紹介したサンジュヌルー村がらみの一節に出るロベール・テュルジというのと同じで、中ノ島（パリのシテ島）のノートルダムの前の通りにあった「まつぼっくり」という飲み屋の主人である。

「まつぼっくり」という飲み屋は、例のオーニスがらみの一節から三つ目、一〇一節に歌い込まれている。

ひとーつ、おれはメートル・ジャックに、あ、

ラグェだ、グレーヴ広場のグランゴデを遺す、
ただし、見返りに、プラク玉四つ、はらうこと、
おもしろくないけど、売らなきゃならんだと、
フクラハギとかスネとか、カバーするもんをか、
スリッパつっかけて、スネむきだしでいけよ、
おれヌキで飲もうてんならね、坐ったり立ったり、
ポンム・ドゥ・ピンことマツボックリ亭の穴蔵で

わたしがいうのは、テュルジの店で飲んだ「おれ」はだれかということである。「グランゴデ（大椀）」には四文借りがあったらしい。「プラク」は、もうこの時点では流通停止になっていたはずの小額通貨だが、これには「かさぶた」の暗喩があって、だから、メートル・ジャック・ラギエというのは、脚に皮膚病を患っていたのではないか。そういうことを暗示している数行らしいが、それはともかく、グレーヴ広場、すなわち市庁舎前広場にあったという酒場「大椀」に借りを作ったのはだれか。

その詮索のまえに、いったいロベールあるいはロバン・テュルジというのはなにものか？

なにしろ『狐物語』（狐ルナールをはじめとする動物たちの活躍する物語集）に登場する、猫のチベールをなんとかかわなにかけようと奔走する司祭の名前がテュルジだし、「ファブリオー」（笑い噺）にも、この名はよく登場する。

作者はそれを意識していたのだろうか？　ともかくテュルジ家というのが、当時パリの大商家のひ

とつで、ぶどう酒商として重きをなしていたことは、ヴィヨン研究者たちが、古文書をひっくりかえして調べあげたごとくである。

遺言人がパリ大学の学生だったころ、テュルジ商会の親方はコレットといい、これは先代アルヌレの寡婦だった。その息子がたぶんロバンで、遺言人が最初の遺言をせっせと書きあげた時点では、たぶん家長になっていた。なにしろ一四五四年には、サンピエール・デザルシ教会との取引文書に署名しているのだから。この教会は、ノートルダム以外に中ノ島にあった、なんと一五もの小さな教会の一つであって、「まつぼっくり」はこの教会の所有地を借りていて、年額四〇スーの地代を払っていたらしい。

なにしろ先先代はぶどう酒商組合の組合長をしていたくらいなもので、王家にもぶどう酒を納めていたし、パリ市は特別の用向きの酒はテュルジ商会から買うことにしていた。だからロバンは、「飲み屋のおやじ」一本槍だったわけではないのである。

ロバンは一四七二年か三年に死去した。寡婦マルグリットが営業を続ける許可を受けた……

こういったことは、古文書をあされば、あるていどは分かるのです。けれども、そのロバン・テュルジがこのロバン・テュルジかどうか。アイデンティフィケーションには、いぜんとして霧がかかっている。

ところで、遺言人の最初の遺言『形見分けの歌』にも「まつぼっくり」は歌いこまれていて、ふしぎなことに、こちらの方もジャック・ラギエとセットになっている。二〇節である。お聞きいただきましょう。

ひとーつ、メール・ジャック・ラグィエに、
プーパンの水飼い場をのこす、アブーヴルェ、
モモ、ナシ、シュガー、イチジクの木、
いつでもおすきな逸品料理を召し上がれ、
ポンム・ド・パンのまつぼっくりのあなぐら、
とじこもって、火にあぶって、足の裏、
ジャクーピン服にぬくぬくくるまって、
プランテしたけりゃプランテすりゃあいい

プーパンの水飼場？　中ノ島から右岸にかかる両替橋の右岸のたもとに奉行所があった。そのちょっと下流の、セーヌの水辺に下りられる場所のことである。この時代、そこは岡場所になっていた。そこにこの一行の含意がある。

第三行目は判じ物だ。これをどう分かりやすく読みかえるか。研究者は知恵を競っている観があるが、わたしはこのままでよいと思う。お庭番の、なにか隠し言葉みたいで、よいではないか。まあ、それは冗談としても、わたしとしては、いちじくの木を大事にしたいので、いちじくがプーパンの水飼場に緑陰を広げる。そういう景色をわたしは想像して楽しんでいるのであって、その辺の事情については、わたしが前に書いた本をぜひごらんください。『日記のなかのパリ』といいます。この本の

現在については「参考文献案内」の『パンとぶどう酒の中世』をご覧ください。

閑話休題。わたしがいうのは、「まつぼっくり」の穴ぐらに閉じこもって、足を火にあぶって、僧服にぬくぬくくるまって、根を生やしていたのはだれか。わたしがいま考えているのは、それがギヨーム・ヴィヨンであってどうしていけなかろう。いけないわけはない。

なにをいいだすのかと、あなたがたはたぶん呆れ顔である。

ギヨーム・ヴィヨンについては、『回想のヨーロッパ中世』の「パリの青春」の章であらかたご案内した。なにしろ「フランソワ・ヴィヨン詩集」の研究者たちが、フランソワの養い親だと、フランソワ自身が証言している。その名前を古文書に捜して、カルチエ・ラタンのソルボンヌ学寮の隣にサンブノワ教会というのがあった。そこの礼拝堂付司祭ギヨーム・ヴィヨンだと決めた。

たぶん一四〇〇年ごろの生まれで、セーヌ川の支流ヨンヌ川の流域にヴィヨンという、いまは寒村がある。そこの出身らしい。

その点、わたしはいささか不満なのだ。なにしろわたしとしては、このギヨーム氏を「まつぼっくり」の常連に据えて、僧服をぬくぬく着込んだこの老人が（まあ、一四〇〇年ごろの生まれということなら、六〇歳前後ということになるから、そう呼んでもいいでしょう）、切り炭のあかあかと燃える炉辺に寄って、足をあぶりながら、亭主のロバンと無駄口をたたいている。もちろん、オーニスの白をイポクラスふうに仕立てた錫の大椀をすすりながら。その両人の会話が問題なのである。

わたしとしては、たとえばこんな会話をかわさせたい。

それがな、そのジュヌスー村の女衆がだ……
おおよ、ヴォヴァントのそばのな……
そんで、まあ、ジュヌスーヴォヴァント……
と、あんた、いいなすった。女衆、させ損じゃて！

解説というのは不粋なものだが、まあ、勘弁して下さい。ジュヌスーヴォヴァント、「あんたらの売りもんに、わし、かね、よう払わんね」といったほどの意味です。ジュヌスーというのは、ジュヌルーのパリなまりです。

こういう会話を両人にかわさせるには、せめてどちらかがポワトゥー方面の出身であっていて欲しい。ところがギヨームはブルゴーニュ、といっても、まあ、シャンパーニュの南のはずれの出身です。そうして、テュルジ一族は、パリの東、ヴァンセンヌの森を出外れたノジャンに葡萄園を持っていたと記録に出るだけで、パリから西の方面との関係は知られていない。

まだしも、もうひとりの常連、ジャック・ラギエの方が、西の方と関係がありそうだ。研究者たちが発掘した、これこそ問題のジャック・ラギエだという、そのジャック・ラギエの父親はシャルル七世の料理人頭を勤めていた。ということは、なにしろシャルル七世、まだ当時はただのヴァロワ家のシャルルは、一四三六年までトゥールのあたりをうろうろしていたのだから、そのせがれのジャックはロワール河畔の生まれ育ちという可能性がある。

まあ、それはそうだが、そういうふうに、遺言人が指示している人名を全部詮索していくとなると、これは大変だ。気が遠くなる想いがする。たとえば、『形見分けの歌』で、三節にわたって散々いびられているメートル・ロベール・ヴァレ、これは作中のフランソワと同じころパリ大学に在学していて、一四四八年にバシュリエ、翌年、リサンシエの免状をとった男だが、これがポワトゥーの出身だという。

一四五五年の記録で、すでにかれは国王裁判所の代訴人を勤めている。作中のフランソワとは大違い。正業を持つ身だ。

けれども、これまた、ただポワトゥーの出身というだけで、その親類縁者はパリに集まっていて、かなり上層の家系集団を作っていた。とうていジュヌルー村からぽっと出の、ポワトゥー方言をぼそぼそしゃべる村の秀才といったタイプではなかったのです。

けれども、そこで逆に気付いたのだが、まさにそういうタイプの学生が、ギヨームやフランソワの周辺にごまんといたはずで、カルチエ・ラタンや中ノ島の酒場に横溢していた一種独特のコスモポリタニズムを、あなたがたとしては想うべきである。西の土地に対する関心と知識はそこに根差す。

あるいは、ギヨーム自身がメーヌからルシオンまで、西の土地を旅したと考えてもよいではないか。しかし、「こんどの旅」をギヨームのものとしようにも、じっさいのところ、わたしたちは、ギヨーム・ヴィヨンの生涯について、ほとんどなにも知らないのである。これはついでだが、サンブノワ教会のギヨーム・ヴィヨン関係のわずかな資料は、かれがだれかを養子にしたという事実を語らない。ほのめかしさえもしないのである。フランソワ・ヴィヨンなる男が、メートル・ギヨーム・ヴィヨンの養子であったという知識は、そのフランソワ・ヴィヨンを主人公とするふたつの韻文伝記が提供しているのにすぎないのである。

ギヨーム・ヴィヨンとは何者であったか……

II 老人の文学

1 ギヨーム・ヴィヨンとは何者であったか?

セーヌ左岸、カルチエ・ラタンのソルボンヌの建物とクリュニー美術館にはさまれて小さな辻公園がある。ポール・パンルヴェというが、このあたりは往時サンブノワ教会の寺域であった。

教会堂の形は、ふつう細長い廊下の左右に一本ずつ脇の廊下がつくが、この教会堂は南側にもう一本、廊下をつけていた。おまけに、主廊下の玄関に加えて、その脇廊下の西のはずれにも玄関をつけたものだから、教会堂を西側正面から見ると、主玄関と脇玄関と、玄関がふたつ並んでいる。その右側、ということは教会堂の南側は墓地になっていて、大革命の時まで残っていた教会堂のスケッチを見ると、脇玄関の脇に、墓地に入るがっしりした門が扉を閉ざしている。(図44)

スケッチをごらんいただけたであろうか。ついでのことに、どうぞお眼をお凝らしいただいて、主玄関の両脇の柱をごらんねがいたい。それぞれに彫像が見える。そのどちらかが聖ベネディクトであると、このスケッチをのせている本はいうのだが、そのどちらかだかは教えてくれない。聖ベネディクト、すなわちフランス語でこの教会の名前のサンブノワである。

修道院という修業道場の創始者、六世紀のイタリアはモンテカッシーノのベネディクトの名を冠する教会と信じられていて、七月十一日、この聖人の祝日には祝いの行事があった。ところがどうもこれは嘘らしい。どうやらキリスト教の玄義の「三位一体」、すなわち例の「父と子と聖霊」の呼び名のひとつが「サンブノワ」であったらしい。ということであるならば、サンブノワ教会、いいかえれば聖三位一体教会ということになる。

ということであるならば、玄関の柱像の「サンブノワ」もそれではないか？　すなわち聖三位一体の擬人像である。もう片側の柱像は、これは聖スコラスティックと呼ばれていたという。すなわちスコラ学、中世の学問の擬人化と了解される。中央の柱のは聖母マリア。三位一体と神学が聖母に侍立する格好である。この風景を、ギヨーム・ヴィヨンは、それこそ眼にしない日とてなかった。というのは、ギヨームは、この教会堂正面の、小広場をはさんで向かい側に住んでいた。ソルボンヌ通りに抜ける横丁のすぐ角に、ギヨームの「赤門の」家が建っていたのである。

このあたり一帯、サンブノワの寺域である。寺域は東をサンジャック通り、北をマテュラン通り、西をソルボンヌ通り、そうして南はソルボンヌ学寮の壁が仕切る一画を作っていて、それぞれの通りに面してひしめくように立ち並んでいる家屋群が、教会堂とその付属墓地や小広場をとり囲んでいる。（図24－1）

ギヨーム・ヴィヨンは、一四四三年にサンブノワ教会の使徒ヨハネ礼拝堂付司祭の職についた。「赤門の」家は、その職にともなう年金分として、サンブノワ信徒会から貸与された家屋であった。それまでは、サンジャック通りに面した家に住んでいた。これもまたサンブノワ教会の家作で、ということは、このギヨームという男は、使徒ヨハネ礼拝堂付司祭になるまえから、サンブノワ教会となんらかの関係をもっていたということになる。

ギヨームは、ブルゴーニュ地方の北のはずれ、トンネールから東へ二〇キロほどいったヴィヨンという村の出身らしかった。一四二一年に、パリ大学人文学部の学位を取得している。メートル・エス・アール、すなわち自由七科教授有資格者である。ということは、かれはおそくとも一四〇〇年ちょうどの生まれということになる。二十一歳以上でなければ、当時、人文学部の学位はとれなかったからである。もっとも、年齢の証明そのものがはなはだ困難な時代だったが……

人文学部を出たあと、法学部に入ったらしい。一四二五年まで、サンジャン・ド・ボーヴェ通りの、教会法を教える学校で勉強したらしい。そうして、どうやらバシュリエの資格は取ったらしい。このバシュリエというのは、学位取得者、このばあいはメートル・エス・デクレ、すなわち教会法教授有資格者の一歩手前の身分だったが、教えることはできる。

じっさい、かれは、一四三七年から四年間、やはりサンジャン・ド・ボーヴェ通りに教室を借りて、教会法を教えたらしい。このサンジャン・ド・ボーヴェ通りというのは、サンブノワ寺域とサンジャック通りをはさんで反対側に当たり、ギヨームの「赤門の」家から教会堂南側の墓地を抜けてサンジャック通りに出て、左右をよく見て通りをわたれば、もう眼と鼻の先に勤め先があった見当になる。

サンジャン・ド・ボーヴェ界隈はクロ・ブリュノー、すなわち「ブリュノーの囲い地」と呼ばれていて、この呼び名はたぶんこの一画の所有権者の名前に出たのだろうが、そこに教会法学の学校が集まっていた。すなわち、ここがパリ大学の教会法学部である。学校といっても、つまりはふつうの民家で、部屋が教室として、教授者たちに貸し出される。すぐそばに、「イェルサレムの聖ヨハネ騎士団」の支部の四階建ての広壮な建物が立っていた。サンジャン・ド・ボーヴェ通りとサンジャック通りのあいだである。かつてこの騎士団の団員で、のちにアルトワのモンディディエの支部長になったジルベール・ポンシェというのが、パリ支部に勤務中、クロ・ブリュノーに住んで、かたわら学校を経営した。エキュ・ド・ジェリュザレム、すなわち「イェルサレムの楯」校であって、これなどは有名な方だが、さて、はたしてギヨームは、この学校で学び、この学校で教えたかどうか。

それとも、コレージュ・ド・カンブレ、すなわちカンブレ校と関係があったであろうか。これは別称「ブルゴーニュ人三司教の学校」といい、サンジャック通りをサンジャン・ド・ボーヴェ通りにつなぐサンジャン・ド・ジェリュザレム通り界隈にあった学寮で、建物の正面入り口に三司教の肖像が見られたという。すなわちオーセール、ラン、カンブレの三司教だが、これはもちろんこの三つの町がブルゴーニュにあるという意味ではない。往時、カンブレ司教ギヨーム・ド・ーソンヌが、同郷人の他の二司教と語らって、パリの自分の居宅を学寮として寄進したということである。どうもギヨームの時代には、いささかさびれていた気配がある。それでも、教授有資格者一人、助祭一人が詰めていて、ブルゴーニュ地方出身の学生七名が、給費一日当たり一スーを受けて生活していた。

ギヨーム・ヴィヨンについては、なおいくつかのことがわかっている。

中ノ島にラ・マドレーヌ教会という小さな教会があって、そこに「町人たちの大信者講」という信者団体が結成されていた。これはなにしろ上流の信者団体であって、王家家族もメンバーであった。

フランス王の玉璽尚書（シャンスリエ）ジャン・ジュヴェナル・デジュルサンとか、パリ司教ギヨーム・ジャン・バリューとか、なにしろそういったソウソウたる御同行《ごどうぎょう》名簿に、わたしたちはつきあわされることになる。

ギヨームは、この信者講の御同行の年忌祭（命日）にミサをあげることがあったというのである。かれ自身、メンバーであったかどうか、直接、情報はないが、傍証はある。サンブノワ教会の、やはり司祭職を勤めていたジャン・ル・デュックは、この信者講の御同行になっていて、聖餐杯とミサ典書写本、それにかれ自身の年忌祭を立てるために金八リーヴルを寄進しているが、そのかれが、ギヨームの年忌祭にさいして、追加分として、さらに二リーヴルの寄進を行なったというのである。ということは、ギヨーム自身がラ・マドレーヌ教会で年忌のミサをあげてもらえる身分であったことが示唆されていて、ギヨームは、やはりかれ自身、「町人たちの大信者講」の御同行だったのではないか。

ちなみに、まえにご紹介した「まつぼっくり亭」の主人ロバン・テュルジの寡婦マルグリット・ジョリも同講の御同行名簿に名前を乗せているのだが、かの女が寡婦になったのは一四七二年か三年である。ギヨームの年忌が立てられたのはその前であったろうか、後であったか。というのは、ギヨーム・ヴィヨンは、一四六七年までは生きていたのである。それははっきりしている。かれはサンミッシェル門の外にぶどう畑を持っていた。サンミッシェル門というのはサンジャック門の西隣の門で、門を出はずれたクロ・オ・ブルジョワ、すなわち「町人たちの囲い地」にぶどう畑を所有していたのである。その一部を、サンジェルマン・デ・プレの食肉業者ピエール某に貸していたことが、その年の十二月十二日付けの文書で確認されるのである。

かれはまた、数軒の家作を持っていた。サンジャック通りの「赤りんご」と「おんどり」看板の家、サンブノワ寺域にあった「ひしゃく」看板の家、そうしてこれはセーヌ右岸のサントノレ通りの「おうむ」看板の家などである。

ギヨーム・ヴィヨンはじっさい「町人たちの大信者講」御同行の資格十分ではないか。社会的上昇意欲まんまんの観がある。そうして、そのギヨームは故郷へ錦を飾る。というのは、ブルゴーニュ北辺のサンスの南東五キロにマレ・ル・グランという町がある。ギヨームの時代には、そこにマレ・ル・ロワという、かなり大きな領主領があって、ギヨームはこれを自分のものにしているのである。生村ヴィヨンまで、南東の方向にさらに五、六〇キロといった見当である。

どういう事情だったかはわからない。ともかく、一四六五年に、サンスのサンルミ教会の横車に対抗して、訴訟を起こしているのである。没落した領主の領地を商人が買い取り、領主貴族の仲間入りをする。この時代、珍しくはない。けれども、教会の司祭が、法律学校の元教授者が、ということになると、さてこれは、と思いたくもなるというものだ。

ギヨーム・ヴィヨンの経歴はかなり分明のようではある。けれども、どことなく頼りない。けっきょく、ひとつの事実ともうひとつの事実を結ぶ因果の糸がうまく手繰れないということなのだろう。そこが手応えがなく、なにかわたしたちをうしろめたい気分にさせる。

教会法学のバシュリエ資格をとったという事実。クロ・ブリュノーで教えたという事実。この両者の関係をどう見たらよいか。たとえばこれである。しかも、クロ・ブリュノーで教えたのは一四三七年から四年間と限られている。なぜかれは教授資格者としての身分を継続できなかったのか。

バシュリエは教授有資格者の一歩手前の身分である。ところが、この一歩、一歩とはいうものの、踏み越えるのはかなり大変だった。もともと学部卒業者はリケンティア・ドケンディ、すなわち教授免許を与えられたものということで、ドクトゥールと呼ばれる。メートルの呼称、ラテン語でマギステルはその言い換えにほかならない。一芸に秀でたもの、すなわちマギステルである。

ドクトゥールやメートルに較べて、バシュリエの称号は新しい。パリ大学のばあい、神学部で一番早く、一二三〇年代の記録に出る。これは、騎士や職人について、要すれば見習いの身分を指すものとして使われていて、それの大学社会への転用であったらしい。語源はついにわからない。ロマンス語（ケルト語の影響を受けたラテン語）の一番古い語彙に属するらしいのだが、ケルト語系統にもラテン語系統にも、その語源を特定することはできないのである。

その審査にあたっては、教会の代表者は不在であったという。このことは重大である。というのは、およそ教授資格免許は、これはなにも教会法学の学部だけにかぎられず、すべての学部について、教会が出すものだからである。学位審査に当たっては教会の代表者が主査をつとめる。その主査を欠いている。ということは、バシュリエ資格審査は、大学の内輪の行事ということになる。このばあい、大学とわたしがいうのは、マギステルのウニヴェルシタス、すなわち「教授の組合」のことである。教授たちが自分たちの助手を専任する。バシュリエの、これが正体であった。

バシュリエは教授組合のメンバーではなかった。その身分の獲得を目指してしのぎをけずる一群の教授候補者でしかなかった。資格をとれば学生から聴講料をとって講義し、学位の審査にあたり、大学の運営に参加することができた。バシュリエにはその資格がなかった。講義をすることは許されていたが、聴講料はとれなかった。教室の賃借料を聴講生に負担させるのがせいぜいであった。かれらは、いってみれば教育実習生でしかなかった。教授たちの労働を肩代わりする兵隊であった。

身分不安定なのはバシュリエだけではなかった。リサンシエと呼ばれる、これは正規の学位試験の一次に合格しただけのがいた。リケンティア・ドケンディ、すなわち教授免許のリケンティアからの造語で、免許を受けたものの意味だが、まだ二次試験に合格していない。

二次試験というのは、多くのばあい、一種の教授就任演説みたいなものであって、その大学のある都市の首座教会がその晴れの舞台となった。集まってくださった方々にはお礼しなければならなかったし、第一、これは一次も二次もおなじこと、学位試験というのは当人の申請があって行なわれるのが建前であったから、試験官や教会の方々に対する礼もある。就任演説が終わったあとの宴会、これを「アリストテレスの饗宴」と呼んでいたが、これの費用がなにしろ重荷になった。

そんなこともあって、けっこう二次を放棄したり、延期したりするのがいたのである。こうして、学生から教授への登り階段は、バシュリエとリサンシエのふたつの踊り場を備えるということになった。このふたつの踊り場にとどまるものは、大学社会ではけっきょくは教授組合に容れられず、いずれ排除される。大学がひとつの身分団体であったことからきた、これは当然の事態であった。

そこでギヨーム・ヴィヨンだが、かれは教会法学のバシュリエになったのち、一四三七年以降、みずから学んだクロ・ブリュノーで教鞭をとったという。これは教授の正講義に対するにバシュリエの特殊講義であったと思われる。そうして、四年後、かれの名が、パリ大学教会法学部であるクロ・ブリュノーの講師名簿から消えたということは、かれがドクトゥール・エス・デクレ、すなわち教会法学教授有資格者の称号をとらなかったこと、すくなくとも、そのことを証明する文書はないということと関係しているはずである。すなわち、ギヨーム・ヴィヨンは大学教授組合の一員にはなれなかったのである。

ギヨームがクロ・ブリュノーで教えるのをやめた直後、一四四三年、ノートルダム教会参事会は、ギヨーム・ヴィヨンをサンブノワ教会の司祭に任命した。そういう脈絡になる。ギヨームは大学人になることを断念し、サンブノワ教会の一聖職者としての生活を選択した。そういう印象がある。

ノートルダム教会参事会がギヨームをサンブノワの司祭に任命した……

ご留意いただけたであろうか。このいいまわしの含みは深い。わたしがいうのは、ノートルダム教会とサンブノワ教会の宿縁のことである。

ノートルダム教会とはあの例のノートルダムのことで、パリの首座教会である。パリ司教の教会である。ありていにいえば、ノートルダム教会の参事会の方では、サンブノワ教会は自分たちのものだと思っていた。ところが、サンブノワの人々は、中ノ島の大寺院を嫌っていた。

なにしろ連中は「ノートルダムの肢体」などとサンブノワのことを呼んではばからないのである。毎年、聖ブノワの祝日、つまりこの教会の建立者と思われていたモンテカッシーノの修道士の記念日、七月十一日には、ノートルダムは代表をサンブノワに派遣した。かれらは、サンブノワの聖職者を介添えに立てて、ミサをあげ、説教を行ない、一二リーヴル一一スー九ドニエの貢納金を受け取った。サンブノワの聖職者たちにとっては、なんとも不愉快な一日だった！　なにしろノートルダムの連中は、ご聖体のパンやご聖水を検査し、聖具を点検し、墓地が汚れていないかどうか、見てまわったりするのである。まるで自分たちが預けておいたものをきちんと世話しているかどうか、疑い深く調べてまわっているようだった！

なるほどたしかに、とギヨーム・ヴィヨンも議論したことがあったにちがいない。それも毎年のように！　ふるいはなしだ。アンリ一世の御代だ。サンバック礼拝堂がノートルダムの管轄に入った。それから百年ほどして、そう、フィリップ・オーギュストの治世初年だ、サンバックが小教区を預かることになった。それがわたしたちのサンブノワの前身だ。そのとき、ノートルダムはサンブノワに教会参事会を設置することを認めたのだ。文書にもなっている。これはたしかなことだ……

　ギヨームの主張はもっともであった。しかし、ノートルダムの立場もまたひとつの立場であった。参事会を作るのも、その印章を使うのも、金庫を置くのも、それはよい。だが、みんなそれはノートルダムの許可が要るのだ。これがノートルダムの簡潔にして明瞭な主張であった。なんのことはない、つまりはいばりやのフィリップの治世初年の決定が、常時、更新されるべきである。これがノートルダムの考えであった。

　サンブノワも、かたくなな一面、妥協すべきところは妥協していたようである。どうも細かいところはわからないのだが、たとえば人事権については、あるていどノートルダムの権益を認容してきたらしい。ギヨーム・ヴィヨンの司祭職補任にはノートルダムの意向が反映していた。そう読んで、むしろ当然なのである。十五世紀のサンブノワには、礼拝堂司祭が十二人いたという。おそらく、そのうちの何人かはノートルダムの権利というふうに決まっていたのであろう。

サンブノワは聖歌隊をもたなかった。これはかなり奇異なことである。この聖歌隊の件も、ノートルダムとサンブノワの紛争の種になっていたらしく、これは一四一五年の日付けをもつノートルダムの教会裁判所の記録に、法廷に召喚されたサンブノワの教会参事会員の証言が残っていて、それによれば、かれらは、聖ベネディクトの祝日、ノートルダムから派遣されたお歴々の勤行に合わせて唱和させられる。これは自分たちの意にそわぬところである。けれども、たとえ歌い方は知らぬとはいえ、お歴々のお望みとあれば、なんなりとあいつとめましょう、と。

ところで、ギヨームの息子と目されるフランソワは『形見分けの歌』にこう歌っている。二七、二八、二九節である。

ひとーつ、おれの指名状をくれてやる、
大学からもらったもんだが、おれの意志で、
放棄する、不遇だと思ってんだろうから、
ここはひとつ、助けてやろうってこと、
だれをって、御当地の貧乏僧どもをさ、
この遺言状で名指しした坊主どもってこと、
いやね、シャリテがおれをけしかけたんだ、
ナトゥールもだ、あいつら裸なの見たもんだから

ひとりはメートゥル・グィオーム・クーティン、
そうしてメートゥル・チボー・ドゥ・ヴィトリだ、
こいつら貧乏僧ふたり、ラテン語をよくし、
腰が低くって、聖歌隊では上手にうたい、
けんかなんてしない、おとなしいこどもたちだ、
だからさ、受けとるがいいよ、あげるから、
グィオとグードリんちの家賃だ、いいからさ、
もっとずんとオカネが手にはいるようにねえ

ひとーつ、その、なんだ、司教杖が一本だけじゃあね、
そうだ、サンタンテーン通りのももってこよう、
それとも、なんだ、玉たたきの棒の方がいいかな、
毎日、かかさず、セーンを壺になみなみと一杯だ、
いや、なに、ツライ立場の鳩さんたちにってこと、
なんせ鳩舎に押し込められているからねえ、
あげます、おれのきれいな鏡、よく映るって、
それにね、女牢番のご寵愛、うまくやれよ

「このふたりの貧乏僧」とは、ありていにいえばノートルダムの参事会員なのです。なぜこの詩行をここでご紹介するか、これでおわかりいただけたとおもいます。「ラテン語を話す」がミサ勤行を指示します。「聖歌隊で上手に歌い」と、これはズバリそのもの。サンブノワの人たちは、「このふたりの貧乏僧」が、しわがれ声を張りあげて、アレルヤと歌うのに唱和させられるという悲しみを味わって久しかったのです。

「おなじく、おれの指名状」と、詩人は形見の品を指示する。原語はノミナシオン。学部の卒業者、すなわち学位取得者には、この時代、二種類あって、指名状つきのと、そうでないのと、このふたつだが、それではいったいなんの指名かというと、教会関係の職につける（聖職禄を受ける）ことを大学が保証する。そういう性質のものであった。これはじつは一四三八年のブールジュ協約（フランス王政府とフランスの教会会議との協定）によるもので、従来、教会関係の職については、世俗の機関や権力は口出しできなかった。それが、全部についてではないが、大学に推薦権が与えられた。そういうことだったのです。「おれの」と詩人は歌っている。これはほんとうか、空手形か。

「当地の貧乏僧」とか「このふたりの貧乏僧」とからかっているギヨーム・コタン、チボー・ド・ヴィトリーについてお話しするまえに、「グィオとグードリんちの家賃」のことをご説明させていただこう。これは、かつてグィオ某の借家だったのが食肉業者ローラン・グードリに貸与されていたサンブノワ教会の家作の一つであった。サンジャック通りにあったらしいが、このグードリというのは、このほかにもサンブノワから何軒も借りていたくせに、家賃を払わない札付きの借家人であった。地代はノートルダムに支払うことになっていたのが、これまたとどこおっていた。つまり、そういう厄介なお荷物だったという次第。

三つ目の八行詩の初行の「司教杖」は、このふたりの野心を諷刺していて、二行目に「サンタンテーン通りのも」といっているのは、どうやら看板のことらしい。「玉たたきの棒」というのは、ホッケーのスティックのようなもの。いまふうにいえば、ゲートボールである。

看板の司教杖、ゲートボールのスティック、いずれも意味ありげだが、わたしとしては、もうこれいじょう言挙げはできない。後者に卑猥なあてこすりを読み取るというのが、謹厳をもって鳴る老齢のヴィヨン研究者のあいだに流行だが、さてさてどういうのか。

四行目以下はすっきりしている。ノートルダム教会の教会裁判所の牢獄が暗示されている。牢番の女房はセーヌの水を汲みあげて収監者に与える。一四五〇年九月四日、ギヨーム・ヴィヨンはその水を飲んだ。

ギヨームの息子は執念深い性質だったのだろうか。大きい方の『遺言の歌』にも「おれの貧しい若僧ふたり」をからかっている。このふたりが『形見分けの歌』をうけて、チボー・ド・ヴィトリーとギヨーム・コタンであることは明らかだ。ともかく、まあお読みいただこう。

ひとーつ、次におれの貧しい若僧たちだが、
やつらにやろう、おれの肩書きをゆずるよ、
いい子たちだ、灯心草のようにまっすぐ伸びて、
そんなやつらだから、おれはくれてやるんだ、

家賃を受けとる権利もあいつらに割り当てる、
掌中ににぎったも同然、それほど、たしか、そうだよ、
日をきめとけば、その日にきちんきちんと、いえね、
ほれ、グードリ、グィオームんちの家賃だよ

やつらは若く、はねまわりのいたずら盛りだが、
だからといって、おれの気にはさわらない、
三〇年かな、四〇年かな、それくらいたてば、
すっかり変わるだろうよ、神さまの御意のまま、
まちがってるよ、あいつらに嫌われるなんて、
なにしろとてもかわゆく、おとなしいこどもたちだ、
やつらをなぐったり、たたいたりするやつはアホだ、
なにしろねえ、こどもはすぐにおとなになる

やつら、ノートルダムの十八人学寮の奨学金が
とれるといいなあ、ま、骨折ってやるか、
おおやまねの惰眠《だみん》はむさぼらないしねえ、
なにしろこいつ、三月《みつき》のあいだ、眠りこけている、

なんとねえ、睡眠とはなんとも悲しいもので、
青春まっただなかの若者を甘やかす、それが、
ついには、起きていさせられるはめになる、
年老いて、休息が必要という段になるとねえ

そこでだ、僧祿をくれる人にも手紙を書こう、
やつらふたりの推薦状、まったく同じ文面だ、
だから、いいか、恩人に感謝して、祈れよ、
なまけたら、いいか、耳をひっぱらせるぞ、
いえね、びっくりしてる人がいるってねえ、
おれがふたりのことを気にかけてるってねえ、
それがだ、祭と宵宮にかけていうんだが、
おれはやつらの母親に会ったことはない

ノートルダム聖堂参事会員チボー・ド・ヴィトリーは一四六四年に死んでいる。享年八十といわれているから、なにしろこの『遺言の歌』の編まれたころは喜寿の祝いのころだったわけだ。だから、かれの経歴は、それこそ「兜屋小町」の若かったころにまでさかのぼる。なにしろ一四一二年に王家裁判所の判事になっている。ブルゴーニュ党派とオルレアン党派の確執がたけなわだったころで、ま

もなく王太子シャルルは両親から義絶されて、ロワール河畔に下り、政権を立てる。パリにはイギリスとフランス連合王家が政庁を構えていたという、フランスの歴史家が絶対に認めたがらない屈辱の時代である。チボーは王太子に従って南下した。

王太子はポワチエに裁判所を置いた。だからチボーはポワチエに住む。王太子はシノンにあって、北の情勢を窺う。そこにジャンヌ・ダルクの姿が見え隠れするが、それはまあよい。肝心なことは、一四三六年、王太子が首都パリをイギリスとフランス連合王家の手から奪回したということで、チボー・ド・ヴィトリーもパリに帰った。

パリに帰った直後、一四三七年、チボーはサンブノワ教会の参事会員職を手に入れようと運動している。これは失敗した。だからといって、がっかりはしなかったろう。かれはなにしろ、パリ司教座聖堂の参事会員職を狙っていて、これは一四四五年に手に入れた。ノートルダムの境内の立派な家に引っ越した。聖母伝の図柄の立派なつづれ織り壁掛けを寄進した。小さな鐘も寄進した。この鐘、チボーと呼ばれて、土曜日の夕方、六時課の時刻に「お告げの鐘」（アンジェラス別名アヴェ・マリア）の音を響かせた。

ギヨーム・コタンだが、この人物も、その経歴の記録は一四一七年までさかのぼる。当時、王家裁判所の判事にクレマン・ド・フォーカンベルグというのがいて、これが判事を辞めて、録事になった。録事というのは書記の一種で、判事に較べて位格は下だが、なにしろ録事の実力はたいしたものだったのである。録事はそれまでニコラ・ド・ベイというのが勤めていたが、このニコラとフォーカンベルグはともに執務日誌を残していて、とりわけ後者のそれの一四二九年五月の項に「ジャンヌ情報」

が読め、おまけに余白にこのふしぎな女の想像スケッチ画が見える。（図45）

これはよけいなことだったが、そのクレマン・ド・フォーカンベルグのあとがまに坐ったのがギヨーム・コタンだったのである。記録を見ると、教会法および世俗法のリサンシエと肩書きがついている。一方、クレマン・ド・フォーカンベルグは一四二四年にノートルダムの参事会員になった。もっとも録事の仕事は続けている。けっきょくかれは一四三六年までその職にとどまり、身を引いて二年後に死ぬ。

フォーカンベルグのことはよい。わたしがいうのは、ギヨーム・コタンもまた、一四三〇年に、先輩クレマンの跡を追って、ノートルダムの参事会にその席を得た。その前後、裁判所判事という職にともなう様々な活動を、いかにかれが華やかにまた軽々とこなしていったか。ノートルダムの参事会員として、いかにかれが重きをなしたか。くだくだと述べることはすまい。「経験者にして学職者」と世人はかれを評した。そう聞くだけで十分である。

一四五二年、フランス王シャルルは、枢機卿ギヨーム・デストゥートヴィルに命じて、パリ大学の改革に当たらせた。ギヨーム・コタンは枢機卿参与として、これに協力している。王家裁判所判事とパリ司教座聖堂の参事会員と、この二重の職責が、はたしてパリ大学への内政干渉に支障にならなかったかどうか、そのあたり大いに気になるところだが。

「ギヨーム・ヴィヨンとは何者であったか?」をお読みいただくにあたって「司教杖」という道具ないし象徴物のイメージをしっかりお持ちいただくことが肝要かと思い、図版を用意しました。遅まきながら、ご案内いたします。図46–a、b、cの三点です。「司教」のイメージもこれで十分お作りいただけるものと思います。

2　フランソワ・ヴィヨンはいなかった

わたしがいうのはチボー・ド・ヴィトリー、ギヨーム・コタン、ノートルダム教会のこのふたりの老参事会員を、いったいなぜ若者はからかっているのか？　ほとんど陰湿と批評したくなるような、ここに感じられる、なにか鬱屈した感情はどうだろう。怨恨か、これは、と、つい邪推したくもなる。ところが、どう考えても、若者フランソワに、ふたりの老参事会員がらみの怨恨を指定すべき根拠はないのである。若者の人生とふたりの老参事会員の人生とは、ついに交錯するところがなかった。すくなくとも、父の人生を息子が再演しようと決意することがないかぎりにおいては。そうして、息子はそう決意したのだと、ヴィヨン研究者たちは自信なげにいうのである。

ここで、どうぞ「この旅の里程」の冒頭にご紹介した、これも『遺言の歌』の一節を思い出していただきたい。こういうのだが……

ひとーつ、こんど旅してわかったんだが、
おれの貧しいみなしごの三人ねえ、あいつら、

年端もいかなかったのが、けっこう育ってねえ、
頭は牡羊ってわけでもなさそうだし、ここから
サリンまでのどんなこどもたちだって、学校で
習った芸をこんなにちゃんと覚えてるのはいない、
だからさ、阿呆のマトリン僧院かけていうんだが、
これほどの若者ならば、そうよ、バカじゃあない

これは、じつは、問題のノートルダムの老参事会員をからかっている一三一節から一三四節までの詩行群の直前に置かれている、これもやはり四つの節から成る詩行群の最初の八行詩なのであって、こちらのほうは、いっそ「おれの貧しいみなしご」グループと呼ぼうか。すなわち『遺言の歌』一二七節から一三〇節までである。ともかく、お読みいただきたい。「これほどの若者ならば、そうよ、バカじゃあない」という最終行を受けて、一二八節は、「だからさ、おれはあいつらを学校へ行かせたい」とはじまる。

だからさ、おれはあいつらを学校へ行かせたい、
どこのかって、ペール・リシェ先生んとこさ、
ル・ドナは、そりゃあ、あいつらにはむずかしい、
難儀させるのはおれの本意ではない、だからさ、

習うんだよ、おれはこの方がもっと大事だと思う、
アヴェ・サールス・ティビィ・デークス、
これを覚えるだけならば、そう勉強はいらない、
上に立つのはきまって坊主ってわけじゃあない

あいつらがそこまで覚えたら、それでいい、止まれ、
もっと勉強したいっていったって、おれが禁止する、
クレドだクレジットだといったって、ムリだよ、
とてもじゃないが、こどもたちにはむずかしすぎる、
そうだよなあ、おれの大外套をふたつに裂いて、
そいつの半ペラを売り払ってさ、売れればだけど、
フランを買って食わせてやりたい、フランがあればだ、
なんせ青春は、ちょっぴり食いしん坊なんだ

行儀作法はしっかり学んでもらいたい、それにはだ、
よしんば棒でぶたれたって、それはしかたない、
帽子をまぶかにかぶってさ、いえね、頭巾かなあ、
ほれ、両手の親指をさ、帯にちょんとあててさ、

どなたさまにもへりくだってさ、なんでございます、
いいえ、とんでもございません、なあんちゃって、
たぶん、みなさん、手引き足引き、いうだろうねえ、
みろよ、御大家のおぼっちゃまがただ、そうとも

この「おれの貧しいみなしご」グループは、じつはこれまた小さい方の遺言詩集、すなわち『形見分けの歌』にすでに歌いこまれている。こちらの方も、やはり、「おれの貧しい若僧ふたり」がらみの詩行群、二七節から二九節までの詩行群の直前に置かれていて、すなわち二五節と二六節である。

ひとーつ、なんともあわれで、のこしたくなる、
いえね、このすっぱだかのこどもたちにねえ、
だから、この遺言書に名前をあげる、なんせ、
すっかんぴんで、みなしごの三人だ、実正、
靴もはかなきゃ、なあんも着るもん着てない、
まるはだか、ミミズのようだ、こりゃあ、
ともかくだ、なんか着るもんやっとくれ、
せめてさ、だから、この冬を過ごせるようにねえ

その名は、まずはクーリン・ローラン、つづいて、
ジラー・ゴスイン、おあとにジャン・マルソー、
財産といってもなんにもなく、身寄りなく、
手桶の柄ほどの値打ちさえないやつらだが、
おれの財産から、それぞれに一荷のこそう、
オカネの方がいいんなら、ブラン玉四つだ、
いつかは御馳走にたっぷりありつけようて、
坊主たち、おれが年寄りになるころにはね

こうして『形見分けの歌』にあからさまに名指しされた「すっかんぴんで、みなしごの三人」、これはじつは当代の豪商であった。

そうと聞いて、あなたがたとしては、むしろシラけるばかりではないであろうか。わたしにしても、ことさらこれをあげつらおうとは思わない。じつのところ、その辺の事情については、この本の第I部X章「王の塩倉庫」に概略述べた。話の眼目は「サラン」にある。ジュラ山中、鉱泉の町サラン・レ・バンは、地下に塩の鉱床があって、そこから噴きでる泉水が高濃度の塩分を含む。十五世紀、サランの製塩は年産七千から八千トンに達し、これは文句なく、当時ヨーロッパ最大級の規模であった。「ここからサリンまでのどんなこどもたちだって」の一行の含意はここにある。詩人のあげつらう当代の豪商三人は、いずれも塩にたかって、甘い水ならぬしょっぱい汁をむさぼり吸う塩商人であっ

た。塩は王家専売になっていて、かれらはその利権を手に入れて、あくどく稼いでいたのである。かれらのことはもうよい。これ以上、詮索する要もないと、本当の気持ちはこうなのだが、そうもいかない。というのは、ここに鈍く不気味に、ノートルダムの老参事会員ふたりのばあいと同じ疑問が、頭をもたげてくるからである。いったいなぜ若者フランソワは大店《おおだな》の旦那衆に、こうもシンイのホムラを燃やしているのか？

政商と呼ばれる種族の商人たちに対する反感か？　ユルシテオケナイ！　と若者は天に向かって叫ぶ……じっさい、この程度の理解しか、従来、一群のヴィヨン研究者たちは示していないのである。

なるほど、塩は時事問題であった。ここではじめてご紹介することになるが、若者フランソワがパリ大学の学生だったころまで生きていて、半世紀来、日記を書き続けていた人がいた。原稿は散逸したが、同時代の筆跡《て》の写本が残っている。一番最後の記事の日付けは一四四九年十月である。若者がパリ大学人文学部でバシュリエになったとされている年である。

その日記、ふつう『パリ一市民の日記』と呼ばれるが、しばしば塩を話題にしている。一四四〇年の日付けの記事はことのほかおかしく、これは「王の塩倉庫」にもご紹介したが、ここに再度ご紹介したい。どうぞ、お読みください。

「おなじく、この年、一月と二月、豚の大群がやってきた。その数のあまりの多さを見たよこしまなる役人どもは、塩の値段をつりあげたので、ボワソー当たりパリ貨二二スーにもなった。それどころか、かねを出しても手に入らなくなった。かくして、パリでは、屠殺された豚多数が、塩がないために、だめになってしまった。なにしろ、役人どもは、自分たちに都合のよいように売ろうとして、荷駄扱いでしか塩を運びこませなかったのだ。噂では、すべてこういったお上のやり口は、サンモール・デ・フォッセ修道院長のよこしまな悪意にでるものにほかならなかった、と。」

塩は王家専売であった。御用金部屋がその専売収益を管理していて、そこの三奉行のひとりが、このとき、サンモール・デ・フォッセ修道院長ジャン・ル・モーニエであった。「よこしまな悪意」とは恐れ入るが、日記の筆者は塩の値上がりを「お上」の策謀と見たわけである。

その「お上」が問題で、パリの一住人の目には「よこしまなる役人ども」と、なにしろ単純明快な形に映じている気配だが、若者フランソワの慧眼は、その「お上」なる垂れ幕を透かして、そこに「すっかんぴんで、みなしごの三人」がせっせと塩を運んでいる景色を眺めていた。

当時パリに運び込まれる塩の大半は、ポワトゥー、サントンジュの大西洋岸の一帯に産する海塩であった。海路、ブルターニュ半島をまわって、セーヌ河口に運ばれ、ルーアンで小船に積み替えられて、セーヌ中流のパリへ運ばれた。さらにオワーズ、マルヌ、ヨンヌといったセーヌ川支流の水系へ「塩の道」が通じていた。この「塩の道」に「まるはだかで、みみずのような三人のこどもたち」が網を張っていた。

ジラール・ゴスーアンはルーアンで「王の塩番役」をつとめた。ジャン・マルソーは、ルーアンとパリの中継点にあたるヴェルノンに「王の塩倉庫」をもっていた。王家専売権を「買いとっていた」

のである。コラン・ローランは、ヨンヌ河畔の町オーセールに「王の塩倉庫」を預かっていた。だからといって、しかし、かれらの名刺の肩書きの筆頭に「塩商人」と読めたかどうか、それは疑わしい。コラン・ローランは香料商であった。ジラール・ゴスーアンはパリ奉行所の公証人であった。ジャン・マルソーは両替金融商であった。これがかれらの表看板で、裏でいろいろやっていた。そういうことで、だからそのことはよい。わたしがいうのは、その表でもよい、裏でもかまわない、いったい若者フランソワにかれらと接触する機縁があったか?

正直、わからないとしか申し上げようがない。ヴィヨン研究者たちによって明らかにされたかれら実業界の老騎士たちの事績は、若者の名を呼び出しはしないのである。

なるほど、コラン・ローランはモンマルトル門の近くのモントルグイユ街に仕事場を構えていて、少年フランソワがそのあたりまで遠征することがままあったとしよう。この場合、少年は川向こうのギヨーム・ヴィヨンの家に住んでいたという想定になるが、土壁に耳を押し付けて中の様子をうかがう少年は、一九台もの鋳鉄の臼がガラガラと香料を粉に挽いている音を聞いたことでもあろう。一九台というのは、実証主義の文書あさりが明らかにした数字である。だが、それはそれだけのはなしである。わたしたちのみだらな空想でしかない。

さらに空想をたくましくすれば、少年は、その帰りの道すがら、奉行所の前のサンジャック・ド・ラ・ブーシェリー教会界隈の「白鳥」看板のマルソー屋敷の脇を抜けたことでもあろうか。マルソー商会は、いまはルーアンに本店を置いていて、大旦那ジャンもそちらに住んでいる。かれがパリに居を移したのは一四五二年十月以降のことである。

ジラール・ゴスーアンについても事情は同じようなものである。かれもまた、コラン・ローランと同様、「イギリスとフランスの王ヘンリ六世のフランス摂政ベドフォード侯」の政府の要路にあり、ルーアンに居住していた。一四五二年、イギリス王家のノルマンディー撤収を機にパリにもどり、その年さっそく、パリの塩番役に塩一三五ミュイを納入している。一四五四年七月の日付けの文書には、奉行所の公証人と肩書きがついている。

コラン・ローランにしても、ジラール・ゴスーアンにしても、その身替わりの軽妙さについてはよい。これはむしろ陳腐な話題で、わたしとしては敬遠したい。なぜかれらの経歴洗いをはじめたかといえば、かれらがパリの大店の大旦那として若者フランソワの眼前に出現したのは一四五二年以降のことであった。そうして若者は、一四五六年に制作された（と自分でいっている）『形見分けの歌』において、ジャン・マルソーともども、この両人を名指しで、嘲弄の対象に据えている。わたしがいうのはこのことである。いったい、この三人は、この間になにをやらかしたというのか？

なにをやらかして、若者フランソワの注意を引き付けたのか？ ピエール・リシエ先生の学校へやらされる羽目になったのか？ というのは、ピエール・リシエ先生は、パリのレアル、市場の脇にサンテュスターシュ、すなわちユスターシュ聖人に献堂された教会堂があった。いまも、レアル変身してフォーラム（いってみればショッピング・モールである）の脇に、昔ながらのたたずまいを見せている。その教会の司祭職を預かっていて、かたわら大学に入る前のこどもたちの勉強塾を経営していた。

ところが、そのピエール先生は、両替橋のたもとのすぐ下流のセーヌ河岸に、サンジェルマン・ローセロワ教会があった。いまもちゃんと残っている。ルーヴル美術館の東の玄関の正面に位置しています。その教会に、先生はある種の利権をもっていて、どうやら、一四五五年以降、その利権をめぐって、サンジェルマンの僧侶たちと紛争を起こしていた。紛争のなかみと結末は、このばあいどうでもよい。ともかく、サンユスターシュ教会のピエール・リシエ司祭とサンジェルマン・ローセロワ、この組み合わせが、以下の話題の伏線となるのであって、その話題とは、同じリシエという姓の、こちらの方はドニというのが、当時、奉行所の警吏にいて、この警吏、サンジェルマン・ローセロワ界隈の「ユスターシュ聖人」看板の借家に住んでいた。なんと符牒が合っているとお思いにはなりませんか。

ついでにいえば、奉行所の警吏には二種類あって、ひとつは騎馬の警吏。これはパリ市内だけではなく、パリ周辺の土地にも、かなり手広く出張る。もうひとつは「笞《しもと》の警吏」で、これはパリ市内とその外周地に活動が限られている。「笞の警吏」とは直訳で、べつに笞刑《ちけい》役人というわけではないのだが、「ドニ・リシエは笞の警吏であった」、そういう言葉のひっかけを、詩人ははたして意識していたかどうか。というのは、ずうっと読んでいくと、詩人はさりげなくといった感じで、こう書いている、「よしんば棒でぶたれたって、それはしかたない」

ピエール・リシエ先生の学校が、奉行所役人の笞の下の暗喩を帯びる。詩語の組み立てはそういうふうであって、詩人はあざといほどに辛辣である。行間にこもる暗い情念には、覚えず背筋も凍るほどのものがある。

この暗い情念は若者フランソワのものではない。

サンブノワの私怨は若者フランソワのものではない。

フランソワ・ヴィヨンはいなかった。わたしがいうのはそのことである。

フランソワ・ヴィヨンはいなかった……こう考えるようになったのは、いつごろからであったか。

昨年の秋口、わたしはふとした油断から、一か月ほど入院の憂き目に会った。その病床の徒然であったように、おぼろげな記憶がささやく。ほとんど説明のしようもない。ホイジンガではないが、「閃きが走ったといえば一番適切でしょうか。あの心中の出来事がいったい正確にいつ起こったことだったのか、奇妙なぐあいに、わたしにはその記憶が抜けているのです。」（『わが歴史への道』から）ただ、重いしこりがわたしのなかに残った。そうして、そこから放射するものがあって、わたしの全身を浸し、わたしの受容体の性質を変えた。変えたといってよいであろう。というのも、受容のありようが変わったのだから。

わたしがいうのは、ともに遺言詩集と呼ばれる、ひとつは二〇二三行、ひとつは三二〇行から成る詩行群の読みのことである。むかし、わたしはわたし自身の若さにひきつけて読んでいた。そう読めと、詩文はあたかも読みを指示するかのふうであった。いま、わたしの読みの性質は変わった。巻き込まれたものがほどけてゆくように、むかし心もそぞろに通り過ぎた一日が、いま開かれて、わたしたちに贈られる。若さは見たいように風景を見る。じつは見ていないのだ。そのことが、いま、わたしには痛いほどよくわかる。

この年、四百と五十六年、おれはフランソワ・ヴィヨン、学生である……

これを作者の名乗りと、いったいどうしてわたしたちは思い込んでしまったのか。全ては淵源をここに発し、流れは実在のフランソワを運ぶ。作者が周到に用意した仕掛けが、研究者たちを文書館へ走らせる。

ベーエヌ（ビブリオテーク・ナショナル・ド・フランスの略称、フランス国立図書館）へ急げ！　パリ大学フランス部会計簿の一四四九年三月の項に、バシュリエ資格取得者として「パリ人フランシスクス・デ・ムルトコルビエ、パリ貨二スー」と読める。そうして、さらに三年後、一四五二年の名簿には、当時パリ大学フランス部のプロキュラトール（会計係）の要職にあったジャン・ド・コンフランの世話で「アリストテレスの饗宴」を主催すべきものと但し書き付きで「パリ人フランシスクス・デ・モントコルビエどの」と、これはどう見ても同一人物であろう、やはり二スー納めている。

ムルトなんだって？　と、まあそうせっかちに迫らないでください。次はアルシーヴ（フランス国立古文書館）に出掛けましょう。そこには歴代のフランス王家の発行した令状を集めた「文書の宝庫」というのがある。その登録簿第一八七番と一八三番というのを借り出してごらんになるがいい。そこにあなたがたがお読みになるのは、なんと殺人事件がらみの記録であって、赦免状である。両方とも一四五六年一月の日付けをもつが、名宛人は、前者は「フランソワ・デ・ロージュまたの名ヴィヨン」、後者は「フランソワ・ド・モンテルビエ」である。

ところで、この事件についても、じつは作中に示唆が汲み取れるとされている。『遺言の歌』一一五節だが、まあ、お読みいただこう。

ひとーつ、遺しまするは、ペロ・ジラー、
ブー・ラ・レーンに店を出してる床屋に、

かなだらいふたつに、やかんをひとつ、
なんせ稼ぐんにこの仕事やってるわけよ、
そうよ、十二年の半分も前になるかなあ、
おれを泊めてくれてねえ、いや、ホント、
豚肉でねえ、一週間もおれを養ってくれた、
嘘じゃないよ、プーラの尼僧院長が証人だ

十二年の半分前、というのが話のミソなのです。「年齢をかぞえてみれば三十のこの年に」と、作者は『遺言の歌』の冒頭に注意深く置いた石で、作品の制作年代を指示している。すなわち一四六一年だという。ということであるならば「十二年の半分前」はすなわち一四五五年ということで、なんと作者の記憶は正確なことか。ある伝記者は書いている。

「聖三位一体の祝日後の木曜日、聖霊降臨の大祝日後の第二木曜日、時季は日の長い頃合い、もうそれほど暑くもない。樹木といえば桜桃の木のパリのような町では、桜んぼの季節である。ばらもそろそろ咲き始めている。町の人たちは、この日のためにばらの花笠をあがない、こどもたちはせっせと籠に花びらを集めて、御聖体のゆく道筋に花びらのじゅうたんを敷く。日も暮れかかる頃、疲れがむしろ心地よい。祭りは三つの機能の統一のうちに終わる。すなわち、祈る、興

ずる、そうして憩う。ところがここに、一四五五年六月五日の夕方、夕飯をすませた後、メートル・フランソワ・ド・モンコルビエは、サンブノワ教会堂の大時計の文字盤の下の道肩に置いてあった石の腰掛けに坐っていた……」

サンブノワの大時計だって? 伝記者の拠る資料こそは、それがあったと知らせてくれる唯一の証言ということか? それはともかく、その資料、すなわち王の赦免状である。正確にいえば、王による赦免の次第が記述されている王家文書部の令状登録簿の一葉である。王は、通常の裁判の手続きにはかまわず、人の罪を解く。文字通り、無罪にしてしまうのである。フォリオ版の上質羊皮紙の文書部登録簿が、ことの次第を無表情に書き留める。べつに特別扱いでもなんでもないのである。

要すればこのフランソワ・デ・ロージュまたの名ヴィヨン、あるいはフランソワ・デ・モンテルビエなる若者は、某伝記者の歌い上げるさわやかな初夏の夕暮れ、人を殺してしまった。半年後の翌年一月、赦免状が下付された。そういうことだったのだが、その赦免の次第をたんたんと述べている、その記事にすぐ続く、やはりこれも赦免状の写しには、シャロレー地方の畜産家夫妻の名が見える。この夫婦、隣人を殴り殺した。

ページをめくれば、リュジニャン城主領内の肉類取り引き業者マトゥラン・フリッケの息子ギヨームにあてられた赦免状が読める。なんとも短慮の若者たち! ギヨームはなかまと弓遊びをしていた。牧場の木の枝に帽子をかけて、これが的。ところが邪魔をするやつがいた。退けといったら、肩そびやかして、帽子をかけかえりゃいいだろ。だれが、そんなこと、わざわざするものかと、ギヨームは衝動的に矢を放つ。矢傷を得たともだちは一か月後に死んだ。

　中世的法観念に照らせば、殺人は殺人である。法廷は若者に死罪の判決を下すだろう。これはもう決まっている。王の赦免状のみが、この法のオートマティズムを断ち切る。そうして赦免のラティオ（根拠）は問われない。王の赦免もまたオートマティックに発動される。ラティオといえば、それは王の意志である。王の恣意的意志である。じっさい「メートル・フランソワ・ド・モンコルビエ」についていえば、そうとしか理解のしようがない。なぜって、それではいったい、この若者について、王の赦免状のあてられたこの若者について、あなたがたはどれほどのことを知っているといえるのか？　どれほどのことを教えられているといえるのか？

　伝記者のいう「メートル・フランソワ・ド・モンコルビエ」について知られていることは問題の令状登録簿の記載につきる。これが真相である。それ以上のことはだれも知らない。メートル・ギヨーム・ヴィヨンは知っていたであろうか？　知っていたとしても、さて、どのように知っていたであろうか？

　さてさて、注意深いあなたがたのことだ、わたしの発言にこめられた、なんともいやみなあてこすりにお気付きのことと思う。わたしは、問題の王の赦免状のあてられた「フランソワ・デ・ロージュ、またの名ヴィヨン、あるいはフランソワ・デ・モンテルビエ、あるいはまたモンコルビエ」なる若者が、サンブノワ教会の礼拝堂付司祭ギヨーム・ヴィヨンの養い子だという説を信じてはいないのである。

　伝記者たちは、王の赦免状の背後に若者の保護者の影をみたがる。ところが証拠はなにもないものだから、逆に居直って、王の意志の恣意性を強調する人もいる。じつは同じ根に出る心理のからみではあるまいか。若者にはギヨーム・ヴィヨンという慈愛に満ちた保護者がいたはずだ。この思い込みがある。ところがギヨームが出てこない。作中にしか出てこない。伝記者たちは苛立つ。

この場合、保護者といえば理容師ペロ・ジラールであり、プーラの尼僧院長ではないか。そう若者は作中に証言しているではないか。ペロが店を開いていたブール・ラ・ロワーヌは、いまのパリのポルト・ドルレアンから南に五キロに位置する。だから若者の時代には、サンジャック門を出て、オルレアン街道を一〇キロほどもいったあたりの村であった。

プーラの尼僧院だが、これはヴェルサイユの南西、ランブイエの森の北に当たるシュヴルーズ渓谷にあったポール・ロワヤル・デシャン尼僧院の通称であった。ブール・ラ・ロワーヌから見れば、西に二五キロほど離れている。十三世紀はじめに建立されたシトー派の尼僧院であった。シュブルーズ渓谷のポロワという土地に建てられたので、その名がなまってプーラとなっただけのことである。

ついでにいえば、これがさらになまってポール・ロワヤルと呼ばれるようになったとガイドブックのミシュランは書いている。「ポール・ロワヤル」は「王の港」あるいは「王者の風格」といった意味になる。なんと、それがこじつけにすぎないとは！

まあ、この手の話はいろいろあって、ことさらいまあげつらうこともない。そこで話をもどせば、じつのところこの尼僧院は、若者の時代、風紀はなはだかんばしからぬ状況にあった。ユゲット・デュアメルというのが噂の尼僧院長で、これがその後、一四七〇年ごろ、訴訟騒ぎを引き起こしている。その訴訟記録からいろいろとわかるのだが、ちなみにそういうけしからぬ状態は、なおしばらく続いて、ようやく十七世紀初頭、メール・アンジェリックによる改革が断行されたということになっている。

「メール・アンジェリック」とは、ただ意味をとれば尼僧院長アンジェリックだが、ふつう尼僧院長はアベエスと呼ぶ。それをメール、すなわち尼僧たちの「母」と親しく呼ばれるのはそういない。本名をジャックリーヌ・マリー・アンジェリック・アルノー・ド・サントマドレーヌといい、十一歳にして尼僧院長となった。かの女の係累、アルノー一族はポール・ロワヤルの歴史と深く結びつくことになる。

メール・アンジェリックはパリにも分院を置いた。いまのパリのモンパルナス大通りにつながる、その名もまさしくポール・ロワヤル大通りの二一番地にあたる一角である。いまは産院になっている。本院の方には、サンシール修道院長をはじめ「ポール・ロワヤルの先生方」と呼ばれる一団の学僧が集住して、そこに宗教と学問のひとつのエコール（学派）が立つことになる。

まあ、しかし、その辺のところは、ここであげつらうべきいわれなく、心残りながら、筆を止めるとして、さてそこでわからないのは、ブール・ラ・ロワーヌの理容師とプーラの尼僧院長との関係である。若者の伝記者たちは、ユゲット・デュアメルの訴訟記録をつっつきまわして、なんとかペロ・ジラールの名を引き出そうと懸命の気配だが、成功していない。なにしろ男をくわえこんで一緒に風呂に入り、見習いの尼僧にもそれを強要したとかしなかったとか。その男は、しかし、ペロではなかった。

プーラの尼僧院長関係訴訟記録は一四六九年以降の日付けのものであって、シトー派修道会の委嘱を受けたシャーリス修道院長がユゲット追い出しを策した。それに対する反撃として、プーラ尼僧院長の側から提起された訴訟であった。シャーリス修道院長は、一四六三年ごろからユゲットの素行を監視していたという。その限りでいえば、このスキャンダルは『遺言の歌』以後のことであったことになる。

ユゲットがプーラ尼僧院長になったのは一四五四年ないし五五年のことであって、なんと大方の伝記者の勘ぐりが当たっているとすれば、かの女はプーラ尼僧院長に就任した直後、ブール・ラ・ロワーヌの理容師の家に寄宿し、たまたま人をあやめて都を逐電してきた若者と、さてさていかなる出会いがあったのか、歓を尽くしたことになる。そうしてユゲットは、当時四十歳代なかばの姥桜（失礼！）であったと推定されるという。

だからユゲットは、もうそのころから浮き名を流していたにちがいないと、伝記者たちは妙に力こぶをいれる。どうも話が逆のようで、気になる。一四五〇年代のプーラ尼僧院長についてわたしたちの知識は乏しい。『遺言の歌』と呼ばれる詩集の第一一五番目の八行詩に、プーラ尼僧院長の名が出ていて、どうやらこれはユゲット・デュアメルのことらしい……これが正しい読み方で、さて、それではどんな気配か。

もっとも八行詩第一一五番はただそれだけで立っているわけのものではなく、いずれ『遺言の歌』の一部分であって、ということは前後の八行詩と照応の関係にある。ひとつ、お目通しねがおう。

ひとーつ、ルービネ・トゥルースケーに、

お勤めで、お手当たんまりいただいて、
うずら歩きでヒョコヒョコ歩かずすんで、
太めの馬に乗っかって、よかったねえ、
おれのそろいから、どんぶりばち一個だ、
貸してくれって、いえなかったんだろう、
これでひととおり台所はそろうはずだよ、
もう足りないものはなんもないんだから

ひとーつ、遺しまするは、ペロ・ジラー、
ブー・ラ・レーンに店を出してる床屋に、
かなだらいふたつに、やかんをひとつ、
なんせ稼ぐんにこの仕事やってるわけよ、
そうよ、十二年の半分も前になるかなあ、
おれを泊めてくれてねえ、いや、ホント、
豚肉でねえ、一週間もおれを養ってくれた、
嘘じゃないよ、プーラの尼僧院長が証人だ

ひとーつ、托鉢修道会の兄弟たちに、

デヴォートやベグィンの女たちに、
パリにいるのにも、オルレアンのにも、
トゥルルピンやトゥルルピーンにも、
こってりとしたジャコピンスープだ、
フランもだ、なんと御奉献だぞ、これは、
御馳走様したら寝台の垂れ幕のかげで、
瞑想のことを語り合ったら、どうかな

わたしがいうのは、じつはここに紹介した三つの八行詩は、いわば橋渡し的な性格をもたされている。最初のに出てくるロビネ・トゥルースケーは、一四五七年の記録ではパリの東、シャンパーニュのシャトー・チェリーの臨時税（エード）徴収官、一四六二年、すなわちこの詩行が書かれたと推定される年の記録には「王の秘書官」の肩書きをもつ王政府高官である。そうして、その前ともうひとつ前のふたつの八行詩で槍玉にあげられているのはジャン・リウーという、これは毛皮商人であり、パリ市の弓兵隊百二十人組の隊長であった。もうひとつ前の一一一節は、「森の金銀細工師」とあだなだけしか出していないが、これはどうやらジャン・マエという奉行所の役人のことらしい。その前の八行詩に登場するジャン・ル・ルーは、これはその兄弟のロバンというのと、なんだかんだとあやしげな商売をやっていた男だったが、最後にはどうやら奉行所の役人の口にありついたらしい……

そういうしだいで、ここにあげた三つの八行詩に先立つ詩行群は王政府や奉行所に出入りする善良なる紳士がたを話題にしていて、その流れが、問題の八行詩のペロ・ジラー（ジラール）氏に及ぶのだが、その名が「プーラ尼僧院長」を呼び出した。それを境に、詩人の関心はしばらくのあいだ、宗門の方々の上に向かうのである。続けてお読みいただこう。

で、その方々になにか遺すって、それはおれじゃあない、
おれじゃあなくって、こどもたちみんなの母親たちだ、
それに神さまで、神さまがあの方々の労に報いるということで、
神さまによかれと、あの方々はどえらく苦労したんで、
ボーペールはボーピールで、ともかく生活がかかってる、
パリにいるのは、もっともっと大変だ、わかりますよ、
おれたちのとなり近所のおばさんたちをよろこばせるのは、
おばさんたちの夫どもを愛する、あの方々のこれぞ隣人愛

メートル・ジャン・ド・プーリユーは、
このことでいろいろいおうとしたが、
むりじいされて、おおやけの場で、
おはずかしくも、自説を撤回した、
メートル・ジャン・ド・マンもからかった、

連中のやりくちをねえ、マチューもやった、
けどね、うやまわなくちゃあいけないよ、
神さまの教会がたっとんでることはねえ

だからおれは身を屈して、あのお方々の
しもべとなり、わが言行のすべてにかけて、
あのお方がたを心からうやまい、ホント、
さからうことなく、服従するものである、
悪口をいうなんて、アホウのすることだ、
なんせサシの座にも、説教の席にも、
どんな折にも、いうまでもないことだが、
手下がひかえている、報復してやろうと

ひとーつ、フレール・ボードに遺す、
住まいいたすはカルムの僧院、なにしろ
尊大な顔付きの男でねえ、なにをって、
鶏冠かぶとに三日月ほこを、これは二筋だ、
なんでかって、デトゥスカとその手勢がだ、

ヤツを襲う、で、鳥籠をとられんように、
年寄りさね、けどね、負けるもんかね、
なんせ正体はヴォーヴェールの悪魔なんだ

プーラ尼僧院長の名が「托鉢修道会の兄弟たち、デヴォートやベグィンの女たち、トゥルルピンやトゥルルピーン」を呼び出す。そうして詩人の遺贈するのは「こってりとしたジャコピンスープ」だという。スープというのは、本来、トーストしたパンの切れ端を汁にひたしたものをいう。「ジャコピンスープ」とは、上等のチーズで表面をコーティングして牛肉のスープに浸し、その上に腹黒千鳥だの去勢鶏だののローストをのせた料理というふうに献立が残っている。

もっとも古語辞典リトレによれば、アーモンド、うずらの肉の細切り、卵なども材料に入っていて、全体の仕立てはポタージュ風だという。いずれにしても、しかし、うまそうではないか。どうやらジャコバン修道院の食堂の献立に出たものらしく、詩人のあてこすりもその辺にからんでいる。すなわちジャコバン修道院というのは、托鉢修道会のひとつドメニコ教団のパリの本部だったのである。

サンブノワ界隈の南のサンジャック大通り沿いの一角がソルボンヌ街区である。大通りもそこを過ぎれば、もうサンジャック門が近い。城門の西側に広大な境内を構えているのがジャコバン修道院である。この時代の絵図などを見ると、ジャコピンと表記されている。だいたいが、ジャックとはヤコブの卑小辞であって、ジャコバンすなわち「ヤコブの」という呼び名のほうがもとに近いわけだ。ヤコブとは、すなわちスペインの使徒ヤコブであって、その聖所サンティアゴ・デ・コンポステラへ向かう巡礼者のための救護施設が、パリの南の城門のあたりに設けられていた。サンジャック巡礼宿であって、いつしか往還そのものもサンジャックと呼ばれるようになった。ドメニコ教団は、設立早々、このサンジャック巡礼宿に教団の本部を置いたのである。

ドメニコ教団については、別のところでも、詩人はこんなふうにかみついている。『遺言の歌』一四八節である。

ひとーつ、良家の娘たちにはだ、なんてったって
父さんや母さんがいる、叔母さんだってついている、
たましいかけて、おれはなあんものこさない、
なんせ、のこらずお女中衆にあげちまった、
すこしだけれど、満足してくれればいいなあ、
ひとっかけの食べ物でしあわせになってほしい、
まずしい娘たちもねえ、いやや、ホントだよ、
だから、ジャコピン僧院に姿を消しちゃう

3 老猿

青春の時代がおれには名残惜しい、
たれよりもかれよりも青春を楽しんだ、
老いの門口に立った、その日まで、
青春は立ち去る日をおれに隠していた、
青春は歩いて立ち去りはしなかった、
馬でもない、ああ、どんなふうだったか、
突然、飛び立って、行ってしまった、
なにひとつ、このおれに遺すことなく

青春は行ってしまって、おれは残る、
分別に欠け、なんとまあ、知識まずしく、
悲しく、みじめで、桑の実より黒く、
地代家賃をとるでもなく、資産なく、
おれの一族でいっち端くれのやつさえが、
嘘なもんか、おれを知らんとやっきになる、
人間自然のつとめなんぞ、知ったことか、
なんせおれがすっかんぴんだというんで

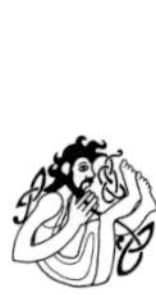

そうよ、くよくよしないで、つかっちまった、
大食の、宴会好きのでつかっちまって、それに、
女の方もで、なにしろ、惚れた、だからってなんも
売ったりはせん、友だちが怒るようなものは、だ、
あいつらの掌中の珠は、だ、最低、そんなかな、
わたしがいうのは、そんなかな、つっかかってるとは
思わんが、おおよ、いっくらでもいい返せるぞ、
まちがってないんだから、まちがってないということもない

女に惚れた、これぞ実正、これからだって、
惚れつづけて、惚れつづけていくだろうよ、
ところがだ、心悲しく、腹が減っていて、
なんせ胃に三分の一しか、入ってないんだ、
おれを恋路から排除する、心と腹がってわけだ、
まあ、いいさ、だれかがかわってありつくさ、
だれがって、まあ、酒蔵でたふらく飲んだのが、
なんせダンスはパンスのあとにっていうじゃんか

ええい、ちくしょう、ちゃんと勉強していたら、
愚かな青春の日々をあそび暮らさずに、
身持ち正しく過ごしていたら、家もてたし、
やわらかい寝台に寝ることもできただろう、
なんということだ、おれは学校から逃げだした、
まったくこれは悪いこどものすることだ、
ああ、こうした言葉を書きつづっていると、
おれの心は、いまにも張り裂けんばかりだ

賢人の言は、おれのような悪いこどもに
好意的だと信じたが、おれのまちがいだった、
なにしろ、快楽を為せ、わが子よ、
汝の若き日に、と、こういっているのだが、
ほかのところでは別の皿が供されていて、
こういうのだが、青春の季節と若き日は、
なにしろ、これが賢人の言そのままだ、
ほかならず、過誤と無知そのものである

わが日々のすみやかに移り行くこと、
あたかも、とヨブはいう、織られた
布地から垂れ下がる糸くずが、織り手の
手にするわら束の火に焼き払われるさま、
糸の端の飛び出しているのをみつけるや、
織り手はサッと取り去ってしまう、だから、
おれはもうなにが起ころうとおそれない、
なぜって、死ねばすべてが終わるのだから

『遺言の歌』一二一節から一二八節である。最後の八行詩はかなり問題がある。だいたいがヨブとは旧約聖書「ヨブ記」のことで、その七章六節が出典だが、「わが日々のすみやかに移りゆくこと、織り手の布を下刈りするがごとし」がほぼ直訳である。詩人の手元にあった聖書がラテン訳聖書、いわゆるヴルガータであったとすれば、このばあい、詩人は「スキドー（下刈りする）」を、どうやら「スケンドー（下から火をつける）」と誤読したことになる。あるいは詩人の聖書の写本には、そもそもそう書かれていたのだろうか。

いずれにしても、これは詩人の想像力の豊かさを、ということはじつは機織りの作業についての詩人の無知を示唆していて、というのは、織りあがった布地は、その下面に織りあまりの糸の端がたくさん垂れ下がっている。それを「藁束の火にさっと焼き払う」というのは、これはどうも実証しかね

る話であって、やはり「下刈りする」、これが正解であったらしい。織り手のその作業のすばやさが「ヨブ記」の筆者によほど印象的であったということか。

誤解のないようにいい添えさせていただくが、日本で一番普及しているであろう日本聖書協会の口語訳聖書の該当箇所には、「わたしの日は機のひよりも速く」と読める。これはわたしが訳した「布地」にあたるテラという語を「杼《ひ》」と誤読したものと思われる。テラは、フランス語のトワールの語源となった語であって、テクセラ、すなわちテクソされたもの、織られたものという意味の語の簡略型であった。古典ラテン語には、たしかに織機自体、また骨あるいは筬《おさ》を示唆する用例もある。字義の拡張の一例であろう。けれども、その読みは一般的ではない。

もうひとつ前の二七節の読みもおもしろい。賢人というのはソロモン王のことで、というよりも、ソロモン王に比定される、やはりこれも旧約聖書「伝道の書」の筆者であって、はじめに一一章九節「ゆえに、若者よ、汝の青春に楽しめ」はほぼそのまま採っているが、「別の皿」の一一章一〇節は「青春と快楽は空である」と、かなり違う。だからこそ、「これが賢人の言そのままだ」と釈明しているのかもしれないが、ただし、この時代に流布したヘブライ語聖書には、「青春と髪の黒い年頃はむなしい」と読めるという。そう一方的に判断するわけにもいかない。

「おれのような悪いこども」と、さらにもうひとつ前の八行詩に、詩人は偽悪者ぶる。この二六節ははなはだ興味深い。わたしのいうのは第五行のことで、

　なんということだ、おれは学校から逃げ出した、

と、作者は主人公に証言させている。ところが、フランソワ・ヴィヨンの伝記者たちが話の大前提に置いている、一四四九年にパリ大学人文学部のバシュリエに登録された「パリ人フランシスクス・デ・ムルトコルビエ」、一四五二年のパリ大学フランス部会計簿に、「アリストテレスの饗宴」開催の準備をしているものとして記載された「フランシスクス・デ・モントコルビエ」、すなわち作中の主人公という説とこの詩行とは矛盾するというのがわたしの意見である。

「アリストテレスの饗宴」うんぬんについては、どうぞ「ギヨーム・ヴィヨンとは何者であったか?」の章をごらんねがいたい。わたしがいうのは、問題のフランシスクス・デ・モントコルビエなる若者はきちんと学校を出ていた。パリ大学フランス部の会計名簿には、「時の会計係りコンフランスの世話で入会の演説を果たすべきフランシスクス・デ・モントコルビエ殿」と読める。「入会の演説を果たすべき」というのは、インキピオーという動詞の未来分詞であって、この動詞は古典ラテン語では「始める」というだけの意味しかもっていなかったが、中世ラテン語では、とりわけ大学用語として、まさに「アリストテレスの饗宴」を主催するという意味で使われたのである。大学の教師という一つの身分団体に入会する儀式である。

饗宴を主催したかどうか、その点、定かではない。しかし、この問題の若者はリサンシエである。すなわちリケンチア・ウビクエ・ドケンディ、「どこでも教えることのできる免許」の保有者である。かれは問題の詩行になじまない。

そうしてまた、この詩行になじむ人生経験の保有者として、もしだれかを指名せよということであるならば、わたしとしては、ためらうことなくギヨーム・ヴィヨンを指名する。これがわたしの意見である。

わたしがいうのは、ギヨーム・ヴィヨンは、教会法学部のバシュリエになったのち、一四三七年以降、クロ・ブリュノーで教鞭をとった。四年後、かれの名はクロ・ブリュノーの講師名簿から消えた。かれはバシュリエ資格取得後、リサンシエへと進む階梯を最後まで登りつめなかったのである。そうして、一四四三年、かれはサンブノワの司祭職についた。ギヨームは「学校から逃げ出した」。そういういいまわしで、作者はフランソワ・ヴィヨンの青春を回想した。作者がフランソワ・ヴィヨンであるというのならば、フランソワ・ヴィヨンはギヨーム・ヴィヨンである。

もつれた糸がほどけてゆくように、『遺言の歌』の読みが通ってゆく。サンブノワ教会の一司祭が本寺のお歴々に対抗意識を燃やす。隣組の乞食僧院の住人たちの悪口をいって溜飲を下げる。なんと、隣りの隣りの街区である。二〇〇メートルと離れてはいないのだ。これまたすぐお隣りのクロ・ブリュノーから撤退し、大学社会の一員となることを断念した一司祭の、『遺言の歌』は隣り近所との私怨の戦いの歌なのである。

「レンヌの行商」と、詩人は自嘲した。そう読めるとむかしからいわれていたが、どうもこれは「言葉の商人」と読めはしないか。ともかく「レンヌの」という読みは、これはご都合主義もいいところだという議論があると、「ヴィヨンの歌祭文」の章にご案内した。マルスロ・ド・レーヌを「言葉の商人」と訳すのだが、「レーヌ」はピカルディーの方言では、これははっきり「申したて」を意味する法律用語であるという。

十三世紀はソワソンの一修道士の『聖母の奇跡』とか、ヴェネチア生まれで、パリ育ちのイタリア女クリスチーヌ・ド・ピザンの『シャルル五世』伝には、会話する、答えるといったなんのへんてつもないいいまわしを作る語として使われている。それはそうだが、それにしても、どうやらこの言葉、専門用語の響きを帯びているのは確かなようだ。

わたしがいうのは、ヴィヨン詩には法律用語がゴマンとみつかるという事態についてである。「ギヨーム・ヴィヨンとは何者であったか?」の章にご紹介した八行詩のひとつを、ここでご想起ねがおうか。

ひとーつ、次におれの貧しい若僧たちだが、
やつらにやろう、おれの肩書きをゆずるよ、
いい子たちだ、灯心草のようにまっすぐ伸びて、
そんなやつらだから、おれはくれてやるんだ、
家賃を受けとる権利もあいつらに割り当てる、
掌中ににぎったも同然、それほど、たしか、そうだよ、
日をきめとけば、その日にきちんきちんと、いいえね、
ほれ、グードリ、グィオームんちの家賃だよ

「おれの肩書きをゆずるよ」だが、これはメ・ティトゥル・ジュ・レジンと書いていて、ティトゥル

はつまりタイトルだが、「ギヨーム・ヴィヨンとは何者であったか?」でご案内したように、それほどたくさんではないけれど、大学の発行する僧職禄指名状のことで、それを持っていることがひとつの肩書きになる。それをゆずるという。なんとも寛大なお心で、それはそれでよいのだが、問題はゆずるの方で、これはレジンと書いて、ふつうの意味では放棄する、あきらめるだが、これが法律用語としてはゆずる、譲渡する。

四行目の「くれてやる」は、いささか伝法ないいまわしで恐縮だが、デセジンと書いていて、これはどうやらデセジーという動詞とデセジンという名詞の混用で、相続放棄のことをいっているらしい。まさにテクニカルな法律用語である。五行目の「割り当てる」もそうで、これはアシンと書いているが、どうやら七行目の「日をきめとけば」のシン(シネの変化)と脚韻を踏ませたくて「六法全書」をさがしてみつけた用語らしい。

七面倒くさい議論で恐れ入る。わたしのいうのは、しかし、むしろ単純率直なことで、法律用語を弄ぶのだから、かれは一通りは法律の勉強をした。法律の実際に、いくらかは関与したことがある。とすれば、かれはギヨーム・ヴィヨンである。法律用語はギヨームの残した指紋みたいなものである。この八行詩には指紋べったりというわけだ。

ところで、「言葉の商人」の八行詩は、また、別の角度から見てもギヨームの自己証明と読むことができるのであって、というのは、まあひとつ、この八行詩を前後の脈絡のなかに置いてみるがいい。といっても、これに先立つ詩行は、じつは「そのかみの貴女のバラッド」と、それに続く二つのバラッド群なのであって、ということは、老少不定は世の習いと流麗に歌いあげて、さて、と思い入れタップリに教訓を垂れる。それがこの八行詩に続く詩行群なのである。これはひとつお読みいただかなければならない。

なにしろ法王も、王も、王の息子も、
王妃の腹に生まれたのも、そうじゃないのも、
死んで、冷たくなって、葬られる、
かれらの王国は他人の手にわたる、
なのに、このおれ、しがない言葉の行商は、
死なないか？　死ぬさ、神の御意のまま、
したが、その前に贈り物をしたいんで、
それができれば、いつ死んでもいい

この世のことは、いつどうなるかわからん、
金持ちどもはそうは思いたくなかろうが、
おれたちはどいつもこいつも死の剣の下だ、
せめてはこれを慰めとしろ、あわれな老人よ、
この男、口は悪いが愉快なやつと、それは、
若いころには、評判たかかったか知らんが、

阿呆なやつと、世間からさげすまれるだろうよ、
老いてなお、お茶らけでいこうとしようものなら

いまは物乞いするのがお似合いだ、
なんせ、食うためにはしかたない、
昨日も今日も、死を助けと待ち望む、
悲哀が心の臓をギュッと締め付ける、
神を畏れる気持ちがなかったならば、
恐ろしい行為に走りかねない、そうすれば、
神をないがしろにすることになる、
われとわが身を滅ぼすことになる

なぜって、若いころには人に気に入られたが、
いまは人の気に入るようなことはよういわぬ、
年寄りの猿は嫌われる、それが習いだ、
しかめっ面をしては、人に嫌われる、
お気に召していただこうと黙っていれば、
年とっちまって阿呆んなったといわれる、

なにかいえばなにかいったで、黙っていろの、
どうせよそでとれたスモモだろうのとけなされる

この女たちだって同じこと、あわれな女たち、
年老いて、無一物、なんにももっていない、
娘たちを見るたびに、だればばかることなく、
むかしの自分たちのマネをして、老女たち、
神さまに問いかける、なぜですか、あたしたち、
早く生まれすぎた、そういう定めだったのですか、
われらが主はピタリと口を閉ざしてござる、
なぜって、議論をすればまんず主の負けだから

さてさて、あなたがたはどうお読みか。わたしがいうのは、「このおれ、しがない言葉の行商」は、「これを慰めとせよ、あわれな老人よ」と呼びかけられた、その当の老人か？　この一行、じつは写本によって異同があって、「あわれな老人はこれを慰めとする」とも読める。どうもこのほうが読みが通るようだ。

このおれ、しがない言葉の行商もいずれ死ぬ。死を待つばかりの、このあわれな老人は、この世は永遠ではない。人間はみんな死の剣の下だと考えて、みずから慰める。この男、若いころには……老

いのみじめさを歌うこの八行詩群は、しがない言葉の行商ギヨーム・ヴィヨンの冷徹な自己分析の文章なのである。

年寄りの猿は嫌われる、それが習いだ、
しかめっ面をしては、人に嫌われる、

なんとも生硬な訳と、あなたがたは眉をおひそめだ。わかっています。わたしとしても心苦しいのだが、ここはひとつ直訳のほうがよいと判断したまで。しかめっ面の原語はムーという。これは、この時代の用法としては、上下の唇を合わせて、横に押し伸ばす。なんとも下手な説明ですね。いっそこういいましょうか、「いいーっ」をする……「いいーっ」とおっしゃってみてください。両唇が横に伸びる。顔面がしかむ。

いつだって年寄りの猿は嫌われる、
いいーっをしては嫌われる、

いっそこう訳しましょうか。
ところで、『パンタグリュエル物語第三の書』の序文に、

年寄りの猿はけっしていいーっをしたことがない、

と、なんとも意味深重な一文が読める。なにしろリトレを引いても、サンジュ（猿）といえば、十五・六世紀の歴史的用例に、このラブレーのと、ヴィヨンのと、ふたつが引き合いに出されているほどに、両者の発言はたがいに響き合っているのだが、正直、これがよくわからない。ラブレーのは、渡辺一夫氏の訳では「老いぼれ猿猴《えてこう》などには、真似ごとにでも、可愛いお壺口《ちょぼぐち》などできたためしはない」と読める。「ムー」を「お壺口」と読んでいらっしゃるわけで、いったいどういうのか、さっぱりわからない。

それはよい。わたしのいうのは、この風景、なんとももの悲しい。年老いた猿が、唇を引き結んで、しかめっ面をしてみせる。これが演技だって？　必死の、と形容をつけたくなる。

年寄りの猿だって？　いったいこの猿の年齢はいくつか？

むかしイタリアの詩聖（と、よくいうではないか）ダンテは、老境に入るのを四十六歳と指定したという。なるほどかれの言挙げする理想の老人は古代ローマ人小カトーであって、これは五十路《いそじ》の坂を越す直前に死んでいる。ポエニ戦争の立役者大カトーの孫で、独裁者カエサルに抵抗し、ついに自裁した。『神曲・煉獄篇』第一歌に、煉獄の門番として描写されている。

かつてダンテは高貴な老人の尊厳を描写したが、と、ホイジンガはダンテの理想主義を引き合いに出して、「中世の秋」の時代の老人観を弾劾する。ユスタシュ・デシャンは老齢についてどう見たか。目にとめるのは、ただよこしまなもの、嫌悪をそそるものだけ、みじめな心身の衰え、滑稽さ、あじけなさである。ひとは早く老いる。女は三十、男は五十、そうして六十で終わりだ……

そうデシャンは観じているということで、なんとまあダンテから遠く離れてしまったことかと、ホイジンガは嘆じていて、それはよいのだが、そこでわたしの心にかかるのは、ダンテは四十六といい、デシャンは五十と決めつけた。さてさて、十五世紀のヴィヨン詩の詩人は、老いの戸口の敷居を何歳に置いたか。

ひとつ目を引くことに、三十という数字をしきりに出している。まずは『遺言の歌』冒頭の第一節の第一行に

　　年齢をかぞえてみれば三十のこの年に、

と、詩人は神妙である。そうして、ずうーっと後に、この年が一四六一年であることが歌い込まれている。そうして、『遺言の歌』も終わりに近く、一七三節にこう読める。

　　おれがやりたいことを知っているのはこのおれなんだから、
　　ジャン・ド・カレー、尊敬すべき男だ、かれに、
　　かれは、ここ三十年がとこ、おれに会っていない、
　　おれがいま、どう名乗っているか、知っていない、
　　この遺言書全般にわたって、もしもだれかが、

なんだこれはと、苦情を申し立ててきたならば、
リンゴの皮をむくように、問題の条項を削除する
権限を、そうだよ、きっぱりとおれはかれに遺す

二行目のかれにを最終行がかれにとくりかえす。なんともマニエリスティックな詩法で、だから初行冒頭のプースク（なんだから）の意味取りが可能になる。ジャンはサンブネの（ギヨーム・ヴィヨン）の青春時代の文学同人である。一四三〇年の陰謀事件以来、かれとは三十年会っていない。一四五六年におれは『形見分けの歌』を出版して、作中、おれの名前も出しておいたが、まあ、かれは見てくれなかったろう。だからかれはおれがいま、どう名のっているか、知っていない。知っていないとみょうな具合に訳したのは、初行の知っているに合わせたわけで、初行のは一人称、ここのは三人称。

男たちの三十年がこういうふうに使われている。

女たちの三十年はどうか。「しがない言葉の行商」の詩行群に続く「兜屋小町恨歌」の連節をお聞きいただこう。四六節から延々と五六節におよぶ。（図47）

この女たちだって同じこと、あわれな女たち、
年老いて、無一物、なんにももっていない、
娘たちを見るたびに、だれはばかることなく、

むかしの自分たちのマネをして、老女たち、
神さまに問いかける、なぜですか、あたしたち、
早く生まれすぎた、そういう定めだったのですか、
われらが主はピタリと口を閉ざしてござる、
なぜって、議論をすればまんず主の負けだから

嘆きの声がおれの耳に聞こえるようだ、
往時、兜屋小町と評判だった女が、
若いころにもどりたい、娘でありたいと、
こんなふうにせつせつと語るのが、
おお、老いよ、なんと残酷で、猛々しい、
ずいぶんと早く、あたしを打ちのめしたね、
なぜ？　あたしを止めるのはだれ？　いっそ
われとわが身を打って、死んでしまいたいのに

老いよ、おまえはあたしから、あの至上の特権、
美があたしに授与してくれた力を奪った、
学生さんや、あきんどの旦那衆、教会のお方、

だってあのころは、そんな変な男はいなかった、
財産ぜんぶ、あたしにくれようとしない男なんて、
それが後悔のもとになるかもよといったって、
好きにしていいよって、あたし、いいさえすれば、
いまじゃ、それが、乞食にさえもこばまれる

それが、あたしがこばんだ男はたくさんいて、
つくづく、かしこいやりかたじゃあなかった、
なんとねえ、たったひとりのワルを好いちまって、
なんとまあ、たっぷり、入れ揚げちまった、
それは、だれそれかまわず媚びは売ったが、
ちかいます、あたしはあいつを好いていた、
なんとねえ、邪険なあしらいしか受けなかったが、
あいつの好きなのは、あたしのオカネだったが

だけれども、なんど引きずりまわされたって、
あしげにされたって、好きなものは好き、
足をはらわれて、腰でひきずられたって、

ほらよ、ベゼしてやっからよといわれれば、
どんなつらかったことだって、みんな忘れちまう、
性悪の……、ならずもの……、
抱かれたら……、もう、とろけちゃう……、
あとにのこるのは……、恥と罪……

あいつも逝って、三十年、
あたしは生き残る、老いて、髪白く、
ああ、若いころの日々を想えば、
つくづくと裸のわが身を眺めれば、
どんなだったか、どうなってしまったか、
変わり果てたわが身と知れば、
ひからびて、やせて、ちぢかんで、
狂わんばかりに、ええい、腹が立つ

どうなったか、あのつややかなひたい、
ブロンドの髪、三日月の眉、
眉間はひろく、愛らしい口元、

どんなにかはしこい男も射すくめる、
まっすぐ通った鼻筋、高からず低からず、
かわいらしい耳も、品よくピッタリと、
あごにえくぼの、ととのった顔立ち、
そうして、あのきれいな朱色の唇は

あのやさしい、ほっそりした両の肩、
すんなりした腕、きゃしゃな両の手、
小さな乳房、肉付きゆたかな腰、
高々ともりあがって、ちょうどよいぐあい、
なにによって、恋の試合を受けて立つのに、
豊満な腰のひらきに、あのつんつんツビ、
どこにって、がっしりした太腿のあいだの、
その奥の小さな庭のなかの、それがいま

いまは、しわよるひたい、灰色の髪、
抜け落ちた眉、くぼんだ両の眼、
むかしは、流し目をくれてやって、

悪がきどもを大勢つかまえたものだ、
曲がった鼻だねえ、美にはほど遠く、
耳は垂れ下がって、毛が生えている、
血の気の失せた顔は土色で、生気なく、
すぼんだあご、しわしわの、たるんだ唇

これぞ人間の美のなれの果てかねえ、
ちぢまった腕、ちぢかんだ両の手、
かたくなって、ごつごつした両の肩、
乳房はどうなったって？　しなびた、
腰のまわりも、あわれ乳房とご同様、
ツビ？　ちっ！　太腿について申し上げれば、
もう、こんなの、腿ではない、腿モドキ、
腸詰めみたように、やれやれ、シミだらけ

むかしの盛りの時季《とき》を恨む、
あたしたち、年寄りのおろかもの、
地べたにしゃがんで、うずくまって、

毬みたように背中丸めて、ひとつに集まって、
はかない麻幹《をがら》の火をかこんで、
燃えたとみれば、すぐ消える、
あたしたち、むかしはきれいだった、
これが終《つい》の姿よ、男も女も

あいつも死んで、三十年……

さてさて、この三十年は、さすがに若者の年齢とはなんの関係もないことを、いったいどうしてわたしが証明しなければならないというのか。それはあるいはわかっていても、なにしろ幻の若者フランソワ・ヴィヨンの履歴書のなかに、生涯の軌跡をきれいに書き込みたい。この希求が伝記者たちを駆って、なにやらあいまいな、無意味とさえいおうか、言明を引き出す。詩人は、一四四六年以後、まったき若さのただなかにあって、老いさらばえた兜屋小町に会ったことがあるにちがいない……などと。

一四四六年以後と、いったいなんだって伝記者たちは、時期を限定しようとするのか。三〇を引いて一四一六年、パリの市場《レアル》にニコラ・ドルジュモンなる男が引かれた。紫紺の大外套に同色の帽子と、これを実見した一住民はその日記に書いている。トゥールの副司教、パリのノートルダムの参事会員、パリ司教の弟と、一住民の案内は懇切だが、肝心な情報がじつは抜けている。この男、王家勘定奉行所の要路にあり、ブルゴーニュ与党で、ブルゴーニュ家の勢力退潮の折から、亡命の機会を計り損ね

て、政敵に乗じられた。そういう次第で、この男、市場の晒し台に晒されて、その後オルレアンに送られて、例のオルレアン司教の牢獄に放りこまれて、その年のうちにそこで死亡した。

さて、そこで、なんの話かといえば、この男、勢い盛んな時節、ノートルダムの参事会員の住む宿坊に女を住まわせていた。話はまたまたさかのぼって一三九三年の日付けのものだが、ノートルダムの境内にあった「狐の尻尾」看板の家に住んでいた「兜屋小町」と呼ばれる女性に対し（なんとまあ、話が出来すぎではあるまいか）、出ていってくださいと参事会がおずおずと要求した文書というのが残っているそうな。女狐の旦那はこれを訴訟に持ち込んで、ことをうやむやにしてしまったらしい。「中世の秋」のフランスの島には狼だけではない、狐も狸もおおいにはしゃいでいたのである。

「学生さんや、あきんどの旦那衆、教会のお方」と、かの女は歌う。その「教会のお方」ということでしょうね。ところが、その旦那が、そういうわけで一四一六年に死んでしまった。だからといって、あいつも死んで、三十年……ということではなさそうだ。なぜって、この旦那、一三六〇年の生まれという。隻脚の五十男である。そこですぐさま伝記者は参事会員の後家に後釜を世話する。当然これは若い男で、「悪《ワル》」である、「性悪のならず者」である。

なにしろそんなで、伝記者は、やすやすと一篇の物語を作りあげてしまう。ついでに女の年齢まで大胆不敵にも推算して、かりに前の男が死んだ年に四十前後だったとしよう。とすれば若者が出会った頃は老残の八十歳前後であったはずだというのだが、いったいどういうのですかねえ。なるほど詩文から受ける印象としては、さもありなんの気配が濃いのだが……

けれども、ご注意が肝要。このあたりの詩文には、じつは下敷きがあるのである。テキストは『ばら物語』である。とりわけ四九節と五〇節は、ジャン・ド・マンの詩文の一四四四三行から一四五一六行までを写している。ジャン・ド・マンが「老女」に語らせた、じつに一千八百行を越える繰り言の、そのほんの一部である。そのほんの一部といいながら、ここではとうてい全文はご紹介しきれない。その書き出しのところだけ、ご覧いただこう。

……
だって、とっても大勢の殿御とねんごろになって、
とっても、あたし、イキで、かわゆくて、
いただくものはみんないただいていた、
だけど、殿御方からいただきながら、
ああ、神さま、チボーご聖人さま、
みんな、あのワルにあげちまった、
さんざ、あたしに恥をかかせたあいつだったのに、
あたしが一番好きだったのはあいつだった、
ほかの殿御も、みんな、あんたって呼んでやったけれど、
好いたのはあいつだった、あいつだけだった、
なのに、あいつは、ほんとだよ、あたしのことを、
豆粒ほどにも思っちゃいなかった、はっきりそういった、

性悪だった、こんなワルいやつ、みたことなかった、
あたしをコケにするのをやめなかった、
あたしにむかって、この淫売ってどなるんだ、
ならずもの、あたしを好いてなんかいなかった……

Ⅲ　若者は書を捨てて

1　若者ばりの恋歌

そうして高貴なる物語、ばらの物語は、
こういっている、きっぱりと書いている、
いざ物語をはじめようという、その冒頭に、
若き日の若き心は、これはどう見ても、
年老いれば老いゆくものなのだから、
許してやれ、と、おお、なんと真実だ、
してみれば、いまおれを非難する連中は、
おれが大人になるのを望まないのだろうて

もしもおれの死が、みんなの幸せに、

なんかのことで、すこしでも役立つならば、
一個の邪悪な人間として死んでいけと、
おれはわれとわが身を裁く、神も照覧あれ、
若いのも年とったのも、気にもとめてくれない、
おれが立っていようが、棺桶のなかにいようが、
動かざること山のごとし、どうして動くかって、
貧乏人ひとり、生きようが死のうが、だれが

『遺言の歌』第一五歌と一六歌である。

『ばら物語』がギヨームの詩作の手本の一つであったことは、かれ自身、こんなふうに認めているところであった。なるほど校訂者がかならず注記するように、『ばら物語』の冒頭に、ギヨームの指摘する詩行はない。いみじくも『ばら物語』の筆者の一人、二百年の時の流れをさかのぼってギヨームの隣組であったジャン・ド・マンの「遺言」と呼ばれる別の文章の書き出しにこう読める。

「若き日の若き心は許されてしかるべきである。老いれば心も老いるよう、神は恩寵を垂れたもうているからである。」

「遺言」を書いたころ、十三世紀の終わりから十四世紀にかけて、ジャン・ド・マンはパリのサンジャック門のあたりに住んでいた。一二三〇年代の終わりごろの生まれと推定されていて、だから六十歳代である。なんとジャコパン修道院の隣組ではないか！　十六世紀の人文学者ジャン・ブー

シェはこんな話を伝えている。

ジャン・ド・マンは、死に臨んで、ジャコパン修道院にずっしりと重い箱をひとつ、寄贈した。てっきり貨幣がつまっているものと信じた修道士たちは、ジャンを丁重に埋葬した。ところが、いざ蓋を開けてみたら、なんと石板のかけらが出てきたではないか！　修道士たちは怒り狂って、墓を掘り起こしてしまったが、国王裁判所の令状によって、また埋めなおした……

世人の関心をひいたジャン・ド・マンの詩文の二大テーマのひとつが托鉢修道会の修道士の悪口、その「偽善」への容赦ない攻撃であった。これはすでに前章にご紹介したギヨームの詩文によって追想された、これがジャンの旗印であった。ちなみにもうひとつは女の悪口であって、こちらの方は、やはり十六世紀の人文学者クロード・フォーシェの証言するところだが、あるとき、宮廷の貴婦人たちが集まって、ジャンを鞭打つことに決めた、女の悪口をいったという罪で。ところが、われらが詩人は、それならばせめて一番ふしだらなお方におねがいしたいと提案して、あやうく難を逃れた、と。

この話は、いってみればだれにでも適用できる陳腐な仕立てであって、もちろんジャン・ド・マン伝説のひとつにすぎないが、かれの詩文の基本のトーンはよく伝えている。一四〇〇年前後のパリの宮廷サークルをにぎわせた「ばら物語論争」の主題がここにあった。その辺の事情も含めて、わたしは最近『ばら物語』について本を書いた。『騎士道の夢・死の日常』（人文書院）のうち「愛の作法」の章をぜひともごらんいただきたい。

唐突なことで恐れ入る。ジャン・ド・マンをこうして話題にして、わたしのいうのは「マニエリスム」のことである。「マニエリスム」とは、なにかある手本にならおうとする生き方のことである。

このことについてもまた、以前わたしの書いた本『遊ぶ文化』（小沢書店）というのをごらんいただきたいのだが、要すればわたしのいうのは、ギヨーム・ヴィヨンがジャン・ド・マンを手本と仰いでいる気配濃厚とわたしには感じられるということである。

ジャン・ド・マン、すなわちロワール河畔のマンという町の出身！　なんということか。『遺言詩集』作中の主人公「フランソワ・ヴィヨン」が、一四六一年の夏、地下牢に呻吟したということになっている、その町ではないか！　ジャンが先輩ギヨーム・ド・ロリス（これまたロワール中流ロリスの町の出身である）の仕事を引き継いだ時期、またその機縁についてはまったく知られていないが、ジャンが仕事をしたのは一二六八年から一二八二年までのあいだと推定されている。作中に指示されている固有名辞あるいは同時代の出来事によって、だいたい見当がつくのです。

この時期、ブロワには、シャルル・ダンジューの宮廷があった。アンジュー伯シャルル、当時のフランス王ルイ九世の弟である。プロヴァンス伯女を妻として、地中海に食指を動かし、シシリー島のシチリア王国の覇権をスペインのアラゴン王家と争った当代の英雄だが、この男、ことのほか詩文を好み、文芸保護者としても名を売った。前世紀来の「トルバドゥールの歌」（オック語叙情詩）を、曲譜つきで収集せしめて後代への大きな贈り物とした。これがまず注目されるが、わたしがひそかに疑っているのは、もしやジャン・ド・マンはこの文芸保護者の宮廷を泳いでいたのではなかったか？　もちろん、『ばら物語』の研究者全員がそれを疑っていて、なんとか証拠をみつけようと大童《おおわらわ》なのだが、まだ決着はついておりません。

じつのところ、中世世界に若者を狩ろうには、「トルバドゥール」の生息地帯がひとつ絶好の狩場といってよく、ということは、ここブロワの館の図書室になんとかもぐりこむのがのぞましいのだが、この本を書くにあたっても、そのことを考えないではなかったのだが、諸般の事情から、今回は横目に見て通り過ぎることにした。せめてものことに、ここであなたがたに申し上げておきたいことは、もしもブロワの館の図書室にお出掛けになれば、そういうわけで、ひょっとしたら「女嫌いの」ジャン・ド・マンにお会いになるかもしれません。そうしてまた、時の流れを二世紀下れば、そこにギヨーム・ヴィヨンの「ドッペルゲンガー」がいる。

ドッペルゲンガー……待望久しく、最近ようやく上梓された郁文堂の独和辞典は「生き写しの人」と、なんともそっけないが、むかしなつかしい(というのは、小生、これをずうっと使ってきたので)岩波書店の独和辞典には「二個の形体を有する又は同時に二個の場所に現れる(と信ぜられる)人、生霊」と、なんともオドロオドロしい。わたしがいうのは、このオドロオドロしい方で、すなわちわたしはなにもギヨーム・ヴィヨンその人がわざわざブロワにまで出掛けたと信じているわけではないのである。

閑話休題。そうして最後がサンジャック通りはジャコパン修道院界隈。二世紀の時をへだてて、ギヨーム・ヴィヨンはジャン・ド・マンのドッペルゲンガーであった！　そうしてまた、さらに一世紀の時をへだてて、もう一個のドッペルゲンガーが見える。その名はペトルス・ブレセンシス、すなわちブロワのピエール。

ペトルス・ブレセンシス……さて、どうご紹介したものか。

この男、イングランドはバスの副司教で、晩年のアリエノール・ダキテーヌの側近にいたことがあると聞いて、わたしは関心をもった。次いで、この男の作った恋歌が、なんと例のベネディクトボイエルンの詩歌集に入っていると知って、ますます興味をもった。なにしろ、一世代前の、同じ名前の、こちらの方はアベラール、例のパリの大教師がやはり恋歌を作った、女たちがそれにききほれたと、臆面もなく自分から自慢している（『アベラールとエロイーズの往復書簡』の第一書簡「わが災禍の歴史」）。そのことを思い合わせて、興味深く思ったことであった。

アベラールのものは散逸してしまったが、「ブロワの」のは、そういうわけで残っている。『カルミナ・ブラーナ』は作歌者の名前はとどめていないが、研究者の熱意が九篇ほどの恋歌をペトルス・ブレセンシスに帰属せしめたのである。そのひとつ、第七二歌をご案内しようか。

これは若者が歌う歌で、冒頭第一行に、

わたしはウェヌス女神に感謝する、

と、なんとも神妙に、ようやく娘が若者の意を受け入れる気になってくれたことを喜ぶ。けれども、恋の欲求は際限を知らず、若者の不満は、娘がなお越えることを許さぬ一線を置いていることにある。

注視、会話、
接触、接吻、
そこまではよいと許されはしたが、

そこからは先には越えさせない、
恋の
極みにまでは

若者の満たされぬ想いに娘は敏感に反応して、娘はじれる。じれて、唇をふるわせて、涙が眼に溢れる。「溢れる涙」が本詩の主題なのだ。

けれど、多感な涙をたぎらせて、
いてもたってもいられない気持ちに、
かの女はわたしをさせてしまう、
乙女の
はじらいのかんぬきを
はずさせないように
してしまう、
泣く娘の甘い涙を
わたしは飲む、
わたしは酔いしれる、
飲むほどに、

あふれる涙を

娘と若者はいさかい、からみあう。そうして、くりかえされる和解の接吻。娘はぐったりした身体を若者の腕に預ける。

そうして、わななき震える
半眼に、微笑みを浮かべ、
まるで不安な
吐息のうちに
眠りに入るように

『カルミナ・ブラーナ』は「ウァガンテース」の詩歌集であるとふつう解説される。「ウァガンテース」が十一世紀から十三世紀、中世の春の知識人一般を指す言葉遣いであるというのならば、それは正しい。「ウァガンテース」は、もともと修道院定住の規則を破り、「美食を求めて」ウァゴーするもの、すなわち放浪する修道士を指した。言葉としては、古くから使われていた。それが、この時代、「知識を求めて」ウァゴーするものが次第に増えた。それを「ウァガンテース」と呼ぶのなら、それはよい。イギリスのヘレン・ワッデル女史は、その著述に「ワンダリング・スカラーズ」のタイトルを与えている。すなわち「放浪学生」である。

けれども、ベネディクトボイエルンの詩歌集を、やさぐれ学生の酔余の戯れ歌、河原の落首を集めたものと読むのは正しくない。われらがバイエルン王家の図書係りフォン・アレティンは、これを「そのほとんどが法王座にたいして反抗的なもの」と評した。どうもやはり「宗教改革」が頭にあったらしい。あるいは啓蒙主義の時代の反教会的風潮か。

こういう読みからすると、たとえば「クカニアの修道院長」が酒場で飲んだくれている歌などは、「体制の腐敗を鋭くえぐ」っていて、「宗教改革」の気の早い狼煙《のろし》と「評価」されかねない。ともかく、おもしろいので、お読みいただこうか。もちろんカール・オルフも、その「カンタータ」に取り込んでいる。

おれは修道院長、クカニアの修道院長、
おれの僧会は飲み仲間だ、
おれの意思はデキウスの徒のものだ、
朝方、酒場でおれに挑戦した奴は、
夕方、裸にむかれて、出てゆくだろうよ、
着物をはがされて、奴め、叫ぶだろうよ、
　ワフナ、ワフナ、
なにをするんだ、卑劣な運命め、
おれたちから楽しみを、

みんな奪いやがって！

ちなみに「クカニア」とは、架空の土地の名だが、十三世紀のボヘミアのある文書に、「クカナケンスの尼僧院長、尊者ルチア」という名も見えて、だからはじめから架空のものでもなかったらしい。なまけものの土地、すなわち「逸楽郷」などと訳される。

「デキウス」は、これは中世人のまったくのでっちあげである。賭博の神という触れ込みで、第二一五歌などを見ると、「遊戯者の礼拝式次第」ということで、デキウス神へのミサが仕組まれている。始めの数行に、こう読める。

われらデキウスにおいて傷み悲しまん、全遊戯者の悲嘆にわれら悲しみの日を悼む。全遊戯者の裸式をデキウスの徒は喜び、バッカスの息子を讃め称える。

これは「諸聖人の祝日」のミサ典文の「入祭文」のパロディーである。

われら主において喜ばん、全聖人の記念にわれら祝祭の日を祝う。全聖人の盛式を天使らは喜び、神の御子を讃め称える。

フランス語で「采《さいころ》」のことを「デ」という。一説によれば、「デキウス」の名はそれから作られた。

ミサ典文のパロディー！　なんと「法王座に対して反抗的」ではないかとあなたがたもお考えか。けれども、「溢れる涙」の詩人がイングランドはバスの副司教であったと同様、「クカニアの修道院長」も「遊戯者の礼拝式次第」も、教会修道院の高位顕職、王侯の宮廷人、あるいはまた学校の教師の手になった公算大なのである。

ピエール・アベラールのように「大教師」とあがめられる以前、ブロワのピエールのように王侯の宮廷に職を得る以前の人生のモラトリアムの時期に、ラテン語詩歌の演習に、筆のすさびに、かれら若者はこういった戯れ歌をものしたのだと、あくまでもこれを、言葉の深い意味で「ウァガンテース」の仕事と見る。この見方はかなり根強くて、たとえばわたしがいま眼前にしているある本の著者も、「溢れる涙」の詩人について、これは一一六〇年ごろの作かと注記している。とりわけ根拠は示していない。ブロワのピエールは一一三五年ごろの生まれと推定されるから、二十歳代のなかばの作と考えたがっている気配濃厚である。ピエールは、一一六七年、シシリー島のシチリア王国の王家に出仕した。それまではパリで人文の学を、ボローニャで法学を学んだ。学生の時代の演習のレポートとこれを見たがっているようだ。

そうかも知れない。そうでなかったかも知れない。ピエールは一一七三年以降、イングランドで生活し、イングランド王ヘンリ二世、次いでその寡婦アリエノールの宮廷に出仕し、くわえてバスの副司教をはじめ、教会の要職についた。その時期の詩作かも知れない。「ヘンリ二世あるいは王妃アリエノールの宮廷における文芸」というようなことが、このばあい、話題になろう。わたしがいうのは、どちらであってもおかしくはないということで、ベネディクトボイエルンの詩歌集は、この時代の自由で闊達な知的雰囲気のうちに実った。

それならば、しかし、ここに、やはりブロワのピエールの、「人生の夕べに」と歌い込んでいる詩がある。「教訓の詩」と分類される第一部に入る第三一歌であって、このあたりに「ブロワの」のとされる歌四篇ほどが集まっている。ちなみに、「ブロワの」のとされる全部で九篇の歌のうち、残りの五篇は第二部「恋の歌」に入る。

荒んだ生活を
おくっていたと
知った、
不法にも
破ったときに、
誓いを、
だが、人生の夕べに、
直すべきだと知った、
なんであれ、以前まちがって、
こどものように振舞ったことは

詩人はこう歌い出していて、若い日の遊蕩三昧からの決別、分別ある生活への決意を語る。この主題は、やはりこれもピエールの第三〇歌のものでもあって、なんと「放蕩息子の帰宅」の主題ではないか。

そこでわたしのいうのは、「人生の夕べ」と歌い込んでいるからといって、作者が「人生の夕べ」にあったことの証拠にはならない。なんと、「若者フランソワ」に関する議論のむしかえしである！恋の歌は若年時の作で、道徳教訓詩は老人の筆のすさびである……およそこの手の理解は、言葉そのままの意味でナンセンスであると、あらためて心をつくしていいつのっておいて、さて、しかし、いかがなものであろうか。

わたしがいうのは、ペトルス・ブレセンシスの「溢れる涙」の詩には手本があるという指摘が印象的だということである。そうして、このことはまさにこの時代の知的雰囲気の性質を測るひとつの指標になるのであって、さてどういうことか。

紀元二世紀のアフリカはカルタゴのローマ人アプレイウスの小説『メタモルフォーセス』、むしろ『黄金のろば』の名で知られている、これはきわめつきの好色文学にこう読めるという。

「おれのフォティスの眼、欲情のうずきを押さえかねるかのように、涙に濡れて、わななき震え、半眼に閉じたフォティスの眼に、おれはむさぼるように接吻し、なめまわし、涙を吸い取る。」

なるほど、このていどのことだったら、なにも手本だの習作だのと騒ぎ立てるほどのことはないというご意見もあろう。だからわたしは、あらかじめ、この時代の知的雰囲気の性質を測るひとつの指標などと言葉を弄しておいたのである。ブロワ出身のボローニャの法学生ピエールはアプレイウスを愛読した。そうして、バスの副司教の書棚には、ボエティウスの『哲学の慰め』やアウグスティヌスの『神の国』などとならんで、そのアウグスティヌスと同じアフリカはカルタゴのローマ人アプレイウスの『黄金のろば』もあったのである。

2　若者は書を捨てて

ところでこれは真実だ、嘆き、涙し、
苦しみもがき、うめき声をあげる、
悲しみと悩みと労働の日々だった、
辛い流浪の旅路だった、そうしていま、
人生試練が、なんとも鈍なおれの心を、
まるで糸毬みたいに尖っているのを、
ひらいたこと、それがアヴェローイスの
アリストート注解のすべてにまさって

『遺言の歌』一一節である。

人生と書物という主題がここに提示されている。

さて、ここでまずわたしが指摘したいのは、バスの副司教の書棚には、アプレイウスはなるほど並んでいたかもしれないが、まずまちがいなく「アヴェロエスのアリストテレス注解」は見当たらなかった。ペトルス・ブレセンシスは、一二〇四年、ロンドンの副司教として死去している。アヴェロエスはその直前に死んだコルドバのアラブ人学者で、彼の残した「アリストテレス注解書」は、その多くがスコットランド人マイケル・スコットによってラテン語に翻訳された。一二一七年以後のことで、はじめマイケルはスペインのトレドにいたが、一二二〇年ごろにはボローニャに現われている。バスの副司教懐旧の地である。マイケルは、その地で、神聖ローマ皇帝フリードリヒ二世の知己を得た。

そういうわけで、バスの副司教が「アヴェロエスのアリストテレス注解」を、マイケル・スコットのラテン訳で読んだということはありえない。アラビア語原典からだったらどうか？　それに第一、パリの国立図書館にあるマイケルのアヴェロエス翻訳の写本には、十四世紀の筆跡だが、「アヴェロエスがギリシア語で注解した」とノートが読めるという。そもそもアラビア語ではなく、ギリシア語のものもあったのであろうか？　これはなにもマイケル・スコットの名誉を傷つけるものではない。逆である。この時代にギリシア語も読めた！　むしろわたしが心配するのは、バスの副司教はギリシア語が読めたか？　アラビア語はどうだったのか？

それはよい。バスの副司教の書棚のことはもうよい。ここであなたがたは、サンブノワの礼拝堂付き司祭の家の書棚に眼を移すべきで、ぜひそうねがいたい。「アヴェロエスのアリストテレス注解」は、はたしてそこにあったか?

ところで、わたしは、ギヨーム・ヴィヨンの詩文は、ジュネーヴのドローズ書店から出ている、ジャン・リシュネル、アルベール・アンリ両氏の校訂によるものを見ている。いままでのところ、これが一番信頼の置ける刊本であることを、ついでにここにご案内しておこう。さて、それでいったいなんのことかといえば、その「補注篇」を見ると、「アヴェロエスのアリストテレス注解」に注を付して、「アヴェロエス、アリストテレスのアラブ人注解者、ヴィヨンはこれをソルボンヌで勉強した」と読める! そう読めるのがどうしてもわたしには信じられない! アヴェロエスが十五世紀のパリ大学で教材に使われていたなんて!

パリ大学で「アヴェロエスのアリストテレス注解」が教材に使われたのは、十四世紀の二十年代がたぶん最後であったろう。人文学部にジャン・ド・ジャンダンという教授がいた。これはアヴェロイスト(アヴェロエス学説を立てる急進的アリストテレス学者)であって、けっきょく大学を追われたが、かれが赴いた先は、なんと『カルミナ・ブラーナ』の故郷、バイエルンは、ミュンヘンであった。そこに当時ドイツ王兼ねて神聖ローマ皇帝ルートヴィヒ・デア・バイエルが宮廷を構えていた。アヴェロイストはそこに避難所を求めたのである。

ジャン・ド・ジャンダンと前後して、パドヴァのマルシリオもミュンヘンにやってきた。これはパドヴァ出身の学者で、いまふうにいえば政治思想が専攻といおうか。国家と教会の関係について、アリストテレスの国家論を使って、国家の教会に対する優位を説いた『平和の弁護者』という論説で知られた。皇帝は、マルシリオの学説を楯にして、ローマ法王ヨハンネス二十二世と抗争したのである。教会は、とマルシリオはいう、国家の一部である……

マルシリオは一三一三年にパリ大学で講義したことが記録されている。ジャン・ド・ジャンダンは、マルシリオがその論説を書くのを手伝ったという。アヴェロイストはミュンヘンの宮廷において、決定的に教会と対立したのである。マルシリオはミュンヘンで客死したが、アヴェロエス学説は、マルシリオの線から、パドヴァ大学に避難所を見出した。後代、われらがギヨームも死んでしまってからのことだが、一四八八年、アリストテレス学者ピエトロ・ポンポナッツィを招聘した（時にポンポナッツィ、若冠二十六歳！）、かの大学者エルモラオ・バルバオをはじめとするパドヴァ大学の教授たちは、プラトン哲学に入れ揚げていたフィレンツェの学者たちに対し、アヴェロエス－アリストテレス学に立つパドヴァ学派の伝統の深みを誇示してみせたことになるのである。

そういう次第で、「アヴェロエスのアリストテレス注解」は、これはかなりローカルな話題だということになるのであって、なるほどなにもパリが中央で、パドヴァは地方だということもない。むしろ学問が、中世の秋の時代、地方に流出して（なぜって、こと神学と哲学に関しては、かつてパリがセンターであったことはまちがいないのだから）、だからパリもまた地方であった。そうして、パリという地方では、やれスコッティスト（ドゥンス・スコトゥス学説の追従者たち）だの、テルミニスト（ウィリアム・オッカムの信奉者）だの、いやトミスム（トマス・アクィナスによって集大成された学問）がスンマだの（トマスの主著『スンマ・テオロギアエ』、すなわち「神学大全」にひっかけて）と、それこそ「スコラ学」（煩瑣《はんさ》哲学）が延々と続いていた。能動的知性の単一性と知解二元論（哲学的知と信仰の知の二元）をいうアヴェロエス哲学の入る場などなかった。アヴェロエス哲学そのものとしての、という意味で、トミスムのうちに取り入れられたそれということならば、その痕跡は、探す気になれば見つからないことはない。

これだけ意をつくしてお話したのだから、あなたがたにはとくとご理解ねがえたことと思う。わたしがいうのは、ギヨーム・ヴィヨンの『遺言の歌』一二節はなんともおどろくべき情報をはらんでいる。もしもフランソワ・ヴィヨンがフランソワ・ヴィヨンであったとするならば（このあてこすりは十分ご理解いただけたことと思う）、この二十歳代の若者は、「アヴェロエスのアリストテレス注解」を大学で勉強したと証言していることになる。大学では勉強しなかったというのならば、かれの住まい（つまりギヨーム・ヴィヨンの家ということだ）の隣組のカルヴィ学寮付属の図書館あたりで、それを読みましたと証言していることになる。なぜって、まあ、サンブノワの礼拝堂付き司祭の家に、アヴェロエスがアリストテレスを注解した、なんでもよいが、なにかある写本があったなどとは考えられない事態だから。

わたしがいうのは、大方がお考えのように若者フランソワが作者だとするならば、その若者が面倒をかけている養い親ギヨーム、この謹厳実直そうな印象のあるサンブノワの礼拝堂付き司祭の家に、異端禁書のアヴェロエスがあってはまずいのではないか。ところが、もうおわかりいただけたように、作者はまさにその当のギヨーム・ヴィヨンなのだから、ギヨームの家の書棚に「アヴェロエスのアリストテレス注解」のなにかの写本があってもおかしくはない。ギヨームの責任において処理すればすむことである。

じっさい、かれは小さい方の遺言詩集『形見分けの歌』で、アリストテレスを読んだと証言しているのである。三七節だが、その前後の詩行と一緒にご紹介しよう。

祈るうちに、頭がおかしくなった、
いいや、酒を飲んだせいではないぞ、
どうも精神が縛られているようだ、
そこにダーム・メムェールがあらわれた、
かの女が戸棚に出し入れするのは、
かの女の保存する表象物の一群、
真と偽とを述べる能力もあらわれた、
その他もろもろの知的能力もだ、

なんと、表象像結合の能力もあらわれた、
その力で、おれたちはモノが見えるようになる、
似ているモノを見分ける能力、モノの形を、
しっかりと知る能力、これら能力が、いったん、
変調をきたしたとなると、これは大変だ、人は、
月に一度はバカになり、月に気分を支配される、

そう、おれは読んだことがある、思い出した、
いつだったか、アリストートの本で

そこに感官がねむりから立ち上がって、
力をふるって、ファンタジーをけしかけた、
かの女は五官をしっかりとめざめさせ、
最高至上の部分を支配した、理性をってことだ、
これはなにしろ宙ぶらりんで、死んだも同然だった、
自己喪失感があって、押さえ込まれているふうで、
おれの体内にそんな感じがびっしり広がっていて、
それもなにも感覚の縛りを誇示しようということで

じっさい、この「アリストテレス」とはなにかと、ヴィヨンの伝記者たちはヤキモキしているが、けっきょく見当はついていない。アリストテレスの著述に『霊魂について』というのがある。たぶんこれだろう……ところが該当箇所はみつからないという。さてはアヴェロエスの注解からにちがいないと、例の問題の詩行にひっかけて、苦しまぎれに発言している伝記者がいるが、さてどんなものか。どちらにしても、これ以上、見当でものをいうわけにはいかず、じつのところ、わたし自身、アヴェロエスはもちろん、アリストテレスだってろくろく読んでもいないていたらくなので、ここは判断保

留ということにさせていただく。

それにしても、しかし、わたしがふしぎに思うのは、なぜアリストテレスなのだろう。アリストテレス、あるいは「アヴェロエスのアリストテレス」を、これは人生ということをいいたいのであろう、嘆く、涙する、苦しみもがく、うめき声をあげると、三文詩人の嘆き節に対比せしめて、いったいギヨームはなにをいいたいのか?

ひとまずここはお習いということで、やはり問題の八行詩を、その前後の脈絡において読んでみなければなるまい。ギヨームは『遺言の歌』一〇節を

おれはこの最終遺言状を作成するものである、
わが最期の意思において、全条項をひとつの
ものとして、取り消しえざるものとして

と止めて、一一節以降、遺言状の陳述に入る。

六十と一年に、おれはこれを書いた、
王がおれを解放してくれた年だ、
司教チボーのマンの城の牢屋から、
そうして生命を取り戻したときだ、

そのことで、おれの心臓が動いているかぎり、
おれは王に対して頭を下げる、
王が死ぬまで、おれはそうしよう、
善行は忘れられるべきではない

ところでこれは真実だ、嘆き、涙し、
苦しみもがき、うめき声をあげる、
悲しみと悩みと労働の日々だった、
辛い流浪の旅路だった、そうしていま、
人生試練が、なんとも鈍なおれの心を、
まるで糸毬みたいに尖っているのを、
ひらいたこと、それがアヴェローイスの
アリストート注解のすべてにまさって

ただしだ、これもまたたしかなことで、
というのはビタ一文もたずさまよっていた、
苦境のこのおれに、エマオの巡礼を力づけた、
福音書がそういっている、神があらわれて、

ボーン・ヴィルのありかをおれに明かした、
愛と信仰と希望の希望をおれにくれた、
罪人がどんなにか悪いやつだといったって、
神が憎むのは罪に執着するかたくなさだけ

おれは罪人だ、そうだとも、よく知っている、
だからって、神はおれの死をのぞまれない、
改心して、まっとうに生きろとおっしゃる、
罪に心をさいなまれているのなら、みんな、
そうしろとおっしゃる、たとえ罪のただなかに
死のうとも、神みそなわす、神の慈悲は、
おれが良心の呵責をうけているならば、
恩寵を垂れて、赦しをお与えくださる

そうして、高貴なる物語、ばらの物語は……と、このあとにつづくのが、この章の冒頭にご紹介した八行詩である。

人生が精神を開いたといっているのである。

ギヨームの人生にそくしてこれをどう読むか。問われているのはそのことである。

なにしろ若者フランソワの人生にそくしてこの詩行をどう読むか。そのことばかりに気を取られているものだから、「ボーン・ヴィル」とはムーランのことではないか。ムーランはブルボン侯領の首都であった。ブルボン侯こそは……と、なぜ若者フランソワがブルボン侯に伺候しなければならなかったかを解説するのだが、そのことがまったくナンセンス（文字通り「意味がない」）であることは、すでに「ヴィヨンの歌祭文」の章にご案内したところである。

ちなみに「ボーン・ヴィル」は「ボンな町」という意味で、「ボン」は良い悪いの良いがまず基本だが、つく言葉によっていろいろ意味あいがかわる。ヴィヨン遺言詩の詩人はなにしろボンを手品師のように扱っていて，この本の章のタイトルにも立てるはめになった「ラ・ボーン・ロレーン」などというのはいったいどう訳したらよいのだろう。第一部を書いた頃合いには、なんとか日本語にしておかなければならないと思いつめて、「気立てのよいロレーヌ女」などとやってしまって、この本を作るにあたって、いまさらひっこみもつかず、そのままにしたが、どうしてジャーン・ダール（ジャンヌ・ダルク）は気立てがよいと詩人は見たか。じつはかいもく分からない。

そんなおそろしいのとくらべると、「ボーン・ヴィル」はまだいい方だ。これはフランス王家の歴史をやっている人たちのあいだではテクニカル・タームで、王家を上級領主にいただいた大きな町をいう。オーヴェルニュのムーランはボーン・ヴィルではない。ブルボン党派がいいはるように、ムーランはブルボン侯を上級領主とする町である。

そういう厳密な定義を踏まえて、ギヨームはこの言葉を使っている。そして言葉は、イェルサレムとパリと、ふたつの町に影をおとす。どうぞ聖書の「ルカによる福音書」終章をお読み下さい。なぜイェルサレムか、それでおわかりのはずです。では、なぜパリか。

第一に、パリは、厳密にいえば一三八二年から「ボーン・ヴィル」である。それまでパリという町は商人頭とその助役たちの町であった。それがこの年に起きた騒動で、商人頭職が王政府に奪われて、改めて「預けられる」ことになって、それ以後、「商人頭」はいることはいるのだが、文書の上での正式の職名は「商人頭職預かり」ということになったのである。パリの町は奉行所の奉行、「王の代官」の町になった。

第二に、マンの牢屋から釈放された若者フランソワがパリにもどってくる。そのように作中の主人公の人生航路を設計したということである。冒頭の詩行の「六十と一の年」は一四六一年を指す。もっとも、ギヨームの年齢を暗示していると読んでいけないわけはないが。それはともかく、この年、ルイというのがフランス王に就任して、ロワール河畔のマンの町をはじめて通過した。そういうときには、牢屋の囚人は全員釈放される決まりになっていた。このとき恩赦の対象になって、翌年またパリで騒動を起こした「フランソワ・ヴィヨン」、こいつはまさしく六年前、ナヴァール学寮に盗みに入って逐電した「フランソワ・デ・ロージュ、またの名ヴィヨン」だ！

こういった裏の情報を、ギヨームは、おそらくその豊富な交際の人脈を通して、手にいれていたのではないか。後代をペテンにかけた一大詐欺師ギヨーム・ヴィヨンは、奉行所の文書蔵の薄暗がりにうずくまって、「遺言詩集」の構想に耽っていた。

第三に、書を捨てた若者とはギヨーム・ヴィヨンに他ならなかったからである。

わたしはなにも、ギヨームが「アヴェロエスのアリストテレス注解」を「クロ・ブリュノー」で学んだと主張したいわけではない。さすがのわたしも、それほど短絡的にものを考えているわけではない。人生と文学がぴったり一致しているなんて、およそ薄気味悪いではないかと、わたしは、「フランソワ・ヴィヨンすなわちフランソワ・ヴィヨン説」駁論を試みたつもりである。

それにしても、しかし、ギヨーム・ヴィヨンの前半生ははたしてどんなだったか？　そう妖しく好奇心を刺激する、これは詩行群ではあるまいか。若者フランソワの仮象に託して、ギヨームは自分自身の影を消す。けれども、礼拝堂付き司祭ギヨームの信仰告白が、これはもうどうにも隠しようがなく、美しく響きを発している。

もうひとつだけ情報を提供しておこうか。

「老人の文学」の章の最後に、「宗門の方々」に対する皮肉たっぷりの詩行群をご案内した。「アヴェロエスのアリストテレス注解」はそこに照応するのである。

例のジャン・ド・マンが『ばら物語』を羊皮紙に書きつけていたころ、パリ大学は騒然たる雰囲気のうちにあった。ことの起こりは、ローマ法王が乞食僧団所属の学僧にパリ大学の教授職を認可したことにあった。そのころまでに神学部の教授職一二のうち三つまでがドメニコ教団とフランチェスコ修道会に所属する学者に占拠されていた。大学は抵抗を組織した。神学部教授ギヨーム・ド・サンタムールと人文学部教授シジェール・ド・ブラバンが指導者格であった。

だいたいが乞食僧団自体がけしからんのだ……大学教授たちはいきまいた。修道士は祈り、そして働く。これが鉄則だ。ところがやつらは働かん。托鉢で生きようとする。よろしい、それなら大学で教えようとはしないことだ。大学の教授というものは「頭で働く職人」なのだ……大学教授たちはこんなふうに考えていた。

村や町の教会の僧侶たちも、大学の先生方を応援した。なにしろ乞食僧たちは、と、かれらにはかれらの不平不満があったのである。たとえば説教をする、ざんげを聞くといった信者に対するサービスは、これはかれら教区付き聖職者の収入源であった。この聖域に泥足で入り込んできたのが乞食僧たちだったのである。この場合「泥足で」というのは「ローマからやってきた、そのままの足で」と読み替えることができる。

一二九〇年、パリに開かれた教会会議の席上、ローマ法王特使、枢機卿ベネデット・カエターニは演説した。


「パリの教師たちよ、なんじらはなんじらの学問と教理とを世の笑いものにしてしまい、なおそれをあらためようとしない。……なんじらはわれらのあいだに大いなる評判を獲ち得ているものと信じてもいよう。だが、なんじらの栄光、われらはそれを愚かさであり、絶ち消える煙にすぎぬと評価する。われらはすべての教師に対し、今後公に、また私語としてであれ、戒律聖職者の特権について説教し、議論し、判断することを禁止する。これに違反するばあいには、その職を解き、その禄を停止する。ローマ法王庁は問題の特権をとり消しはしない。むしろパリ大学をとりつぶすであろう。われらが神に召されたるは、人間の眼に輝き映えようがためではない。われらが魂を救わんがためである。托鉢修道士らの品行といい教理といい、これは多くの魂を救うのであるから、かれらに与えられた特権はかわらず保全されよう……」

枢機卿カエターニはのちのローマ法王ボニファティウス八世である。

大学は負けた。ギヨーム・ド・サンタムールの著述は禁書処分に付された。ギヨームは郷里に引きこもった。「マチューもやった」し、「ジャン・ド・プーリュー師もいろいろいおうとした」が、けっきょく負け犬だった。ジャン・ド・マンは『ばら物語』の偽装に隠して「いろいろいった」が、所詮、犬の遠吠えだった。

かれら大学の教師たちはアヴェロイストであった。ここが話のポイントである。かれらは人文学部の「自由七科」のカリキュラムに「アヴェロエスのアリストテレス注解」を組み込んでいた。ギヨーム・ヴィヨンの「人生と書物」の八行詩は、ついにここに還るのである。

3 青春の死

モンテーニュは問題のギヨーム・ヴィヨンの八行詩を二行の散文に述べている。

「ひとは人生が過ぎ去ってから、生きかたを学ぶ。学生百人が百人とも、節制についてアリストテレスに学ぶにいたるまでに、梅毒にかかる。」

『エッセイ』第一書二六章「こどもたちの教育について」からである。

わたしがいうのは、ここでもアリストテレスが書物だが、人生は梅毒だと、なんとも猛烈なことである。梅毒は若者フランソワは知らなかった。この性病は、十五世紀の末、新大陸から入ったもので、天然痘をヴェロールといっていた。これが借用されて、天然痘はプチット・ヴェロール（小ヴェロール）、梅毒はグロッス・ヴェロール（大ヴェロール）と呼ばれることになった。フランス王シャルル八世がイタリア戦争などに出掛けていったものだから、アルプスの北にこれがひろまってしまったと悪口をいわれている。

閑話休題。この文章は、一五七九年から翌年はじめにかけて書かれた。モンテーニュ四十六歳である。なんと、ダンテが老齢のはじまりとした年齢である。別のところで、かれはこう書いている。

「わたしはすでに五十歳を六歳越したが、この五十歳という年齢は、多くの国民が、まあ理由もなくはないが、人生のまさに終わりの年齢とみなしていて、これを越えることを許さなかったほどのものなのだ。」

この文章のうち「六歳越した」の部分は、これはすなわちモンテーニュ五十六歳の時の加筆であって、全体は一五八三年、モンテーニュ五十歳前後に書かれた。わたしがいうのは、問題の「アリストテレスと梅毒」の文章は、本人の自覚からいって、モンテーニュ最晩年の発言であった。ちなみに、ミッシェル・ド・モンテーニュは、一五九二年、五十九歳で没した。

本と人生といえばモンテーニュである。なにしろむかしからそういうことになっていて、一五七一年、三十八歳で自邸に引きこもり、読書三昧に明け暮れて、感想文を書くことを自分の生にしようと決意したという。ところが、じつのところ、モンテーニュは、このドルドーニュ北岸の静かな田舎屋敷に落ち着いていることはできなかった。

なにしろ、かなり以前からくすぶっていた宗教対立が、翌年には内乱へとエスカレートした。モンテーニュはボルドーのパルルマン（王家裁判所）の判事をながらく勤めていた。知らん顔もできない。また近くのナヴァール王家との関係も生じて、なかなか忙しい日々であった。一五八一年、四十八歳の年、ボルドー市政府がかれを「市長」に推す。けっきょく二期四年間、「市長」を勤めるといったぐあいで、ミッシェル・ド・モンテーニュは、けっして隠居の身の上ではなかったのである。

かれの読書感想文の集成『エッセイ』は、そういうわけで「読書と人生」の二筋の糸が織りだす織物となったのであって、いってみれば、この男、人生を読書の方に翻訳していった観がある。第三書九章「むなしさについて」は、『エッセイ』中いちばん長大な章で、なにしろこれだけで一冊の本ぐらいの量があるが、これは一五八七年から翌年にかけて書かれたものであることが、その内容からわかる。ウェルギリウス、ルカヌスなどローマの著述家たちを引き合いに出しながら、モンテーニュは時事評論を行なっている。それが同時に自分自身を確認し、調整する作業となる。

モンテーニュは一五八〇年と一五八八年の二回、『エッセイ』を出版した。くわえて一五八八年以降の分と、文章の各行各節が三度にわたって書き直され、追加されている景色がうかがえる。おなじテーマについて、かれは三度にわたって文章を書き直す。それが全部残った。モンテーニュ自身が理解しようとしているモンテーニュ自身とはなにか。たぶん最終の答えは出ないだろう。『エッセイ』は自分自身の近似値への無限の接近である。

最終章、第三書一三章「経験について」に、モンテーニュはこう述べている。一五八八年度版の記事で、その前年に書かれたと推定される。モンテーニュ五十五歳の感懐である。

「死はわれわれの生にいたるところでまざりあい、溶けあっている。衰退は早めにやってきて、われわれの生命の歩みそのものに干渉する。わたしは二十五歳と三十五歳のときの肖像画をもっているが、これを最近のものと較べてみると、なんとまあ、それは、もはや何倍も何倍もわたしではなくなっていることか！　なんとまあ、現在のわたしの絵姿は、以前のそれから遠く隔たってしまっていることか！　それに較べれば死に臨んでの肖像の方が、まだしも近かろう。こんなに遠いところにまで、自然に迷惑をかけ、痛めつけながら引っ張ってきて、自然の方が恐れをなして、われわれから去り、われわれの身体の管理、眼だの歯だの足だの、その他を、なにか自然以外の救いの手にゆだね、なにか人工の手段にたよるようにわれわれをさせてしまったということだ、われわれにつき従うのに疲れ果てて。」

二十五歳時、三十五歳時の肖像といまの自分とを引き較べて、「なんとまあ、それは、もはや何倍も何倍もわたしではなくなっていることか！」と書くモンテーニュの、その「わたし」とはいったいなにか。むかしの「わたし」がいまの「わたし」ではないというのならば、いまの「わたし」はあすの「わたし」ではあるまい。そういう「わたし」という対象を相手にしようとする気配がある。わたしがいうのはそのことである。

そうして、また、モンテーニュはこうも書いている。第二書一七章「ずうずうしさについて」の一節で、これは一五八〇年度版の文章で、おそらく一五八〇年に入ってからの文章、したがってモンテーニュ四十七歳のものと考えられる。

「いまから先、わたしであるものは、もはや半分以下の存在でしかなかろう、それはもはやわたしではなかろう。わたしは日々にわたしから逃げる、わたしからわたしがいなくなる。」

これを「逃げるわたし」と呼ぶことにしようか、五十五歳のモンテーニュはこれを「変わるわたし」ととらえ直したということである。逃げるわたしが変わっていって、いまのわたしが「半分以下の存在」になってゆく。以前といまと、この二元でとらえれば、「逃げるわたし」といってもよく、「変わるわたし」と呼んでもよい。

この逃亡と変化の人生は、衰弱と消滅の人生である。第一書二〇章「哲学すること、それは死ぬことを学ぶこと」に、モンテーニュは「青春の死」について語る。

「カエサルは、その護衛の兵のあるものが、疲れ果て、やつれきって、進軍途上、もう死なせてくれと、いとま乞いにやってきたのに対して、その老いの物腰をつくづくと眺めながら、からかい半分にこう答えた、「それじゃあ、おまえはまだ生きてると思っていたのか。」そういう状態に突然落ち込んだばあい、そのような変化にわたしたちがよく耐えうるとは思われない。ところが、自然に手をひかれて、なだらかで、身体にこたえないていどの坂をすこしづつ、一段また一段と降りてきて、そのようなみじめな状態に自然はわたしたちを追い込んでゆき、そういう状態に慣れさせてしまう。そういうことであれば、わたしたちは、青春がわたしたちの内部で死んでも、なんの振動も感じない。そういうことであれば、わたしたちは、青春がわたしたちの内部で死んでも、なんの振動も感じない。青春の死こそは、本質と真実において、衰えた生の完全な死よりもはるかにきびしい事態なのだ。老年の死よりもはるかに苛烈なことなのだ。悪しき存在から無の存在へ一足とびに移ることは、甘美な、花咲く存在から、苦しく、悩みの多い存在への移行に較べて、それほど重大なことではないからである。」

「青春の死」、ついにこの主題に還る。おお、なんとこのふたり、ギヨーム・ヴィヨンとミッシェル・ド・モンテーニュは近しい仲であることか！

わたしがいうのは、『形見分けの歌』と『遺言の歌』は青春の挽歌だということで、「本質と真実において」（これは直訳だが、これ以外の訳しようをわたしは知らない）青春の死を悼む挽歌である。「青春がわたしたちの内部で死んでも、なんの振動も感じない。」そうモンテーニュはいうが、それはわたしたち凡庸な魂においては、ということで、なにしろわたしたちは詩人ではない。わたしたちは、このドルドーニュ河畔の田舎屋敷の紳士に、代表して発言してもらおうではないか。各所に、いかに自分に詩のセンスがないかをいささか大仰に告白している。モンテーニュは、このドルドーニュ河畔の田舎屋敷の紳士に、代表して発言してもらおうではないか。

そうして、ギヨーム・ヴィヨンは詩人である。ギヨームの内部において、青春は死ぬ。ギヨームは心の震えを感ずる。それがかれの歌である。そうして、ギヨーム・ヴィヨンは逃げる。若者フランソワの仮象を立てて「おれ」を語るとき、

この年、四百と五十六年、
おれはフランソワ・ヴィヨン、学生である、

語り出したそのときから、ギヨーム・ヴィヨンは「もはや半分以下の存在でしかなかろう。」それはもはやギヨーム・ヴィヨンではない。

これがついに「遺言詩集」の構造である。

あとがき

「裏焼き」の「青春のヨーロッパ中世」に仕上がった。書き終えて、その感が深い。

もとより若者たちの陳列館を建てるつもりはなかった。横山民子さんにそんなつもりがあったとは、もとよりわたしは信じない。書くべきは「若者像」である。なんどか懇切に話を交わすうちに、そうわたしは心を決めた。ヨーロッパ中世がみずから抱懐した青春のイメージを書く。こうして主題が定まってみれば、ここに「フランソワ・ヴィヨン」なる「若者」が、あるいはこれは「若者のイメージ」が（ここのところのケジメをつけることが大事なのだが）、大表札を担いでやってくるのは、これは避け難い事態であったのである。

わたしがいうのは、「フランソワ・ヴィヨン」こそは正札付きの「若者印」であって、年中バーゲンセールの観もある。最初わたしもかなりずるく《イージーに》考えていた。この「無頼の若者」を言挙げする。まあ、それだけではあまりになんだから、同時代の「ネーデルラント画派」の画布に登場する、みずみずしい「若者たち」をつけあわせに供する。それで極上の料理一皿出来上がり。十分満足していただけよう、と。

それがどうだろう、わたしが台所にいるあいだに、「フランソワ・ヴィヨン」がいなくなった。そうして「フランソワ・ヴィヨン」の詩《テキスト》がわたしに対して開示するには、「フランソワ・ヴィヨン」とは、なんのことはない、ギヨーム・ヴィヨンという一老人が、営々と言葉に刻んだ若者像である、と。むかし、心もそぞろに通り過ぎた一日を、いま開く老人の文学である、と。

　心もそぞろに通り過ぎた一日が、
　未来において開かれて、わたしたちに贈られる。

歌はライナー・マリア・リルケである。最近わたしは、むかし小沢書店から出したエッセイ集を中公文庫に入れた。『いま、中世の秋』であって、これはその一章「青春燔祭《はんさい》」に引用したリルケ雑詩集の断片である。青春はついに若者たちのものではない。こう詩人はいっているのである。「青春燔祭」と章題を置いたわたしの意図もそこにある。青春を燔祭にかけるものはだれか。

むしろこのエッセイ集の方が「青春のヨーロッパ中世」という書題にふさわしいと人はいう。なるほどここには、十二世紀はバイエルンの、とある街道筋の旅籠かなんぞで、大家鴨《あひる》の燔祭を執行中の放浪学生どもとか、十一世紀は南フランスのローヌ河口に近いアルルの町を出はずれた茨野をひとりゆく学生とか、若者の陰影が濃い。この学生、めざすは丘の上のモンマジュール大修道院で、そこの図書室の、入り口を入って二番目の棚に、薄くほこりをかぶって積まれている羊皮紙の束がおめあてだったという。なんとかれは、それがアリストテレスの『オルガノン』の原本だと噂に聞いてやってきたという。

ハムレットもいればオフィリアもいる。ロランもいるし、当然オリヴィエもいる。綱屋小町ルイズ・ラベもさえざえと眉を張っている。この若者たちをもっと書きこんで欲しかったとかの女はいうのである。なるほど、わたしとしては一言もない。書きたかったのはわたしの方だと叫びたい気分でもある。

けれども、いまわたしは後悔していない。わたしはこの本で、「フランソワ・ヴィヨン」にゴテゴテと着せかけられていた「若者」の衣装を剥いだ。あるいは、それが仮装だと告発した。青春といい、若者という。これはついに時代の表現だということである。若者が青春を表現する特権を持つのではない。その点、わたしたちは勘違いしがちである。あるいは、好んで勘違いしたがる。それほどまでに、わたしたちおとなは、若者に託するところ大なるものがあるのである。

一九八七年六月

梅雨の晴れ間に

堀越孝一

堀越孝一（ほりこし・こういち）
1933年、東京生まれ。1956年、東京大学文学部卒業、1966年、同大学大学院人文科学研究科博士課程満期退学、専門はヨーロッパ中世史。茨城大学、学習院大学をはじめ、多くの大学で教鞭をとる。学習院大学名誉教授。日本大学文理学部大学院講師。著書に『中世ヨーロッパの歴史』、『中世の秋の画家たち』、『いま、中世の秋』、『わがヴィヨン』、『ヴィヨン遺言詩注釈Ⅰ～Ⅳ』、『わが梁塵秘抄』、『飛ぶ鳥の静物画』など。翻訳書にホイジンガ『中世の秋』、『朝の影のなかに』、C. B. ブシャード『騎士道百科図鑑』など。

本書第Ⅰ部の「回想のヨーロッパ中世」は1981年に、第Ⅱ部「青春のヨーロッパ中世」は1987年に、ともに（株）三省堂より出版されました。

人間のヨーロッパ中世

2012年6月10日　初版発行

著　者　　堀越孝一
装　幀　　山下リール［LILLE, Inc.］＋戸田智雄
発行者　　長岡正博
発行所　　悠書館

〒113-0033　東京都文京区本郷2-35-21-302
TEL 03-3812-6504　FAX 03-3812-7504
http://www.yushokan.co.jp/

印刷・製本：（株）理想社

ISBN978-4-903487-56-4

I. 人名&家名索引

II. 地名&事項索引

人間のヨーロッパ中世参考文献案内

本文初出の順に

第Ⅰ部　回想のヨーロッパ中世

堀米庸三編著『西欧精神の探究——革新の十二世紀』

1974年から75年にかけてNHKTVで放映された「放送大学実験講座『西欧精神の探究——革新の十二世紀』全14回」の堀米庸三ほか8人の講師による講義と鼎談を録音筆記した原稿にもとづいて製作されたTVシンポジウム録とでもいうべき出版物である。わたしは最終回「中世と現代——革新の世紀の終末と再生」を講義し、木村尚三郎の司会で堀米庸三先生と対談した。1976年初頭に日本放送出版協会から出版された。2001年にNHKライブラリー文庫上下で再版された。

西欧精神の探究という題にしたよ。いいや、たんきゅうって、きゅうは研究のきゅうだよと、妙に弁解がましく先生はおっしゃる。これはなかなか複雑な言葉の絡みで、フランス中世の騎士道物語に「聖杯の探求」というテーマがある。これを連想されてはまずいと、先生、お思いになったらしい。それが、もし先生が新倉俊一に相談なさっていたら、新倉は、ご心配なく。近頃は「聖杯の探索」と訳すのがはやりですからと、先生を安心させたことだったろうに。それに、西欧精神の探求だか探索だかでいいじゃあないですか。クェストですよ。西欧社会とその文化の起源をたずねる。そこに12世紀中世が見えた。

「12世紀中世」といっているのは、この本の第Ⅰ部「回想のヨーロッパ中世」の「まえがき」に、そこで、たとえば、ウィスコンシン大学の先生方はシンポジウムを催して、談論のなかみを本にして『十二世紀のヨーロッパ——近代社会の基礎』と題したと紹介した、その「十二世紀のヨーロッパ」のことである。この本は1961年に、マディスンのザ・ユニヴァーシティ・オブ・ウィスコンシン・プレスから出版された。

堀米庸三先生がもうひとつ、同じような関心の持ちようからだったと指摘しているのが、1965年にノルマンディーのスリジー・ラ・サルの元領主館で催されたシンポジウムである。こちらは1968年にパリのムートン社から『十二世紀のルネサンスについての対談録』というタイトルで出版された。

もうひとつ、1977年11月にマサチューセッツ州ケンブリッジのハーヴァード大学で催されたシンポジウムがある。主催したのはカリフォルニア大学ロサンゼルス校の中世・ルネサンス研究センターとハーヴァード大学中世研究コミッティー。1982年に、オックスフォードのクラレンドン・プレスから『十二世紀のルネサンスとリヌューアル』と題する大部の論文集が出版された。

堀米庸三先生は1975年の暮れにお亡くなりになった。じつのところ先生ご自身のシンポジウムの出版物をさえも、先生はご覧になることができなかったのである。ハーヴァードの集会は、先生がお亡くなりになって2年後のことであった。ハーヴァードは先生曾遊の地である。1958年から翌年にかけて1年間余、先生はケンブリッジ-マサチューセッツに滞在なさった。あるいはその折に形作られた人脈が、20年後のその研究集会へ堀米庸三を誘うということがなかったかどうか。もしも先生がご健在であったならば。

『聖書』は、文語訳、口語訳、共同訳の3種の日本語版があるが、17世紀のKJV（キング・ジェームズ・ヴァージョン）、いわゆる「欽定訳聖書」が大いに参考になる。2005年、じつに4世紀ぶりに、ケンブリッジ・ユニヴァーシティ・プレスから再刊された。それ以前から、ロンドン大学所蔵本をコピーにとってもらって見ていた。日本語訳はない。中世のラテン語版聖書はこれが一番近い。だからわたしは聖書からの引用は、原則、文語訳を参考にKJVを訳すことにしている。口語訳を使わないのは、わたしは何度もこれにだまされた体験があって、信用していないからである。それの延長で、共同訳なるものははじめから見ていない。

『中世の秋の画家たち』

『画家たちの祝祭』小沢書店、1981年の再版。原本は『みづゑ』に1977年2月号から翌年2月号にかけて連載したエッセイ。『みづゑ』のは大型カラー図版をぜいたくに載せたエッセイで、いまだに古書店探索の価値がある。これだけまとまった15世紀ネーデルラント絵画論は世界中でこの本だけである。2007年に講談社学術文庫で再刊したが、これには、カラーではなく、また大判ではないが、本文136点、ほか2点、合計138点のモノクローム挿図を載せた。15世紀ネーデルラント画派の絵を、これだけの数、一冊におさめた本も、また、他にはない。この本は小沢書店本が出版された時点で諸紙誌の書評が集中した。おおむね好意的な書評であって、イタリア・ルネサンス絵画論の立場から「北方ルネサンス」とうさんくさげに呼ばれてきたフランドルやブラバントの画家たちの画業を、よくまあここまで理解し評価できたものだと賛嘆の声もまじっているとわたしには聞こえた。しかし、おもしろいのは、その後、20世紀も押し詰まってきて、各種アンケートが花盛りになった頃合い、某方面から「西洋絵画百選」などというアンケートが、わたしなどのところにもまわってきて、いそいそとフーホ・ファン・デル・フースなどと回答したところ、しばらくたって結果が発表されて、フーホのフの字もみつからなかった。ヤン・ファン・アイクが30何位だったかな、かろうじて面目が立ったが、1位はおなじみ、イタリア・ルネサンスの巨匠某の作品だった。「ヴィヨン遺言詩」ふうに批評すれば、「それに、あのボンなスペイン王はいまはさて、なんて名だか、おれは知らんけど、どこいった」(『遺言の歌』の「むかしの男たちのバラッド」から)

『アベラールとエロイーズがとりかわした手紙集』

『円卓』所収のわたしの「エロイーズ文について」を参照されたい。『円卓』はわたしの還暦記念のエッセイ集で、2006年に東洋書林から刊行した。「手紙集」は畠中尚志の訳が岩波文庫に入っている。かなり前

のものだが、しっかりした仕事だと思う。わたしも近いうちに翻訳を出版するつもりである。

『カルミナ・ブラーナ』

原本について「青春のヨーロッパ中世」の「序章」に紹介した。日本語訳はまだ出版されていない。日本橋の丸善が発行する雑誌『学鐙』65-2（1968年2月号）にわたしが書いたエッセイ「中世の春　歌謡集カルミナ－ブラーナ」が、いぜんとして一番くわしい紹介文だというのはいったいどういうことか。このエッセイは、まだなにかのエッセイ集におさめることはしていない。バック・ナンバーの参照も厭わないお方はどうぞ。

『トルバドゥールの伝記』

1964年にパリのニゼ社から刊行された「オック語古典シリーズ1『ビオグラフィー・デ・トルバドゥール』」をいう。サブタイトルを「テクスト・プロヴァンソー・デ・13・エ・14・シエクル」、13、14世紀のプロヴァンサル語のテキストととっていて、オック語とプロヴァンサル語とが同義に使われている。プロヴァンサルはなにもプロヴァンスだけの言語ではない。アクィテーンからプロヴァンスまで、さらに北イタリア、北スペインにまで中世ロマンス語最大の言語圏を有したオック語をいう。19世紀のロダリアン（ローヌ川流域地方）のある文士の思いつきからオック語をプロヴァンサル語と呼ぶことにしようということになった。

「ペトルス・ヴェネラビリスとエロイーサのとりかわした手紙」

エロイーズにあてたクリューニー修道院長ペトルス（尊者ピエール）の手紙と、エロイーズがペトルスにあてた手紙は、『ビブリオテーカ・クルーニアケンシス（クリューニー修道院文書集）』におさめられている。この膨大な量の文書集はパリのサンマルタン・デ・シャン修道院の修道士マルタン・マリエとアンドレ・デュシェーヌが1614年に出版したも

ので、ベーエヌ（リシュリュー通りのフランス国立図書館本館）に注文して作成してもらったその複製が手元にある。

マイケル・クランシー『アベラール、ア・メディーヴァル・ライフ（アベラール、ある中世人の生活）』

最近までとかく誤解のあったアベラールの伝記とアベラールとエロイーズの関係について、いろいろな点で蒙を啓いてくれる。1997年に初版、1999年にペーパーバックス版がオックスフォードのブラックウェル社から刊行された。『回想のヨーロッパ中世』を書くのにいろいろ参考にしたアベラール関係の文献をこの「参考文献案内」にくだくだ案内する必要を感じさせない、これは画期的な著述である。

『ジョスリン・オブ・ブレークロンドのクロニカ』

風車についての記録の初出。初出というのはおよそヨーロッパと西アジア全般を通じて初出だということを『回想のヨーロッパ中世』の「序章」で紹介した。「Ⅲ　孤独な哲学者」で修道院における「ケラリウス」（セラー、すなわち倉庫の係）とは何者かをこのクロニカの記述を通して紹介した。「クロニカ」は「年代記」と訳すが、実体はこれは1173年にバーリ・セント・エドモンド修道院の修道士になったジョスリンが1182年から1200年まで修道院長サムソンに近侍して、修道院長と修道士団との関係について、その生態を活写した文章に他ならない。

ピエール・シャンピオン『フランソワ・ヴィヨン　サ・ヴィ・エ・ソン・タン（その生涯とその時代）』（オノレ・シャンピオン社、1913年初版、1984年ペーパーバックス版刊）

タイトルの「フランソワ・ヴィヨン」は詩の作者の名前のつもりらしい。「フランソワ・ヴィヨン」は作中の主人公の名前であるのを作者の名前と混同するところに19世紀からの「フランソワ・ヴィヨン研究」の基本的特徴がある。かれら研究者たちにとってピエール・シャンピオンのこの本は研究の底本であり、「ヴィヨン遺言詩」を読むためのハン

ドブックである。

「ヴィヨン遺言詩注釈『形見分けの歌』」ならびに「ヴィヨン遺言詩注釈『遺言の歌』上中下3巻」小沢書店、1997～2002年

『回想のヨーロッパ中世』を書いたころまでは、わたしはピエール・シャンピオンの路線に乗っていた。ころりとだまされたというか、それが『青春のヨーロッパ中世』で「フランソワ・ヴィヨンは消えた。」わたしは作者と主人公がドッペルゲンガーであるとする説に疑いを抱いた。そうして1991年のパリでわたしの探索がはじまった。セーヌ河岸のアルスナール図書館で、指定された椅子に座って待っていたら、「あなたの注文したのはこれか」と、館員が写本を持ってきてくれた。これが「アルスナール写本」かと、「ヴィヨン遺言詩」の写本をはじめて目にした時の感動はいまも忘れられない。ストックホルムの「長靴下のピッピの図書館」で「フォーシェ写本」を貸し与えられ、特別に部屋をとってくれて、好きなだけ勝手に見るがよかろうと、館員が部屋から出て行った時には、まさかこれは夢ではないだろうかとほっぺたをつねった。パリのベーエヌ（フランス国立図書館）の稀覯本部屋のカウンターのゆったりとした感じのマダムと、なんでえ、こんなん、古えのを見たがるんよ。古いったって、古さもいろいろでしてねえ、わたしの見るところ……ま、ええがね、たあだねえ、ここんとこ、しっかり書かんとあけんよ、と、まあ、こんな感じの問答を重ねたあげくに、なんでえ見たいんか、そのわけを書く欄をしっかり書かされて、ようやく見せてもらった「クレマン・マロ校訂フランスェ・ヴィオン作品集」に、同時代人が「ヴィヨン遺言詩」を読む気配をかすかに感じとったことだった。

『ルーマン・ド・ラ・ローズ（ばら物語）』

一番新しい、ただ新しいだけではなく、内容のしっかりした校訂本はパリのオノレ・シャンピオン社の「レ・クラシック・フランセ・デュ・モワイヤン・ナージュ（中世のフランス語の古典的テキストのシリーズ）」の、フェリックス・ルコワ編注の3巻本『ル・ルーマン・ド・ラ・ロー

ズ』である。1965, 1973, 1975 年に出版された。同じ出版社からアンドレ・ランリによる「フランセ・モデルヌ（近代フランス語）」訳と称するものが 1975 年から 1983 年にかけて 5 冊本で出版されたが、なにしろ判型と装丁が 2 種類、おまけに一部組み合わせをかえているし、5 冊の刊行順が、どういうわけだか複雑に前後していたりで、人を戸惑わせることはなはだしい。

「オルデリク・ヴィタリスの年代記」

オルデリクはフランス人の司祭を父親としてイングランドのシュロップシャーで 1075 年に生まれた。11 歳でノルマンディーの南のサンテヴルー修道院のノビス（修道誓願を立てる前の見習い僧）になり、1142 年ごろに死去するまで、そこの修道士として暮らした。サンテヴルー（サン・エヴルー）は、いまはオルヌ県のレーグルとガセのあいだにひろがるフォーレ・ド・サンテヴルー（サンテヴルー森）の北辺にサンテヴルー・ノートルダム・デュ・ボワ（森のノートルダムのサンテヴルー）という村がある。そこに修道院の遺構が残っていて、その修道院随一の有名修道士がこのオルデリクで、ヴィターリスはかつてローマ帝国のテーベ軍団のその名の兵士がキリスト教徒として殉教した。その名にちなんだ通り名だったらしい。12 世紀前半、ノルマンディー侯にしてイングランド王ヘンリー 1 世の時代、それにつづくノルマンディー侯マティルダとその夫、アンジュー伯えにしだのジェフレー連合対イングランド王スティーヴンの闘争の時代のノルマンディー、イングランド、アンジュー、メーン、アクィテーン、フランスなど、西ヨーロッパ各地の情勢を『オルデリク・ヴィターリスの教会史、全 6 巻』に書き綴った。『ヒストリア・エクレジアスティカ（教会史）』としたのは、いずれこの世間のことは神と教会の差配下にあるという中世人の哲学による。オックスフォード・ユニバーシティ・プレスから「オックスフォード・メディーヴァル・テキスツ」の一環としてキブナル・マジョリーの英語対訳本が 1968 年から 1980 年にかけて出版された。

「ジャンヌ自身、法廷で証言していうには」

ジャンヌ・ダルクのことは1431年2月から5月にかけてルーアン城内で行なわれた異端審問の記録と、1455年6月から1年間かけて行なわれた「インクェスタ」の記録をまず見なければ分からない。このふたつの記録はなにしろその伝承がかなりこみいっていて、前者については1970年にピエール・ティッセによっていまのフランス語に翻訳され、訳注がつけられた『プロセ・ド・コンダナシオン・ド・ジャンヌ・ダルク（ジャンヌ・ダルク断罪裁判）』がまず参考になる。フランス語に翻訳され、などと書いたが、それでは原本のラテン語の本があったのかというと、それがかなりあいまいな話になる。もともとこの審問記録がフランス語で記録されたものもあるわけで、なにもきちんときまったラテン語の原本があって、それを翻訳したという話ではないのである。じつはピエール・ティッセは1968年に物故していて、この本は「フランス歴史協会編」というあいまいな主体で刊行されていて、その10年前に出版された「ラ・プセル（ジャンヌ・ダルクの当時の呼び名、おとめ）」の裁判関係のラテン語とフランス語による各種写本資料を、故ピエール・ティッセがフランス語でまとめたものであることを、フランス歴史協会会長ピエール・マロが書いた序文が明らかにしている。しかし、いずれにしても、この本はジャンヌ・ダルクの異端審問を考えるばあいまず拠らなければならない文献になったことはまちがいない。ただ、この翻訳本の原本ということになった10年前に出版された資料集はできれば見ておきたい。それが、わたしはじつはその資料集を手に入れ損ねていて、かわりにといってはなんだが、さらにまた10年前、1952年にポール・ドンクールが刊行した『ラ・ミニュート・フランセーズ・デ・ザンテルロガトワール・ド・ジャンヌ・ラ・ピュセル』という資料集を手に入れて重宝している。これは「ジャンヌ・ラ・ピュセルの尋問調書のフランス語正本」という、なんとも人をだますようなタイトルで、さすがにドンクール自身、気が引けたのか、「ダプレ・ル・レキジトワール・ド・ジャン・デスティーヴェ・エ・レ・マヌュスクリ・ド・デュルフェ・エ・ドルレアン」とタイトルに添え書きしている。「ジャン・デ

スティーヴェの論告と、ユルフェのとオルレアンのの写本による」という意味で、表紙を見ただけでは、なんのことやら、だれにも分からない。本の構成を見ると、比較的長々と裁判の経緯を書いているフランス語のオルレアン写本（オルレアンの聖堂の図書室に保存されていた）に、部分的な記録であるフランス語とラテン語の入り交じるユルフェ写本（パリのフランス国立図書館蔵で、ユルフェはその写本の持ち主だった人）と、異端審問の裁判人のひとりで、いまふうにいえば検事役をつとめたジャン・デスティーヴェ（ド・エスティーヴェ）のラテン語の著述をつきあわせている。「インクェスタ」は20年後、1455年6月から翌年の7月にかけて実施された、生前のジャンヌ・ダルクを見知っていた人たちからとった聞き取り調査をいう。「インクェスタ」は「アンケート」の意味である。アンケートをとってどうしたか。なにもしなかった。「サンタンス」と呼ばれる最終報告書が作成されたと伝えられるが、どうやら完成されなかったらしい。断片的な資料しか残っていない。「インクェスタ」は、1977年に、『断罪裁判』と同じパリのC. クリンクシェック（フランス歴史協会から刊行される本の製作にもっぱらかかわっている出版社）から、ピエール・デュパルク編集で、『プロセ・アン・ニュリテ・ド・ラ・コンダナシオン・ド・ジャンヌ・ダルク（ジャンヌ・ダルク断罪の無効訴訟）』のタイトルで出版された。このタイトルの意味はよく分からない。だいいち「訴訟」などなかった。「断罪の無効」といっているのはジャンヌ・ダルクを異端扱いしたのはけしからんという意図が見え見えで、どうしてそう自信をもっていいきれるのか。わたしには分からない。「ヴィヨン遺言詩注釈『遺言の歌』上」の「むかしの女たちのバラッド」の「反歌四行詩」の注釈をご覧ください。ぜひご覧ください。

『パリ一市民の日記』

19世紀来「ジュルナル・ダン・ブルジョワ・ド・パリ」と呼びならわされている日録スタイルの書き物を、日本で最初にそれを紹介した渡辺一夫がこう訳した。わたしは「パリの住人の日記」と呼んでいる。一番古い記事が1405年の日付で、1449年10月の記事までが一冊の写本

に綴じられている。ヴァチカン図書館所蔵で、これしかない。パリのフランス国立図書館にもう一冊あるとアレクサンドル・テュテイはいうが、あれはヴァチカン写本の17世紀のコピーである。アレクサンドル・テュテイというのは1881年にこれの校注本を出版した人で、いまにいたるまで、写本からまじめにおこして校注本を作った人はほかにいない。それが、いま、わたしはヴァチカン写本をおこして日本語訳をつける仕事にあたっている。アレクサンドル・テュテイの栄光はほどなくしてかげるであろう。

第Ⅱ部　青春のヨーロッパ中世

「雑詩として一括される、フランソワのいくつかの詩」

「フランソワ・ヴィヨン」の作品は「レ（形見分けの歌）」と「テスタマン（遺言の歌）」のほかにいくつかあると一般に考えられていて、1977年にジュネーヴの「リブレリー・ドゥローズ」（「ドゥローズ」は「ドゥロ」とも発音するという説がある）から出版されたジャン・リシュネル、アルベール・アンリ共編の『ル・レ・ヴィヨン・エ・レ・ポエム・ヴァリエ』に16本の詩が収録された。わたしはまだこの16本の詩については校注し日本語に移す作業は行なっていない。必要があるばあいには、一応「ヴィヨン遺言詩」に関係する詩として、このリシュネル-アンリ本を参考にして紹介することにしている。

「フランソワののち一世紀、たまたま同名のフランソワ・ラブレー」

「フランソワ・ラブレー」の作品は、「ジャルジャントゥーアとパンタルオー物語」があるが、これは渡辺一夫によって「ガルガンチュワとパンタグリュエル物語」という発音で日本語に訳されたので、その名の方が日本では一般に通っている。フランスでもたぶんそう発音しているのだろうとは思うが（知り合いのフランス人に何度もたしかめたが、なにかあいまいな返事しかもどってこなかった記憶がある）、この作家の生きた時代にこの発音がまかり通っていたとはどうしても思えない。わたしが目を通しているのはパリのガリマール書店から刊行されている、い

わゆる「プレイヤード叢書」の一巻、「ジャック・ブーランジェール校注、リュシアン・シェレール再校『ラブレー全集』」である。1955 年に初版が出た。なお渡辺一夫による日本語訳は第二次世界大戦が終戦を迎える前からの仕事で、岩波書店から「岩波文庫」5 冊本で出版されている。

「ガルガンチュワ」が「ジャルジャントゥーア」はあまりにひどいではないかとお考えであろう向きのためにすこしだけ駄弁を弄させていただくと、フランス語で庭をジャルダンという。jardin である。それが「トブラー-ロンマッチ」の古フランス語辞典の jardin の項を見ると、異体字に gardin と案内があり、23 例引かれている用例を見ると、じつに gardin が 17、jardin が 5、chardin が 1 である。つまり 14 世紀以前のフランス語ではむしろ gardin の方が正字というか、項目に立てるのにふさわしい綴り字なのである。中世フランス語では庭は gardin と書かれ、ジャルディンと発音されていた。chardin はツァルディンと読まれて、ジャルディンに通じる。たとえば人名のシャルルは 13 世紀のころはむしろツァッルと発音されていたのだ。

「ギヨーム・ヴィヨンとは何者であったか」

別項で紹介したピエール・シャンピオンは「フランソワ・ヴィヨン研究」の第二世代のチャンピオンで、第二世代にはほかにリュシアン・フーレ、ルイ・チュアーヌなどがいるし、これにアンドレ・ランリ、ジャン・デュフルネなどが続くが、いずれ第一世代のオーギュスト・ロンニョンがかためた「フランソワ・ヴィヨン像」はゆるがず、かれらは詩を読まず、詩人の影を追っている。詩を読めば「フランソワ・ヴィヨン」の存在感は薄れ、「サンブネの司祭ギヨーム・ヴィヨン」の実像が見えてくる。「ヴィヨン遺言詩注釈」の仕事を通じて、わたしはその思いを強くした。

『騎士道の夢・死の日常』

1984 年 11 月、この月 5 回あった金曜日ごとに NHK のラジオ放送で

ホイジンガの『中世の秋』を解説した。45分番組だったから、それを録音筆記した原稿だけでも、けっこうな枚数になる。これに、放送では舌足らずに終わってしまった「愛の作法」と「死の日常」の2章をくわえ、最後にホイジンガの晩年について「デ・ステークの遺書」を書いてまとめとした。1987年1月に京都の人文書院から出版した。

ホイジンガ『中世の秋』

原著は1919年にオランダのハーレムのティエンク・ウィリンク社から出版されたが、翻訳は1949年に同社から出版された『ホイジンガ全集』第3巻を底本にとった。これは1941年の改訂第5版を原本にとっている。1967年に中央公論社の「世界の名著」叢書の一巻として出版した。その後、単行本、中公文庫（上下）と判型をかえて継続的に出版された。2001年に中央公論新社があらたにおこした「中公クラシックス叢書」に、ⅠとⅡにわけて、「西洋編」の第1号と第4号として出版した。ちなみに「日本編」の第1号は『一休宗純　狂雲集』（柳田聖山訳）であった。2009年にⅠが再版された。

『遊ぶ文化』

1982年にこのエッセイ集を小沢書店から出版するにあたって、わたしは「遊ぶ中世」というタイトルを提案したのだったが、書店主のいれるところとはならず、「中世の持続」という、なんだかわけのわからないサブタイトルをつける羽目になった。そんな、なにも中世の持続だなんて、中世を強調するつもりはなかった。いまはなんだか飾り立てた大聖堂まがいの建物になってしまったバルセロナのサグラダ・ファミリアの、ほんとうにトウモロコシの莢のような尖塔がツンツンと立っている風景写真なんか口絵にのせたりして、「高い砦、あるいは巨人女の腕輪　ガウディのマニエリスム」などというエッセイは、これはおすすめです。その口絵写真、これは1971年にわたしども家族がぞろぞろとそこに出掛けた折にバッチリ、朝日ペンタックスに納めた写真です。

『モンターンのエセー（モンテーニュのエッセイ）』

卑小なわたくしめの芭蕉の幹のような（中身ががさがさをいう）「エッセイ集」の話をしたばかりのところに偉大なエッセイスト、ミッシェル・モンターンの『エセー』をもってきたりして恐縮です。どうぞ『わがヴィヨン』の「無為について」というエッセイをお読みください。「無為について」と題されたモンターンのエセーが無為に心を遊ばせる心構えについてなにかいっている。無為に心を遊ばせれば、シメールやモンストゥル・ファンタスティック（火焔怪獣や幻想怪獣？）がどんどん生まれてくるだろう。そいつらの愚につかなさをとっくりと眺めてやろう。いずれ年をとったら、それをまた眺めて、なんとまあ愚かなことだったことかと冷たく批評するのもおもしろいと、モンターンは書いている。精神を本のなかに解き放つ技にかけてモンターンは若者の師匠だった。モンターンはガリマール社のプレイヤード叢書の『モンテーニュ全集』を見ている。アルベール・ティボーデとモーリス・ラート校訂で、1962 年初版である。もうひとつ、これはいまは手元にないが、1588 年にモンターン自身出版した『エセー』にモンターン自身、欄外余白に書き込みをしている「ボルドー写本」と呼ばれている写本のファクシミレ（影印本）のリプリントを見た。『教養としての歴史学』の「単純な歴史家と卓越した歴史家」にその一葉を挿図にとった。おもしろいからぜひご覧ください。日本語訳は岩波文庫に原二郎訳、中央公論社の「世界の名著」版に荒木昭太郎訳がある。

『教養としての歴史学』

1997 年に講談社現代新書で出版した。ヘロドトスからブルクハルトにいたる西洋の歴史学の歴史のつもりで、「わが史学概論」というタイトルを提案したのだが、それでは本が売れませんとことわられた。かわりにこんなヘンなタイトルをつけて、案の定、これでは売れ行きが悪いものだから、重版はしないグループにいれられてしまった。オンデマンドならば 15 部から OK だというが、だれが。ともかくおもしろいの保証付き。「アリストテレスの史学」なんていうのは、知る人ぞ知る、「ア

リストテレスの詩学」のひねりです。ネット古書店でどうぞ。

『わがヴィヨン』

1993年の3月号から2年間、24回にわたって『学鐙』誌に連載したエッセイを、1995年8月に小沢書店からこのタイトルで刊行した。『学鐙』は日本橋の丸善の社誌で、現在は季刊になっているが、当時はまだまだ月刊誌であった。1993年と1994年は夏はパリに住んでいたので、原稿をFAXでおくったが、当時はまだまだFAXの技術が未熟で、おくるのにえらく苦労した記憶がある。

森鷗外の向こうを張るつもりはないが、これは「わがヰタ・セクスアリス」である。もっとも森鷗外はラテン語ドイツ語辞典をひきながら書いている。もともとラテン語のセクスアリスに、性欲とか性生活とか、そんな強い意味合いはない。男女性それぞれに、その性をいうだけの言葉である。だから、むしろ「ウィタ・パッシオナーレ」と、それこそモンターン張りに言葉を使いたい。情動のゆらぎである。モンターンはおもしろいいいかたをしていて、女はひとりで形を成さぬ肉の塊を生むこともあるが、ただしく自然な生殖には別の種子をかかわらせなければならず、それは精神についても同様で、精神を、それを縛り強いるなにかある主題にかからわせないと、漠としたイマジネーションの原に、あちらこちら、無規則にちらばってしまうことになる、と。そんなことを『わがヴィヨン』は書いている。それが、漠としたイマジネーションの訳はまちがっている。イマジネーションは複数形で書かれていて、だからむしろイメージである。あるいはインプレッション、印象で、わたしはこれをパッシオ、情動のゆらぎと読む。『わがヴィヨン』はわが若かりし日のパッシオの記録である。

第Ⅲ部　その他のわたしの本

『いま、中世の秋』

1979年から翌年にかけて『サントリー・クォータリー』に連載した「いま、中世の秋」ほか、わたしの最初期のエッセイ集。「いま、中世の

秋」はブルゴーニュ紀行文で、噂によるとこれをコピーしてブルゴーニュ旅行に携行したお方がいらっしゃったとか。まだまだ「地球の歩き方」なんぞが出回っていなかったころの話です。1982年に小沢書店から刊行した。後に中公文庫におさめた。

『パンとぶどう酒の中世』

2007年に筑摩書房から「ちくま学芸文庫」として出版したが、これの原本は1985年にサントリー株式会社の広報室から出版した「サントリー博物館文庫」の『日記のなかのパリ　パンと葡萄酒の中世』である。爛熟し凋落へ向かう「中世の秋」の気配が見えると、帯の宣伝文句に見えるが、そういうふうに歴史のある状態を定義づけ、概括して物を言うのが苦手なものだから、ともかく「日記のなかのパリ」へご案内しようというのが著作の態度で、その態度は「ちくま学芸文庫」の再版本でも変わっていない。校正にあたって、ますます細部にこだわって、歴史的現在性を強めるのに精出した。むしろ以前のタイトルそのままの方がいいような本にしあがった。

『飛ぶ鳥の静物画』

2004年3月に図書新聞から刊行した最新のエッセイ集。1990年から2002年にかけて書いたエッセイを集めている。ひとつだけ1981年に書いた「ヘレナは言った、十字架を見せてくださいな」は『回想のヨーロッパ中世』を出版した直後に「三省堂ブックレット」に寄稿したもので、それがエッセイのテーマは本の方にはそっぽを向いている。若い頃から気に入ったイギリス人の作家にイヴリン・ウォーがいる。『ブライズヘッド・リヴィジテッド』にはまいった。1945年初版。わたしは1952年の改訂3版を読んだ。だれかがこれは20世紀最高の恋愛小説として知られることになるだろうと批評した。江藤淳かな。江藤淳は妙に書物に鼻の利く男で、やがて数年後、わたしの訳したホイジンガの『中世の秋』の推薦文をぜひ書かせてくれと、出版元の中央公論社にいってきて、じっさい「世界の名著」版のその箱入り本の腰に巻いた帯にかれ

が書いてくれた推薦文が載っている。どうして江藤淳かなというのかというと、当時わたしは洋書は丸善で買っていた。ロンドンのチャップマン・アンド・ホールが版元の『ブライズヘッド・リヴィジテッド』を注文したら、丸善の支配人が、おや、あなたが二人目ですよ。この前は江藤淳さんだったといったのをよく憶えている。それでこの本に完全に打ちのめされて、ともかく手に入るだけのイヴリン・ウォーを買いこんだ。そのうちの一冊が、同じ版元で、1950年に出版された『ヘレナ』だった。これは、読了というつもりだったのだろう、一番最後のページに「1958.8.13」と鉛筆で薄く書いてある。昭和33年、まだわが放浪学生真っ最中の熱い夏だった。エッセイの中身は、1991年の夏、家内や息子といっしょにエセックスのコルチェスターに行った。『ヘレナ』の最初のところに、トリノヴァンテスの王族の娘ヘレナが、ギリシア人の家庭教師マーシアスあいてにいろいろ物を言う場面がある。マーシアスはホメロスの『イリアッド』のラテン語訳を読んで聞かせている。ヘレナが口をはさむ。「トロイの城壁、コルチェスターのわたしたちのより高かったの？」「ええ、高かったですよ。そう思います。」「よっぽど？」「とっても。」「あなた、それ、見たの？」「大昔に、完全に破壊されてしまいましたよ。」「なんにも残っていないの？　マーシアス？　どこに城壁があったか、なんの印も？」コルチェスターのローマン・ウォールは、一部分だが、まだ残っている。わたしたちはそれを見に行った。ヘレナは、年老いて、パレスチナで、キリストがはりつけにされた十字架の材木なるものを買わないかとユダヤ人商人からもちかけられる。ヘレナはじっくり考えた。どういうことになるか想像をめぐらせた。そうして返事した、「とても高くつきますね。」そうして言った、「十字架を見せてくださいな。」

『わが梁塵秘抄』

あなたは西洋史でしょう。それがどうして梁塵秘抄なんですかと、問い詰められて閉口した記憶がある。だって梁塵秘抄って、おもしろいじゃあないか。影印本が手に入ったから読むことにしたんだよ。それで

50歌ほど、歌を選んで、どう読んだか、本にしてみたってわけ。いまは閑吟集だ。こちらも写本のひとつの影印本を手に入れた。これが、しかし、大問題で、なにしろこちらの方は歌の選びようがない。だから自然と全部注釈するってことになった。なんとかまとめるところまでいって、じつはこの本のあと、『室町歌集　閑吟集注釈』という本を作ろうと計画しています。なんか大きな本になりそうだ。乞う御期待！

『中世ヨーロッパの歴史』

1977年に、講談社の「世界の歴史」第8巻ということで、堀米庸三先生と共著の体裁で出版した『ヨーロッパ世界の成立』を、2006年に講談社学術文庫におさめるにあたって、タイトルを『中世ヨーロッパの歴史』とあらため、また堀越孝一著の体裁に直した。その間の経緯については「文庫版あとがき」に書いた。この文庫のカバー装の写真がすばらしい。シャルトル聖堂の玄関から堂内に入って身廊部を見通す構図の写真だが、両側に椅子がならんでいる、その身廊の中央通路になにやらもやもやした白い影がのびている。暗い聖堂内部を撮影するために長時間露光する。もやもやは通路を歩く人間の影だった。装画家蟹江征治氏に敬意を表する。「人間のヨーロッパ中世」の歴史が立ちました。

『ジャンヌ・ダルクの百年戦争』

はじめ清水書院の「センチュリーブックス」の一冊として『ジャンヌ・ダルク　百年戦争のうずの中に』のタイトルで1975年に出版した。9年後、1984年に「清水新書」に衣替えするに際してタイトルをあらためた。1991年、パリのサンルイ島に住んだ折に朝日新聞社の朝日文庫に入れた。タイトルはあっさり『ジャンヌ・ダルク』。ノートルダムの長老司教ジャック・ル・コルディエ猊下と妙に親しくなって、ちょうどそのころパリに届けられた文庫版『ジャンヌ・ダルク』を「象呈」した。「象呈」しついでに、この小著の中身について、一場の演説を試みた。かれはフンフンと聞いていて、とりたてて感想を述べるようなことはしなかったが、1904年生まれのその猊下が2003年に、だから白寿の

年に亡くなった。そのころわたしはパリにいくこともなくなっていた。かれの弟さんという方から便りがあった。何回か手紙をやりとりすることになったが、ある時の手紙に、兄があなたのジャンヌ・ダルク伝のプチ・リーヴルを遺してくれた。これをフランス語に訳してはくれまいか。じつはわたしは「ジャンヌ・ダルク友の会」の会長です、ですと。考えておきますと、一応返事はしたものの、とんでもない。ジャンヌ・ダルクに対する熱い思いのフランス人の神経を逆なでするような言説にあふれているわたしのプチ・リーヴル（文庫本）なんぞ、どうしてフランス語に直せましょうや。いいえ、わたしは伝説のジャンヌ・ダルクを歴史に返そうと思っているだけで、そんな、やみくもにフランス人に楯突こうなどとは夢、考えていない。だから、その辺は大人に、せめてレジュメ（あらすじ）だけでも渡そうかと、考えているうちに、フッと相手の気配が消えた。そういうことです。

『中世の精神』

小沢書店から1990年に出版したわたしの論文集。1964年の『史学雑誌』に発表した「中世ナチュラリズムの問題」から、この論文集を編むにあたって新たに書き下ろした「日記の読みかたについて　渡辺一夫先生にお答えする」まで8篇から成る。ホイジンガだったら「論考八篇」とやるところだが、小沢書店主長谷川郁夫のとるところではなかった。書き下ろしの一稿ははからずもこの論文集の構成の原理を示していて、「中世ナチュラリズムの問題」で「パリの住人の日記」の渡辺一夫による紹介文を批判した。それに対して渡辺一夫は1971年6月に筑摩書房から出版なさった『渡辺一夫著作集9　乱世・泰平の日記』の「乱世の日記」の巻末に注記の形でわたしへの「反論」を長々とお寄せになった。「日記の読みかたについて」はそれに対するわたしの「反論」である。お答えするのが19年の長きにわたって遅れた。そのわけは、お答えしようにも、どこの紙誌も、その場を提供してくれなかったからだといえば逃げにあたるであろう。中央公論社はすぐさまわたしにその場を提供する意思を示してくれた。どうやら「文学」と「歴史」についての正面

切った大議論をわたしに期待した気配だったが、わたしが提案したのは「パリの住人の日記」のわたし流儀の解説であって、そのもくろみは先方の受け入れるところとはならなかった。『パンとぶどう酒の中世』の解説にご案内したように、1985年に「サントリー広報部」の肝いりで本になった『日記のなかのパリ』が、このわたしのもくろみを実現する機会となった。その間、1973年東京大学出版会刊行の『講座比較文学1・世界の中の日本文学』に寄せた「中世叙事詩における騎士道」、岩波書店の『思想』1972年9月号に寄せた「過去への想像力」、1973年東京大学出版会の刊行物『西洋中世世界の展開』に寄せた「記録と現実」、また1981年『学習院大学文学部研究年報28』に寄せた「ルネサンス問題のいま」、さらに1985年の同年報32に寄せた「スウェーデン女王蔵書1923番写本の筆者について」（日記の唯一の写本であるヴァチカン図書館の所蔵本）などにおいて、わたし流儀の「渡辺一夫先生にお答えする」を展開したつもりであったが、どれもこれもすれ違いに終わったようで、なんとも残念なことであった。そういう経緯をふまえて、1990年に、それらの論考に、こちらは渡辺一夫の「反論」に先立つ1970年岩波書店の『岩波講座世界歴史11』に寄せた「後期ゴシックの世界」をくわえて「論考八篇」を編むに際して、あらためて「渡辺一夫先生にお答えする」を書いたのである。これを編むにあたっては、どうやら預言者的知恵がわたし自身の脳髄に働いていたらしく、翌1991年4月からわたしはパリに住んで、ベーエヌ（国立図書館のリシュリュー通りの本館）、4区のアルスナール分館、またアルシーヴ（国立文書館）で「ヴィヨン遺言詩」の調査にあたった。この年、パリ4区のサンルイ島に住んだことが、「ヴィヨン遺言詩」の歴史的な生活環境を感覚する上で大いに役立った。なんといっても「日記のなかのパリ」のど真ん中に住んだのだ！　また、6月6日にノートルダム堂内で長老司教ジャック・ル・コルディエ猊下と出逢い、その後、親しくおつきあいさせていただいたことが、また、どんなにか「ヴィヨン遺言詩」を読む上で助けになったことか！　そういったことごとは、その後、1997年から2002年にかけて出版することができた「ヴィヨン遺言詩注釈全4巻」に書いたし、ま

た、『わがヴィヨン』も、自分でいうのもなんだが、臨場感あふれる文章を作っているので、ぜひご覧いただきたい。わたしがいうのは、1991年以後、わたしは「ヴィヨン遺言詩注釈」の人になった。『中世の精神』は、モンターンふうにいえば、1990年までのわたしである。

『ブルゴーニュ家』

講談社現代新書、1996年初版。17世紀、ジェームズ1世の時代のイギリスの詩人マイケル・ドレイトンの『アジンコート』という詩に「見事に艤装した4隻のバーゴニアンズ」と見え、「バーゴニアンズ」は「バーガンディーの」のなまりだという。ブルゴーニュ家の支配地で建造された船という意味で、17世紀になってもイングランド東海岸の対岸のフランドル、セーラント、ホラントなど、ブルゴーニュ侯家の支配地が「バーガンディー」の名で呼ばれていたらしいことをこの詩は証言している。現在、イギリスで「バーガンディーの旅」というと、オランダ・ベルギー・ツァーだという、うがったような話を聞いたことがあるが、本当かどうかは調べていない。ただ、ネーデルラントの呼び名にはくせがある。一旦それを気にしだすと、もうダメです。なにしろこれはフランス語の「ペイ・バス」からで、ブルゴーニュ侯おひとよしのフィリップがその地を支配して、侯のお抱え文士が年代記などを書いて、その地を「ペイ・バス」と呼んだことからだというではないですか。意味は「低地」で、自分たちの生活している土地を「低地」と呼ばれてうれしがる人はあまりいないのではないだろうか。それがわたしの本は、第1章を「ガンの祭壇画」と題して、フランドルの話題から入り、章末を「いわゆるネーデルラント継承戦争であって、このことについては次章にいささかお話する予定である」ととめている。無神経だ。深く反省しています。

『軍旗はブラシュの花印』（小沢書店、1991年初版）

「ブラシュとはどんな花だろう。花の形を求めて数旬を経た。15世紀のある日記に、サン・ポール伯の軍旗はブラシュの花印、と読みとがめ

たのが事のはじまりだった」とエッセイの筆を起こした。1983年から4年にかけて『基礎フランス語』に連載したエッセイの群落の初回である。文学に見かけた花をたずねる文化史とでも批評しますか。それがわたしの家の庭に、いつのまにやらブラシュが植わっていた。あわてて書き付けておきますが、ブラシュの群落だけではない。このエッセイ集には、春の気配に純白の花冠をいただき、また時を得れば薄紅色の実をつけて焔に燃えたつサンザシも見える。エニシダも黄色い花弁をなやましげにさらしている。スイカズラもハシバミの木に寄り着いて芳香を放っている。そういった花木が、エッセイに歩調を合わせて、庭をにぎわせる。ついには本の中に進出して、1991年に小沢書店の肝煎りで本にしたとき、堀越節子のスケッチが章扉を飾った。表紙カバーのデザインに華やぎを添えた。

『新書ヨーロッパ史中世篇』（編著、講談社現代新書、2003年初版）

現在のEU（欧州連合）は国家の枠を超えてといいながら、国家を捨てきれずにいる。税や財政で統合（ユーロピアン・ユニオンのユニオンはもともと一つにすること、統合をいう）できないまま、共通通貨など作ってみても、機能不全におちいるだけだ。フランク王国が分解したあと、諸国家が群れ立ったと見たのは近代の歴史主義で、実情は地域の中世史だった。EUはそこに学ぶべきで、ミシュランのギド・ヴェール（緑色表紙のガイドブック）は一時期、アクィターン（アキテーヌ）をコート・ド・ラトランティック（大西洋沿海）と表示して1冊出版していた。いまでもそうだとしたら反省すべきで、アクィターンの立場を立てる。イギリスだったらウェールズの立場を尊重する。ドイツだったらエルザスの立場の回復につとめる。こうでなければEUの明日はない。

『騎士道百科図鑑』（日本語版監修、悠書館、2011年初版）

オーストラリアのシドニー近郊レーン・コーブにあるグローバル・ブック・ハブリッシング（グローバル出版社）が2009年に出版したコ

ンスタンス・ブリッテン・ブシャード編著の『ナイツ・イン・ヒストリー・アンド・レジェンド（歴史と伝説の騎士たち）』が原本である。寄稿者一覧に16人の名前が見えるが、担当章節は明示されていない。文責は監修者のコンスタンス・ブリッテン・ブシャードにあるということで、翻訳の方も同様、共訳者一覧に8人の名前を記したが、担当章節は明示しなかった。原書の方の歴史の見方にくせがあるというか、思いこみが強いところは、遠慮なく書き直させてもらった。なにしろ全体の構想はよい。およそ歴史の中の騎士と騎士道をこれほどまでに丹念に描こうとした本は他にない。図版が豊富で、日本語版タイトルを「騎士道百科図鑑」ととったにはそれだけのわけがあると人を納得させるほどのものがある。なかにはかなり珍しいのもあって、「紋章」のセクションに挿入されたページ大の図版は「クークズ・オーディナリー」からのコピーで、1段7個で7段、49個の楯型紋章図案を掲載している。これはブリティィッシュ・ライブラリー（英国図書館）所蔵の紋章図案集のひとつで、2部から成り、正式の呼称は「クークズ・オーディナリー・アンド・バリオール・ロール・オブ・アームズ」という。「クークズ・オーディナリー」は88段に589個の楯型紋章図案集で、「オーディナリー」というのはふつうのとかシンプルなという意味合いで使う形容詞からの派生語で、紋章の一番単純で率直な形態のものをいう。1340年頃、ヴェラム紙をつかって製作されたもので、「クーク」は16世紀のイングランドの紋章院のクラレンスー上級紋章官であったロバート・クークの名前に由来する。「クークに由来するシンプルな紋章図案集」という意味である。「バリオール・ロール・オブ・アームズ」はスコットランドの紋章図案集だという説明をある本から受けたが、「バリオール」の名前の由来をふくめて、それ以上のことは分からない。「ロール・オブ・アームズ」は説明しだすとたいへんややこしい。「アームズ」は「コート・オブ・アームズ」の略した呼びようだが、OEDなどは冷たいもので、armsと打ち込んでも拒否する。頑として応じない。「アーモリアル」でしぶしぶ応じてくれるが、「コーツ・オブ・アームズ」ではダメで、「コート・オブ・アームズ」と叩くと、機嫌よく返事してくれる。

イギリス人たちはこのあたり、ちょっと強情に過ぎるとは思わないのだろうか。だから「ロール・オブ・アームズ」は「コート・オブ・アームズ」を集めた記録集ということです。「ロール」は「巻物」の意味だが、時代が下がると巻物だろうが冊子だろが、すべて記録をそう呼んでいた。「バリオールのそれ」は１段７個×５段の紋章図案集だそうです。『騎士道百科図鑑』にとったのは前者「クークズ・オーディナリー」からで、ちなみに、どうしてこの紋章鑑がわたしの関心をそそったかというと、49個の楯型紋章図案のうちに「ニシン紋」が3個ある。ひとつは「ニシン３疋」、ひとつは「ニシン３疋」に左右上下の棒の先端が三角形に尖っている小紋を７個散らしている。もうひとつは「ニシン６疋」。たまたま最近の知見で、ランカスター侯ジョン・オブ・ゴーントの「ミストレス」キャザリン・スウィンフォードの娘ジョーン・ボーフォートがそこに描かれている女性群像の写本飾り絵の断簡に「ニシン３疋」の図案が組み込まれた楯型紋章図案が認められる。ジョーンのものである。なんともおもしろい。ジョーンの母親キャザリン・スウィンフォードの前夫、リンカーンの領主ヒュー・スウィンフォードの家の紋章図案だったと思われる。北海ニシン漁の文化史がここに絡んできて、なかなかおもしろい。この件については、わたしが訳したチャールズ・ウィルスンの『オランダ共和国』をご覧ください。1971年に平凡社から出版しています。